✦ **Ex Libris** ✦

_____

_____

Ex Libris는 책 주인의 이름을 적을 때 쓰는 표현으로,
'엑스 리브리스'라고 읽으며 라틴어로 '~의 책들 중 하나'라는 뜻입니다.

옥스퍼드 오늘의 단어 책

WORD PERFECT

1일 + 1단어 + 1기쁨

수지 덴트 지음 | 고정아 옮김

윌북

옥스퍼드 사전 편찬자
수지 덴트의 지적인 어원 수업

내 존재의 이유raisons d'être인

시아와 루시에게

차 례

완벽한 경지에 이를 수 없다 해도
완벽을 지향하는 목표를 세워야 한다.

새뮤얼 존슨

28년 전, 〈카운트다운〉1982년부터 현재까지 방영 중인 영국의 퀴즈 쇼. 단어나 숫
자와 관련된 문제를 푼다 사전 코너에 처음 출연해 잔뜩 얼어붙은 자세로
카메라를 향하던 순간이 생각난다. 당시 옥스퍼드대학교 출판부 사전
팀의 말단이던 나는 방송에 출연해보라는 팀장의 권유를 세 번 넘게
거절했지만 결국 어쩔 수 없이 〈카운트다운〉 팀에 들어가게 되었다.
그다지 활발한 성격이 아니라 방송 출연 같은 건 버킷 리스트에 없었
다. 하지만 어쨌건 방송에 나가기로 한 이상, 함께 출연하는 배우 룰라
렌스카의 풍성한 붉은 머리 뒤에 숨어 전문가처럼 보이려 애를 썼다.
내 예상과 달리 첫 번째 방송이 그럭저럭 괜찮았던지 이후로도 계속
해서 출연하게 되었다. 그리고 방송을 준비하며 함께한 사전은 내 평
생의 친구가 되었다.

어쩌면 그건 운명이었는지도 모르겠다. 나는 어린 시절부터 수
집벽 있는 까치처럼 단어를 수집했다. 영국에서는 전통적으로 까치를

흉조로 여겨왔다. 하필 까치를 가리키는 집합명사는 tiding영어로 '소식'이라는 뜻이 있다이다. 혼자 오면 불운을 알리고, 무리 지어 오면 병아리나 보석을 훔친다는 속설이 있어서 사람들은 까치를 보면 불쾌해하곤 한다. 17세기에 까치magpie는 게으름뱅이나 무례한 수다쟁이를, 20세기에는 무작정 물건을 수집하거나 쌓아두는 사람을 의미했다. 어느 사전에는 좀도둑을 의미한다고도 쓰여 있다. 까치, 딱 나를 설명하는 단어라고 생각했다. 평생토록 온갖 단어를 모아왔기 때문이다.

나는 가족들과 식탁에 앉아 밥을 먹으면서도 케첩병 뒷면의 성분명에 정신이 팔려 있는 아이였다. 샴푸도 마찬가지였다. 그 마법 같은 라벨에 쓰인 프랑스어, 그리스어, 아랍어, 키릴문자가 까치를 홀리는 반짝이는 보석처럼 나를 유혹했다. 언어의 세계는 어디든 펼쳐져 있었다. 비행기를 탈 때면 기내 안전 수칙 팸플릿을 들여다보았다. 부모님 사이에 앉아 flammable과 inflammable두 단어는 뜻이 같다의 차이를 궁금해한 것도, monster와 demonstrate의 관계를 알아내려고 한 것도 모두 비행기에서였다(그러다 보면 cul-de-sac막다른 골목에 봉착했는데, 사실 저 단어 짝들끼리는 아무 관계가 없기 때문이다. 하지만 이 글을 쓰다가 cul-de-sac이 본래 '자루의 바닥'을 뜻한다는 꽤나 재미있는 사실을 알게 되었다).

집집마다 우편함에 팸플릿을 꽂아 넣는 아르바이트를 하면서는 팸플릿pamphlet의 어원이 지겨운 bumf공문서가 아니라 팜필루스라는 남성이 주인공으로 나오는 12세기의 야한 이야기라는 걸 알게 되었다. 유혹과 폭력이 가득한 팜필루스의 이야기가 인기리에 작은 책자 형태의 팜필렛pamphilet, 그러니까 '작은 팜필루스' 형태로 유통되던 데서 등장한 말이다. 아까 말한 **bumf**는 원래 군인들이 엉덩이를 닦던 외설지bumfodder를 줄인 말이기에 사실 팸플릿과는 아무 상관이 없다.

그렇게 나는 매일매일 일상 속에서 평범하면서도 평범하지 않은 단어들을 좀도둑질했다. 모은 말들은 머릿속에(나중에는 사전 목록에) 분류해 넣고, 단어의 모양에 감탄하거나 그 어원을 탐구했다. 〈카운트다운〉에서 하는 것처럼 임의로 글자를 조합하며 새로운 단어를 시험했고, 실제로 사전에 등재되면 무척 기뻤다. 이 모든 순간이 지금까지도 계속되고 있는 언어 모험의 시작이었다.

이 책의 원제인 'Word Perfect'는 제목으로 삼기에 조금 이상해 보일 것 같다. 현대의 모든 사전 편찬자가 그렇듯 나 또한 언어적 현학과 거리가 멀다. 존 험프리스의 말대로 그저 '영어의 히피'일 뿐이다.

현대의 사전 편찬자는 규범주의를 채택할 수 없다. 우리는 세상이 사용하는 대로, 수많은 의미·문맥과 함께, 흠집나고 주름진 언어를 기술한다. 사전 편찬자의 일은 단어가 변모하는 풍경을 담고 인간보다 오래 살아갈 말들의 여정을 기록하는 것이다. 우리는 새뮤얼 존슨18세기 영국의 시인. 1755년 영국 최초의 근대적 사전인 『영어 사전A Dictionary of the English Language』을 편찬했다이 멋지게 설명한 것처럼 '태양을 좇는' 사람들이다. 내게 완벽함이란 모든 것이 잘 정렬되어 무결한 순간도, 기계적으로 이룬 완결의 상태도 아니다. 글머리에 인용한 존슨의 말대로 우리는 '완벽을 지향'하며 앞으로 나아간다. 중요한 건 거기 도달하지 못할 것을 안다 해도 어쨌건 줄곧 태양 빛을 받는다는 것이다.

예전에는 완벽하다perfect는 말에 성숙함, 만개함이라는 뜻이 있었다고 한다. 나는 그 사실이 참 좋다. 이는 (원래는 꽃다발이라는 뜻이던) 선집anthology과 (고대영어에서는 너도밤나무beech를 가리켰던) 책book처럼 영어에 꽃과 나무와 관련된 은유가 가득하다는 사실과도 잘 들어맞는다. 단어의 뿌리를 찾는 일은 쓸데없는 짓이 아니다. 괴테는 프랑스어를 시골 대정원에, 독일어를 울창한 숲에, 영어를 아름다운 정원에 비유했다고 한다. 내가 독일어를 깊이 사랑하기는 하지만 영어가 두 언어에 비해 소박하지는 않다. 영어를 정원에 비유한다면 장미만큼 가시도 많고, 늙은 참나무처럼 옹이 지고, 복잡한 미로도 있는 정원이라고 표현하고 싶다. 그리고 그 정원은 아마 사철 내내 푸를 것이다.

코로나19로 인한 몇 주 동안의 봉쇄 기간에도 사전은 마음의 위안처였다. 나를 비롯해 많은 이가 태어나 처음으로 의무 격리quarantine를 겪으며 불안에 떨었지만, 이 상황을 역사의 눈으로 바라보니 위안이 되었다. 흑사병이 대유행하던 시절, 베네치아에 도착하는 배들은 40일quaranta 동안 격리해야 했다. 그 당시에도 절망despair 극복을 뜻하는 respair라는 말이 있었다는 사실이나, chortle킥킥 웃다이라는 단어가 루이스 캐럴이 chuckle킬킬거리다과 snort콧방귀 뀌다를 합해 만든 말이라는 사실 따위가 도시 봉쇄로 갑작스레 찾아온 삶의 어둠 속에서 빛을 발했다.

한편 팬데믹 기간은 오랜만에 가족과 함께하는 시간으로 가정에 온기를 가져다주기도 했다. 만날 수 없는 상황에서는 줌 프로그램 화면을 통해서나마 사랑하는 이들과 이어질 수 있었고, 다 같이 모여 각자 간직하고 있던 어린 시절 속의 단어들을 되짚어보기도 했다. 덕분에 많은 사람이 지난날의 언어를 따뜻한 점퍼처럼 활용할 수 있었는데, 이는 언어의 형태로 모습을 바꾼 huffle buffs(조이지 않는 편안한 옷을 가리키는 고대 스코틀랜드어)라 할 만한 것이었다.

나는 이 책에 1년 366일 하루하루에 딱 맞을 만한 단어를 실었다. 이 책은 그날 벌어진 역사적 사건에 관한 단어와 표현을 모은 선집이기도 하다. 넬슨 제독이 turn a blind eye한 코펜하겐 해전 이야기, fall이나 sidewalk가 어쩌다 보니 '미국 영어'가 된 이야기 등을 들려주고 싶었다. 역사적 사건에 얽힌 단어만 실은 건 아니다. 어떤 단어들은 그저 계절감 때문에 골랐다. 크리스마스 시기의 Yule-hole, 휴가가 끝난 뒤의 crambazzlement, 뜨거운 여름의 halcyon days 등이 그렇다.

사전 구석구석에서 잃어버렸던 보석 같은 단어를 찾아내고 알려지지 않은 단어를 고르는 일은 최고의 기쁨이다. 책을 쓰는 도중에도 새롭게 발견한 것이 많다. mumpsimus잘못된 걸 고집하는 사람와 ultracrepidarian잘 모르면서 말하는 사람이라는 표현은 왜 이제 안 쓰이는 걸까? 특정 부류의 인간을 너무도 완벽하게 설명하는 단어인데 말이다. 또 사람을 묘사하는 데 gormful똘똘한, gruntled만족스러운, kempt깨끗한, couth예의 바른 같은 단어를 활용할 수 있게 된 것도 큰 즐거움이었다. 잃어버렸던 긍정적인 단어들을 되찾을 때가 되었다.

무엇보다 이 책은 내가 오랜 세월 동안 〈카운트다운〉 사전 코너에서 얻은 지식과 애정을 나누고 언어의 비밀, 놀라움, 기이함과 더불어 약간의 오류까지 만끽하게 해준 기회였다. 이 책에 있는 366개의 단어와 표현은 내게 미소와 경이와 suspire(내가 꼭 되살리고픈 단어 중 하나

로, '크게 한숨 쉬다'라는 뜻이다)를 안겨주었다. 이 책을 쓰면서 느낀 기쁨의
작은 일부라도 독자 여러분과 나눌 수 있다면 단어 모으는 까치로서
내 작업은 성공한 셈이다.

수지 덴트

1

January

1	CRAMBAZZLED	과음으로 확 늙은 듯한 상태
2	JANUS WORD	반대 뜻을 가진 낱말
3	JOURNAL	일기
4	HUMDUDGEON	무기력병
5	LICK INTO SHAPE	번듯하게 만들다
6	PANDICULATE	팔다리를 뻗으며 크게 하품하는 것
7	GYM	헬스장
8	DYSANIA	잠자리에서 일어나기 힘든 상태
9	DONG-DING	동딩
10	CROSS THE RUBICON	루비콘강을 건너다
11	LOTTERY	복권
12	FEEFLE	눈 폭풍
13	GRAMMAR	문법
14	COLOR	색깔
15	HIBERNACLE	동면 장소
16	SCREAMER	느낌표
17	BAFFLING	당황하게 하는
18	BERSERK	미쳐 날뛰는
19	COMPUTER	컴퓨터
20	LALOCHEZIA	스트레스를 풀기 위해 욕하는 행위
21	DAPHNE	천리향
22	ARSLE	뒤로 움직이다
23	JINGOISTIC	주전론적인
24	THE ACID TEST	가치 평가
25	WHISKY	위스키
26	HOOCH	밀주
27	CHAFF	가볍고 다정한 장난
28	SERENDIPITY	세렌디피티
29	SNOTTINGER	콧물닦개
30	MAVERICK	매버릭
31	CAKEISM	장점만 누리고 싶은 마음

CRAMBAZZLED
과음으로 확 늙은 듯한 상태

일 년 중 인구 대다수가 crapulous(『옥스퍼드 영어 사전』에서 "무절제로 병에 걸린"이라고 정의한 단어)한 느낌을 받는 날이 하루 있다면 바로 오늘일 것이다. 영어에 음주와 관련된 어휘는 방대한 반면, 음주가 불러오는 여파에 대한 표현은 놀라울 만큼 미미하다. 하지만 이 얼마 안 되는 단어 중에 한 해를 시작하는 첫날과 꼭 어울리는 말이 있다.

crambazzled는 요크셔의 옛 방언으로, 과음을 해 일찍 늙어버린 듯한 상태를 의미한다. 이 단어는 달콤하면서도 퇴폐적인 느낌을 주고, 방탕을 즐기다 나가떨어지거나 엉망으로 망가진 모습을 연상시킨다. 이런 상태가 되면 grogblossom(과음으로 빨개진 얼굴(19세기 단어다)이 될지도 모른다.

한편 Katzenjammer(지독한 숙취 두통. 원래 '고양이 울음'이라는 뜻의 독일어다) 없이 여유롭게 아침을 맞이한다면 집에 찾아오는 검은 머리 손님을 반길 것이다. 바이킹 시대 이후로 영국에서는 하루의 첫 손님이 검은 머리칼이면 더욱 환영하는 전통이 있다. 게다가 일 년의 첫날이라면 특히 그럴 것이다.

스코틀랜드와 잉글랜드 북부에서는 새해 첫날 아침 제일 먼저 집 문턱을 넘을 사람을 아예 미리 정해놓는다. 그 사람이 한 해의 운을 결정하기 때문이다. 누구나 첫 손님이 될 수 있지만 요크셔의 전통주의자들은 남자를 선호한다. 당일 자정에 그 집에 없었다면 첫 손님으로 인정된다.

첫 손님은 선물을 가져와야 한다. 석탄 한 줌도 좋고 소금 한 꼬집이나 위스키 한 모금도 좋다. 이것들은 각각 재물복, 건강운, 즐거움 같은 각기 다른 복을 상징하는데, 이런 선물을 handsel이라고 한다. '손에 건네다'라는 뜻의 고대영어 handselen에서 온 이 말은 모든 종류의 행운 부적이나 상징물을 가리키게 되었다. 18세기 상인들은 그날 아침 첫 번째 매상을 handsel이라 말하며 행운의 상징으로 여겼다. 오늘날 handsel은 인생에 성공을 안겨줄 어떤 것을 처음 사용하거나 경험하는 일도 가리킨다.

그러려면 새해 첫 경험이 알코올은 아니어야 한다. 알코올에 절여진 상태로 한 해를 시작한다면 그야말로 crambazzlement 상태를 맞이하고 말 것이다.

 JANUS WORD
반대 뜻을 가진 낱말

1월을 가리키는 단어 January는 시작, 변화, 문을 다스리는 로마의 신 야누스에서 왔다. 전통적으로 야누스는 미래를 보는 얼굴과 과거를 보는 얼굴이 모두 있는 모습으로 묘사되며, 전쟁이 벌어졌을 때 나라를 지키는 신이기도 했다. 지금은 유적지가 된 포로 로마노Foro Romano의 야누스 신전에는 양 끝에 문이 있었는데, 전시에는 열어두고 평화로운 시기에는 닫아두었다. 야누스는 하늘로 가는 문을 포함한 모든 출입문의 수호자였다. 현대 영어의 수위janitor도 야누스에서 비롯된 말이다.

영어 단어에는 야누스의 두 얼굴에서 파생된 몇 가지 단어가 있다. 예를 들어 Janus cloth는 양면이 다른 천을 뜻하고, Janus lock은 왼쪽으로 열리는 문과 오른쪽으로 열리는 문 모두에 걸 수 있는 자물쇠다. 하지만 무엇보다 야누스 신이 남긴 가장 강력한 유산은 Janus word일 것이다. 완전히 반대되는 두 가지 뜻을 가진 단어를 말한다.

영어에는 다음과 같은 야누스어들이 있다.

> fast 확고하게 고정된 ↔ 아주 빠른
>
> sanction 승인 ↔ 제재
>
> cleave 쪼개다 ↔ 굳게 결합하다
>
> clip 붙이다 ↔ 자르다
>
> custom 통상적인 ↔ 특별히 만든
>
> overlook 바라보다 ↔ 보지 못하다
>
> dust 청소하다 ↔ 더럽히다
>
> screen 가리다 ↔ 보여주다
>
> left 떠났다 ↔ 남은

모순어라고도 하는 야누스어는 끊임없이 나타난다. 특히나 속어
에는 야누스어가 더 자주 등장한다. 사람들이 어휘의 전통성을 뒤집
기 좋아한다는 건 wicked, sick, bad가 정반대의 뜻으로도 쓰이는 것만
봐도 알 수 있다. 실제로 literally에는 '말 그대로'라는 뜻뿐만 아니라
'과장해서 말하면'이라는 뜻도 있다.

 3 January

JOURNAL
일기

이쯤 되면 작년에 선물받은 다이어리를 슬슬 채워나가기 시작한
다. 하지만 성인 중 자기 의지로 일기를 꾸준히 쓰는 사람이 얼마나 될
까? 삶을 기록하려는 인간의 욕망은 글쓰기만큼이나 오래되었다. 초
기의 일기는 대부분 공공 기록이었지만, 시간이 지나면서부터 좀 더

사적인 내용을 담게 되었다. 오늘날 사람들은 브이로그나 블로그에 평범하면서도 내밀한 일상을 업로드하며, 이 기록들은 온라인에 남은 (때로는 불행히도) 지울 수 없는 발자국이 된다.

초기 일지는 대부분 성지순례 기록이다. 위대한 탐험가와 모험가들은 업무 일지나 일기에 여정과 발견을 기록했다. 그중에는 쿡 선장도 있고 찰스 다윈 같은 박물학자도 있다.

17세기 중반에는 자서전 성격의 일기가 나타났다. 새뮤얼 피프스의 런던 생활 기록에는 친구들과 술 마시며 노는 사적인 장면도 담겨있고, 1666년에 벌어진 대화재 같은 역사적 장면도 등장한다. 수많은 문학 거장들도 일기를 썼다. 톨스토이, 카프카, 버지니아 울프, 실비아 플라스의 일기가 대표적이고 그들 말고도 수천 명이 일기를 출판했다. 가장 유명한 작품은 누가 뭐래도 안네 프랑크의 일기일 것이다.

journal은 하루를 뜻하는 프랑스어 journée에서 왔다. 최초의 일기는 매일 정해진 시간에 바치는 기도를 담은 책이었기 때문이다. 로마인들도 diurnus(journal의 조상)를 썼는데, 이 말은 '하루에 관한'이라는 형용사도 되고, '기록', '일지'를 뜻하는 명사이기도 했다. 우리가 지금 잘 사용하는 저널리스트journalist라는 말도 journal에서 나왔다. 일간 신문에 글을 쓰는 사람이라는 의미였다. journal과 형제 단어인 journey는 당일치기 여행을 가리키는 말이었다. 이 모든 말의 궁극적인 뿌리는 '빛나다'라는 뜻의 dheu로 July7월, circadian하루 주기의, deity신(神), 그리고 diary에 녹아들어 있다.

HUMDUDGEON
무기력병

연휴를 보내고 나면 이제 일터로 돌아가야 한다는 두려움이 스멀스멀 올라온다. Merryneum(12월 28일 참고)의 끝없는 즐거움과 새해의 풍성함을 한껏 누린 뒤 다시 일상을 시작해야 한다는 사실이 절로 ergophobia일 공포증를 자아낸다.

이럴 때는 humdudgeon 핑계를 대고 싶어진다. 프랜시스 그로즈가 1785년에 펴낸 멋진 음란어 모음집 『통속어 고전 사전Classical Dictionary of the Vulgar Tongue』에 처음 기록된 이 단어는 humbug속임수의 앞부분인 hum과 성난 상태를 가리키는 dudgeon(보통 'in high dudgeon' 구문으로 쓰인다)으로 이루어져 있다. 그러니까 humdudgeon은 가짜 질병 중에서도 무기력이 일으키는 병인 것이다.

그로즈는 예의 사전 편찬자 새뮤얼 존슨과 동시대에 살았던 퇴역 군인이다. 덩치도 크고 인생도 떠들썩했던 그로즈는 존슨이 위대한 문학 작품에서 용례를 찾은 것과 반대로 술집, 유흥업소, 감옥 등 런던 뒷골목을 다니며 밤의 어휘를 모았다. 그가 모은 것은 평범한 사람들의 언어였고, 그때까지 전혀 기록되지 않은 소매치기, 깡패, 최하층민의 언어도 망라했다. humdudgeon이 그로즈의 생생하고 거침없는 어휘집에 처음 기록된 건 그리 놀라운 일은 아니다.

LICK INTO SHAPE
번듯하게 만들다

일주일이 조금 안 된 시점부터 새해 계획들이 시험에 들기 시작한다. 신년 맹세에는 대체로 ventripotent(1600년대에 '배가 나온'을 긍정적으로 표현한 말)하거나 quiddling(괜히 사소한 일에 집중하며 중요한 일을 회피하는 것)하는 경향을 개선하겠다는 결심이 담겨 있다. 다짐한 계획들을 이뤄내기 위해 우리는 삶을 lick into shape번듯하게 만들다 해야 한다.

이 표현은 현대적인 신병 훈련소 분위기를 풍기지만, 실은 고대 속설에서 태어났다. 옛날 사람들은 새끼 곰은 형체가 없는 덩어리로 태어나는데 어미가 혀로 핥아서 모양을 빚어준다고 생각했다. 실제로 시인 존 던은 세인트폴 대성당 감독관 시절, 어느 설교에서 "사자는 완벽하게 태어나지만 새끼 곰은 어미가 혀로 핥아주어야 형태를 갖춘다"고 말했다.

이 속설은 결국 사라졌지만 표현 자체는 knock into shape, whip into shape와 같이 다양한 동사와 결합하여 폭넓게 활용되었다. 한편 어미 곰의 헌신에 대한 믿음은 수 세기 동안 이어졌다. 셰익스피어의 「헨리 6세 제3부」에서 글로스터 공작은 자신의 볼품없는 몸매를 "어미가 핥아주지 않아 굴곡이 없는 새끼 곰"에 비유하기도 했다. 이처럼 lick into shape에 깃든 엉뚱하지만 사랑스러운 이미지를 생각하면 목표에 다가가느라 힘든 순간을 버텨낼 힘이 난다.

PANDICULATE
팔다리를 뻗으며 크게 하품하는 것

해가 완전히 뜨지 않은 어두운 아침에 일어나면 자동적으로 기지개를 켜고 하품을 하게 되는데, 이런 행동을 pandiculate라고 한다.

의학 사전이나 해부학 사전에 실리는 신체에 대한 전문용어는 대체로 무미건조한 편이며 라틴어나 그리스어에서 비롯된 경우가 많다. 예를 들어 재채기sneeze의 전문용어는 sternutation이고 키스는 osculation이다. 『옥스퍼드 영어 사전』의 osculation 항목에는 "혈관의 상호 접촉"이라는 섬뜩한 뜻까지 기록되어 있다. 사전에서 이 단어 근처를 살펴보면 oscitation을 발견할 수 있는데, 하품을 가리키는 의학 용어다(입을 가리키는 라틴어 os에서 왔다).

이런 단어들에는 반짝이는 색채감이 없는 편이다. 오늘의 단어 pandiculating 역시 의학 용어 느낌이 나긴 하지만, 그래도 우리가 매일 아침 잠에서 깨면서 하는 행동(아직 잠기운이 남은 상태로 팔다리를 뻗으면서 입을 크게 벌리고 하품하기)을 간결하게 설명해준다. 이 단어의 어원인 라틴어 pandere는 '뻗다'라는 뜻으로, expand 속에도 들어 있다. 이 단어는 17세기 사전에 "오한이 들 때 몸을 뻗는 일"이라고 정의되어 있다. 참고로 다른 사람이 하품하는 모습을 보고 똑같이 따라 하는 것처럼 행동이 전염되는 걸 echopraxis라 한다.

조지프 라이트의 멋진 19세기 방언 모음집에는 yawmagorp라는 단어가 있다. 이는 하품이라는 뜻도 되고 요크셔, 랭커셔, 레스터셔 방언으로는 하품하고 기지개 켜는 사람, 즉 빈둥거리는 사람을 악의 없이 놀리는 뜻이기도 하다. 같은 지방 방언인 yawm은 "어색하게 또는 천천히 움직이다. 입을 벌리고 또는 빈둥거리며 서 있다"라는 뜻이며, gorp는 멍하고 몽롱하게 하품하는 모습을 의미한다.

GYM
헬스장

gym은 1월에 가장 붐빈다. 아직은 새해 결심이 확고한 상태이기도 하고, Yule-hole(12월 27일 참고)이 지난 크리스마스의 폭식을 상기시키기 때문이다. gym은 gymnasium의 줄임말로 고대 그리스에서 아주 중요한 건물이었다. 운동 경기 훈련장 겸 사교와 사상 교류의 장소였다.

아테네 3대 gymnasium은 각각 유명한 철학 학파와 관계가 있었다. 안티스테네스는 키노사르게스('하얀 개'라는 뜻)에 학교를 세웠고, 여기서 cynic견유학파, 냉소자라는 말이 유래했다. 플라토닉 러브라는 말의 유래인 플라톤은 아카데메이아에서 학파를 창설했다. 걸어 다니면서 가르치길 좋아하는 아리스토텔레스는 리케이온에 소요학파peripatetic를 만들었다(그래서 오늘날 peripatetic은 '여기저기 옮겨 다니는'이라는 뜻으로 쓰인다).

이런 철학 학교와 오늘날 사람들이 땀을 흘리며 근육을 자랑하는 gym은 거리가 멀어 보인다. 하지만 고대 아테네에서는 아름다운 신체도 지적 능력과 똑같이 중시했기에 체육은 핵심 과목이었다. 신들을 기리는 운동경기에서 뛸 선수의 육성은 도시국가의 자부심과 지위를 높이는 일이었다. 멋진 근육을 더 잘 보여주려고 몸에 기름을 바르기도 했다. 이렇게 미적인 것에 집중하다 보니 훈련은 나체로 이루어졌고, 거기서 gymnasium이라는 단어가 태어났다. 그리스어 gymnazein은 말 그대로 '나체로 훈련하다'라는 뜻이다.

의외겠지만 gymnasium은 생쥐와도 관련이 있다. gymnasium에서 가꾼 muscle은 '작은 생쥐'라는 뜻의 라틴어 musculus가 줄어든 형태이기 때문이다. 팔을 굽힐 때 이두근의 모양이 살갗 아래 작은 생쥐들이 돌아다니는 것 같다는 데서 유래한 것이다.

DYSANIA
잠자리에서 일어나기 힘든 상태

알람이 아무리 시끄럽게 울려도 추운 1월 아침에는 유독 일어나기가 어렵다. 힘차게 이불을 걷어차고 하루를 맞이해야 하건만 포근한 침대 속에 조금 더 머물고 싶다는 욕망에 패배하기 십상이다. alarm은 '전투 준비'라는 뜻의 이탈리아어 alla arme에서 온 말로, 처음에는 임박한 공격에 대비하라는 군사 구호였다. 그러고 보면 침대 옆에서 끈질기게 울리는 알람은 정말 적의 공격처럼 느껴지기도 한다.

의학 용어 dysania는 잠자리에서 일어날 수 없는 상태를 가리키는 말로, 일 년 중에서도 특히 이맘때 생각난다. 이 단어는 얼마나 긴요한지 전문용어의 세계를 넘어 일상적으로도 사용하는 말이 되었다. dysania는 흔히 clinomania와 짝지어진다. dysania만큼이나 유용한 이 단어는 자리에 눕고 싶은, 거부하기 어려운 욕망을 가리킨다.

022

DONG-DING
동딩

2007년 1월 9일, 애플의 CEO이자 공동 창업자 스티브 잡스가 발표한 아이폰은 그가 20년 전에 한 말을 실현해냈다. "나는 우주에 흔적ding을 남기고 싶다."

울리는 소리를 흉내 낸 ding은 500년 전에도 쓰이는 말이었지만 처음에는 지금보다 의미가 훨씬 과격했다. 14세기에는 강하게 때리거나 짓뭉개는 것을 의미했다. 『옥스퍼드 영어 사전』에 huff and ding은 "격렬하게 여기저기 부딪치다. 우쭐거리며 뛰어다니다"라고 정의되어 있다. 종소리를 나타내는 ding은 ding-dong에서 온 말로 보인다. 초기 용례를 찾아보면 사전에서 이탈리아어 tintillare를 영어로 "to jangle, to gingle, to ding-dong"이라 풀이하면서 "종소리처럼 선명하게 딸랑거리다"라고 부연하고 있다.

오늘날에는 종소리, 말다툼, 떠들썩한 파티, 성적 전율로 터져 나오는 감탄 같은 것들을 표현할 때 ding-dong을 쓴다. 그런데 생각해보면 dong-ding이라고 쓰지는 않는다. dilly-dally, shilly-shally, flip-flop 역시 반대로는 쓰지 않는다. 마찬가지로 우리는 zag-zig로 걷지도 않고, 놀이터에서 saw-see를 타지도 않으며, 친구들과 chat-chit을 떨지도 않고, Kat-Kit을 먹지도 않는다. 또 pong-ping을 치지도 않는다. 우리가 무의식적으로 '모음 중복 전환'이라는 규칙을 따르기 때문이다. 영어에서 비슷한 말이 중복되는 복합어의 경우 항상 첫음절에 i 또는 e 소리가 오고, 그다음에 a 또는 o 소리가 온다. 이 규칙은 단어가 3음절인 경우에도 유효해서 i 또는 e, a, o 순서가 된다. 그래서 bish-bash-bosh일을 착착 해내는 모양가 되고, eeny-meeny-miney-moe아이들이 수를 세며 부르는 노래가 되는 것이다.

이런 법칙은 다른 언어에도 있다. 가령 일본어에는 かさこそ카사코소(바스락바스락)가 있고, 독일어에는 Quitschquatsch허튼소리, Wirrwarr뒤죽박죽, Krimskrams잡동사니가 있다. 프랑스어로도 잡동사니는 bric-à-brac이다.

모음 중복 전환은 오랜 세월 이어져온 규칙이지만 존재하는 이유는 정확하지 않다. 다만 소리가 중요한 역할을 하는 것만큼은 확실하다. i나 e 소리를 낼 때는 혀가 높은 곳에 있고 a나 o 소리를 낼 때는 혀가 아래로 내려가며 고모음과 저모음의 전환이 유쾌한 리듬을 이룬다. 우리가 이런 표현들을 계속 사용하는 이유는 그저 발음의 재미 때문인지도 모른다. 어떤 말을 어느 순서로 어떻게 발음해야 하는지 자기도 모르게 알게 되는 건 모어 사용자의 수많은 행운 중 하나다.

우리가 모르면서 쓰는 영어의 규칙 중 또 한 가지는 형용사와 관련된 것이다. 『걸어 다니는 어원 사전』을 쓴 마크 포사이스가 짚고 넘어가지 않았다면 대부분은 형용사를 쓰는 순서와 관련된 숨겨진 규칙을 모르고 지나갔을 것이다. 영어는 형용사를 '의견-크기-나이-모양-색깔-기원-재료-의도'의 순서로 쓴다. 그래서 green great dragon 같은 표현도 없고, marble long old mirror에 red shiny new shoes를 기쁘게 비추어보는 young small girl도 없다. 이 순서의 드문 예외 하나가 바로 big bad wolf인데, 모음 중복 전환 규칙을 따르기 때문이다!

 CROSS THE RUBICON
루비콘강을 건너다

기원전 49년 이날, 누군가 이탈리아 북부의 작은 시내를 건넌 일은 고대 역사에서 손꼽히는 중요한 사건이 된 동시에 돌아갈 수 없는 지점을 가리키는 표현을 낳았다.

라벤나 남쪽에 있는 루비콘강은 규모가 아니라 위치 때문에 중요했다. 루비콘강은 로마가 직접 통치한 이탈리아 본토와 갈리아 키살피나(카이사르가 다스린 알프스 남쪽 지역)를 가르는 공식 경계선이었다. 로마 시민 사이에서 카이사르의 인기가 날로 높아지자 원로원 의원들은 그를 위험하게 여기기 시작했다. 의원들에게 반감을 샀다는 건 남은 날이 얼마 없다는 뜻이기도 했다. 결국 카이사르는 군대 해산 명령을 받았고, 숙적 폼페이우스가 군사령관으로서 명령을 집행하게 되었다.

카이사르는 루비콘강을 건너면 어떻게 될지 잘 알고 있었다. 로마 법에 장군이 군대를 임지 밖으로 끌고 나가는 건 금지되어 있었으며 군대를 데리고 로마로 들어가는 것도 불가능했다. 결국 강을 건넌다는 건 반란 선포나 다름없었다.

그로부터 약 150년이 지난 뒤, 로마 역사가 수에토니우스는 카이사르가 로마 권력을 장악하는 장면을 극적으로 묘사했다. 갈리아 총독 카이사르가 다음 수를 고민할 때 신의 사자가 나타나 나팔을 들고 강으로 달려간 뒤 전투 신호를 울리자, 카이사르가 다음과 같이 외쳤다고 한다. "Alea iacta est(주사위는 던져졌다)."

카이사르는 주사위를 던지고 돌이킬 수 없는 강을 건너며 자신과 로마 제국의 미래를 확정 지었다. cross the Rubicon은 1624년에 군사 격언으로 처음 기록된 뒤, 지금까지 사용되고 있다.

(11 January) **LOTTERY**
복권

기록상 영국 최초의 복권 추첨은 1596년 1월 11일 세인트폴 대성당의 서쪽 문 앞에서 이루어졌다. 복권이라는 개념은 이미 수백 년 전부터 존재했다. 중국의 만리장성도 건설 비용의 일부를 복권으로 조달했다는 말이 있고, 고대 로마에서도 다양한 상품을 내걸고 복권을 팔아 시설 수리 비용이나 복지 기금을 마련했다. 상품은 다양했다. 파티광 엘라가발루스 황제는 여섯 명의 노예와 재미있게 생긴 싸구려 꽃병을 상품으로 내걸었다고 한다.

엘리자베스 1세 여왕의 고민은 네덜란드를 점령하고 여왕의 통치를 위협하는 스페인이었다. 1566년, 여왕은 해군과 해안 방위군 강화를 위해 항구를 수리하고 국토를 방어하며 차후에 공공사업을 도모

할 비용을 마련하라는 칙허를 내렸고, 5000파운드라는 엄청난 상금을 내건 복권 40만 장이 발행되었다. 여왕이 소장하던 은도금 물품과 태피스트리도 상품으로 나왔다.

한 장에 10실링이라는 가격은 당시 평범한 시민이 살 수 있는 수준이 아니었다. 사람들은 연합을 꾸려 복권 한 장 값을 모았다. 복권의 매력은 비단 상금을 받을 수 있다는 것만이 아니었다. 여왕은 살인과 반역을 제외한다면 구매자가 저지른 어떤 범죄도 사면하겠다고 직접 약속했다. 사회질서를 무너트리는 듯한 약속이었지만 그럴 만한 가치가 있었다. 복권으로 마련한 재원을 이용해 영국 해군이 스페인 무적함대를 무찔렀기 때문이다.

lottery라는 말은 제비뽑기에 쓰는 물건을 의미하는 독일어에서 기원했다. lot은 뭐가 여러 개라는 뜻이지만, throw in one's lot운명을 같이 하다 같은 여러 표현에 남아 다양하게 활용된다. 초기의 복권 추첨 방식은 두 개의 단지에서 각각 한 쌍의(한쪽에는 당첨자의 이름이, 다른 한쪽에는 상금이나 꽝blank이 적힌) 쪽지를 뽑는 것이었는데, 여기서 draw a blank대답을 얻지 못하다라는 표현이 탄생했다.

FEEFLE
눈 폭풍

지난 몇십 년 동안 이누이트어에 눈雪을 가리키는 단어가 몇 개인가를 두고 떠들썩한 토론이 이어졌다. 이는 문화가 언어를 결정할 뿐 아니라 언어도 세계관을 형성한다는 중요한 증거였다. 1960년대에 인류학자 프랜츠 보애스는 이누이트어에는 눈을 묘사하는 말이 더 다양하다고 주장했다. 하지만 보애스의 견해는 시간이 지날수록 반박

되어 이제는 '에스키모 어휘 사기극'이라는 이름으로 언어학 교과서에 실리게 되었다. 하지만 오늘날까지도 많은 사람이 이누이트어에는 눈에 대한 어휘만 수백 가지가 넘는다고 알고 있다.

실제로 이누이트어를 비롯한 여러 언어는 단어에 접사를 붙여 훨씬 더 많은 말을 만들 수 있다. 이 방식은 눈뿐만 아니라 모든 종류의 어휘에 적용된다. 그래서 실제로 눈에 관한 어휘가 풍부한 건 맞지만, 어떤 걸 단어로 봐야 하느냐가 논점이 된다. 이런 논의가 오가던 가운데 2013년, 눈 어휘 대결에 새로운 참가자가 나타났다. 스코틀랜드 최초의 유의어 사전에 따르면 스코틀랜드어에는 눈에 관한 단어만 400개가 넘으며 지금도 계속 발견되는 중이라고 한다.

이 스코틀랜드 사전은 feefle눈 폭풍, smirr산발적인 눈, unbrak갓 시작된 해빙, flindrikin가벼운 눈 소나기처럼 눈과 관련된 여러 단어를 담고 있다. 그 외에 flother과 figgerin이라는 단어도 수록되어 있는데, 두 단어 모두 '눈이 더 많이 올 것을 알리는 눈송이 한 개'라는 뜻이다.

(13 January) # GRAMMAR
문법

중세에는 많은 학문 분야에 논리와 미신적 믿음이 공존했다. 특히 마법 연구와 연금술(금속을 금으로 만들고 만병통치약을 찾는 일)은 화학 분야에서 진지하게 연구되었다. 1318년에 번역된 바살러뮤 드 글랜빌의 저서 『사물의 속성에 대하여On the Properties of Things』에는 "코카트리스(눈빛으로 동물을 죽인다는 전설의 뱀)의 재는 금속을 변화시키는 연금술에 유용하다"는 내용이 적혀 있다.

영국 의회는 1404년 1월 13일 연금술사들이 귀금속을 만들지 못하게 금지하는 증식자법을 통과시켰다. "앞으로는 누구도 금이나 은을 만들어낼 수 없고 만약 실행할 시 중범죄로 처벌을 받는다"는 이 조치의 배경에는, 연금술사들이 창출하는 부가 경제적 무정부 상태를 초래해 국가가 흔들릴지도 모른다는 두려움이 있었다.

그럼에도 당시 사람들은 마법 교육이 필요하다고 생각했다. 이 믿음은 당시 일반 학습을 가리키는 말인 grammar에 반영되어 있다. grammar는 350년 동안 언어, 문학, 오컬트, 과학이 뒤섞인 개념이었다가 마술적 아름다움과 매혹을 강조하면서 glamour라는 단어로 변형되었다. 그사이 grammar의 뜻은 언어학에 국한되어 오늘날까지 사용되고 있다. 사전 편찬자로서 grammar와 glamour가 한때 가까운 사이였다는 사실은 이상하면서도 기분이 좋다.

 COLOR
색깔

1784년 1월 14일, 미국이 마침내 독립국가이자 주권국가로 비준되었다. 독립전쟁과 자치 정부 수립은 언어 독립으로까지 이어졌다. 왕을 거부하듯 '왕의 영어'도 거부하고자 했다.

영국 영어와의 분리를 이끈 사람은 노아 웹스터였다. 미국이 앞으로 어떻게 말하고 쓸지는 영국이 아닌 자신과 논의하게 될 것이라 선언하기도 했던 웹스터는 독립적인 새 언어의 필요성에 대해 많은 글을 썼다. 그는 어렵고 복잡한 규칙을 단순하고 미국적인 규칙으로 대체했다. 영국에 맞서는 애국주의에 따라 미국 사전에는 color, honor, rumor 같은 미국식 철자영국식으로는 colour, honour, rumour가 실리게 되었다.

웹스터의 이런 발상이 아주 새로운 건 아니었다. 메이플라워호 이전 세대의 철자법은 좋게 말해 유동적이었고 나쁘게 말하면 혼돈 상태였다. 셰익스피어는 유언장에 자기 이름을 두 번이나 다른 철자로 썼고, 오늘날 미국적이라 여겨지는 철자들을 작품 속에(어쩌면 식자공들이) 적극 사용했다. 셰익스피어의 『퍼스트 폴리오First Folio』1623년에 발간된 최초의 셰익스피어 전집에는 honor가 500번 가까이 나온다. honour보다 100번이나 많은 횟수다. 이 책을 살펴보면 humor가 humour보다 많고, center의 사용 빈도가 centre를 가볍게 넘어선다.

웹스터가 이런 표기를 채택한 건 더 쉽고 음성학적으로도 정확했기 때문이다. 혹시 aluminum, sidewalk영국식으로는 aluminium, pavement 같은 단어를 사용할 때 괜히 미국식 표현을 고집하는 것 같아 불편한 사람이 있다면, 영국인들도 대서양을 건너기 전부터 그렇게 써왔다는 사실을 떠올려주기 바란다.

 HIBERNACLE
동면 장소

겨울 휴가지를 찾는다면 hibernacle이 딱이다. 이 단어는 동물이 동면하는 장소를 가리키는 hibernaculum과 같은 뜻이다. 온실, 호저의 은신처, 개구리의 진흙 은신처, 눈 덮인 가지에 매달린 애벌레 고치 등을 가리키는 데 다양하게 쓰인다. hibernacle, hibernaculum, hibernate 모두 동면한다는 뜻인데, 월동한다는 뜻의 라틴어 hibernare에서 왔다.

hibernacle에서 무엇을 할까? 겨울잠도 좋은 선택이지만, 대부분의 사람은 snudging을 선택할 것이다. snudging은 17세기에 등장한 단어로, 편안하고 조용하게 지내는 것을 뜻한다. 옛 사전과 방언사전에는 이 외에도 snuggling다정하게 달라붙기 같은 포근한 단어가 많다. croozling, snerdling, snoodling, snuzzling, neezling….

 SCREAMER
느낌표

1939년 1월 16일, 만화 『슈퍼맨』이 세상에 처음으로 등장해서 열풍을 불러일으켰다. 전성기에는 300개 이상의 간행물에 실리며 2000만 명 이상의 독자를 거느린 히트 작품이다.

슈퍼히어로에게 가장 좋아하는 문장부호가 뭐냐고 묻는다면 분명 느낌표라 답할 것이다. 캡틴 마블의 "Shazam!"부터 로빈의 "Holy… Batman!", 슈퍼맨의 "Up, up, and Away!"까지, 히어로 이야기에 느낌표는 세상을 파괴하는 악당만큼이나 꼭 필요하다. 그런데 왜 이렇게까지 느낌표가 많이 사용된 걸까? 여러 해 동안 『슈퍼맨』을 작업한 작가는 연재 당시 인쇄 품질이 너무 형편없는 탓에 문장 끝에 마침표 대신 느낌표를 쓸 수밖에 없었다는 사실을 고백했다. 그렇게 해야 인쇄했을 때 조금이라도 더 선명하게 보이기 때문이다. 이 작가는 그에 맞게 자신의 이름도 '엘리엇 S! 매긴'으로 표기했다.

문장부호에도 생생한 역사가 있다. 느낌표를 둘러싼 많은 기원 중 가장 설득력 있는 건 무엇보다 라틴어 io기쁨에서 왔다는 설이다. io는 대문자 I자와 소문자 o를 겹쳐 썼다. 느낌표는 16세기 영어에 도입된 이래 다양한 이름으로 불렸다. 1551년에 존 하트는 영국의 주요 문장부호를 정리하며 느낌표를 wonderer라고 불렀으며, 영국 최고의 문장부호 전문가로 꼽히는 벤 존슨(그는 자기 이름과 성 사이에 콜론을 찍고 이를 double prick이라 불렀다)은 '찬탄표admiration mark'라고 불렀다. 동시

030

대의 다른 사람들은 shriek, screamer 같은 이름을 붙였고, 그 뒤로도 boing, pling, bang, gasper, slammer, Christer를 비롯한 다양한 이름이 생겨났다.

뭐라고 부르건 간에 오늘날에는 느낌표를 지나치게 많이 쓰는 건 금기로 여겨진다. 작가 테리 프래칫은 "느낌표를 다섯 개 찍는 건 제정신이 아니라는 표시"라고 말하기도 했다.

 BAFFLING
당황하게 하는

1773년 1월 17일, 제임스 쿡 선장은 최초의 남극권 원정을 지휘했다. 항해의 목적은 테라 아우스트랄리스Terra Australis의 존재를 둘러싼 논쟁을 끝내는 것이었다. 이 남쪽 땅에 대한 설은 5세기부터 세상에 떠돌았고, 사람들은 아무 근거도 없이 이 땅을 지도에 그렸다. 북반구에 땅이 있으면 남반구에도 비슷한 땅덩이가 있지 않겠냐는 게 근거였다.

그 실체를 밝히기 위해 쿡 선장의 레절루션호가 1월 17일 남극권을 항해했다. 태평양을 횡단한 끝에 이들은 마침내 오스트레일리아 너머로는 테라 아우스트랄리스가 없다는 걸 증명했고, 대신 오스트레일리아가 그 전설적인 대륙의 이름을 갖게 되었다.

이처럼 쿡은 현대 지리학에 막대한 공헌을 했지만 사전에는 그만큼의 존재감이 두드러지지 않는다. 하지만 쿡의 꼼꼼한 항해 일지에는 수많은 단어, 특히 그가 탐험한 땅의 토착 언어에서 비롯된 단어들이 기록되어 있다. 『옥스퍼드 영어 사전』에도 taboo, tattoo, albatross, cannibalise, chocolate, gum, mangrove, mocking bird, kangaroo 같은 단어들이 그의 이름과 함께 등재되어 있다.

    coconut도 쿡 선장의 글에서 유래한 단어다. 당시는 cocoanut이라고 적었는데, 쿡 선장은 그 단어의 섬뜩한 유래를 알고 있었을 것이다. coco는 포르투갈어로 어린이에게 겁을 줘서 말을 듣게 하는 무서운 가면이다. 코코넛의 밑면을 보면 구멍 세 개가 있는데, 단어의 유래를 알고 보면 이 구멍들이 마치 섬뜩하게 웃는 얼굴처럼 느껴진다.

    쿡 선장은 고향에서 비롯된 표현도 기록했는데, 그중에는 baffling도 있었다. 바람이 제멋대로 불어서 직진 항해가 거의 불가능한 때를 뜻한다. 이 단어는 그 뜻처럼 이상하고 예측 불가능한 경로를 거쳐왔다. baffle은 16세기 스코틀랜드에서 비롯된 말로 원래는 누군가, 특히 맹세를 저버린 기사를 공개 망신시킨다는 뜻이었다. baffle하는 방식 중에는 망신 줄 사람을 거꾸로 매달린 모습으로 그린 뒤 거기에다 고함을 지르고 나팔을 부는 방법도 있었다. 나중에 가서는 속인다는 의미까지 더해져 오늘날의 당혹스럽다는 뜻으로 이어진 것이다. 레절루션호 같은 배의 돛이 이리저리 출렁이는 모습은 오늘날에도 좌절스러운 상황에 대한 선명한 은유다.

 BERSERK
미쳐 날뛰는

    1773년 1월 18일, 보스턴의 동물원에 북극곰 한 마리가 들어왔다. 그린란드에서 잡힌 9개월 된 새끼 곰으로, 미국 최초로 동물원에 전시된 북극곰이었다. 우연히 잡혀 미국에 오게 된 불쌍한 새끼 곰은 "동물원 우리에서 지내며 약간 더러워졌지만 그래도 눈처럼 새하얗다"는 설명을 달고 북적이는 보스턴에 살게 되었다.

곰은 옛날부터 특별한 동물이었고 언어에서도 그 존재감을 뚜렷하게 드러낸다(1월 5일 참고). 곰은 두려움과 흥미를 자극하는 존재이자 잔인한 중세의 여흥 수단으로 영어 곳곳에 웅크리고 있다. 웨일스어로 곰을 뜻하는 arth 또는 arthen에서 게일어 이름 Art와 Arthur가 나왔다. Ben은 곰을 뜻하는 어근 bera를 품은 게르만어계 이름이다. 노르만 계열의 이름인 Orson도 곰을 뜻하는 프랑스어 ours에서 온 것이다. 또 곰의 여신 아르티오를 모시던 도시는 오늘날 베른(곰의 도시)이 되었고, Arctic북극과 Antarctic남극은 북반구의 두 별자리인 큰곰자리와 작은곰자리에서 온 이름이다.

바이킹은 특히 곰을 존경했는데, 비외른Björn 같은 이름에 그 흔적이 남아 있다. 북유럽신화에는 거칠고 사나운 고대 전사들이 나오는데, 이들은 전쟁에 나가기 전에 berserker rage라는 무시무시한 춤을 췄다. berserker는 전쟁에 나가는 전사들이 입었던 곰 가죽으로, 이 가죽을 입으면 초인적인 힘이 생긴다고 믿었다. 오늘날 go berserk난폭해지다처럼 쓰이는 말에는 곰과 관련된 역사적 배경이 자리 잡고 있다.

 COMPUTER
컴퓨터

조너선 스위프트의 풍자 에세이 『통 이야기』(1704)를 보면 "산수의 규칙을 완벽하게 발휘하는 뛰어난 컴퓨터"라는 말이 나온다. 애플 리사보다 300년가량 앞서 나온 컴퓨터라는 점이 놀랍다. 리사는 그래픽 유저 인터페이스를 사용한 최초의 컴퓨터로, 바로 1983년 1월 19일에 출시되었다.

사실 『통 이야기』 속 '컴퓨터'는 계산을 수행하는 직원이나 회계원을 가리키는 말로 calculator라고도 했다. 1613년 기록에 나타난 이 단어는 프로그래밍 가능한 디지털 컴퓨터가 나온 20세기 중반까지도 사람을 가리키는 뜻으로 쓰였다.

계산에 쓰는 도구는 수백 년 전부터 있었다. 초창기에는 뼈나 나무로 만든 길쭉한 막대에 눈금을 새겨 계산에 사용했다. 주판을 가리키는 abacus는 기원전 2400년 바빌로니아에서 쓰던 점토판에서 발전한 것이기 때문에 '흙먼지'라는 뜻의 히브리어가 어원이다. calculating은 조약돌을 뜻하는 라틴어 calculus에서 왔다. 돌멩이를 사용한 고대의 계산법에서 비롯된 것이다.

중세 회계사들은 왕실에서 거둔 세수를 계산할 때 체크무늬 chequered 천을 놓고 네모 칸 위로 말을 이리저리 옮기며 계산했다. 여기서 재무부를 뜻하는 Exchequer와 확인한다는 의미의 check라는 말이 생겨났다. checkered와 check 모두 궁극적 기원은 체스 게임인 것이다.

 LALOCHEZIA

스트레스를 풀기 위해 욕하는 행위

계속되는 겨울날에 forswunk(13세기에 등장한 말로, 단조롭고 고된 일에 지친 것을 뜻한다)하게 되면 lalochezia가 필요할지 모른다. lalochezia는 욕설로 스트레스, 불행, 고통, 좌절을 풀어낸다는 걸 의미하며 lalos말와 chezo덜다, 풀다가 결합된 그리스어 단어다.

일이 제대로 되지 않을 때(문턱에 발가락을 찧었건, 도로에서 미친 운전자를 만났건, 아니면 그냥 짜증스럽건) 우리는 욕설을 내뱉고 싶은 본능을 느낀다. 여기에는 과학적인 근거가 있다. 욕설은 최근 언어학과 의학의 인기 연구 주제였고, 많은 연구가 욕설의 심리적이고 생리적인 가치에 초점을 맞추어 진행되었다. 실제로 어떤 실험에서는 실험자가 얼음물에 손을 담그고 중립적이고 카타르시스 없는 말을 외쳤을 때보다 "젠장!"이라고 욕을 했을 때, 120퍼센트 오래 버텼다고 한다.

적당한 욕설은 건강에 좋을 수 있다. 하지만 forswunk인 데다 foreswunk시작도 하기 전에 지친 상태라면 돌파하는 데 생각보다 훨씬 많은 욕설이 필요할지도 모른다(5월 27일 'fuck', 8월 14일 'the dog's bollocks' 참고).

 DAPHNE
천리향

겨울의 정원은 조용히 잠들어 있는 것처럼 보이지만, 새해가 시작되면 몇몇 식물을 선두로 활기가 돌아오기 시작한다. 이 중 가장 아름다운 것은 단연 천리향daphne이다. 천리향은 작은 꽃들이 무리지어 피며 향기도 진하다.

daphne라는 이름은 그리스어 월계수에서 왔다. 그리스신화에 나오는 요정 다프네Daphne는 원치 않는 아폴론의 애정 공세를 피해 도망다니는 처지였다. 절박해진 다프네가 아버지(대부분의 사료에서 강의 신 페네오스라 알려져 있다)에게 도움을 요청하자 페네오스는 다프네를 월계수로 만들어준다(7월 25일 참고).

나무로 변신하기 전 다프네는 샘이나 우물 등 민물의 요정인 나이아데스의 일원이었고, 강물의 요정인 포타미데스 중 하나이기도 했다. 포타미데스 중에는 레테Lethe(저승에 흐르는 망각의 강 레테에 사는 망각의 요정)도 있는데, 레테가 지키는 강의 물은 이승에서 쌓은 기억을 모두 잊게 한다. 레테의 이름에서 탄생한 말이 lethargic무기력한이다.

ARSLE
뒤로 움직이다

때로 전진은 불가능하고 뒤로 밀려나는 것만 같을 때가 있다. 이런 감각을 한 단어로 표현하는 말이 arsle이다. arsle은 컴브리아, 요크셔, 랭커셔 방언이며 1800년대부터 기록에 남아 있다. 네덜란드어의 aarzelen망설이다에서 기원했고, aarzelen의 기원은 aars엉덩이로 추정된다. 하지만 aars는 비슷한 단어인 arse, futz보다 훨씬 의미가 약하며, 프랑스어 reculer물러서다에 상응하기도 한다(reculer도 엉덩이를 뜻하는 cul을 품고 있다). arsle은 '불안하게 앉아 있다', '정처 없이 떠돌다', '뒤로 움직이다' 등 다양한 뜻을 지녔는데, 마지막 뜻이 특히 유용하다. 이 동사는 우리가 아무 데도 가지 않는다는 사실을 간결하고도 느리게, 은유적으로 전달한다.

036

JINGOISTIC
주전론적인

1878년 1월 23일, 벤저민 디즈레일리 총리는 영국 함대에 다르다넬스 해협으로 들어가 러시아와 맞서 싸우라는 명령을 내렸다. 이 일은 훗날 뮤직홀19세기 중반부터 20세기 초 사이에 영국에서 유행한 가볍고 저속한 대중 공연 노래로 만들어지며 큰 인기를 끌게 된다. 코러스 부분에 "by jingo"라는 표현 덕에 이전까지 별로 쓰이지 않던 jingoism이라는 말이 널리 퍼지게 되었다. jingoism은 극렬한 애국주의, 특히 호전적인 대외 정책이나 외국인에 대한 국수주의적 배척을 뜻한다. 그런데 이 말의 어원은 의외롭게도 마술사의 주문이다.

jingo에 대한 기록은 17세기 말 "hey jingo!" 또는 "high jingo!"라는 형태로 처음 기록되었다. 이는 '아브라카다브라'처럼 마술사가 마술을 부릴 때 사용하던 구호였다. "by God"이나 "by Jesus" 같은 강렬한 말을 완곡하게 표현한 "by jingo!"는 경탄이나 과장을 할 때 널리 쓰였는데 이 말이 1870년대의 뮤직홀 노래에 등장한 것이었다. 조지 헌트가 지은 이 노래를 런던 파빌리온의 고정 출연자 '위대한 맥더멋' 길버트 헤이스팅스 맥더멋이 불렀다. 후렴구 가사는 디즈레일리의 명령을 지지하는 주문처럼 불렸다.

우리는 싸우기 싫지만
아자by Jingo!
싸운다면 우리에겐 배도 있고, 군인도 있고, 돈도 있지.

1878년 3월 11일 자 《데일리 뉴스》는 런던의 소란스러운 시위자들을 "징고 노래를 부르는 새로운 유형의 뮤직홀 애국자들"이라며 jingoes라 불렀다.

(24 January) THE ACID TEST
가치 평가

1848년 1월 24일, 서부 개척자 존 서터의 작업반장 제임스 윌슨 마셜은 미국 캘리포니아에 있는 콜로마에서 수력 제재소 건설을 감독하던 중 강바닥에서 반짝이는 물체를 보았다. 그것은 바로 사금이었다. 이 발견을 기점으로 미국 역사에 손꼽히는 대규모 인구 이동이 일어났다. 마셜은 금이 발견된 사실을 감추려고 했지만 소식은 금세 새어나갔고, 일

확천금을 노리는 사람들이 콜로마로 모여들면서 골드러시가 시작되었다. 그해 6월 중순에는 샌프란시스코 남자의 4분의 3이 금을 찾아 떠났다고 한다.

이 열광의 시기 동안 몇 가지 단어와 표현이 생겼다. 광산 주변에는 취락이 건설되어 급증한 인구를 수용했고 술집, 상점, 유흥업소도 함께 발달했다. 이것이 최초의 **diggings**금광 주변의 숙박 시설였고, 시간이 지나면서 이 말이 줄어들어 현대의 속어인 **digs**숙소가 되었다.

당시 캘리포니아에 온 바이에른 출신 이민자 리바이 스트라우스는 천막용 질긴 천으로 광부들이 입을 튼튼한 바지를 만들면 좋겠다고 생각했다. 스트라우스의 아이디어로 만들어진 바지는 훗날 '리바이스'라는 이름의 세계적인 청바지 브랜드가 되었다.

평범한 접시pan로 자갈을 헹구어서 소중한 금 조각을 찾아낸 사람들에게는 모든 것이 그야말로 **pan out**성공이었다. 금을 다른 금속과 분리해내는 방법을 찾던 광부들은 금이 유독 질산nitric acid에 천천히 녹는다는 사실을 활용하기 시작했다. 이것이 최초의 **acid test**였고, 이 말은 오늘날 '결정적인 가치 평가'라는 뜻으로 쓰인다. 특이하게도 1960년대 샌프란시스코에서 열린 전혀 다른 종류의 파티에도 **acid test party**라는 이름이 붙었다. 리세르그산 디에틸아미드lysegic acid diethylamide(LSD)가 들어간 음료가 제공되었기 때문이다.

 WHISKY

위스키

스코틀랜드에서 1월 25일은 '번스 나이트'라 부른다. 스코틀랜드인들이 가장 사랑하는 시인이자 스코틀랜드 민요 〈올드 랭 사인〉을 작사한 로버트 번스를 기념하는 날이다. 이날은 맛있는 음식과 노래와 시를 즐기며 위스키도 한껏 마신다.

스카치위스키 생산에 관해서는 15세기부터 기록이 남아 있다. 제임스 4세가 파이프주 린도레스 수도원의 존 코 수사에게 맥아 8배럴로 강한 증류주를 만들어달라고 주문했다고 한다. whisky라는 단어 자체는 1715년 기록에 처음 등장한다. 시인 겸 골동품상 제임스 메이드먼트는 "위스키는 우리 두뇌를 미치게 할 것이다"라는 불길한 문장을 남겼다. 1753년 《젠틀맨스 매거진》을 살펴보면 알 수 있듯 독주에 대한 불안이 아일랜드까지 퍼져 있었다. "위스키라는 그 저주받은 술은 더블린의 한 술집에서만 454리터가 팔린다."

하지만 18세기 런던에서 공적 지탄의 대상이 된 진gin과 달리 위스키는 꾸준히 평판이 좋아져서 스코틀랜드 최고의 유산으로 꼽히게 되었고, 생명수로 여겨지기까지 했다. 라틴어 aqua vitae에서 온 아쿠아비트(북유럽식 증류주)가 그렇듯이 whisky의 어원인 게일어 usquebaugh도 생명수라는 뜻이다.

스카치위스키는 real McCoy라는 신기한 표현도 남겼다. '진정한 것'을 뜻하는 이 표현은 미국 권투 선수 키드 매코이, 유명 목축업자, 금주법 시대의 럼주 상인 등을 가리킬 때 쓰여왔다. 하지만 사실 최초의 사례는 매코이가 아니라 매케이, 정확히 말하면 에든버러의 유명 위스키 업체인 메서즈 G. 매케이에서 비롯된 것이다. "진짜 매케이 한 방울"은 1800년대 말 인기 광고 슬로건이었다.

HOOCH
밀주

1938년 1월 26일, 테네시주는 미국 역사상 최초로 알코올 제조, 유통, 판매를 모두 금지하는 금주법을 통과시켰다. 당연히 그 결과 막대한 규모의 암시장이 생겨났고 bootlegging밀주 제조라는 수상한 작업도 함께 성행했다. 오늘날 bootlegging은 불법 제조품이나 공연의 불법 녹음 등을 지칭하지만, 원래는 문자 그대로 금주법 초기에 암시장 거래자들이 몰래 구한 술병을 장화boots에 숨긴 데서 비롯된 말이다. 밀주는 moonshine이라고도 했는데, 어둠 속에 숨어서 또는 달빛 아래서 만들어 유통하는 술이라는 뜻이다.

hooch도 밀주를 가리키는 말이다. hoochinoo가 줄어든 것인데, 알래스카 원주민 부족 이름인 후츠누우Hutsnuwu에서 왔다. 후츠누우는 '갈색 곰의 요새'라는 뜻이다. 이 지역을 연구한 장로교 선교사 셸던 잭슨은 "후츠누우족의 중심인 앙군에 도착했지만 오래 머물지 않았다. 온 마을이 술에 취해 있었기 때문이다"라고 기록했다. 또 "사람들이 독주를 다량으로 마시는 일이 흔하다"고도 썼다. 다른 방문자는 hooch를 만드는 과정이 기이하고 끔찍하다고 했다. 자세한 설명은 없었지만 효모, 당밀, 베리류, 설탕, 밀가루 등을 뒤섞었다고 한다. 그래도 당시의 다른 조합들과 비교하면 상당히 건전한 조합이라고 할 수 있다. balder-dash에는 맥주와 우유에 비둘기 똥, 생석회 같은 것도 넣었으니 말이다. 맛이 어땠건 hooch는 강한 도수와 효과 때문에 모든 독주 중에서도 특히 불법으로 유통되는 술을 지칭하게 되었다.

CHAFF
가볍고 다정한 장난

『픽윅 클럽 여행기』『올리버 트위스트』『니컬러스 니클비Nicholas Nickleby』『오래된 골동품 상점』 등을 잇달아 성공시킨 대문호 찰스 디킨스는 1841년 1월 27일, 다시 매우 바빠졌다고 밝혔다. 당시 디킨스가 집필에 들어간 작품은 훗날 그의 가장 방대한 저작으로 꼽히는 『바너비 러지Barnaby Rudge』였다. 디킨스는 이 작품이 자신의 명성을 확고히 해주리라 믿지만 동시에 끔찍한 악몽처럼 자신을 괴롭힌다고 했다.

아쉽게도 『바너비 러지』는 디킨스의 다른 작품에 비해 크게 유명해지지는 않았다. 하지만 놀림을 뜻하는 bants, bantz가 싫은 사람들과, 장난에 흥분하지 않기 위해 chillax(chill+relax)진정하고 쉬다가 필요한 사람들을 달래줄 단어를 만들어내는 공을 세웠다. 그 단어는 바로 chaff로, 악의 없는 농담이나 상대의 기분을 좋게 해주는 가볍고 다정한 장난을 의미한다. 이런 장난은 단어의 원래 뜻처럼 '밀기울 같은 것'일지도 모른다. 도리깨질과 키질로 날려버리는 밀 껍데기는 별 의미가 없기 때문이다.

만약 좀 더 재치 있는 농담을 하고 싶다면 badinage를 나누면 된다. 프랑스어에서 유래한 badinage는 유머와 재치가 담긴 가벼운 대화를 의미하며 17세기 파리와 런던의 살롱에서 흔하게 들을 수 있었다.

SERENDIPITY
세렌디피티

마치 의성어 같은 느낌을 주는 serendipity는 nincompoop바보, discombobulated혼란스러운, mellifluous감미로운와 함께 영어권에서 엄청나게 사랑받는 단어로, 우연히 발견한 즐거움을 말한다. 이 말을 만든 작가 겸 정치인 호러스 월폴은 1754년 1월 28일 외교관 호러스 맨에게 쓴 편지에서 serendipity는 「세렌딥의 세 왕자The Three Princes of Serendip」라는 동화 제목에서 따온 단어라고 설명하면서, 동화의 주인공들은 "항상 우연과 총명함으로 생각하지도 않던 것을 발견한다"는 말을 덧붙였다.

동화 속 세 왕자는 낙타의 발자국을 따라 여행하며 철학적 대화를 나눈다. 세 왕자는 낙타가 풀을 뜯어 먹은 흔적과 발자국 모양 등을 살핀 끝에 낙타가 '다리를 절고, 한쪽 눈이 멀고, 이빨 하나가 빠졌고, 임신한 여자를 태웠고, 한쪽 옆구리에 꿀단지를, 다른 옆구리에는 버터를 매달고 있었을 거'라는 결론을 내린다. 낙타를 잃은 상인을 만나 이렇게 추론한 내용을 말하자 상인은 그들이 낙타를 훔쳤다고 생각해 왕에게 고발한다. 결국 세 왕자는 사형을 선고받는다! 목숨을 건지려면 잃어버린 낙타를 찾아야만 했는데, 셋은 또 멋진 추리로 해결해낸다. 그 후에도 세 왕자는 많은 모험을 헤쳐 나간다. 즐거운 우연과 행운이 점점이 박힌 이들의 여정에서 serendipity라는 말이 탄생한 것이다.

SNOTTINGER
콧물닦개

hankie손수건는 handkerchief를 줄인 말이다. 단어의 앞부분 hand
는 무엇을 뜻하는지 분명한 반면 kerchief의 기원은 조금 복잡하다.
kerchief는 머리 덮개라는 뜻으로, 여성용 모자를 의미하던 프랑스어
couvrechef에서 왔다. 그러다 세월이 지나면서 의미가 확장되어 얼굴
을 닦는 천을 뜻하게 되었다. 단어 모양은 kercher를 거쳐 kerchief가
되었다가 의미를 확실히 하기 위해 앞에 hand가 붙었다. 시간이 더 흐
른 뒤에는 마침내 hankie에 자리를 물려주었다.

재미있게도 빅토리아 시대 사람들은 손수건을 흔히 snottinger콧
물닦개라고 불렀다. 오물닦개를 뜻하는 좀 더 오래된 단어인 muckender,
muckinger와 비슷한 어감이다. snottinger를 수록한 1865년의 한 속어
사전에는 snotter와 snot-hauler라는 단어도 실렸는데, 두 단어 모두 "신
사의 손수건을 약탈하는 소매치기"라고 정의되어 있다.

이처럼 빅토리아 시대 속어에는 흥미로운 말이 많다. 예를 들
어 sausage소시지는 bags of mystery라고 불렸다. 안에 무엇이 들었는
지 알 수 없기 때문이다. 비슷하게 trousers바지도 점잖은 상황에서
는 쓸 수 없는 말이었다. 그 안에 말하기 곤란한 것이 들어 있기 때문
이다. 대신 빅토리아 시대 사람들은 옷에 관한 온갖 완곡어를 발달시
켰다. round-me-houses, sit-upons, unmentionables, inexpressibles….
trousers 안에 든 것을 말해야 할 경우, 고환은 periwinkles, jelly-bags,
apples 같은 귀여운 단어로 속삭였지만 음경은 holy poker, Adam's
needle, staff of life 같은 웅장한 이름으로 표현했다(물론 훨씬 거친 표현도
있었지만 그런 말들은 사교적인 이야기를 나누는 식탁 아래 엄격히 숨겨두었다).

또 다른 속어로는 주정뱅이(반 파인트 잔을 두 잔 이상 마신 사람)를 뜻

하는 **arfarfan'arf**, 손을 의미하는 **daddle**도 있었다. 점잖게 욕하고 싶을 때는 "**Damfino!**(Damned if I know내가 어떻게 알아?)"라고 소리쳤다고 한다.

 30 January   # MAVERICK
매버릭

1965년 1월 30일, 영국은 모든 일을 멈추고 한 사람의 죽음을 기렸다. 그가 영국 역사상 최고의 지도자였다는 사람도 많지만, 어떤 이들은 달변가라는 건 인정해도 용서할 수 없는 인종차별 사상을 지닌 정치계의 maverick이라고 했다. 어떻게 평가하든 부정할 수 없는 사실은 그가 자신의 직무를 잘 수행했고, 오늘날의 지도자들도 그를 보고 배우고자 한다는 것이다.

'그'는 윈스턴 처칠이다. 처칠의 유해는 1월 30일 우드스톡 근처인 옥스퍼드셔 블래든의 세인트마틴 교회로 옮겨졌다. BBC에서 방영한 장례 행렬은 전 세계 수백만 명이 시청했고, 그의 아내 클레먼타인 처칠은 "이건 장례 행렬이 아니라 개선 행진입니다"라고 말했다.

maverick은 오늘날 독자적인 길을 가는 사람, 처칠처럼 사회적 규범이나 기성 질서에 굴하지 않는 사람을 가리킬 때 두루 쓰이는 단어다. 이 말의 기원은 19세기 미국의 대지주이자 의원이었던 새뮤얼 매버릭이다. 그가 몹시 불쾌하고 게으른 사람이었다는 기록도 있고, 공정하기 이를 데 없는 사람이었다는 기록도 있다. 무엇이 진실이든 매버릭이 인습을 벗어난 사람이었던 것만큼은 분명하다.

매버릭은 바쁜 사람이기도 했다. 텍사스주 베어 카운티에 있는 400만 제곱미터의 땅을 관리하고 변호사로 일한 동시에 텍사스주 의원이기도 했기 때문이다. 너무 바쁜 나머지 소들에게 귀표를 달지 못하는 경우가 많았는데, 귀표가 없는 소들이 멋대로 돌아다니다가 이웃의 소와 섞이기도 했다. 사람들은 주인을 확인할 수 없는 소들을 볼 때면 혀를 차면서 "저기 매버릭 또 한 마리 간다"고 했다. 주인을 확인할 수 없는 소에서 시작된 maverick이라는 말은 이후 독립적이고 자유롭게 행동하는 반항적 정신의 소유자를 가리키게 되었다.

 CAKEISM

장점만 누리고 싶은 마음

"케이크를 갖고 있으면서 먹을 수는 없다"는 영국 속담은 단번에 이해할 수 없을 만큼 비논리적이며 정확히 여기에 해당하는 외국어 표현도 찾아볼 수 없다. 이 속담이 이상한 이유는 순서가 반대이기 때문이다. "이미 먹은 케이크를 다시 갖고 있을 수는 없다"로 순서를 바꾸면 무슨 뜻인지 확실히 이해할 수 있으니 말이다. 결국은 두 가지 상태가 양립하는 건 불가능하기에 케이크를 먹는 동시에 보유할 수는 없다는 말이다.

이 속담은 지난했던 브렉시트 과정에서 예기치 않게 주목을 받았다. 보리스 존슨이 EU를 떠나는 게 "케이크를 갖고 있으면서 먹기도 하는 것"이라고 표현했기 때문이다. EU 이사회 의장인 도널드 터스크는 "케이크를 사서 먹은 뒤 그게 여전히 접시에 있는지 한번 보세요"라 말하며 '케이크 철학'을 실험해볼 것을 요구했다. 한 달 후, 우연히 촬영 중인 카메라에 국회의원 보좌관의 메모가 잡혔는데, 거기에는 "본보기는 케이크를 갖고 먹는 것What's the model? Have your cake and eat it?"이라는 말이 적혀 있었다. 보좌관의 메모가 유출되며 언론이 시끄러워지자, 곧이어 정부는 케이크를 먹는 건 공식 정책이 아니라며 정식으로 부인 의사를 표했다. 그럼에도 cakeism이라는 새 단어는 브렉시트와 관련된 어휘 목록에 재빨리 올라갔다. 현재 이 말은 혜택을 모두 누리면서 단점은 하나도 감당하지 않을 수 있다는 믿음을 가리키는 말로 사용되고 있다.

February

1	MUD-MONTH	2월
2	AMETHYST	자수정
3	TAWDRY	싸구려
4	DISMAL	음울한
5	STEALING SOMEONE'S THUNDER	아이디어 도용
6	BUMBERSHOOT	우산
7	COCK AND BULL STORY	황당무계한 이야기
8	RAGAMUFFIN	누더기를 걸친 사람
9	TOADY	아첨꾼
10	TOFF	상류층
11	GERRYMANDERING	게리맨더링
12	TREADMILL	러닝 머신
13	TARTLE	확신할 수 없는 상황
14	FIRKYTOODLING	치근덕거림
15	HUFFLE-BUFFS	낡고 편안한 옷
16	SNICK-UP	재채기하다
17	FROBLY-MOBLY	그저 그런
18	GIGGLEMUG	짜증스러운 긍정왕
19	PERENDINATE	모레로 미루다
20	FREAK	괴짜
21	SNACCIDENT	'한 입만' 사태
22	DISASTER	재난
23	MINGING	추악한
24	SHORT SHRIFT	짧은 참회, 가벼운 취급
25	BUNKUM	장광설
26	POUND	파운드(화폐 단위)
27	BUGBEAR	근심거리
28	DORD	편집자의 실수로 사전에 실린 유령 단어
29	BACHELOR	총각

MUD-MONTH
2월

February가 율리우스력 두 번째 달의 이름이 된 건 13세기의 일이다. February는 라틴어 Februa(2월 15일에 로마에서 열리던 정화와 다산의 축제)에서 왔다. 축제의 특별 행사였던 루페르칼리아는 로물루스와 레무스가 암컷 늑대의 젖을 빨아 먹고 자랐다는 루페르칼 동굴에서 유래했다. 축제 때면 동물 희생제를 치렀고, '늑대의 형제'를 의미하는 루페르키 가문의 젊은이들이 죽은 동물의 가죽으로 만든 끈을 착용하고 나체로 도시를 달렸다.

고대 로마의 단어가 들어오기 전에는 영국에서 2월은 Solmonað, 즉 '진흙의 달'이었다. '흙냄새가 나는 달'이라는 뜻의 Kale-month라는 표현도 쓰였다. 이런 표현을 보면 확실히 2월은 땅과 관련된 달이라는 걸 알 수 있다.

AMETHYST
자수정

보라색 자수정amethyst은 2월의 탄생석이다. 옛날 사람들은 자수정에 아름다움 이상의 힘이 있다고 여겼다. 로마 여성들은 남편의 바람기를 막아준다는 믿음으로 자수정을 소중히 여겼고, 초기 기독교인들은 불그스름한 색조를 그리스도의 고난과 연결 지었다. 하지만 누구보다도 자수정을 좋아한 건 술꾼들이었다. 자수정의 특별한 효능 때문이었는데, 알코올에 자수정을 넣어두면 아무리 마셔도 취하지 않으니 실컷 마셔도 된다는 것이다.

이런 믿음은 고대 로마신화에서 왔다고 알려져 있지만 사실은 르네상스기 프랑스 시인 레미 벨로가 지어낸 이야기다. 구애를 거절한 디아나 여신에게 분노한 술의 신 바쿠스가 누구든 앞에 나타나기만 하면 호랑이를 풀어 가만두지 않겠다고 별렀다고 한다. 우연히 이 불운에 휘말린 아메티스트Amethyst는 디아나에게 도움을 요청했고, 와인 색깔을 띤 완벽한 수정으로 변하게 된다. 이때부터 자수정으로 만든 와인병이나 와인병 모양 목걸이는 술에 취하지 않게 해주는 마력이 있다고 여겨졌다. 이 전설은 자수정, 즉 amethyst라는 보석 이름에 깃들어 있다. amethyst는 술에 취하지 않았다는 뜻의 그리스어 amethustos에서 왔다.

 TAWDRY
싸구려

오늘은 4세기의 성인 블라시오의 축일이다. 블라시오는 양털을 빗어 정리하는 사람의 수호성인(정작 그는 쇠살이 박힌 양털 빗으로 고문받고 순교했다)이자 목이 아픈 환자들의 수호성인이다. 블라시오의 축일에는 목을 축복하기 위해 촛불 두 개를 X자로 엇갈려서 목에 대는 전통이 있었다.

목의 병과 관련해 전혀 예상치 못한 단어를 남긴 성인이 또 있는데, 바로 에설드레다다. 이스트앵글리아의 왕 애나의 딸이었던 에설드레다는 불행한 결혼 생활을 박차고 나와 엘리라는 곳에 수도원을 세웠다. 지금 그 자리에는 성당이 있다. 베다의 기록에 따르면 에설드레다는 679년에 목에 생긴 종양으로 죽었고, 종양이 생긴 게 젊은 시절 허영 때문에 목걸이를 했던 것에 대한 신의 징벌이라 생각했다고 한다.

수백 년 후 에설드레다는 성 오드리라는 이름으로 엘리의 수호 성인이 되었다. 엘리에서 성 오드리의 신앙심을 기려 열린 연례 장터에서는 레이스와 리본으로 만든 목 장식인 Saint Audrey Lace를 팔았는데, 이 말이 변형되어 tawdry lace가 되었다. 시간이 지나며 장신구의 품질이 떨어지자 tawdry는 조잡한 싸구려를 가리키는 말이 되었다. 성인의 인생과는 어딘가 어긋나는 결말이다.

 DISMAL
음울한

영국인이 discombobulated라는 단어를 사랑한다면, 스코틀랜드인은 그보다 dreich를 좋아하는 것 같다. dreich는 다목적 단어로, 음울하고 지루하고 무거운 느낌을 간결하게 전달한다. 오늘날에는 대체로 먹구름 덮인 우중충하고 우울한 날을 말할 때 쓴다.

052

고대에는 일 년 중 특정 날들을 불길한 날로 여겼다. 중세 달력에는 이런 날(총 24일)을 'D'로 표시했는데, 이집트의 날dies Aegyptiac이라는 뜻이었다. 이집트 점성술사들이 지정한 날이기 때문이다. 사람들은 불길한 날에는 중요한 행사를 치르지 않으려 했고, 그중 하루가 2월 4일이었다. 이런 날이면 의사나 이발사중세 유럽에서는 이발사가 외과 의사 역할도 했다는 사혈 치료를 하지 않았고 중요한 여행은 미루었다. 12세기의 한 9월 달력에는 3일과 21일이 특히 불길하다는 내용의 시가 적혀 있다. "Tercia septembris et denus fert mala membris9월 3일과 21일은 팔다리에 불길하다." 하지만 팔다리에 어떻게 불길하다는 건지는 따로 나와 있지 않다.

'D'처럼 불길한 날들을 가리키는 용어 중에서도 특히 강력한 건

'사악한 날'이라는 뜻의 dies mali였다. 이 라틴어 표현이 영어로 dismal
이 되었다. 처음에는 기존의 점성술적 뜻이 유지되다가 시간이 지나
면서 악마, 재난, 우울증을 폭넓게 의미하는 말이 되었고, 이후 노스캐
롤라이나의 우중충한 습지대Great Dismal Swamp까지 가리키게 되었다.
형용사 용법도 비슷하게 바뀌며 17세기부터 '음울한', '우울감을 일으
키는'이라는 의미로 쓰이게 되었다.

 ## STEALING SOMEONE'S THUNDER

아이디어 도용

다른 사람에게 아이디어를 도용당해 억울했던 적이 있다면 이
표현의 유래가 위로가 될지도 모르겠다. 해석해보면 너무도 말 그대
로라서 재미있기까지 하다. 어원학자가 어떤 단어나 표현이 처음 사
용된 사례를 정확히 짚는 일은 매우 드물다. 하지만 이 표현에는 유래
가 된 확실한 사건이 있다.

이야기의 주인공은 18세기 극작가이자 비평가였던 존 데니스
다. 1709년 2월 5일, 데니스의 연극 〈아피우스와 버지니아Appius and
Virginia〉가 런던의 드루리 레인 극장에서 공연되었다. 국상(전년 가을에
앤 여왕의 남편인 조지 공이 죽었다)으로 6주간 휴업하느라 입은 손실이 막
심해서 극장은 흥행작이 절실했지만, 안타깝게도 데니스의 연극은 거
북할 만큼 고전적이고 심하게 지루하다는 평가 속에 겨우 나흘간 공
연한 뒤 초라하게 막을 내렸다.

하지만 데니스는 천둥소리를 내는 장치를 획기적으로 개선해서
생생한 소리가 나게 했다. 작동 방식에 대한 기록은 없지만, 어떤 사람

들은 얇은 주석판을 쓴 것이라 생각했고, 어떤 사람들은 나무 여물통 위로 북을 굴린 게 아닐까 추측했다. 어쨌건 아주 효과적인 장치였던 모양이다. 데니스의 작품이 끝난 뒤에도 다른 극단이 이 장치를 사용해 〈맥베스〉를 공연했다.

데니스는 〈맥베스〉 개막 공연에 갔다가 무대에서 울리는 익숙한 소리에 분노했다. 목격자들의 기록에 따르면 데니스는 자리에서 일어나 펄펄 뛰면서 "망할 인간들! 내 연극을 중지시키더니 내 천둥을 훔쳤어!"라고 소리쳤다고 한다. 데니스는 자신이 의도치 않게 발명한 언어가 셰익스피어를 포함한 경쟁자들의 언어 못지않게 오래 이어질 거라는 사실을 알았을까?

 ## BUMBERSHOOT
우산

우산은 별명이 많다. 영국에서는 brolly가 가장 많이 쓰인다. brolly는 1800년대에 옥스퍼드대학교와 케임브리지대학교에서 쓰던 말이다. bumbershoot은 주로 미국에서 쓰는 별명인데, 이 기묘한 말은 1890년대 이후 기록에 등장한다. 미국 사람들은 bumbershoot을 영국적인 말로 여겼는데, 1968년 영화 〈치티치티 뱅뱅〉에서 딕 밴 다이크가 자신이 영국인임을 강조하며 bumbershoot이라 노래했기 때문이다(정작 영국인들은 상당히 당황스러워했다). 기원은 아리송하지만 bumber는 아마도 umbrella의 umbr에서 나온 말일 것이다. 그렇다면 shoot은 어디서 나온 걸까? shoot은 parachute낙하산의 chute을 변형한 것이다. 펼친 낙하산 모양이 우산과 비슷하기 때문이다.

원래 umbrella는 비가 아니라 햇빛을 막는 도구였다. 라틴어

umbra가 그늘을 뜻하는 말로 penumbra반음영, umbrage불쾌감 모두 여기서 유래했다. 같은 맥락에서 take umbrage모욕감을 느끼다는 오늘날의 throw shade은근히 모욕하다의 선조라 할 수 있다.

COCK AND BULL STORY
황당무계한 이야기

거짓말쟁이를 가리키는 말은 역사적으로 아주 다양하다. 14세기의 leasing-monger에서 빅토리아 시대의 pseudologist까지, 그 사이에도 falsificator, gabber, wrinkler 같은 수많은 단어가 있었다.

이 모든 표현은 1940년 2월 7일 뉴욕에서 첫 개봉한 디즈니의 〈피노키오〉로 이어진다. 카를로 콜로디의 동화를 토대로 한 이 작품에는 이탈리아 토스카나 지방의 목수 제페토가 만든 피노키오Pinocchio라는 인형이 나온다. 피노키오라는 이름은 잣을 뜻하는 토스카나 방언이자 소나무를 뜻하는 이탈리아어 pino에서 유래했을 것이라 추정된다. 피노키오는 거짓말fib을 할 때마다 코가 길어진다.

fib는 헛소리를 뜻하는 16세기 단어 fible-fable에서 왔다. 이야기에서 피노키오의 코는 황당무계한 이야기cock and bull에 예민하게 반응한다. 이 cock and bull이라는 표현에는 스토니 스트랫퍼드 마을에 위치한 두 여관의 비화가 숨어 있다. 떠도는 이야기에 따르면 밀턴킨스 근처 마을에 있는 두 여관은 서로 경쟁하는 두 승합마차 회사의 휴게소(승객이 휴식하고 말을 교체하는 곳)였다. Cock 여관과 Bull 여관은 서로 여행객들에게 황당무계한 이야기를 해서 어느 쪽의 이야기가 런던까지 전해지는지 확인해보자는 내기를 했다고 한다.

재미난 이야기지만 이 또한 아마 헛소리old cobblers일 것이다.

cock and bull의 진짜 어원은 알 수 없지만 1600년대 프랑스어에서 왔을 게 거의 확실하다. 프랑스어 coq-à-l'âne은 '수탉이 당나귀에게'라는 뜻으로, 앞뒤가 안 맞고 횡설수설하며 허언이 가득한 이야기를 의미한다.

 RAGAMUFFIN
누더기를 걸친 사람

1855년 2월 8일, 데번에서 미스터리한 사건이 발생했다. 데번 남쪽 엑스강 하구의 눈밭에서 갈라진 발굽 자국 수천 개가 발견되었다. 발굽 자국은 강을 건너고, 건초 더미 사이를 지나, 담장과 지붕을 넘어 배수관 위로 올라가는 이상한 행보를 보였다. 그러고는 허무하게도 시골 동네의 문 앞까지 갔다가 돌아 나온 뒤 끝났다. 발굽의 정체에 대해 여러 설이 떠돌았지만 그중 어떤 것도 진짜 정체를 설명하지 못했다. '악마의 발자국'이라 불리던 이 현상을 설명하기 위해 몇 가지 설이 제시되었지만 어떤 것도 만족스러운 해답이 되지 않았고, 그 수수께끼는 여전히 풀리지 않은 상태다.

영어에는 Mephistopheles, Old Nick, Beelzebub(히브리어로 '파리의 제왕'이라는 말에서 유래) 등 '어둠의 왕자'를 의미하는 이름이 넘쳐난다. 이 모든 이름은 수백 년 동안 사람들에게 공포를 일으켰다. 반면 사탄의 정체를 살짝 숨기는 말들도 있는데, 그중 the blues는 울적함을 일으킨다는 blue devils의 줄임말이다.

ragamuffin, ragged누더기 차림의, ragman넝마장수 모두 중세 초기에 사용된 악마의 별명이다. 아마도 악마의 초라한 모양새 때문이거나 악마가 털이 헝클어진 동물 모양으로 나타난다는 데서 유래한 것 같다. ragamuffin의 muffin은 장식적 접미사로 보인다. 흥미롭게도 이 단어가 처음 발견된 건 성씨로 쓰인 기록에서다. Isabella Ragamuffyn은 1344년 옥스퍼드에 멀쩡히 살고 있는 사람이었다(이름 탓에 인기는 없었을지도 모르겠다). 기원이 어쨌건 16세기가 되면서 ragamuffin은 악마라는 뜻을 벗어나 지저분한 누더기 차림에 품행이 형편없는 사람을 가리키는 말이 되었다.

9 February TOADY
아첨꾼

2월 9일 무렵부터는 개구리와 두꺼비가 올챙이tadpole로 부화할 알을 낳기 시작한다. tadpole은 직역하면 '두꺼비 머리'라는 뜻이다. 머리와 꼬리만 있는 올챙이의 형태 때문에 붙은 이름일 것이다. 여기서 pole은 voting poll투표의 형제 단어로, 원래는 머릿수 세는 일을 뜻했다.

개구리는 중세와 르네상스 시대 중요한 의료용 동물이었다. 예컨대 산 개구리를 입에 물고 있으면 목병이 낫는다는 말이 있었다. 한편 개구리와 두꺼비가 독을 품고 있다는 말도 있었고, 17세기의 돌팔이와 사기꾼들은 이 믿음을 이용해 의심스러운 재주를 부리기도 했다.

quack은 quacksalver('연고 바르는 사람'이라는 뜻의 네덜란드어)가 줄어든 단어다. 16세기에는 장터 곳곳에서 신기한 재주로 사람을 놀라게 하며 각종 의료 용품을 팔던 가짜 의사들을 가리키는 말이었다. 그들의 악명 높은 술책 중 하나는 독이 있다고 알려진 두꺼비를 조수에게 먹인 후 기적의 약을 처방해 목숨을 구한 뒤, 군중에게 그 약을 만병통치약이라고 파는 것이었다.

그래서 두꺼비를 먹는 돌팔이의 조수는 toad-eater라 불렸고, 이 말은 무슨 짓을 해서라도 주인의 환심을 사려 드는 비굴한 하수인을 뜻하게 되었다. 19세기부터 아첨꾼의 경멸스러운 속성을 강조하기 위해 toad-eater에 접미사 y를 붙여 toady로 줄어들었다.

 **TOFF**
상류층

중세 시대 대학생은 성직자 같은 지위를 누렸고, 옷차림도 사제와 비슷했다. 이 중세 대학생 옷이 검은색 졸업 가운과 학사모로 발전했다. 작위가 있는 대학생이나 귀족의 아들은 학사모에 황금색 술tufts을 달아 장식했는데, 특권을 상징하는 이 장식에서 현대 영어의 toff상류층라는 표현이 탄생했다.

snob라는 단어도 아마 여기서 파생되었을 것이다. snob는 원래 구두장이cobbler의 방언이었는데, 뜻이 변하며 외부인에게 대학생이라고 오해받는 케임브리지 주민을 의미하게 되었다. 그러다 조금 더 지나 하층계급을 가리켰고, 마침내 상류층을 흉내 내는 출세주의자와 그런 사람을 깔보는 사람까지 뜻하는 말이 되었다. 그리고 이런 계층 갈등 속에서 town and gown대학 도시 주민과 대학생이라는 말이 생겨났다. 양쪽의 적대감은 역사가 깊고 이따금 유혈 충돌로도 이어졌는데, 그중 가장 격렬했던 사건은 1355년 2월 10일 옥스퍼드에서 일어난 충돌로, 무려 63명의 학생과 30명의 주민이 사망했다.

폭동은 스윈들스톡 술집에서 벌어진 옥스퍼드 대학생 두 명(월터 스프링휴즈와 로저 드 체스터필드)과 술집 주인 존 크로이던의 말다툼에서 시작되었다. 학생들이 술의 품질을 논하며 무례하게 시비를 걸었고, 옥신각신하던 중 학생들이 주인의 얼굴에 술을 뿌리며 먼저 공격했다고 한다. 싸움은 일파만파 커졌고 결국 200명가량의 학생이 끼어들어 시장과 지방 의원들을 공격했다. 상황이 격화되자 인근 지역 주민들은 활과 도끼로 무장하고 합류해 "Havoc! Havoc! Smyt fast, give gode knocks!파멸! 파멸! 빠르게 때려라, 흠씬 두들겨라!"라는 구호를 외쳤고, 학교로 쳐들어가 학생들을 마구잡이로 죽였다.

그 뒤로 거의 500년 동안 2월 10일이면 옥스퍼드 시장과 법원 관리들은 살해된 학생을 기리는 63명의 지역 주민과 함께 세인트메리 대학 교회를 방문해 대학 부총장을 만났다. 그리고 법원 관리들이 작은 은화로 63펜스를 건넸다. 이어진 관계 개선의 많은 노력에도 불구하고 아직도 주민과 학생들의 관계는 종종 아슬아슬해 보인다. toff와 snob는 언어로 남아 그 관계를 증명하고 있다.

(11 February) GERRYMANDERING
게리맨더링

게리맨더링gerrymandering, 즉 기형적인 선거구 개편은 현대 정치의 큰 저주 가운데 하나다. 게리맨더링은 1812년 미국 매사추세츠 주지사 엘브리지 게리가 서명한 법안 때문에 생겨났다. 게리는 자신이 소속된 민주공화당이 경쟁 당인 연방당보다 유리하도록 주 상원 의원 선거구를 재설정했다. 정치적 술수로 선거구를 재설정한 게 한두 번 있었던 일은 아니지만 이 사건은 엄청난 악명을 남겼다.

게리는 미국 건국의 아버지 중 한 명이었다. 독립선언서 서명자이자 제2대 미국 대통령인 존 애덤스의 지기였던 게리는 유명세만큼이나 기이한 면모가 있었는데, 그가 새로이 설정한 선거구는 낯설고 이상한 모양 탓에 정적들에게 '난도질'이라는 비난을 받았다.

gerrymander라는 말은 연방 당원들의 디너파티에서 게리의 법안을 조롱하면서 만들어진 말이라고 한다. 《보스턴 가제트》가 목이 길고 머리가 뱀처럼 생긴 샐러맨더전설 속의 불도마뱀 같은 동물 그림을 싣고 거기에 Gerry-Mander라는 별명을 붙이면서 퍼져 나갔다는 것이다. 하지만 공화당 상원 의원을 지낸 역사가 헨리 캐벗 로지의 말은 다르다. 로지의 말을 빌리면, 어느 날 《센티널》 신문의 편집자가 사무실에 새로운 선거구의 지도를 걸었는데 화가 스튜어트가 거기에 머리와 날개와 발가락을 그려 넣더니 "이러면 샐러맨더가 되지!"라고 소리쳤다는 것이다. 그걸 본 러셀이라는 사람이 "게리맨더네!"라고 외쳤고, 그렇게 게리맨더링이라는 말이 탄생했다고 한다. 진짜 유래가 무엇이건 간에 그 후로 게리맨더링은 정치적 이득을 위해 선거구를 멋대로 조정하는 일을 가리키는 용어로 정착했다.

 TREADMILL
러닝 머신

겨울이 한창인 2월에는 끝없이 treadmill러닝 머신 위를 걷는 듯한 기분이 들지만, 새해 결심을 포기하지 않고 이어온 사람들은 진짜 러닝 머신 위에서 운동 중일 것이다. 러닝 머신 위를 달릴 때는 물을 마시거나 잠시 숨을 고르는 등 사이사이 휴식을 취할 수 있지만, 원래 treadmill은 휴식 따위 없는 가혹한 도구였다.

treadmill의 기원은 고대 로마에서 무거운 돌을 움직일 때 쓰던 트레드휠 기중기treadwheel crane다. 이 기중기는 건축, 농업, 특히 제분에 오랫동안 사용되었다. 하지만 19세기가 되면서 밀을 찧는 대신 고문에 사용되었는데, 윌리엄 큐빗이라는 엔지니어가 베리의 세인트에드먼즈 감옥에서 빈둥거리는 죄수들에게 딱 맞는 일거리를 찾아낸 것이다. 그는 자신이 개발한 신형 treadmill로 "죄수들에게 근면의 미덕을 가르칠 수 있다"고 주장했다. 이 징벌용 treadmill은 수평축을 중심으로 계속해서 돌기에 사용자 또한 끝없이 걸어 올라가야 한다. 이 모습은 모리츠 코르넬리스 에셔의 그림 〈상대성〉에 나오는 끝없는 계단과 비슷했다.

이후 여러 명의 죄수를 나란히 걷게 하는 광폭 모델도 등장했다. 그렇게 하루에 6시간 이상 걸으면 오르막길 4킬로미터 정도를 걷는 셈이지만, 속죄에 대한 빅토리아 시대의 이상을 실현하는 것 외에는 아무런 이득이 없었다. 브릭스턴 감옥에서는 방아를 연결해 약간의 쓰임새를 더했는데, 그렇게 죄수들은 밀을 가는 중노동을 하게 됐다. 그러나 감옥에서 제공하는 식사로는 죄수들이 날마다 소모하는 칼로리를 충당할 수 없었다. 많은 수감자가 고통스러운 노역을 하면서 굶주림에 시달렸으며 심한 경우 죽음에 이르렀다.

결국 감옥에서 treadmill의 사용은 철폐되었다. 지금 우리가 헬스장에서 타는 treadmill의 조상은 1952년 워싱턴대학교 연구 팀이 심폐질환 진단을 위해 발명한 모델의 후손이다. 끝없는 컨베이어 벨트 같은 러닝 머신 위에서 땀을 잔뜩 흘리고 나면 왜 여기에 악독한 옛 처벌 기구의 이름이 붙었는지 절실히 느낄 수 있을 것이다.

(13 February) **TARTLE**
확신할 수 없는 상황

영어에는 완벽하게 메워지지 않는 구멍이 가득하다. 좀 더 적절한 말을 고른 뒤 답하려고 잠시 미루었다가 완전히 잊어버린 이메일을 칭할 말, 도로에서 겁 없이 추월하는 차의 운전자를 보고 싶은 충동을 표현할 말, 트위터에서 활발히 활동하던 유명인의 사망 소식을 접했을 때의 공포감을 이를 수 있는 말이 있을까?

다행히 종종 과거 사전에서 그런 구멍을 메울 단어를 찾곤 한다. 17세기 스코틀랜드어 tartle이 그중 하나다. 스코틀랜드어 사전에서는 tartle을 "어떤 사람이나 사물에 대해 말할 때 주저하거나 확신을 갖지 못하다"라고 정의한다. 그러니까 tartle은 오랜만에 만난 친구 이름이 기억나지 않을 때 느껴지는 당혹스러움이라 할 수 있다. 이런 상황에서 나도 모르게 튀어나오는 '어', '그', '저' 같은 말들도 tartle이다.

더 풍성한 표현을 원한다면 오스트레일리아 속어가 도움이 될 것이다. 얼굴은 친숙한데 이름이 기억나지 않는 사람을 shaggledick이라고 한다. 아쉽게도 그 이유는 아직 밝혀지지 않았다.

 FIRKYTOODLING
치근덕거림

사랑love에는 동의어가 없다. 생각해보면 사랑의 감정적 스펙트럼과 가능성을 똑같이 담고 있는 단어는 없다. 실제 삶에서 그렇듯 언어에서도 사랑은 각별하다.

그러나 '사랑에 관한' 어휘는 사정이 다르다. 달아오른 성욕을 포장하는 말(밸런타인데이에 필요할지도 모르는 concupiscence강한 성욕)이건, 아내를 과도하게 좋아한다는 말(uxorious팔불출)이건 사랑과 유사한 수많은 말을 어디서든 척척 찾아볼 수 있다.

〈러브 아일랜드〉 같은 TV 프로그램에서는 섹스를 '먼지 털기dusting'나 '힘차게 하기cracking on' 정도로 에둘러 부른다. 이 정도면 역사 속 사례에 비해선 아무것도 아니다. 1500년대에는 hot cockles, 1600년대에는 service of Venus, 1800년대에는 fandango de pokum 같은 표현이 있었다. 21세기 속어로 sticking it on someone이라 표현되는 성적인 치근덕거림을 빅토리아 시대에는 firkytoodling이라 표현했다.

firkytoodling은 '육체적으로 친밀감을 표시하는 일', '예비 애무'라고 정의된다. 쉽게 말해 약간의 전희를 한다는 말이다. 아직까지 알려진 기원은 없지만 아무래도 '때리다'라는 뜻의 동사 firk와 연관이 있을지 모르겠다(설마 싶겠지만 fuck이라는 동사 역시 '때리다'라는 뜻의 라틴어 pugnare에서 유래했다고 보인다. 5월 27일 참고).

사랑의 어휘에는 좋은 표현들도 많다. belgard는 동경과 매혹에 사로잡힌 눈빛을, lovelight는 깊은 애정과 매혹을 담은 눈빛을 의미한다. 그렇다고 밝고 긍정적인 말만 있는 건 아니다. 한 예로 sphallolalia는 열렬한 노력에도 불구하고 수포로 돌아가는 구애를 가리키는 말이다(11월 25일 참고).

(15 February) HUFFLE-BUFFS
낡고 편안한 옷

스코틀랜드어 사전에서 huffle-buffs를 찾아보면 간단히 "낡은 옷"이라고 정의되어 있다. 하지만 huffle-buffs를 사랑하는 사람들에게 이 단어는 그리 단순하지 않다. 이유가 뭘까? 힌트는 이 단어를 발음할 때 나는 소리에 있다. 늘어지고 부드럽고 폭신폭신하면서 약간 헐렁한 느낌. huffle-buffs는 오래되고 낡았지만 편안한 옷, 힘겨운 한 주를 보내고 주말에 휴식을 취할 때 입는 옷, 별 탈이 없으면 월요일 아침까지 벗기 싫은 옷, 다시 말해 궁극의 실내복이라 할 수 있다. 이 단어를 처음 기록한 18세기 사람들도 게으르게 늘어져 뒹구는 걸 좋아했다는 게 재미있다.

SNICK-UP
재채기하다

흑사병이 맹위를 떨치던 7세기의 어느 2월 16일, 교황 그레고리오 1세는 누군가 재채기를 하면 "God bless you신의 축복이 있기를"라 응수해주자고 선언했다. 이 말은 표면상으로 해석하자면 재채기를 하는 사람과 곁에 있는 사람 모두의 건강을 기원한다는 것이지만, 좀 더 깊숙이 살펴보면 불운한 영혼을 신에게 위탁하려는 의도도 있다. 이런 표현은 여러 나라에서 살펴볼 수 있다. 가령 스페인은 Salud, 독일은 Gesundheit, 러시아는 Búdte zdoróvy라는 말로 서로의 건강을 빌어준다.

재채기를 한 사람에게 축복을 비는 일에는 그보다 훨씬 오래된 유래가 있다. 로마의 티베리우스 황제는 전차를 타고 가다가도 어떤 이가 재채기하는 모습을 보면 반드시 인사를 했다고 한다. 지난날에는 재채기를 하면 몸 안의 악령을 내보낼 수 있다는 미신이 있었고, 심장이 잠시 멎는다고도 생각했다.

재채기에 대한 의학 용어는 sternutation다. 재채기sneeze라는 말은 의성어 fnese에서 시작되었다. 맨 앞의 f 소리가 코가 막혔을 때 '푸', '쿵' 하는 소리를 전달하기 때문이다. 다만 게르만어의 fn 소리가 영어에서 낯선 탓에 f가 s로 바뀌었다.

snick-up(17세기에 fnese 발작을 표현한 말)을 했을 때 반응도 나라마다 다르다. 스페인에서는 재채기를 두 번 하면 돈dinero을 벌고, 세 번 하면 사랑amor을 얻는다는 믿음이 있다. 네덜란드에서는 재채기를 세 번 하면 morgen mooi weer내일은 좋은 날씨라는 말을 듣게 될 것이다. 만약 알레르기 철이라 재채기를 네 번 넘게 한다면 어떤 반응이 돌아올까? 아쉽게도 네 번의 재채기에 붙은 의미나 표현은 따로 없다.

 FROBLY-MOBLY
그저 그런

우중충한 아침에는 하루 종일 이불 속에 있고 싶다. 학생이든 직장인이든 humdudgeon(1월 4일 참고)이 적절한 변명일지는 모르겠으나, 우리가 frobly-mobly(약간 더 늘어진 표현으로 flobly-mobly를 쓰기도 한다)한 느낌을 받는 건 이상한 일이 아니다. 간단히 말해 frobly-mobly는 18세기 버전의 "아니, 별로"라고 할 수 있다. 한 지방어 사전은 "그저 그렇게 무난한"이라고 설명했는데, 이 또한 이것도 저것도 아니라는 의미로 보인다.

 GIGGLEMUG
짜증스러운 긍정왕

늘 유쾌해 보이는 사람은 왠지 짜증스럽기 마련이다. 특히 새벽같이 일어나 정신을 차리기 위해 커피라도 마시려던 참에 마주치면 더욱 그렇다. 나만 불행하다고 느껴져서일까? 다행히도 19세기 속어에는 그런 사람에게 붙일 딱지가 있다. 바로 gigglemug이다. 항상 짜증스럽게 명랑한 사람을 가리키는 말로, 16세기 grinagog의 후손 단어다.

gigglemug는 우리가 humgruffin 모드일 때 특히 감당하기 힘들다. humgruffin은 『옥스퍼드 영어사전』에 '고약하고 불쾌한 사람'이라고 정의되어 있는 단어다. 순화해서 말하자면 심술궂고 불평불만 많으며 늘 얼굴을 찌푸린 사람을 가리킨다.

PERENDINATE
모레로 미루다

우리에게 매우 친숙한 procrastinate라는 단어는 라틴어 pro앞으로와 cras내일가 결합해 만들어진 말이다. 문자 그대로 해석해보자면 무언가를 내일로 미룬다는 뜻이다. 지역마다 spuddle, niffle-naffle, futze about같이 비슷한 뜻을 가진 다양한 표현이 있다.

하지만 하루를 미루는 것으로는 부족할 때가 있기 마련이다. 그런 경우에는 '모레로 미루다'는 뜻의 perendinate가 필요하다. 라틴어 dies perendinus가 바로 옛 영어인 overmorrow모레와 같은 뜻이다.

영어에는 시간을 가리키는 아름다운 말이 가득하다. sennight은 '주week'를 가리키는 앵글로색슨어로, seven nights가 줄어든 것이다. fourteen nights가 줄어서 fortnight이 된 것과 마찬가지다. yestreen은 어제를 뜻하는 yesterday의 밤을 뜻한다.

시간을 되도록 모호하게 표현하고자 한다면 스페인어 mañana나 데번어 dreckly를 사용하면 된다. 둘 다 '곧장directly'이라는 뜻이긴 하지만 실제로는 전혀 다르게 쓰인다. 무언가를 dreckly 하겠다는 것은 언젠가 하겠다는 의미다.

FREAK

괴짜

1932년 2월 20일, 실제 서커스 단원들이 출연하는 토드 브라우닝 감독의 공포 영화 〈프릭스Freaks〉가 개봉했다. 이 영화는 당시 큰 논란을 일으켰고 영국에서는 30년 넘게 상영이 금지되기도 했다.

freak이라는 말의 역사는 아주 엉뚱하다. freak은 '춤추다'라는 뜻의 고대영어 frician에서 탄생했고, 16세기 중반부터는 '갑작스럽고 이유 없는 변심이나 변덕'이라는 의미로 사용되었다. 당시 작가들은 변덕이라는 개념을 애용했다. 운명의 변덕fickle freakes of fortune이나 마음이 갑자기 변해서 충동적인 결정을 내리는 인물을 작품에 곧잘 등장시켰다. 자연도 변덕을 부리며, 일반적이지 않은 성격이나 외모는 변덕스러운 우주가 보내는 신호라고 여겼다. freak의 의미는 이런 과정을 거쳐 점차 변화했다.

freak show기이한 외모와 재주를 지닌 사람들이 출연하는 공연는 19세기에 전성기를 누렸다. 지금이야 특이한 외형이 희귀한 질병 때문이라는 걸 알지만 당시에는 그저 신기한 구경거리로 이용됐다. P.T. 바넘의 쇼에는 수염 난 여자, 키가 엄청나게 크거나 작은 사람, 해골처럼 마른 사람, 사지 없이 몸통만 남은 사람, 다리가 네 개인 소녀 등 수많은 특이 인물이 출연했다.

1960년대 샌프란시스코에 장발의 평화운동가들이 나타나면서 freak의 의미는 다시 한번 바뀌었다. 그때부터 freak은 반문화 관련 어휘로 자리를 잡았다. freak flag은 긴 머리를 가리켰으며, 환각제를 사용해 통제력을 잃는 것을 freak out이라 표현했다.

이처럼 특이한 freak의 여정에 필적하는 단어로 geek을 꼽을 수 있다. geek은 바보라는 뜻의 방언인 geck의 여러 형태 중 하나로, 처음에는 관객 앞에서 살아 있는 닭이나 뱀의 머리를 물어뜯는 사람을 가리키는 말이었다. 그러다가 목적을 위해서라면 무슨 일이든 하는 극단적 강박증으로 의미가 변했고, 오늘날에 와서는 긍정적인 '열중'의 느낌을 담게 되었다.

 SNACCIDENT
'한 입만' 사태

근래 들어 생겨난 유용한 합성어(8월 2일 참고) 중에 snaccident라는 단어가 있다. 아주 최근에 snack과 accident가 결합해 만들어진 말로, 과자나 간식을 한 개만 먹으려고 하다가 한 봉지를 다 먹게 되는 일을 가리킨다. 다이어트 중 잠시 삐끗해본 적이 있거나 종종 폭식으로 스트레스를 푸는 사람이라면 깊이 공감할 단어이지 싶다. 다행히 snaccident의 피해자를 위해 1931년 2월 21일에 물에 타 마시는 소화제 알카셀처가 출시되었다!

 DISASTER
재난

1797년 2월 22일은 영국이 마지막으로 침공을 당한 날이다. 다소 허술한 프랑스 함대가 펨브로크셔 해안에 상륙해서 훗날 피시가드 전투라는 이름이 붙은 전투를 벌였다. 하지만 프랑스 침략군은 지역 주민의 저항에 부딪혔고(침략군과 맞서 싸운 주민 중에는 용맹한 제미마 니컬러스도 있었다. 제미마는 갈퀴를 들고 나서서 프랑스군 열두 명을 교회에 가두었다), 이어

영국군에게 반격당하자 무조건 항복만이 살길이었다. 이 사건은 프랑스의 무력에 대한 자부심을 무너트린 재난_{disaster}이었다.

　disaster에는 별과 관련된 의외의 의미가 있다. disaster는 불운하다는 뜻의 고대 이탈리아어 형용사 disastro에서 온 말로, 모든 고통과 불행은 별들 때문이라는 암시를 담고 있다. 별자리가 사람의 성격과 운명을 결정한다는 믿음은 오래된 것으로, 문학 작품에서도 잘 드러난다. 셰익스피어는 「로미오와 줄리엣」의 두 사람을 star-crossed lovers별이 엇갈린, 불운한 연인라 표현했고, 「리어왕」에서 글로스터 백작의 혼외자 에드먼드는 통제 불가능한 영향력에 맹목적으로 굴종하는 자들을 조롱하며 이렇게 말한다. "재난이 닥치면 사람들은 해, 달, 별을 탓하지. 마치 우리가 어쩔 수 없이 악당이 되고, 하늘의 뜻으로 바보가 되기라도 한 것처럼 말이야." 셰익스피어의 작품 세계를 보면 아무래도 그가 점성술에 대해 잘 알고 있었을 뿐만 아니라 disaster라는 말의 기원도 알고 있었을 거란 생각이 든다.

　disaster 외에도 영어 단어 곳곳에는 수많은 별이 숨겨져 있다. 작은 별이라는 뜻의 라틴어 aster가 들어간 asterisk별표도 있고, 빛을 가져온다는 뜻의 그리스어에서 기원한 Phosphorus는 샛별(금성)을 가리키는 말이었다. 금성이 일출 전 하늘에 나타나기 때문이다. 이 말은 현재는 화학원소 인燐을 가리키는데, 이 물질이 밝게 타기 때문이다. 성냥을 뜻하던 옛말 lucifer도 라틴어로 빛을 가져온다는 뜻이었다. lucifer와 동의어인 Satan은 반역 천사, 즉 떨어진 별을 의미한다. 또 원래 별을 관찰하는 행동을 가리키던 consider와 별을 향해 소원을 비는 일인 desire는 모두 별을 뜻하는 다른 라틴어 sidus에서 유래했다.

MINGING
추악한

언어학자 칼 샌드버그의 유명한 말처럼 속어는 "소매를 걷고 손바닥에 침을 뱉은 뒤 일에 착수하는 언어"다. 여러 면에서 속어의 세계를 아주 잘 살린 작품 중 하나가 1996년 2월 23일에 출간된 어빈 웰시의 소설 『트레인스포팅』이다. 이 작품은 에든버러의 어두운 구석과 마약에 찌든 반영웅들의 삶을 탐색함과 동시에 거친 스코틀랜드 속어의 세계도 잘 보여준다.

웰시의 작품에는 여러 특징이 있다. 우선 웰시는 head를 heid라 쓰고, is not을 isnae라 쓰는 등 철자를 발음 나는 대로 쓰며, 강타한다는 뜻의 blooter, 화장실이라는 뜻의 cludgie, 여기저기 붙어 활용되는 욕설을 뜻하는 minging처럼 스코틀랜드 색채가 짙은 표현을 많이 사용한다. 하지만 무엇보다도 두드러지는 그만의 특징은 지역 압운 속어rhyming slang를 사용한다는 것이다압운 속어란 'A+B'로 이루어진 표현에서 B가 다른 단어 C와 각운이 맞으면 A로 C를 뜻하는 언어 놀이다. 예를 들어 boat race에서 race가 face와 각운이 맞으니 boat라 쓰고 face를 뜻한다. B가 C를 가리키는 경우도 있다. 웰시의 작품에서 영국 록밴드 스몰 페이시즈의 키보드 플레이어 이안 맥라간Ian McLagan은 섹스shagging를 뜻하고, 만토바 사람들인 mantovani는 여성을 가리키며(fanny여성 성기), 햄든 함성Hampden roar은 축구장의 소리(score득점)를 의미한다. 여기서 더 나아가기도 하는데, 스코틀랜드 전 축구 선수인 대니 맥그레인Danny McGrain이 정맥vein을 뜻하고 크리스토퍼 리브Christopher Reeve가 술을 뜻하는 peeve(아마 오줌을 눈다는 뜻의 스코틀랜드어 piver에서 왔을 것이라 추정된다)가 된다는 걸 파악하는 일은 조금 더 난이도가 높다.

속어 전문가 조너선 그린은 이 책에 담긴 독특한 속어의 개수가

1300개 정도일 것이라고 했다. 『트레인스포팅』에는 이런 속어들이 진하면서도 자연스럽게 녹아들어 있다. 웰시의 작품 속 반항아들은 다양한 속어를 사용하며 자신의 캐릭터와 잘 어울리는 독특한 반언어의 세계를 펼쳐 보인다.

 SHORT SHRIFT
짧은 참회, 가벼운 취급

2월 말이면 참회의 화요일Shrove Tuesday이 돌아온다. shrove는 동사 shrive의 형태 중 하나다. shrive는 사제에게 고해하여 속죄받는 일을 뜻하는 앵글로색슨어이며, shrift참회는 shrove에서 파생된 명사다. 과거 사형을 앞둔 죄인에게는 형 집행 전 사제를 만나 짧게 회개할 시간이 주어졌다. 셰익스피어는 이 점에 착안해 「리처드 3세」에 다음과 같은 대사를 썼다. "참회를 짧게 해. 그가 당신 머리를 보고 싶어 하니 Make a short shrift, he longs to see your head." 오늘날 누군가를 무시하듯 가볍게 취급한다는 뜻의 short shrift에는 이렇게 어두운 과거가 있다.

이처럼 Shrove Tuesday는 종교적인 의미가 담긴 단어지만, 오늘날 참회의 화요일은 사순절 금식을 시작하기 전에 먹고 마시며 노는 날이다. 영국에서는 기독교인과 비기독교인을 가리지 않고 팬케이크를 많이 먹어서 팬케이크의 날이라는 별명이 붙기도 했다. 프랑스어로는 기름진 화요일이라는 뜻인 Mardi Gras라고 부른다. 금식 시작 전 마지막 포식의 날로, 사육제carnival와도 이어진다. carnival의 어원은 사순절 직전의 사흘을 뜻하는 라틴어 carnelevare에서 왔는데, 이 말에는 고기를 먹어 치운다는 뜻도 있다.

BUNKUM
장광설

『옥스퍼드 영어 사전』에는 정치권에서 사용하는 여러 수식어도 수록되어 있다. 하지만 그걸 정치인들이 좋아할지는 잘 모르겠다. 주로 정치인을 의심하는 의미를 담고 있기 때문이다.

진실하건 진실하지 않건, 말은 정치인의 중요 자질 가운데 하나다. 국민은 대표로 선출된 이들이 자신들의 목소리를 잘 대변해주기 바라지만, 한편으로는 오래전부터 그들의 말이 대개 헛소리라는 불신이 있다. flapdoodler사기꾼라는 말은 19세기 속어 사전에 처음 기록되었는데 그 예로 돌팔이 의사, 감언이설을 하는 정치인을 꼽고 있다.

pish, twaddle, flimflam의 발설자, 즉 헛소리를 하는 사람을 가리키는 다른 말도 많다. 정치계 바깥까지 널리 퍼진 말로는 bunkum이 있다. bunkum은 1820년 노스캐롤라이나주 벙컴Buncombe 카운티의 어느 하원 의원이 장황하고 의미 없는 연설을 한 데서 유래했다. 연설이 너무 늘어지자 다른 의원들까지 제발 그만하라고 사정했지만 그는 모든 게 벙컴을 위한 일이라며 꿋꿋이 연설을 계속했다. 그 후 Buncombe은 bunkum이 되어 정치적 장광설을 의미하는 단어로 쓰이게 되었다.

POUND
파운드(화폐 단위)

영국의 파운드 기호는 오늘날 통용되는 화폐 기호 중 가장 오래되었다고 한다. 영국의 중앙은행인 잉글랜드 은행이 최초의 1파운드

지폐를 발행한 건 1797년 2월 26일이지만, '£' 기호가 1파운드 스털링
무게 단위 파운드가 아닌 화폐 단위 파운드을 지칭하는 표시로 쓰이기 시작한
건 훨씬 전부터다. 잉글랜드 은행 박물관에 전시된 1661년 1월 7일 자
수표에도 그 기호가 선명하게 찍혀 있다.

'£'는 대문자 L에, 약어라는 표시로 가로선을 그어 만들어진 기호
다. L은 천칭을 뜻하는 라틴어 libra(그래서 천칭자리를 Libra라고 한다)와 로
마의 무게 단위를 나타낸다. 보통은 libra pondo라고 썼으며, 여기서
pondo는 영국 파운드의 조상으로서 '무게로'라는 뜻이다. libra에서 무
게 파운드를 의미하는 lb라는 약어도 생겨났다. 1파운드 스털링은 당
시 기준으로 순은 1파운드 무게의 가치였다.

파운드 지폐는 1988년 영국에서 동전으로 교체되었다. 동전 테
두리의 톱니 모양 옆에는 "decus et tutamen"(베르길리우스의 「아이네이드」
에서 따온 구절로, '장식과 보호'라는 뜻)이라고 새겨져 있는데, 개선 전사의
방패에 새기던 문구였다. 잉글랜드 은행은 뜻 그대로 이 문구가 장식이
자 동전 자체를 보호하는 역할을 한다고 봤다. 귀금속으로 동전을 만들
던 시절에는 동전을 몰래 깎아내는 범죄가 워낙 많았기 때문이다.

스코틀랜드의 1파운드 동전에는 라틴어로 "nemo me impune
lacessit나를 치는 자는 보복을 피할 수 없다"라고 새겨져 있다. 이 문구는 엉겅
퀴 기사단과 스코틀랜드 왕실의 표어다. 웨일스 동전에는 국가의 한
구절인 "pleidiol wyf I'm gwlad나는 내 나라에 충성한다"가 새겨져 있다.

BUGBEAR
근심거리

1939년 2월 27일, 영국에서 가장 오싹한 건물로 유명한 볼리 목사관에 수상한 화재가 발생했다. 심령 연구자 해리 프라이스가 볼리 목사관에서 여러 차례 유령을 목격한 적이 있다는 말까지 덧붙이자 볼리 목사관은 많은 이를 더욱더 공포로 떨게 만들었다. 런던의 신문들은 날마다 프라이스의 이야기를 실었다.

유령, 도깨비, 괴물 이야기는 수천 년 동안 사람들의 스릴과 공포심을 자극해왔다. bugbear라는 말은 16세기 중반 어느 연극 공연에 대한 오싹한 묘사에 처음 기록되었다. 그 글에는 "Hob Goblin, Rawhead, bloudibone, the ouglie hagges Bugbeares, helhoundes…"처럼 괴물들의 이름이 나열되어 있다. 그중 bugbear는 못된 아이들을 잡아먹는 상상 속 괴물로, 육아에 지친 부모들이 아이들에게 겁을 줄 때 사용하던 말이었다. bug는 아마 bogy악귀(기원은 불분명하다)의 변형일 텐데, 여기에 bear까지 가세해 무시무시한 느낌이 더해졌다. 이런 말 뒤에는 nightmare악몽(mare는 잠자는 사람이나 동물이 질식하는 느낌을 받게 하는 유령이다) 같은 단어들이 뒤따르곤 했다.

오래지 않아 bugbear는 쓸데없는 공포감을 뜻하게 되었다. 새뮤얼 존슨은 1783년에 쓴 편지에서 히스테리가 질병계의 bugbear이며 큰 공포감을 불러일으키긴 하지만 실제로는 크게 위험하지 않다고 적었다. 오늘날 bugbear는 무서운 괴물보다 짜증나는 것을 가리킬 때 쓰이지만, 내포된 혐오감은 비슷하다고 할 수 있다.

DORD
편집자의 실수로 사전에 실린 유령 단어

"제가 무지해서 그랬습니다, 부인. 순전히 무지 때문입니다." 새 뮤얼 존슨은 사전에 pastern이라는 단어의 정의가 잘못된 게 아니냐는 지적을 받고 이와 같이 회신했다. 존슨은 pastern을 말의 무릎이라 정의했지만 사실 그것은 말의 발굽 바로 윗부분을 지칭하는 말이었다. 이런 솔직한 덤덤함이 존슨의 특징이었다. 존슨은 동사 worm을 "뭔지는 잘 모르겠지만 개의 혀 밑에 있는 것을 없애는 일을 뜻한다. 이유도 잘 모르겠지만 그렇게 하면 개가 미치는 일을 막을 수 있다"라고 쓰기도 했다.

생각이 다른 사람도 있겠지만, 다행히 영어라는 언어에는 정부가 없다. 명확한 관리 기관이 없기 때문에 우리는 세상에 어떤 단어가 있는지, 그리고 그게 맞는 말인지 궁금할 때 사전에 의존한다. 그런데 1939년 2월 28일, 사전에서 실수 하나가 드러났다. 그렇게 발견된 dord는 오늘날 가장 악명 높은 유령어 중 하나가 되었다.

dord는 편집자들의 실수로 1934년 발간된 『뉴 인터내셔널 사전』에 다음과 같은 뜻으로 기입되었다.

dord(dôrd): 명사 | (물리&화학) 밀도

그렇게 dord는 밀도의 동의어가 되었다. 하지만 문제는 실제로 그런 단어가 없다는 것이다.

dord 사건은 아주 조용히 벌어졌다. 화학 분야 사전 편집자는 전통 방식에 따라 각각의 표제어를 별개의 종이쪽지에 적어 정리했고, 이 중에는 "D or d, cont./density"라 적힌 쪽지도 포함되어 있었다. 여기서 "D or d"란 밀도density의 축약형을 의미했다. 그런데 편집자가 이 걸 "Dord"라는 한 단어로 읽고 거기다 명사라는 품사와 발음까지 적 어 넣어버린 것이다. 결국 그 상태로 5년이 흘렀고, 어느 날 다른 편집 자가 dord에 어원이 없다는 걸 발견하고 오류임을 알게 되었다. 이후 dord는 사전에서 사라졌지만 그 명성은 아직까지도 남아 있다.

 BACHELOR
총각

2월 29일은 4년에 한 번씩 돌아오는 Leap Day윤일로, 아일랜드에 서는 Bachelor's Day독신 남성의 날라고 한다. 윤년은 태양력 1년의 길이 (365.2422일)와 365일로 이루어진 역법의 차이를 없애주는 날이다. 이 날은 여성이 먼저 청혼할 것을 독려하는 날이기도 하다.

고정된 성 역할을 바꾸는 전통은 킬데어의 성 브리지다와 성 파 트리치오(패트릭)가 맺은 계약에서 시작되었고, 계약 내용에 따라 일 년 중 하루는 여자들이 먼저 애인을 구할 수 있었다. 하지만 왜 하필 이 날 청혼을 하게 되었는지 그 이유는 명확히 밝혀지지 않았다. 아마 2월 29일이 달력의 질서를 흔드는 날인 만큼 전통적 질서도 뒤집자는 의미에서 나온 게 아닐지 추측할 뿐이다. 참고로 청혼을 거절한 남자 는 대가로 실크 드레스나 장갑 한 켤레를 사줘야 하는 전통도 있었다 고 한다.

bachelor라는 말은 1200년대 말부터 영어에 들어왔고, 당시에는 아직 성년이 되지 않아 다른 기사의 깃발을 따르는 젊은 기사를 뜻했 다. 100년 뒤 제프리 초서는 이런 젊은 기사들을 두고 "젊고 생기 넘치 며 강하고 갑옷 입은 모습이 보기 좋다"고 썼다. 그러다 그 단어에 함축된 젊음과 미숙함의 의미가 모든 초보자에게로 확장되었고, 대학에서 학사 과정을 밟는 학생이나 신입 사원도 여기에 포함되었다.

거기에 미혼 남성이라는 의미까지 금세 뒤따랐다. 초서는 이와 관련된 표현도 남겼는데, 젊은 기사에 대해 기록한 것에 비해 분위기가 사뭇 비관적이다. "총각들은 고통과 비애를 자주 느낀다." 물론 이런 우울한 견해는 오래 가지 않았다. 총각 생활의 이미지가 멋짐, 화려함, 자유분방한 연애 등으로 점차 바뀌어갔기 때문이다. 한편 20세기 미디어 업계에서는 confirmed bachelor확실한 총각가 게이를 뜻하는 암호처럼 쓰였다.

어쨌건 당시 미혼 남성의 삶은 미혼 여성spinster의 삶보다 훨씬 좋았다. spinster라는 단어는 독신 여성들이 물레를 자아서 생계를 유지하던 데서 유래했다. 18세기에 이르자 이 말은 old maid노처녀 같은 비하의 의미로 사용되기 시작했다. 그래서 spinster 앞에는 eligibl결혼 상대로 좋은이라는 말은 쓰이지 않는다.

3

March

1	WELSH RAREBIT	웨일스식 치즈 토스트
2	APRICITY	추운 날 느끼는 태양의 온기
3	ROBIN	로빈(사람 이름)
4	SWANSONG	백조의 노래
5	FRIDGE	냉장고
6	WEAR THE WILLOW	실연당하다
7	BIRDIE	버디(골프 용어)
8	AMAZON	아마존
9	JOIN GIBLETS	결혼하다
10	IPSEDIXITISM	독단적인 주장
11	COCKTHROPPLED	유난히 큰 목젖
12	AVOCADO	아보카도
13	OFF ONE'S TROLLEY	정신이 나간
14	PI	파이
15	IDES OF MARCH	3월의 중간 날
16	FANATIC	광신도
17	ACUSHLA	애인
18	HECKLING	야유
19	EYESERVANT	눈앞에서만 알랑거리는 하인
20	BOOK	책
21	VERNALAGNIA	봄에 생기는 낭만적 감정
22	SYMPOSIUM	심포지엄
23	HURRICANE	허리케인
24	WUTHERING	바람이 강하게 부는
25	LADY	레이디
26	BLOW HOT AND COLD	이랬다저랬다 하다
27	DEODAND	신에게 바치는 것
28	SCUTTLEBUTT	가십
29	FORSLOTH	빈둥거리기
30	ETHER	에테르
31	CATCHFART	아첨하는 하인

WELSH RAREBIT
웨일스식 치즈 토스트

웨일스어는 로마 점령기에 쓰던 브리튼어의 후손으로, 콘월어 및 브르타뉴어와 가까운 친척이다. 웨일스어는 세계적으로 손꼽히는 아름다운 언어지만, 그 역사는 순탄치 않았다. 웨일스어Welsh라는 이름은 앵글로색슨족이 켈트족을 경계하며 붙인 것이다. 앵글로색슨어로 Wealh는 단순히 '외국인'이라는 뜻이었는데 여러 켈트족을 뭉뚱그려 가리키는 데 사용했다.

게르만어 계열의 고대영어를 쓴 앵글로색슨족에게 켈트족의 언어는 낯설었다. 그래서 Welsh는 재미있게도 어원상 walnut호두과 형제 관계다. 앵글로색슨족의 개암과는 다른 '외국 견과'라는 의미였다. 한편 콘월도 웨일스와 역사를 공유한다. Cornwall은 브리튼섬 남서부의 켈트족 정착지였기 때문에 '켈트족의 곶岬'이라는 뜻을 담고 있다. 실제로 앵글로색슨족은 한동안 콘월을 '서부 웨일스'라 불렀다.

3월 1일은 웨일스의 수호성인 성 데이비드의 날이다. 이날이 되면 웨일스 전역에서 축하 행사가 열리고, 고향을 떠난 웨일스인들은 웨일스를 상징하는 리크와 수선화로 옷을 장식한다. 17세기의 작가 새뮤얼 피프스는 런던에서 성 데이비드의 날 행사가 열리면 잉글랜드인들이 반발하는 모습을 기록했다. 잉글랜드인들은 실제 사람 크기의 웨일스인 인형을 만들어 폭행하는 행사를 벌였고, 제빵사들은 taffy웨일스인이 염소를 탄 모양의 생강 빵를 구웠다.

역사를 살펴보면 잉글랜드인이 이웃을 경멸하거나 조롱한 표현이 많다. 셰익스피어는 '웨일스어' 자체를 '헛소리'라는 뜻으로 썼으며, 'it's all Greek to me그리스어 같다'나 'it's Welsh to me웨일스어 같다'는 수백 년 동안 무슨 말인지 모르겠다는 의미로 쓰였다. 법조계에서 Welsh brief는 쓸데없이 길고 이해하기 힘든 변론을 가리키며 계약을 깨는 것을 welsh한다고 표현한다. 또 Welsh comb은 손가락으로 머리카락을 훑는 일을 뜻한다.

그리고 유명한 Welsh rarebit(rabbit이라고도 쓰는데, 원래는 이 형태가 먼저 등장했다)라는 표현이 있다. Welsh rarebit은 흑맥주로 녹인 치즈를 토스트에 얹어 먹는 것인데, 웨일스인은 가난해서 고기를 먹을 형편이 안 되니 토스트에 치즈나 얹어 먹으라는 조롱이 담긴 말이다. 나중에 rabbit이 rarebit이 된 건 아이러니하게도 그쪽이 좀 더 고급스럽게 들린다는 이유였다.

 APRICITY
추운 날 느끼는 태양의 온기

플로렌스 나이팅게일은 1850년대 크림전쟁 야전병원들을 시찰하던 중 어떤 요소가 환자의 회복에 큰 영향을 준다는 사실을 알게 되었다. 바로 부상병들의 위치였다. 나이팅게일은 식물이 태양을 향해 기울듯 환자들이 창문을 보며 눕는 모습을 발견했다. 심지어 자세가 고통스러워도 바꾸지 않았다. 햇빛이 건강에 미치는 영향을 확인한 나이팅게일은 다음과 같이 말했다. "환자가 원하는 건 그저 빛이 아니라 내리쬐는 햇빛이었다."

태양의 온기가 피부에 닿는 감각은 아주 섬세해서 정확히 뭐라고 표현하기 힘들다. 우리는 별생각 없이 일광욕을 즐기지만, 이런 단순한 욕망을 지지하는 과학적 연구는 계속 발표되고 있다. 일례로 햇빛이 면역계를 강화하고 세로토닌 수치를 올려 정신 건강에 영향을 미친다는 사실이 증명되었다. 하지만 사람들은 점점 햇빛과 멀어지고 있다. 현대인은 밤까지 눈부신 인공조명과 스마트폰을 비롯한 무수한 스크린에 중독되어 낮은 어둡고 밤은 밝은 삶을 살아가는 중이다.

린다 게디스의 책 『햇빛의 과학』에는 노르웨이 어느 마을의 산기슭에 대형 회전 거울 세트를 설치한 뒤, 겨울 동안 하루에 두 시간씩 마을 광장에 햇빛을 비춘 사례가 나온다. 아이슬란드인들이 말하는 skammdegisthunglyndi낮이 짧을 때 느끼는 우울감를 줄이기 위해서였다. 우리도 낮이 짧은 계절에는 때로 apricity의 아름다움을 누린다. apricity는 추운 날 느끼는 태양의 온기를 뜻하며 '일광욕을 하다'라는 뜻의 라틴어 apricari에 뿌리를 두고 있다. 왜인지 『옥스퍼드 영어 사전』에는 이 단어가 1623년 한 차례만 실렸는데, 지금 시점에 다시 소생시켜도 좋을 단어다.

 ROBIN
로빈(사람 이름)

노르만 정복1066년 프랑스 북부 해안에 살던 노르만족이 잉글랜드를 정복한 일. 이 사건으로 영어에 프랑스어가 쏟아져 들어오게 된다이 언어에 끼친 중대한 영향 중 하나는 고대영어의 인명이 사실상 근절되었다는 것이다. 후기 앵글로색슨 잉글랜드에서는 Godwine, Wulfsige 같은 남자 이름과 Godgifu, Cwēnhild 같은 여자 이름이 노르만 통치자들이 들여온 대륙식 이름으로 교체되었다. 결국 잉글랜드 동부와 북부의 바이킹 근거지에서 쓰이던 이름들도 다 사라졌다. 13세기 중반 이후에는 Ēadweard, Ēadmund, Cūðbeorh, Ēadgýð 같은 전통성 강한 이름들이 남아 저항을 계속하다가 이들도 중세영어 시기에 이르자 각각 Edward, Edmund, Cuthbert, Edith로 변했다. 정복자들이 들여온 이

름은 대개 독일어 이름에 프랑스어 발음을 입힌 William, John, Alice, Maud, Richard, Robert로 정착했다.

중세영어 후기에는 애칭이 널리 쓰이기 시작했다. 아마 작고 밀접한 공동체에서 서로를 구별할 필요 때문이다. Marion, Janet, Dick, Hick, Dob, Hob, Nob, Dodge, Hodge, Nodge는 모두 Richard, Robert, Roger 같은 인기 이름에서 태어난 애칭이다. Ned, Ted는 Edward, Edmund에서, Bib, Lib, Nib, Tib은 Isabelle에서 탄생했다. 중세 영어에서 John의 가장 흔한 애칭이던 Jack은 플랑드르어 Jankin의 축약형이 프랑스어를 거쳐 수입된 것이다.

Robin 역시 노르만식 이름이다. Robin은 Robert의 애칭이며 영국에서는 1200년대부터, 프랑스에서는 훨씬 이전부터 기록에 등장한다. 정원의 명금인 울새도 robin이라 불리는데, 원래는 redbreast였다가 애칭을 얻은 것이다. 까치magpie도 원래 pica라고 불리다가 마거릿의 애칭인 Mag가 쓰이면서 지금처럼 불리게 되었다(3월 14일 참고).

(4 March) **SWANSONG**
백조의 노래

1877년 3월 4일 모스크바 볼쇼이극장에서 〈백조의 호수〉가 초연되면서 표트르 일리치 차이콥스키의 최초 장편 발레곡이 발표되었다. 당시 평론가들은 악곡과 안무가 복잡하고 오케스트라도 형편없었다고 비난했지만, 250년이 지난 지금 〈백조의 호수〉는 세계에서 가장 자주 공연되는 발레 작품이 되었다. 평론가들의 혹평에도 불구하고 사람들의 기억에 남은 부분은 불길한 도입부가 아니라 신비로운 백조 여왕과 백조 시녀들의 하늘거리는 팔이었다. 작품의 강렬함이 워낙 크기에 swansong커리어 마지막에 거둔 빛나는 성취이라 표현해도 좋을 것 같다. 〈백조의 호수〉가 swansong이라는 개념을 널리 퍼트린 건 맞지만, 사실 표현 자체는 기원전 3세기부터 존재했다.

　　고대인들은 백조가 평생을 울지 않고 살다가 죽기 직전에 아름답고 서글픈 노래를 터트리듯 부른다고 믿었다. 로마 시인 오비디우스가 『변신 이야기』에 쓴 요정 카넨스에 대한 묘사에도 이런 믿음이 나타난다. "눈물에 젖은 가녀린 목소리로 비통의 언어를 쏟아냈다. 죽어가는 백조가 꼭 한 번 죽음의 노래를 부르듯이." 알고 보면 백조는 다양한 음역대로 우는데도 이 전설은 셰익스피어 시대까지 지속되었다. 셰익스피어의 「오셀로」에서도 죽어가는 에밀리아가 "백조처럼 음악 속에 죽겠다"고 선언하는 모습을 볼 수 있다.

FRIDGE
냉장고

1930년 3월 첫 주, 매사추세츠주의 상점 18곳이 최초의 냉동식품 판매를 개시했다. 그로부터 일 년 전에는 골드만삭스가 클래런스 버즈아이에게 2200만 달러를 지불하고 제너럴 시푸즈 컴퍼니를 인수하는 일이 있었다. 버즈아이는 뉴욕 출신 모피 상인이었는데, 캐나다 래브라도에서 일하며 이누이트인에게 두꺼운 얼음 아래 생선을 보관하는 법을 배웠다. 해동된 생선은 갓 잡은 것처럼 싱싱했다. 이 기술의 잠재력을 알아본 버즈아이는 귀국 후 뉴저지주 한 빙고를 빌리고 약간의 돈을 보태 전기 선풍기, 얼음, 소금물을 사서 실험을 시작했다. 그리고 다음 해 1월, "내년 여름까지도 먹을 수 있는 싱싱한 6월 완두콩" 광고가 나왔다.

매사추세츠 상점들이 최초의 냉동식품을 판매하기 20년쯤 전, Domelre라는 최초의 전기냉장고가 시장에 나왔다. 'DOMestic ELectric REfrigerator가정용 전기 냉장고'를 줄인 이름이었다. 몇 년 후 프리지데어Frigidaire에서 완성형 냉장고 대량생산을 시작했다. refrigerator는 추위라는 뜻의 라틴어 frigidus에서 왔는데 프리지데어 냉장고가 선풍적인 인기를 끌던 1920년대에 fridge로 줄어들었다. 왜 들어갔는지 의문인 알파벳 d는 아무래도 브랜드의 이미지 때문이 아닐까 싶다(솔직히 frig로는 느낌이 살지 않았을 것 같긴 하다).

 WEAR THE WILLOW
실연당하다

19세기 후반에 나온 최초의 타블로이드 신문은 선정적인 헤드라인으로 이목을 끌었지만, 작고 둥근 흰색 알약 타블로이드는 선정성과 아무런 상관이 없다. 타블로이드는 퀴닌, 모르핀 등을 압축한 알약으로, tabloid의 본래 뜻은 '작은 알약little tablet'이다.

20세기 초에는 많은 약이 타블로이드 형태로 판매되었다. 1899년 3월 6일 바이엘이 상표등록한 아스피린도 그 가운데 하나다. 아스피린의 원료인 조팝나무속에는 재스민, 클로버, 버드나무 등이 포함되는데, 이 중에서도 버드나무는 약용 성분이 풍부해 고대부터 약재로 쓰였다. 기원전 5세기 그리스 의사 히포크라테스가 통증과 열이 있으면 버드나무 껍질을 씹으라 권하기도 했고, 버드나무로 만든 차는 산통을 줄여준다는 말도 있었다.

이런 회복과 치유 효과에도 불구하고 버드나무는 오래전부터 슬픔과 비애를 뜻했다. 허리를 굽힌 수양버들weeping willow의 모습은 고대부터 낙심과 슬픔의 비유로 쓰였고, 여기서 파생된 **wear the willow**는 사랑하는 사람을 잃고 슬퍼하는 것을 뜻했다. 「베니스의 상인」에서는 카르타고의 여왕 디도가 트로이 영웅 아이네이아스에게 버림받았을 때의 절망을 이렇게 묘사한다.

> 이런 밤에
> 디도는 손에 버드나무를 들고
> 거친 방파제 위에 서서
> 떠나버린 사랑에
> 카르타고로 돌아오라 손짓했다.

「햄릿」에도 오필리아가 버드나무에 오르다 강물에 떨어져 죽었다는 이야기가 나온다. 이처럼 버드나무는 고통을 겪고 또 달래는 일의 상징이었다.

 7 March

BIRDIE
버디(골프 용어)

최초의 골프 규칙은 1744년 3월 7일 에든버러에서 만들어졌다. 골프라는 말이 세상에 나온 지 287년 만이었다. 골프와 관련된 최초의 법령은 제임스 2세가 통과시켰다. 제임스 2세는 골프를 금지하고 활쏘기를 권장했다. 거기에는 그럴 만한 이유가 있었는데, 끊임없는 적의 침략 위험에 대비하기 위해 군사기술을 갈고 닦아야 하는 마당에 궁술을 연마해야 할 이들이 축구와 골프에 푹 빠져 있었기 때문이다.

하지만 대중의 골프 사랑을 막을 수는 없었다. 골프는 스코틀랜드의 메리 여왕에게도 사랑받았다. 여왕은 티샷을 칠 때 긴 치마를 들어 올려줄 cadet(오늘날의 캐디caddie)을 두었다고 한다. 여왕은 두 번째 남편인 단리 경이 죽은 지 몇 시간 뒤에도 골프를 칠 만큼 골프를 좋아했는데, 이 때문에 정적들은 여왕이 암살의 배후인 게 틀림없다고 주장해 곤란을 겪기도 했다.

golf는 바이킹의 유산으로 고대 스칸디나비아어인 kólfr막대기에 뿌리를 둔 단어로 보인다. 하지만 이 유래가 알려진 뒤에도 Gentlemen Only, Ladies Forbidden신사 전용, 숙녀 금지에서 온 말이라는 설은 사라지지 않았다. 완전히 틀린 어원인데도 이 설이 끈질기게 지속되는 데는 이유가 있다. 메리 여왕은 골프를 쳤을지라도, 대부분의 여성은 수백 년 동안 골프를 칠 권리가 없었기 때문이다.

예전에 비해 골프가 대중적인 스포츠가 되어가고 있긴 하지만 여전히 골프 용어는 낯설고 혼란스럽다. 그래도 birdie기준보다 한 타수 적은 타수로 공을 홀에 넣는 것, eagle기준보다 두 타수 적은 타수로 공을 홀에 넣는 것, albatross기준보다 세 타수 적은 타수로 공을 홀에 넣는 것처럼 골프 용어에 새bird와 관련된 단어가 많다는 건 골프를 치지 않는 사람들도 꽤 알고 있는 사실이다. birdie는 1899년 앱 스미스가 애틀랜틱시티의 컨트리클럽에서 조지 크럼프 및 자신의 동생인 윌리엄과 경기를 했을 때 처음 쓴 말이라고 한다. 전해지는 이야기에 따르면 파4 홀에서 두 번째 샷을 홀 바로 앞까지 보내고 흥분한 스미스가 자신이 '새 같은 샷'을 날렸다며 자랑했다고 한다. 당시 미국 속어로 새가 탁월함을 의미했다는 걸 고려하면 이해가 간다.

AMAZON
아마존

뛰어난 전투 실력을 지닌 전설의 여성 부족 아마존 전사는 현대에 와 슈퍼 히어로 원더우먼으로 재탄생해 대중문화에 깊은 자취를 남겼다. 원더우먼 이야기는 아마존 전사이자 파라다이스섬의 여왕 히폴리테의 딸인 원더우먼이 혐오와 압제에 맞서 싸우라는 어머니의 말에 따라 미국에 가는 것으로 시작된다. "미국에서 너는 정말로 '원더우먼'이 될 거야. 대모님인 달의 여신을 따라 이름은 다이애나라고 하렴." 이렇게 해서 다이애나 프린스는 1941년 3월 8일 제2차 세계대전의 황량함 속에서 『올스타 코믹스』를 통해 등장했다.

처음에 아마존 부족은 그리스신화 속 부족이라 하여 다이애나 프린스만큼이나 허구적인 존재로 여겨졌지만, 최근 고고학자들이 아마존으로 추정되는 여성들이 기원전 9세기에 살았다는 증거를 발굴해내며 새로운 국면을 맞이했다. 이 여성들은 유라시아 유목민인 스키타이족으로, 승마 기술과 궁술이 뛰어나 남성들과 함께 말을 타고 싸웠으며, 전투에서 생긴 것으로 보이는 상처를 입은 채 무기와 함께 매장되었다.

그렇다면 아마존Amazon은 어떻게 탄생한 말일까? 조금 섬뜩하지만 아마존은 활쏘기에 방해가 된다며 한쪽 가슴을 잘라냈다는 속설에서 왔으며, 어원은 가슴이 없다는 뜻의 그리스어라고 전해진다. 하지만 실물 증거가 발견된 게 아니라서 오늘날 대부분의 언어학자는 고대의 다른 단어에서 기원했을 거라고 본다. 함께 싸우는 사람이라는 뜻의 이란어 ha-maz-an도 그 후보 가운데 하나다.

남아메리카의 아마존강은 콩키스타도르스페인어로 '정복자'라는 뜻으로 16세기에 라틴아메리카를 침략한 스페인인을 가리킨다 프란시스코 데 오레야나가 붙인 이름이다. 그는 타푸아족 여성들이 그리스신화 속 아마존 전사들처럼 강인하고 억세다고 여겨 강에 아마존이라는 이름을 붙였다고 한다. 1994년 제프 베이조스가 카다브라(해부용 시체를 뜻하는 cadaver와 발음이 너무 비슷했다)라는 사명을 아마존으로 바꾼 뒤 세계 최대 서점을 탄생시켰고, 이는 훗날 세계 최대 회사 중 하나로 자리 잡았다. 이런 일들 덕분에 유목 민족 여성들의 이름은 더욱 유명해졌다.

 9 March

JOIN GIBLETS
결혼하다

나폴레옹 보나파르트는 1796년 3월 9일 조제핀 드 보아르네와 결혼했다. 나폴레옹은 조제핀을 영원한 **dolce amor**달콤한 사랑라 불렀다. 결혼을 뜻하는 **wedding**의 **wed**는 소중한 것(돈, 목숨, 머리, 말馬)을 내걸 때 쓴 말로, 맹세한다는 뜻에서 나왔다. 냉소주의자라면 결혼이 행복을 걸고 하는 도박이기 때문이라고 할지도 모르겠다.

인간의 역사 속엔 결혼을 뜻하는 다양한 말이 있었다. 17세기에는 join giblets라고 했는데, giblets이 인간이나 동물의 필요 없는 찌꺼기 부분이라는 걸 생각하면 특이한 표현이다. 하지만 기록을 살펴보면 역시나 유머와 조롱을 담은 표현이라는 걸 눈치챌 수 있다. "당신에게 약혼자가 없다면 우리 서로의 잉여 부위giblets를 하나로 합쳐join 봅시다!"

또 다른 표현으로는 매듭을 묶는다는 뜻의 **tie the knot**이 있었다. 이는 결혼하는 두 사람의 손을 끈으로 묶는 고대 풍습에서 유래했다. 몇백 년 뒤에는 하객들이 신부의 드레스에 달았던 색색의 비단 매듭을 행운의 부적 삼아 가져가는 풍습이 생겨났다. **tie the knot**이 처음 기록된 1828년 요크셔 방언사전에는 결혼식이 "혀로 매듭을 묶어서 이빨로 풀 수 없게 하는 일"이라고 무뚝뚝하게 정의되어 있다.

결혼을 누군가에게 묶이는 개념으로 이해한다면 buckling, yoking, getting hitched, holy wedlock(wedlock은 관점에 따라 deadlock교착 상태로 볼 수도 있다) 같은 표현들을 떠올릴 수 있다. 유독 결혼에 비관적인 표현이 많은 것 같다고 생각할 필요는 없다. 모든 단어에는 관점에 따라 냉소적인 뜻이 담겨 있기 때문이다. 심지어 사랑, 행복, 값비싼 여행의 시기를 가리키는 honeymoon밀월, 신혼여행에도 그런 뜻이 있다. honeymoon은 낭만적인 느낌을 주지만 한편으로는 사랑 역시 달처럼 변한다는 의미를 담고 있다. 결혼식을 둘러싼 문화에서도 관련 어원을 찾아볼 수 있다. 장모와 관련한 농담(사위를 탐탁치 않아 하는 장모를 조롱하는 농담)이 많은 것도 matrimony결혼라는 말의 뿌리가 라틴어 mater어머니라는 걸 생각하면 당연한지도 모른다.

지금껏 부정적인 면만 이야기했으니 밝은 쪽도 살펴보자. 결혼을 뜻하는 bridal은 bride-ale이 합쳐진 것인데, 여흥이 넘쳐나고 맥주가 vena amoris사랑의 정맥의 피처럼 흐르는 결혼 피로연에서 비롯된 말이다. 사랑의 정맥이 약혼반지를 끼는 약지와 심장을 직접 연결한다고 믿었기 때문이다.

 IPSEDIXITISM
독단적인 주장

아무 증거도 없는 것을 강하게 밀어붙이는 것을 가리키는 표현을 찾는다면 ipsedixitism이 딱이다. 1855년에 태어난 단어 ipsedixitism의 기원은 로마 연설가 키케로의 『신들의 본성에 대하여』다. ipse dixit

는 '그가 직접 말했다'라는 뜻으로, 피타고라스의 말이라면 뭐든 진실이라고 확신하던 제자들의 믿음을 가리킨다.

오늘날 ipse dixit는 특정 개인이나 기관이 한 말에만 근거해서 변론하는 것을 가리키는 법률 용어다. ipsedixitism은 증명이나 의심의 여지 없이 누군가의 말이 무조건 사실일 거라고 가정하는 독단적인 진술을 일컬을 때 폭넓게 쓸 수 있다. 특히 mumpsimus잘못된 걸 고집하는 사람(4월 20일 참고)들이 이런 주장을 많이 펼친다.

 COCKTHROPPLED
유난히 큰 목젖

머리에 솥을 이고 손에 사과씨를 든 채 맨발로 미국 개척 지대를 유랑한 사람을 위인으로 기리기도 할까? 그런 일이 실제로 일어났다. 미국에서는 매년 3월 11일이 되면 조니 애플시드를 기리며 사과를 잔뜩 먹는다. 이 방랑자의 열정적인 노력 덕분에 많은 과수원이 생겨나 미국 과수업이 번영하게 되었기 때문이다. 조니 애플시드 이야기는 실제 모델인 종묘사 존 채프먼을 토대로 한 것이다. 채프먼은 미국의 많은 지역에 사과를 도입한 자비롭고 헌신적인 이단아였다.

사과는 흔한 과일인 데 비해 관련한 영어 표현은 그다지 많지 않다. 우리는 살아가며 rotten apple썩은 사과(주변에 나쁜 영향을 미치는 존재)을 나무라고, 매일 사과를 하나씩만 먹어도 아플 일이 없다는 잔소리를 듣고, 누군가의 목젖Adam's apple이 유난히 크다고 말하곤 한다. Adam's apple은 원래 감귤류 과일이었지만, 점차 돌출된 목젖을 뜻하는 의미로 바뀌면서 인류의 조상인 아담이 삼키려던 사과가 걸린 것이란 의미도 띠게 됐다. 잉글랜드 방언에는 수탉 모양이거나 유난히 큰 목젖을 가리키는 cockthroppled라는 말이 있다.

하지만 오늘날 과일과 관련 표현 중 가장 의아한 건 아마도 apple of one's eye일 것이다. 구약성경 「신명기」 32장 10절을 보면 "야곱을 만나신 것은 광야에서였다. 스산한 울음소리만이 들려오는 빈 들판에서 만나, 감싸주시고 키워주시며 당신의 눈동자처럼as the apple of his eye 아껴주셨다"라는 표현이 등장한다. 셰익스피어의 「한여름 밤의 꿈」에도 "이 보라색 꽃은 / 큐피드의 화살과 만나면 / 그 눈동자 속에in apple of his eye 들어간다"라는 대목이 나온다. 9세기 앨프리드 왕의 글에도 기록되어 있는 걸 보면 이 표현이 아주 오래전부터 사용되었던 것임을 알 수 있다.

당시 눈동자pupil는 단단하고 동그란 물체로 여겨져서 흔히 사과라고 불렸으며, 시력은 소중하기에 apple of my eye라는 표현은 사랑의 대상을 뜻했다. pupil의 어원은 작은 인형이라는 뜻의 라틴어 pupilla에서 온 것으로, 다른 사람의 눈에 자신의 모습이 작은 인형처럼 비치기 때문이다.

 ## AVOCADO
아보카도

아스테카의 새해는 3월 12일 일출에 시작된다. 아스테카 제국에서 가장 널리 쓰인 언어인 나와틀어는 지금까지도 멕시코 토착어 중가장 사용자가 많다. 나와틀어가 영어에 남긴 몇 가지 소중한 단어로는 아스테카의 전쟁 신 멕시틀Mexitl에서 온 Mexican이 있다. 하지만 cocoa코코아(cacahuatl에서 유래), chilli고추, tomato토마토(사랑의 사과라는 뜻의 tomatl에서 유래. 토마토에 최음 효과가 있다는 믿음에서 비롯되었다)와 함께 단연

가장 많이 쓰이는 말은 21세기 미식을 강력하게 지배하는 열매, 아보카
도다.

아보카도라는 이름은 아스테카의 āhuacatl에서 시작되었다. 콩
키스타도르들은 아보카도를 반갑게 맞이했지만 āhuacatl이라는 발
음은 어려워했다. 그래서 아구아카테aguacate라고 불렀고, 마침내 훨
씬 더 친근한 어감인 아보카도avocado가 되었다. 아보카도는 1600년대
말 avigato pear라는 형태로 영어에 들어왔고, alligator pear로 변했다
가 아보카도로 정착했다(캘리포니아 일부에서는 아직도 alligator pear로 불린다).
이렇게 변한 이름은 아스테카 시대의 민망한 의미를 숨겨주는 의외의
역할도 했다. 원래 나와틀어로 āhuacatl은 고환을 뜻한다. 아보카도의
생김새 때문이다.

시간이 흐르며 아보카도의 인기가 얼마나 높아졌는지, 2016년
오스트레일리아의 밀레니얼 세대는 아보카도 소비를 줄이면 주택 마
련 가능성이 높아진다는 말까지 나왔다. 영국의 열차 회사 버진 트레
인은 열차표를 살 때 아보카도를 내면 표 가격의 3분의 1을 깎아주겠
다는 농담을 하기도 했다.

(13 March) **OFF ONE'S TROLLEY**
정신이 나간

1888년은 미국 역사상 손꼽히는 강력한 겨울 폭풍이 이틀 연속
불어댄 탓에 대서양 해안이 초토화된 해였다. '대블리자드'라고 불린
이 참사로 400명 이상이 목숨을 잃었으며 기반 시설이 마비되었다.
이스트강이 얼어붙고, 1미터 넘게 내린 눈과 강풍 때문에 전기선과 전
화선이 파괴되어 맨해튼에서만 수천 명이 고립되었다. 『톰 소여의 모

험』의 저자 마크 트웨인도 그중 한 명이었다. 얼떨결에 매디슨 스퀘어 가든에 갇힌 사람들은 P.T. 바넘의 공연을 관람하게 되었다. 황량하고 황당한 시간이었고, 그 충격은 수십 년 동안 사람들의 뇌리에 박혀 사라지지 않았다. 엄청난 피해를 남긴 눈보라를 계기로 전기선과 교통 수단이 지하로 들어가며 뉴욕시에 지하철이 생겨났다.

대블리자드의 여파로 생겨난 표현인 **off one's trolley**는 거칠고 종잡을 수 없는 행동을 의미한다. 기록적인 눈보라가 몰아친 지 불과 몇 년 지나지 않아 생겨난 이 표현의 **trolley**는 선로를 달리는 전차를 뜻한다. 전차에 전력을 공급하는 케이블이 눈보라에 끊어지자, 전차는 전기가 통하는 제3레일을 통해서만 전력을 공급받을 수 있었다. 레일 을 탈선한 차량은 전력을 쓸 수 없었기에 **off one's trolley**는 탈선한 차량처럼 정신줄을 놓아버린 사람을 비유하는 표현이 되었다.

PI
파이

2009년 미국 하원에서 '파이 데이'라는 이름으로 공식 비준된 3월 14일은 수학에서 3.14로 잘 알려진 π의 앞 세 숫자에 해당하는 날이다. 수학을 공부한 학생이라면 누구나 알겠지만 파이는 원의 둘레와 지름의 비율을 가리키며 다양한 공식에 사용된다. 흔히 아르키메데스가 파이를 최초로 계산한 사람이라 전해지지만, 사실 파이는 바빌로니아 시대부터 알려져 있었다.

'파이pi'는 18세기 중반 스위스 수학자 레온하르트 오일러가 처음 사용한 말이다. 둘레를 뜻하는 그리스어 periphereia그리스어 알파벳으로 περιφέρεια의 약자인데, 파이 기호인 π는 이 단어의 첫 글자다.

파이'어'도 있다. 파이어는 배열된 단어의 글자 수가 파이의 숫자와 똑같도록 쓰는 언어다. 사람들은 파이어로 시도 썼고, 단편 소설도 썼고, 하이쿠(파이쿠라고도 한다)도 썼고, 심지어는 책도 썼다. 예를 들어 마이클 키스가 쓴 1만 단어 분량의 작품 『흔적 없이』는 이렇게 시작한다. "Now I fall, a tired suburbian in liquid under the trees." 이처럼 파이의 숫자(3.1415926535…)를 각 단어의 알파벳 개수에 반영하는 것이다.

파이 데이는 모두가 즐기는 기념일은 아니지만, 파이 데이의 팬들은 사랑하는 무리수를 기념하기 위해 이 날 파이를 굽는다. 먹는 파이pie에도 의외의 기원이 숨어 있는데, 라틴어 pica까치에서 온 말이다. 여러 재료를 모아 만드는 파이의 특징이 까치가 주워 모은 잡동사니와 비슷해서다.

(15 March) **IDES OF MARCH**
3월의 중간 날

3월 15일은 로마의 독재자 율리우스 카이사르가 암살당한 날이다. 로마 시대에는 한 해가 3월에 시작했고, 달의 모양에 따라 한 달이 세 부분으로 나뉘었다. Kalends와 Calends는 초승달, Nones는 상현달, Ides는 보름달이었다. 매달 1일인 calends초하루는 돈을 지불해야 하는 날이었기에 calendars장부에 기록되는 날이었다. 달력을 뜻하는 calendar도 여기서 시작되었다.

기원전 44년 3월의 Ides한 달 중 중간 날짜는 카이사르가 몰락한 역사적 날이지만, 원래 매년 3월 15일은 재생과 생명과 새해의 여신 안나 페렌나에게 바치는 신년 축제의 날이었다(이 여신의 이름에서 perennial 영원한이 나왔다). 신년 축제 때는 사회 정화 의식의 일환으로 노인이나 범죄자 한 명을 추방했다. 축제 날에 누군가를 추방한 이유는 무엇일까? 이는 pharmakos(희생양이라는 뜻)라는 고대 그리스 의식에서 비롯했다. 현대 영어의 pharmacy약학, pharmaceutical약과 관련된에도 흔적이 남아 있다. 당시 사람들은 누군가의 희생으로 사회의 질병을 치료할 수 있다고 믿었다.

16 March FANATIC
광신도

1872년 3월 16일, 런던의 케닝턴 오벌에서 최초의 FA컵 결승이 벌어졌다. 원더러스와 로열 엔지니어스가 대결했던 이 경기는 오늘날 가장 유서 깊은 축구 대회의 시작이었다.

축구는 기원전 2~3세기부터 여러 형태로 존재해왔다. 중세 시대에도 인기가 많았으며, 헨리 8세는 왕실 제화공이 4실링을 들여 특별 제작한 축구화를 신고 공을 차기도 했다.

헨리 8세가 즐긴 경기는 심장이 약한 사람이라면 질색할 것이다. 동시대인인 토머스 엘리엇 경의 기록에 따르면 "짐승 같은 분노와 극도의 폭력"이 가득한 경기였다. 선수와 관중의 열광이 난동 수준에 이르러 헨리 8세가 평민들의 축구 경기를 금지하려고까지 했다. 오늘날의 축구 관객들에게도 아주 익숙한 광경일 것이다.

사실 축구와 열광은 분리된 적이 없다. '사원에 간다I'm off to the temple'는 말은 20세기 초에 축구 팬들이 홈구장으로 경기를 보러 갈 때 쓰던 말이다. 이 표현은 본의 아니게 현대의 축구 팬과 로마 시대의 광인을 연결해준다. fan의 어원인 라틴어 fanaticus가 '사원에 속한', 좀 더 나아가서는 '신의 계시를 받은'이라는 뜻이기 때문이다. 이 말은 정

령이나 악마에 사로잡힌 사람의 광적인 행동을 의미했고, 수백 년이
지나서는 온갖 종류의 열광적 행동을 아울러 칭하게 되었다.

경기를 승리로 이끄는 선수는 팬들의 강렬한 감정을 불러일으키
며 그 감정은 사원의 광신도들처럼 극단으로 치닫곤 한다. 만약 과거
로마인들이 소리를 지르거나 옷을 벗고 욕하는 현대 축구 팬들을 보
았다면 악마의 소행이라고 여길지도 모른다. 욕설이나 불경한 것을
가리키는 profanity에도 종교적 의미가 있다. pro fanum은 라틴어로
사원 바깥을 뜻하므로 성스럽지 않다는 말이기 때문이다. 극작가 존
보인턴 프리스틀리는 일찌감치 이 현상을 파악하고 이렇게 말했다.
"사람들이 1실링을 내고 그저 22명이 공 차는 걸 보는 게 아니냐고 말
하는 사람이 있다. 하지만 큰 오산이다. 이 말은 바이올린은 나무와 줄
로 만든 도구일 뿐이며 「햄릿」은 종이에 잉크로 쓴 거 아니냐는 말과
다를 게 없다. 브루더스퍼드 유나이티드 AFC는 1실링만으로 우리에
게 갈등과 예술을 제공한다."

17 March ACUSHLA
애인

아일랜드의 수호성인 성 패트릭의 날인 3월 17일이니, 영어 단
어 중에 게일어에서 나온 것이 얼마나 많은지 떠올려보기 딱 좋은 날
이다. slogan슬로건, brogue구두의 한 종류, banshee죽음을 예고하는 요정, craic
즐겁게 노는 일, galore풍성한(풍부해질 때까지라는 뜻의 go leor에서 나온 단어),
trousers, smitherees산산조각….

홀리건hooligan도 기억해두면 좋다. 홀리건은 아일랜드에서 온 말
이며 원래 뮤직홀 코미디와 신문 연재만화에서 흔히 쓰던 아일랜드

성씨였다. 그런데 1890년대에 런던의 범죄 조직들이 훌리건이라는 이름을 쓰기 시작한 이래로, 법원 공판 기록과 런던의 강력 범죄 증가에 분노하는 신문 기사들이 '훌리건 보이스Hooligan Boys'라는 말을 쓰기 시작했다. 1898년 여름에는 강도를 비롯한 범죄 행위들이 두드러지게 증가해서 "런던 남부의 야만인들! 우리를 탈출한 짐승 같은 인간들"이라는 헤드라인이 날 지경이었다. 그중에서도 훌리건 보이스가 특히나 문제였고, 어느 순간부터 신문들은 파괴적인 행동을 하는 사람은 모두 훌리건이라 부르기 시작했다.

한편 성 패트릭의 날 성대하게 열리는 축제의 정신을 요약하는 단어는 바로 acushla애인이다. 이 다정한 말은 아일랜드어로 자신의 심장박동을 뜻하는 a chuisle mo chroí에서 비롯되었다고 한다. 퍼레이드, 클로버, 기네스 맥주가 넘쳐나는 분위기에 몇몇의 훌리건이 있을 수는 있겠지만, 축제를 기념하는 아름다운 acushla도 있다는 걸 잊어서는 안 된다.

 HECKLING
야유

19세기 초는 노동단체들이 생겨나던 시기다. 노동조합이 합법화된 1824년에는 점점 더 많은 노동자가 임금 인상과 노동조건 개선에 힘을 보태기 위해 모이고 있었다. 1834년 3월 18일은 노동자 연대가 큰 동력을 얻은 날이다.

도싯 카운티 톨퍼들의 노동자 6명이 노동조합을 만들어 임금 인상을 도모하려다가 오스트레일리아 추방형을 선고받은 일이 있었다. 프랑스혁명이 뇌리에 선명히 남아 있었을 당시의 정부와 지주는 모든 형태의 조직된 항의를 달갑게 여기지 않았다. 결국 런던 곳곳에서 대규모 시위가 일어났고 80만 명이 서명한 청원이 의회에 제출되었다. 시민들은 추방된 노동자 6명을 '톨퍼들 희생자'라 부르며 그들의 행보를 기렸다.

오늘날 조롱을 뜻하는 heckling은 노동조합에서 유래된 표현이다. 이 단어의 기원은 특히나 호전적이던 스코틀랜드 노동조합에서 비롯되었다고 전해진다. heckle(hackle이라고도 한다)은 아마나 대마 섬유를 빗어 정돈하는 강철 빗을 말한다. 이 작업이 공업화되기 전까지 heckling은 고도의 집중력이 필요한 중노동이었다. 악명 높은 작업장이었던 스코틀랜드 던디의 글래스고 베넬 10번지는 환기조차 되지 않아 중노동을 할 만한 환경이 전혀 아니었다. 힘든 환경에서 끝없이 작업한 사람 중에는 시인 로버트 번스도 있었다. heckling 작업은 but과 ben이라는 두 과정으로 이루어졌으며 ben 쪽에서 처리한 삼실을 but 쪽에 보관했다.

1880년부터는 공장 노동자들이 노동환경 개선 투쟁을 위해 노동조합을 만들었고, 이들의 무기는 머릿수와 고함이었다고 한다. 그 뒤로 사람들은 heckling이라고 하면 금세 노동조합과 열변을 떠올리게 되었고, 여기서 관중의 조롱이라는 뜻이 생겼다고 한다. 더 간단한 설도 있는데, 얽힌 삼실을 빗으로 꼼꼼히 빗고 끊고 펴는 일이 정치인이나 공연자에게 끈질기게 질문하는 것과 비슷해서라는 것이다.

19 March EYESERVANT
눈앞에서만 알랑거리는 하인

1555년 한 교회에서 "하인들 대부분은 eye-servant"라고 설교한 기록이 남아 있다. 몇십 년 후에는 세대주들에게 "문 안에 eye-servant 를 들이지 말라"는 경고가 있었다. 도대체 eye-servant가 무엇이길래 이런 말들이 생겨난 걸까?

eye-servant는 주인이 보고 있을 때만 부지런하고 고분고분한 하인이나 고용인을 말한다. 그러니까 립서비스lip-service와 아이서비스 eye-service를 제공하긴 하지만, 어느 19세기 작가의 표현처럼 "마음의 서비스"는 제공하지 않는 사람을 일컫는 것이다.

20 March BOOK
책

영국에서 3월은 책의 날(3월 첫째 목요일)과 행복의 날(3월 20일)이 함께 있는 풍성한 달이다. 수백 년 동안 사랑 말고 세상에 가장 많은 행복을 가져다준 게 뭘까 생각해보면, 책 이외의 것을 떠올리기가 쉽지 않다.

책의 역사는 나무와 밀접하게 얽혀 있다. 나무로 종이를 만드니 당연한 것 아니냐 할 수도 있지만 종이가 만들어지기 전부터 그랬다. 고대영어에서 책은 너도밤나무라는 뜻의 boc이라 불렸다. 너도밤나무의 껍질이나 목재에 룬문자를 새겼기 때문이다. 지금도 독일어에서는 알파벳을 Buchstabe너도밤나무 자루라고 한다. 또 오늘날 아주 큰 판형의 책을 가리키는 말인 folio는 나뭇잎leaf을 뜻하는 라틴어에서 왔고(leaf 자체가 책장을 가리키는 말이다), volume책, 권은 파피루스 두루마리 뭉치를 가리키는 volumen에서 왔다.

문화를 구성하는 요소로는 책과 더불어 음악을 빼놓을 수 없다. 최초의 '앨범'은 음악이 아니라 독서와 관련된 말이었다. 고대 로마에서 흰색과 검은색을 동시에 뜻하는 albus는 공지 사항을 적은 서판을 가리켰다.

이런 흐름을 따라가다보면 나무에서 책이 나온 게 너무나 적절하게 느껴진다. 참고로 tree는 true와 언어적 뿌리가 같으며, truth는 충성, 확고함, 견실함을 뜻한다. 사전 편찬자들이 늘 단어의 root를 찾는 데는 다 이유가 있다.

 VERNALAGNIA
봄에 생기는 낭만적 감정

봄이 오는 것은 언제나 기쁜 일이다. 그간 머물던 찬 기운이 온기에 자리를 비켜주고 따뜻한 햇살이 내리는 3월 중순은 새싹이 힘차게 흙을 뚫고 나오는 시기다. 겨울의 무기력에서 빠져나오는 건 비단 식물만이 아니다. 이때는 사람도 기쁨이 싹트고 새로운 에너지가 차오른다. 활력을 느끼는 걸 넘어 명백한 vernalagnia를 경험하기도 한다. vernalagnia는 봄이 올 때 생기는 낭만적 감정으로, 최근에 라틴어 vernalis봄의와 lagnia욕망가 결합되어 만들어진 말이다.

SYMPOSIUM
심포지엄

일찍 퇴근해서 한잔하러 가기로 한 날, 누가 오늘 뭐할 거냐 묻는다면 "저 심포지엄 갑니다"라고 답하라. 어원으로 보면 나무랄 데 없는 말이기 때문이다. symposium은 고대 그리스의 술잔치에서 온 말이다.

그 시절 심포지엄은 개인의 집에서 술과 음식을 나누면서 철학, 시, 정치, 시사를 주제로 열정적인 토론을 나누는 자리였다. 심포지엄에는 그리스에서 aristoi라 불리던 최상층 남성만 참여할 수 있었고, 여성은 hetairai음악과 춤을 배운 고급 매춘부만 참석할 수 있었다. 이 여성들은 학식과 교양을 두루 갖춘 건 아니더라도 아마 토론 주제에 대해 약간의 지식은 있었을 것이다. 심포지엄은 대부분 여흥을 위한 것이었는데, 그리스인에게 여흥이란 술뿐 아니라 철학 토론도 넘치는 것이었다.

기원전 385~370년 무렵에 쓴 플라톤의 『향연』은 소크라테스와 아리스토파네스를 비롯한 여러 유명인의 우호적인 즉흥 연설 경연을 담고 있다. 사랑과 욕망의 신 에로스에게 바치는 그들의 솔직한 연설은 'in vino veritas취중 진담'라는 격언을 생각나게 한다. 여기서 아리스토파네스가 인간 진화설을 내놓았다. 본디 인간은 두 사람이 하나로 합쳐져 있었는데, 제우스가 그걸 둘로 나누어서 지금의 모습이 되었다는 것이다.

즉흥 음악과 시 낭송이 이루어지는 가운데 공동 술잔인 kylix가 저녁 내내 좌중을 돈다. 이 술잔은 받침이 높아 소파에 누워서 humicubating 누워서 먹고 마시는 일을 하기에 적합했다. 유명인들의 연설이 끝나면 얼큰히 취한 사람들이 거리로 나가 소동을 피우기도 했다. 아무래도 오

102

늘날 이루어지는 경제계나 학술계의 콘퍼런스는 고대 그리스의 심포지엄에 비하면 확실히 미지근한 것 같다.

HURRICANE
허리케인

3월 23일은 세계 기상의 날이다. 많은 정보를 조금이라도 더 흥미롭게 전달하려는 경쟁 속에서 날씨를 전하는 TV, 라디오, 인터넷 매체들이 과장을 보탠 덕에 날씨 용어는 최근 들어 많은 변화를 겪었다. 도입에는 강렬한 멘트를 넣어 시청자들의 관심을 끈다. "오늘은 악천후가 예정되어 있습니다." "폭풍은 남쪽으로 이동하며 강펀치를 안겨줄 예정입니다." thundersnow비 대신 눈이 오는 폭풍, frostquake기온이 강하하며 발생하는 지진, firenado불의 소용돌이 같은 현상들이 새롭게 알려지기도 했다. 다행히 안목 있는 일부 기상 캐스터들은 petrichor(7월 31일 참고)나 apricity(3월 2일 참고) 같은 다양한 어휘를 사용해 날씨를 설명한다.

극적인 날씨에 대한 전통 어휘는 지금도 탐구할 가치가 있다. 예를 들어 혼란과 파괴를 연상시키는 허리케인hurricane은 Hurakán이라는 고대의 외다리 신에서 유래했다. 그는 마야 문명에서 힘이 꽤 강했던 신 중 하나로, 인간을 창조하는 데 큰 역할을 했다. Hurakán이라는 이름은 외다리를 뜻하는 토착어에서 비롯된 것으로 추정되며 K라는 다른 신과도 연관이 있어 보인다. K 역시 외다리이며 번갯불을 상징하는 뱀으로 묘사된다. Hurakán은 바람, 폭풍, 불의 신이다. 남아메리카의 타이노족, 카리브해의 카리브족과 아라와크족도 Hurakán 신이 날씨를 지배한다고 믿었다.

그러다가 1492년 카리브해에 도착해 아라와크족을 만난 크리스토퍼 콜럼버스가 강력한 바람을 가리키는 토착어 **Hurakán**을 알게 되었다. 평화로운 날을 영위하던 아라와크족은 스페인 사람들이 밀려오자 안타깝게도 절멸했지만, 그들 언어의 일부는 영어 속에 녹아들어 지금의 '허리케인'이 되었다. 이제 허리케인은 카리브해의 열대성 태풍뿐 아니라 더 폭넓은 기상 현상을 가리키는 말로 사용된다. 허리케인은 그렇게 신화와 현실 사이를 가로지르며 4000년 동안 경외감과 공포를 일으키고 있다.

 WUTHERING
바람이 강하게 부는

1939년, 명배우 멀 오베론과 로런스 올리비에가 주연을 맡은 영화 〈폭풍의 언덕〉이 개봉했다. 개봉일 포스터에는 이런 광고 문구가 적혀 있었다. "나는 욕망에… 그리고 미움에 시달리고 있어!" 원작자 에밀리 브론테가 선택한 **wuthering**이라는 단어는 작품의 극적인 분위기를 담아낸다는 점에서 훌륭한 선택이었다.

wuthering은 **whithering**이라고도 표기하며 『옥스퍼드 영어 사전』에선 "몰아치는, 맹렬한, 날뛰는"의 방언이라 정의한다. 동사로는 바람처럼 몰아친다는 뜻이다. 브론테를 비롯한 요크셔 주민들은 이 단어를 잘 알고 있었다. 브론테는 주인공 히스클리프가 사는 곳을 둘러싼 혼란스러운 대기와 폭풍우 치는 날씨를 묘사하기 위해 집에 **wuthering**이라는 이름을 붙였다고 한다.

하지만 이야기는 거기서 그치지 않는다. 에밀리의 전기 작가 위니프리드 게린에 따르면 **wuthering**이라는 이름은 브론테 자매가 살던 하스 서쪽의 황야에 위치한 농가 **Top Withins**에서 가져온 것이라고 한다. 하스 지역 어휘로 withins는 버드나무를 뜻했는데, 밧줄이나 끈을 만드는 유연한 버드나무 가지 즉 버들고리withies를 가리키는 고대 단어에서 온 말이다. 만약 브론테가 농가의 이름을 그대로 따와 사용했다면, 히스클리프가 사는 집의 이름과 소설 제목은 '버드나무에 부는 바람'으로 바뀌었을지도 모를 일이다『버드나무에 부는 바람』은 케네스 그레이엄의 동화 제목이다.

(25 March) **LADY**
레이디

3월 25일은 Lady Day로, 분기 결산일 중 하나다. 여기서 Lady는 성모 마리아를 가리키며 천사 가브리엘이 마리아에게 예수의 잉태를 알린 것을 기념하는 날이다.

lady는 원래 빵 반죽하는 사람을 뜻했다. 고대영어 hlafdige에서 온 말로, '빵'과 '반죽한다'는 뜻의 옛 단어를 결합한 말이다. 반죽을 뜻하는 dough도 이 말에서 나왔다. 비슷하게 lord 역시 빵을 지키는 사람을 뜻하는 고대영어 hlafweard에서 온 것이다. lady라는 단어는 겸손과 복종의 의미를 담고 있음에도 앵글로색슨 시대에 집안을 지배하고 빵 만드는 일을 주관하는 강력한 여성을 의미했다.

흥미로운 건 오늘날에도 빵에는 복종과 지위에 관련된 의미가 담겨 있다는 사실이다. dough는 속어로 돈, 생계 수단을 뜻한다. 오늘날의 bread-winner집안의 생계 책임자는 100년 전의 lord, lady의 의미와 유사하다.

음식에 관한 비유는 사회적 지위뿐 아니라 우정과 적대감을 표현하기도 한다. 예를 들어 parasite기생충는 우리 옆para에 앉아 식탁의 음식sitos을 빼앗는 사람을 말한다. 또 mate친구는 meat의 변형인데, 앵글로색슨어 meat는 채식이든 육식이든 상관없이 술이 아닌 모든 음식을 가리켰다. 이 같은 뜻은 오늘날의 "one man's meat is another man's poison누군가의 음식이 다른 사람에게는 독이 될 수 있다" 같은 속담에서 흔적을 찾아볼 수 있다.

이후 음식 종류가 다양해지면서 언어적으로도 구분이 필요해졌고, 그 결과 green meat는 채소를, sweet meat는 과자를 가리키게 되었다. 더불어 mate는 함께 meat를 나누는 사람이 되었다. 다시 빵 이야기로 돌아가보자면, 최초의 companion동료도 함께com 빵panis을 나누는 사람을 의미했다.

 BLOW HOT AND COLD
이랬다저랬다 하다

1484년 봄, 윌리엄 캑스턴은 웨스트민스터 사원 부속 건물에 잉글랜드 최초의 인쇄소를 차리고 『이솝 우화』의 첫 번역본을 인쇄했다. 그리스 우화 작가 이솝의 정체는 아직도 분명히 밝혀진 바가 없다. 그가 직접 쓴 글이라는 증거는 없지만 수백 년 동안 많은 우화가 이솝의 이름 아래 수합되었다.

이솝의 이야기들은 독자에게 도덕적 교훈을 주었지만, 언어학자들에게는 이보다 훨씬 중대한 유산을 남겼다. 그의 이야기가 sour grapes신 포도, pride comes before a fall교만에는 몰락이 따른다, quality not quantity양보다 질, lion's share가장 큰 몫, look before you leap행동하기 전에 잘 살펴보라 같은 표현들을 안겨주었기 때문이다.

계속 마음을 바꾼다는 뜻의 blow hot and cold도 『이솝 우화』에서 비롯된 표현으로, 사티로스가 등장하는 우화에서 나왔다. 이야기는 숲에서 길을 잃은 나그네가 염소를 닮은 반인반수 사티로스를 만나는 것으로 시작한다. 사티로스가 자신의 집에서 하룻밤 재워주고 다음 날 아침에 안전하게 숲 밖까지 인도해주겠다 하자 나그네는 사티로스를 따라 그의 집으로 향한다. 가는 도중 손에 입김을 불어대는 나그네를 보고 사티로스가 왜 그러느냐 묻자 나그네는 "손이 차가워서 따뜻하게 하려고"라 답한다. 사티로스의 집에 도착한 둘은 뜨거운 죽을 먹게 되었다. 나그네가 첫술을 떠 입김을 불었더니 사티로스는 왜 그러느냐 묻는다. 나그네가 "죽이 뜨거워서 식히려고 한다"며 답하자 사티로스는 자기 집에서 나가라고 소리친다. "한 입김으로 데우기도 하고 식히기도 하는blow hot and cold 사람하고는 상종할 수 없어."

(27 March) **DEODAND**
신에게 바치는 것

1848년 3월 27일을 기억하는 사람은 거의 없을 것이다. 이날은 deodand가 최종적으로 폐지된 날이다. 라틴어 deo dandum신에게 바친에서 온 이 말은 11세기 사람들에게는 매우 익숙했을 것이다. 당시는 사람을 죽게 한 소유물이나 세간을 몰수해 벌을 줄 수 있었다.

19세기 중반까지 간헐적으로 이어진 이 법에 따르면 사람을 죽게 한 가축이나 기계(사실상 뭐든지)를 deodand로 압수할 수 있었다. deodand와 함께 내야 하는 돈은 man price라고도 불린 wergild였다. 죽음의 대가를 뜻하는 이 단어에는 남자를 가리키는 wer(여자는 wyf였다)가 들어 있다. wer는 오늘날 werewolf늑대 인간에만 남아 있다.

죽음의 원인이 된 대상은 bane이라 했다. 이 말의 기원은 고대영어의 bana로, 800년 무렵 영국 최초의 문서 중 하나에 처음 기록되었다. 거기서 죽음의 사자라는 의미로 쓰이면서 'the bane of my life'가 철천지원수를 뜻하게 되었다. 이 말은 배트맨의 적이자 슈퍼 빌런인 베인Bane의 이름에 반영되었다. 또한 독성 식물인 미나리아재빗과의 wolfsbane투구꽃의 이름에도 들어 있다. 투구꽃은 늑대를 죽인다는 미신이 있었다.

SCUTTLEBUTT
가십

전쟁은 세계와 개인을 송두리째 파괴한다는 엄청나게 부정적인 측면이 있지만, 한편으로는 새 어휘를 풍성하게 생산하는 계기가 되기도 한다. 그렇게 탄생한 어휘 중에는 전투 중의 생활에서 나온 말들이 있는데, 그중 하나가 scuttlebutt다.

scuttlebutt는 원래 배의 빗물 통water butt을 뜻하던 18세기 단어다. 이 통에 구멍을 뚫어 선원들이 물을 마실 수 있도록 했는데, 자연스레 선원들은 빗물 통에 모여 물을 마시면서 잡담을 나누곤 했다. 그러니까 빗물 통은 오늘날에 비교하면 정수기 같은 것이었다. 많은 사람이 모이다 보니 별의별 이야기가 나왔을 테고, 거기서 오늘날의 '가십'이라는 뜻이 생겨났을 것이다.

유사한 단어로 furphy가 있다. furphy는 '이미 널리 퍼졌지만 거짓이라는 게 드러난 소문'을 가리킨다. 이 말은 오스트레일리아 빅토리아주 셰퍼턴에 있는 J. 퍼피 앤드 손즈J. Furphy & sons의 급수 수레에서 기원했다. 이 회사는 수레를 이용해 제1차 세계대전 때 군대에 물을 공급했다. 회사 로고가 달린 수레는 군인들이 모여서 잡담을 하고 때로는 허무맹랑한 이야기를 나누는 중심지가 되었다. 또 다른 설에 따르면 방귀를 뜻하는 용어에서 비롯되었다고 한다. 방귀란 한 바탕의 hot air허풍이니 말이다.

FORSLOTH
빈둥거리기

오전, 오후, 아니 하루 전체를 헛되이 낭비해본 사람이라면 빈둥거리기가 역사적으로 전혀 새로운 게 아니라는 사실이 조금은 위안이 될지도 모르겠다. 13세기 사람들은 이 사실을 아주 잘 알고 있었다. 13세기에 생겨난 말 forsloth는 빈둥거리며 시간을 낭비하는 행동을 간결하게 설명하는 단어다. 하루를 빈둥빈둥 보내는 건 시간을 몰수당하는forfeit 일이며 그런 사람은 엄청난 게으름뱅이sluggard기에, 이 두 단어가 합쳐져 탄생한 것으로 보인다. 과거 사전을 살펴보면 게으름 피우는 것과 관련된 표현이 아주 많다. 15세기에는 tiffle, piddle, pick a salad, 17세기에는 fanfreluch, 지난 세기에는 moodle, fanny, fart-arse 같은 다양한 표현이 게으름을 가르키는 말로 쓰였다.

ETHER
에테르

우주의 수수께끼 가운데 에테르ether만큼 격렬한 논쟁을 일으킨 것도 드물다. 한때 온 우주에 가득하다고 여겨졌던 이 희박한 물질의 이름은 그리스신화 속 창공의 신 아이테르Aether에서 왔다. 아이테르는 태초의 신 중 하나인 밤의 여신 닉스의 아들이다. 고대 그리스인은 지구와 달과 별들 사이의 공간을 어떤 물질이 채우고 있다 믿었고, 거기에 아이테르의 이름을 붙였다. 그 물질이란 바로 신들이 숨 쉬는 순수한 천상의 공기였다.

이후 에테르는 빛이 투과하는 수수께끼의 물질로 여겨졌다. 말하자면 지구에 가득한 제5의 원소 같은 것이었다. 과학자들은 오랜 세월 에테르의 존재를 증명하거나 논박하기 위해 무수히 많은 연구를 했고, 마침내 아인슈타인이 20세기 초에 두 가지 상대성 이론으로 기나긴 논쟁을 종결지었다. 하지만 어떤 과학자들은 아인슈타인의 실험이 에테르의 부재를 증명한 게 아니라, 애초에 에테르가 그 실험에 필수적이지 않았던 것이라고 주장했다.

오늘날 에테르는 기존의 뜻과는 달라져, 초기 마취제로 쓰인 알코올 같은 화학 합성물을 가리킨다. 1842년 3월 30일 크로퍼드 영 박사가 처음으로 에테르를 사용해 환자의 목에서 종양을 제거하는 데 성공했다.

에테르와 관련된 신화는 ethereal이라는 단어에 남아 있다. 하늘 너머 상층 공간에 사는 천상의 존재를 가리키는 시적인 말인 ethereal는 이 세상 것 같지 않은 것, 인간의 손이 닿을 수 없는 가볍고 섬세한 것을 의미한다.

CATCHFART
아첨하는 하인

1688년 프랑스의 한 사전에 다음과 같은 항목이 수록되었다.

catch-fart 여주인의 꼬리에 매달린 시종에게 붙이는 익살스러운 별명

프랑스 사전에 실렸음에도 영국인들은 이 단어가 영국 것이라고 생각한 것 같다. 영국에서 이 단어는 주인을 너무 바짝 따라다니다가 업무 지시 외의 다른 것까지 받게 되는 문자 그대로는 방귀를 잡는다는 뜻 시종을 뜻하는 속어로 정착했기 때문이다. 오늘날 이 말은 정치적 대세를 따르는 사람을 표현할 때 사용된다. 바람결에 따라 펄럭이는 바람자루의 17세기 버전이라고 할 수 있다.

111

April

1	GOBEMOUCHE	뭐든 믿는 사람
2	TURN A BLIND EYE	눈감다
3	WOLF'S HEAD	무법자
4	MAGNOLIA	목련
5	TITCH	땅꼬마
6	ROBOT	로봇
7	HAIR OF THE DOG	해장술
8	APHRODISIAC	최음제
9	QUISLING	부역자
10	COMET	혜성
11	ANTHOLOGY	선집
12	DEADLINE	데드라인
13	COCKTAIL	칵테일
14	YOUR NAME IS MUD	신뢰를 잃다
15	CONTRAFIBULARITY	진심이 담기지 않은 축하
16	PASQUINADE	풍자
17	CANTER	캔터
18	RHUBARB	웅얼거리는 소리
19	GHETTO	게토
20	MUMPSIMUS	잘못된 걸 고집하는 사람
21	RED-LETTER DAY	빨간 날
22	HEIST	강도
23	BARDOLATRY	셰익스피어 숭배
24	GHOST	귀신
25	GUILLOTINE	단두대
26	KING'S EVIL	연주창
27	PANDEMONIUM	대혼란
28	MAROON	고립시키다
29	THESAURUS	유의어 사전
30	THE NAKED TRUTH	있는 그대로의 사실

GOBEMOUCHE
뭐든 믿는 사람

해마다 4월 1일이면 크고 작은 장난과 거짓말들이 넘쳐난다. 만우절이니 말이다! 만우절 장난에 당하는 사람을 보통 4월의 바보April fool라고 부르는데, 영국 북부 지방에서는 gowk라고 한다. gowk은 뻐꾸기를 가리키는 고대영어 단어다.

속임수와 관련된 표현에는 유독 새가 자주 나온다. 셰익스피어 시대의 길거리 속어인 grope a gull직역하면 '갈매기를 더듬다'라는 뜻은 순진한 사람을 속이는 일을 가리킨다. 이처럼 의심 없이 당할 만큼 gullible 잘 속는한 사람을 부르는 표현은 시대마다 다양했다. 1600년대에는 easy weener, 1800년대에는 camel-swallower, 1900년대에는 stiffy라고 불렀다. 낙타를 삼킨다는 표현은 너무 과장이 심하다고 느꼈는지 19세기에는 낙타를 대신해 곤충인 파리(프랑스어로 mouche)가 등장했다.

당시 프랑스에서 수입해 온 유행어 gobemouche는 파리도 들어갈 만큼 천진하게 입을 벌리고 있는 사람을 가리킨다. gob입라는 영어 속어도, 먹는다는 뜻의 프랑스어 gober에서 온 것이다. 천진하게 뭐든 믿는 사람이라는 뜻으로, 아직도 사전 한편에 굳건히 자리를 지키고 있다.

114

TURN A BLIND EYE

눈감다

잘못되었다는 걸 알면서도 일부러 모른 척한다는 뜻의 이 말은 넬슨이 지휘한 해전에서 비롯되었다. 영국과 덴마크가 맞붙은 코펜하겐 해전은 1801년 4월 2일 오전에 시작되었다. 당시 러시아를 비롯한 연합국은 프랑스와의 자유무역을 위해 영국에 대항했고, 덴마크도 연합의 일원이었다. 영국은 이 동맹을 깨기 위해 함대를 모았다. 함대의 사령관은 하이드 파커 제독이었고, 부사령관은 허레이쇼 넬슨이었다.

넬슨은 7년 전에 포격으로 한쪽 눈을 잃었음에도 여전히 무시무시한 장수였다. 오후 1시가 되자 전투가 맹렬해지며 자욱하게 낀 포연 탓에 파커는 전선을 한눈에 파악할 수 없었다. 하지만 그는 함선들이 고전하고 있을 것이며 넬슨도 퇴각 명령을 기다릴 거라 판단했다. 결국 파커는 넬슨에게 교전 중단을 명령하는 깃발 신호를 보냈다.

깃발 신호를 받은 통신 장교는 넬슨에게 다른 전함에도 그 명령을 전달할지 물었다. 8년 후 출간된 『넬슨의 인생Life of Nelson』에 따르면 넬슨은 이렇게 답했다. "폴리, 자네도 알겠지만 나는 눈이 하나뿐이야. 때로는 보지 않을 권리가 있어." 그러고는 시력을 잃은 쪽 눈에 망원경을 갖다 대고 태연하게 말했다. "신호가 보이지 않는군."

마침 영국군이 우월한 화력으로 우세를 점해갈 때였다. 결국 오후 2시가 되자 덴마크 함대는 조용해졌고 승리는 넬슨에게 돌아갔다. 전투를 승리로 이끈 그는 영국해협 사령관이 되어 후에 트라팔가르해전을 지휘하게 된다.

turn a blind eye의 개념 자체는 넬슨이 코펜하겐 해전에서 승리하기 100년 전부터 존재했다. 하지만 사령관의 명령을 '못 보기로 한' 그의 결정이 이 표현을 널리 알렸다는 건 분명하다.

WOLF'S HEAD
짐승 같은 놈을 잡아라

미국의 역대급 무법자였던 제시 제임스가 1882년 4월 3일 미주리주에서 죽음을 맞이했다. 제임스는 대담하고 폭력적인 노상강도 행각과 미국에서 수배령이 가장 많이 내려진 폭력단의 괴수로 유명했지만, 동료 찰리 포드와 로버트 포드에게 배신당했다. 찰리와 로버트는 주지사와 비밀리에 협상하고 제임스의 등 뒤에서 총을 쏘았다. 제임스는 아직도 서부 개척 시대의 전설로 남아 있다. 어떤 이들은 그를 미국의 로빈 후드로 여겼고, 어떤 이들에게는 테러리스트였다.

몇백 년 전이었다면 제임스는 friendless man이라 불렸을 것이다. friendless man은 수배당한 범법자를 뜻하는 고대영어다. 제임스가 혹시 "Wolf's head!"라는 외침을 들어본 사람이 있을지도 모르겠다. 이말은 노상강도를 추적하라는 급박한 신호였다. 현대인에게는 이상하게 들릴지 모르지만 역사에는 비슷한 표현이 많다. 19세기 런던 길거리에서는 종종 "Hot beef!"라는 긴급한 외침도 들렸는데, 이것은 "Stop thief도둑 잡아라!"의 압운 속어였다.

제시 제임스라는 wolf's head를 잡는 사람에게는 약 5000달러의 포상금이 약속되었다. 제임스와 일당의 지명수배 전단에는 "위험한 사람들"이라는 문구와 함께, 이들을 발견하는 즉시 핑커턴 탐정 사무소에 연락하라는 말이 적혀 있었다. 핑커턴 탐정 사무소는 부치 캐시디와 선댄스 키드 같은 무법자를 잡는 일을 했다. 부릅뜬 눈 모양의 로고와 함께 적힌 We never sleep우리는 잠들지 않습니다이라는 표어는 private eye사립 탐정의 상징이 되었다. private eye는 private investigator에서 investigator의 이니셜 i가 같은 소리인 eye로 대체되어 생겨난 말이다.

MAGNOLIA
목련

17세기 탐험가들이 없었다면 미색으로 벽을 칠하는 문화도 없었을 것이다. 탐험가들이 페루에서 발견한 식물 중 하나에 퀴닌 성분이 많다는 게 알려지며 말라리아 약으로 각광받았다. 그 식물은 페루 부왕의 아내인 친촌 백작 부인의 이름을 따 '친초나'라고 불렸다. 백작 부인이 이 식물의 껍질로 말라리아를 치료했기 때문이다. 루이 14세 시절의 왕실 식물학자 샤를 플뤼미에는 이 기적의 식물을 연구할 임무를 받고 탐사 여행을 다니며 다른 많은 식물도 함께 연구했다.

플뤼미에는 1703년에 마르티니크섬에서 발견한 꽃나무에 대한 글을 썼다. 지역 사람들이 talauma라고 부르는 나무였는데, 플뤼미에는 거기에 프랑스 식물학자 피에르 마뇰Pierre Magnol의 이름을 따 Magnolia라는 속명을 붙였다. 몽펠리에에서 태어난 마뇰은 의사와 화학자를 여럿 배출한 집안에서 자랐다. 지금은 어색하게 느껴질 수 있지만 당시는 의사도 화학자도 식물을 많이 연구했다. 그도 1676년에는 고향에서 자라는 식물 1300종 이상을 기록하고 설명한 『몽펠리에의 식물학Botanicum Monspeliense』을 발간했다.

오늘날 그의 이름을 딴 목련과에는 200종 이상의 식물이 있다. 화석 기록에 따르면 목련속 식물의 조상은 9500만 년 전부터 존재했다. 목련은 위엄과 순수를 상징하고 섬세한 색조, 아름다운 모양, 그윽한 향기 때문에 부케에 사용하는 꽃으로 인기가 많다. 미시시피주와 루이지애나주의 꽃인 목련은 많은 대중가요와 영화에 등장하며 대중문화의 범주에 들어왔다. 영화 〈철목련〉에서 목련은 여성성과 강인함을 모두 갖춘 여성의 상징으로 쓰였다. 중국 의학에서는 약으로도 쓰이고, 꽃잎은 피클로도 만드는 등 목련은 생각보다 다양한 쓰임새가 있다.

TITCH
땅꼬마

누군가 혹은 무언가 작다는 뜻의 titch와 titchy는 오래전부터 어린이들의 언어생활에서 빠질 수 없는 어휘였다. 하지만 이 단어는 큰 물의를 일으킨 19세기 법원 판결에서 유래했다. 1860년대 말에서 1870년대 초 사이 아주 떠들썩한 사건이 있었는데, 오스트레일리아 와가와가의 한 푸주한이 자신이 실종된 티치본 남작이라고 주장한 것이다. 티치본가家는 당시 잉글랜드에서 아홉 번째 가는 부유한 가문이었는데, 가문의 장자이자 후계자였던 로저 티치본이 남아메리카로 가는 배에서 사망했다. 아들이 죽었다는 충격적인 이야기를 믿지 못한 어머니는 사방으로 사람을 보내 아들을 찾게 했다. 아들을 제대로 가슴에 묻지 못한 어머니는 드디어 티치본을 찾았다고 생각했다.

오스트레일리아에서 토머스 캐스트로라는 이름으로 살던 그 푸주한은 티치본 가족을 만나 자신이 그 집안의 후계자라고 주장했다. 절박했던 어머니는 캐스트로의 성기에도 티치본과 똑같은 이상 형태가 있다며 실종된 아들이 맞다고 확신했다. 마르고 검은 머리였던 티치본과 달리 캐스트로는 뚱뚱하고 금발이었으며 어린 시절을 기억하지 못하는데도 그랬다. 어머니의 지지를 받은 캐스트로는 자신이 '진짜' 티치본 남작이라며 현 티치본 남작의 지위를 박탈해달라는 소송을 제기했다. 그에 따라 벌어진 102일간의 법정 공방은 당대 최고의 화젯거리였다.

하지만 곧 캐스트로가 와핑 출신 푸주한의 막내아들 아서 오턴이라는 것이 밝혀지며 소송에 패배했다. 이후 위증죄로 유죄판결을 받자 상소를 위해 큰돈을 모금했지만 다 날려버렸다. 1884년에 석방된 후로는 유명세로 먹고살았고, 심지어 기존 체제에 반항한 민중 영

118

웅이 되기까지 했다. 그렇게 영국의 뮤직홀과 서커스단을 순회한 뒤 미국에 갔다가 무일푼으로 돌아온 캐스트로는 1898년, 가난과 무관심 속에서 죽었다.

티치본 가문 작위 사건을 벌인 오턴과 titch라는 말의 관계가 딱 맞아떨어지는 건 아니다. 게다가 오턴은 덩치가 작기는커녕 오히려 고도비만이었기 때문이다. 하지만 워낙 악명이 높았던 탓에 몇 달 동안 모든 신문에 그의 사진이 실렸고, 오턴과 외모가 비슷했던 뮤직홀 공연자들은 그와 닮았다는 점을 내세우며 돈을 벌었다. 극장 소식을 주로 다루는 신문 《에라Era》는 오턴이 두 번 연속 7년 형을 선고받은 해인 1874년에 티치본 후계자 중 한 명을 주제로 기사를 실었는데, 이들 중 본명이 해리 렐프인 어린이가 오턴의 유명세를 이용하기 위해 1884년에 예명을 '꼬마 티치'로 바꿨다는 내용이었다. 렐프는 137센티미터밖에 되지 않는 작은 키에 70센티미터도 넘는 신발을 신고 까치발로 걷는 묘기를 펼쳐서 유명해졌다. 결국 titch라는 말의 뜻을 결정한 건 아서 오턴이 아니라 렐프의 작은 몸집이었다.

119

 **ROBOT**
로봇

1992년 4월 6일에 생을 마감한 러시아 출신 작가 아이작 아시모프는 1941년 《놀라운 과학소설》에 발표한 단편소설 「허비: 마음을 읽는 거짓말쟁이」에 robotics라는 말을 처음 썼다. 생전에 그는 휴머노이드 기계를 연구하고 생산하는 일을 robotics라 칭했고, 그 일을 하는 사람을 roboticist라 불렀다. 그리고 같은 해에 쓴 「스피디: 술래잡기 로봇」에서 robotics의 세 가지 법칙을 언급했다. 하지만 그다음 아시모프가 쓴 소설에서 이 법칙들이 모두 지켜진 건 아니다. 이 법칙은 『로보틱스 지침서, 56판, 2058년』에 실려 있다고 한다.

1. 로봇은 인간을 해치거나 인간이 피해를 입을 상황을 외면하면 안 된다.
2. 로봇은 인간의 명령에 복종해야 한다. 예외는 명령이 1번 법칙에 어긋나는 경우뿐이다.
3. 로봇은 1번 법칙과 2번 법칙에 어긋나지 않는 한 자신을 보호해야 한다.

하지만 로봇robot이라는 말을 만든 사람은 아시모프가 아니다. 로봇이 오늘날과 같은 의미로 처음 등장한 건 그보다 약 20년 전인 1920년대 카렐 차페크의 희곡 「로숨의 보편적인 로봇들Rossum's Universal Robots」에서였다. 체코어로 강제 노동을 뜻하는 **robota**를 활용해서 강제 노동을 하는 사람 같은 자동인형을 로봇이라 표현한 것이다.

아시모프는 "이 세 가지 법칙이 인간에게도 적용됩니까?"라는 질문에 이렇게 대답했다. "그렇습니다. 이 세 가지 법칙은 합리적인 인간이 로봇을, 아니 모든 걸 다룰 수 있는 유일한 방법입니다. 하지만 이렇게 말하긴 해도 저 또한 인간이 항상 합리적인 것만은 아니라는 안타까운 사실을 잊지 않으려 합니다."

HAIR OF THE DOG
해장술

금주법이 공식적으로 철폐되기 8개월 전인 1933년 3월 23일, 프랭클린 루스벨트는 알코올이 비기독교적이고 위험하다는 믿음을 담은 금주법을 철회한다는 안에 서명했다. 아마 남북전쟁 이후로 이보다 더 국론을 두 동강 낸 이슈는 없을 것이다. 많은 사람이 불법 술집과 밀주 업소를 거론하며, 맥주를 합법화하면 흔들리는 경제에 활력을 불어넣고 100만 개의 일자리를 만들 수 있다고 주장했다. 거기에 가득 찬 감옥을 비우는 부수적인 효과도 있다고 했다. 서명 당시 일리노이주에만 3000명 이상으로 추정되는 금주법 위반자가 실형을 살고 있었으니 말이다. 루스벨트가 결단을 내리고 15일이 지나자, 금주법 찬성에서 반대로 돌아선 여러 주에서 3.2도짜리 맥주가 자유롭게 유통되었다. 이런 역사적 배경을 가진 4월 7일은 맥주의 날로 기념되고 있다(전날인 4월 6일은 크리스마스 이브처럼 맥주의 날 이브로 불린다).

과음의 결과 wamble-cropped숙취에 시달리는한 상태가 되면 많은 사람이 hair of the dog해장술를 찾는다. 이 표현은 a hair of the dog that bit you자신을 문 개의 털 한 올를 줄인 말이다. 떠돌이 개에게 물렸을 때 그 개의 털을 한 올 뽑아 문지르면 상처가 치료된다는 중세 시대의 믿음에서 나온 표현이다.

개털을 찾아다니는 일은 지난 수백 년 동안 통용되던 다른 여러 치료법만큼이나 기이하다. 개털 말고도 신기하고 이상한 치료법에는 어떤 것들이 있었을까? 로마인들은 올빼미 알과 양의 허파를 섞은 것으로 맹세를 했고 볼리비아에서는 소 음경 수프가 국민 치료제였다. 17세기의 의사 조너선 고더드는 '고더드 드롭스'라는 팅크를 만들어 다양한 질병에 사용했는데, 거기에는 말린 독사와 인간의 두개골 가

루가 들어갔다. 그것도 최근에 교수형 당한 사람의 두개골을 사용했다고 한다.

작가 킹즐리 아미스는 아침 숙취를 해소하는 방식으로 형이상학적인 방식을 추천했다. 킹즐리는 자신의 책 『술에 대하여On Drink』에서 최고의 치료법은 다음 날 아침의 우울감을 느껴지는 그대로 받아들이는 것이라 주장했다. 다시 말해 "우울감, 슬픔, 불안, 자기혐오, 실패감, 미래에 대한 두려움이 복합된 말할 수 없는 감정"을 유서 깊은 울음으로 대해보자고 했다.

 APHRODISIAC
최음제

1820년 4월 8일, 그리스 밀로스섬에서 한 농부가 밭을 가는데 삽에 이상한 게 부딪혔다. 땅을 팠더니 대리석 조각이 나왔다. 바로 〈밀로의 비너스〉다.

오늘날까지도 이 조각상은 풀리지 않은 수수께끼들을 품고 있다. 어떤 사람은 이 조각상이 사랑의 여신 아프로디테라고 하고, 어떤 사람은 밀로스섬에서 숭배하던 바다의 여신 암피트리테라고 한다. 만들어진 지 2000년도 넘은 지금까지 정체가 밝혀지지 않은 〈밀로의 비너스〉는 이제 불멸의 존재가 되어 루브르박물관에서 수많은 관람객의 찬양을 받고 있다.

고대 신들은 예술 작품뿐 아니라 언어에도 보존되어 있다. 아프로디테Aphrodite는 **aphrodisiac**최음제이라는 표현에 영향을 주었고, 로마 신화의 미와 사랑의 여신 베누스Venus는 **venereal**성교와 관련된을 탄생시켰다. 프랑스어의 **vendredi**금요일는 베누스의 날이라는 뜻이다(금요일을 뜻하는 영어 Friday는 북유럽판 베누스인 Freyja 여신에게서 왔다고 한다).

〈밀로의 비너스〉는 가장 눈부신 그리스 조각품 중 하나이기에 파손된 모습은 안타까움을 불러일으킨다. 원래는 금속 장신구를 착용하고 있던 게 분명하지만 지금은 그 자리에 구멍들만 뚫려 있다. 만약 손상 없이 전해졌다면 눈부시다gorgeous는 말이 배로 어울렸을 것이다. gorgeous는 목구멍을 뜻하는 고대 프랑스어 gorge에서 온 말로, 원래 목에 두르는 장신구를 가리켰다.

 QUISLING
부역자

1940년 4월 9일, 조용하고 똑똑한 몽상가로 알려진 한 남성이 제2차 세계대전의 향방을 바꾸며 영어에도 자취를 남겼다. 노르웨이인 비드쿤 크비슬링Vidkun Quisling은 소련에서 12년을 보내는 동안 공산주의 동맹을 파괴한 뒤 자국에 우파 정당을 세우겠다고 결심했다. 크비슬링은 1939년에 아돌프 히틀러와 비밀 회담을 갖고 자신이 속한 국민연합당이 정권을 잡을 수 있도록 쿠데타를 지원해달라고 요청했다. 히틀러는 거절했지만, 이후 독일이 피비린내 나는 전쟁 중 노르웨이를 점령하자 크비슬링을 괴뢰정부의 수반으로 임명했다. 이로써 그는 확실한 매국노로 자리매김했다.

전후 크비슬링은 무죄를 주장했지만 고발자들은 그의 청원을 외면했다. 아마도 크비슬링이 반나치 활동가들을 무자비하게 탄압한 일을 기억해서였을 것이다. 결국 크비슬링은 1945년 집단 총격으로 처형되었다. 이 역사적 아픔에서 유래된 quisling영어 발음은 '퀴즐링'은 조국을 배신하고 점령국에 협력하는 사람이라는 아주 구체적인 의미를 갖고 있다.

COMET
혜성

이것을 보는 일은 일생에 한 번 있을까 말까 할 정도로 희귀한 경험이다. 어떤 것은 예술 작품에도 남아 있다. 조토의 〈동방박사의 경배〉에 그려진 베들레헴의 별도 이것이고, 〈바이외 태피스트리〉11세기에 프랑스 바이외에서 만든 태피스트리로, 정복왕 윌리엄의 이야기를 담고 있다에 담긴, 하늘을 가로지르는 불꽃도 이것이다.

'이것'은 바로 핼리혜성이다. 핼리라는 이름은 이 혜성을 밝혀내고 귀환 주기를 예측한 17세기 과학자의 이름을 딴 것이다. 핼리혜성은 우리가 맨눈으로 볼 수 있는 유일한 단기 혜성이다. 75~76년에 한 번씩 지구를 지나가는데, 837년 4월 10일에 여러 가지 경이로운 우연으로 지구에 굉장히 가깝게 지나갔다. 이 사건은 중국 천문학자들이 기록으로 남겼고, 그 뒤로 핼리혜성은 수많은 천문 관측자들의 감탄을 자아냈다.

comet은 긴 머리 별이라는 뜻을 가진 그리스어 kométés에서 온 단어다. 혜성이 긴 머리카락을 끄는 것처럼 보이기 때문이다. 과거에는 하늘을 빠르게 지나가는 이 가스와 얼음 덩어리가 불운을 가져온다고 알려져 사람들을 공포에 떨게 했다. 사람들은 혜성을 보면 역병과 정치적 격변이 닥칠 거라 믿었으며 실제로 1066년의 혜성은 해럴드 왕이 죽을 징조로 여겨졌다. 이런 공포는 수백 년 동안 이어져 1852년 영국의 한 잡지에 이런 글이 실리기도 했다.

하늘에 갑자기 등장한 혜성의 위압적이고 놀라운 모습은 현대에도 두려움과 공포를 일으켰다.

하지만 잡지는 예외적인 기록도 함께 담았다.

1811년에 지구를 스쳐 간 멋진 혜성은 그간 사람들에게 심어져 있던 혐오감을 어느 정도 지워주었다. 많은 사람이 그해 가을이 몹시도 아름다웠던 게 혜성 덕분이며, 포도원의 풍성하고 뛰어난 소출도 혜성의 출현과 연관이 있을 거라 생각했기 때문이다. 그래서인지 1811년의 포도주는 '혜성 포도주'라 불렸다.

천체 관련 어휘의 상당수는 그리스어에서 왔다. meteor유성는 높다는 뜻의 그리스어 meteōros에서 왔다. 급상승을 meteoric rise라고 하는 것도 이 어원 때문이지만, 사실 유성은 급하강한다. asteroid소행성도 별 같다는 뜻의 그리스어 asteroeidēs에서 온 것이며 astronomy천문학, asterisk별표, 작은 별, astronaut우주 비행사도 같은 갈래에서 파생된 단어들이다.

천체를 떠올리면 galaxy은하를 빠트릴 수 없다. 이 단어는 은하수 Milky Way와 공통점이 많다. galaktos에서 우유를 뜻하는 말이 나온 뒤로 그리스인들은 밤하늘의 별 집단을 galaxias kyklos, 즉 '우유의 원'이라 불렀다. 은하가 신들의 여왕인 헤라가 흘린 젖에서 만들어졌다는 신화 때문이다.

ANTHOLOGY

선집

---

anthology를 문자 그대로 해석하면 '꽃들의 모음'이라는 뜻이다. 그리스어 anthologia가 anthos꽃와 logia모음를 합한 것이기 때문이다. 영어에 들어온 anthology는 '꽃 같은 시들의 모음'이라는 비유로, 여러 작가의 뛰어난 시를 모은 선집을 의미했다.

4월의 꽃 중에서도 데이지는 봄이 왔다는 확실한 신호다. 데이지라는 이름의 사연은 단순하고도 매혹적이다. 바로 day's eye하루의 눈에서 온 것인데, 새벽에 꽃잎을 열어 태양처럼 둥글고 노란 중심부를 드러냈다가 해 질 녘에 닫는다는 특징 때문이다.

4월에 피는 다른 꽃들에도 그리스신화의 영향이 가득하다. 예를 들어 붓꽃iris은 신들 간의 메신저 역할을 하는 무지개 여신 이리스Iris에서 온 이름이다. 달콤한 향기가 나는 히아신스hyacinth도 고대 신화의 아름다운 비극에서 유래한 이름이다. 스파르타의 미남 왕자 히아킨토스Hyakintos는 태양의 신 아폴론의 애인이었는데, 북풍의 신 보레아스와 서풍의 신 제피로스도 히아킨토스에게 구애했다. 어느 날 아폴론이 게임 중 원반을 높이 던졌고, 히아킨토스는 원반 속도를 따라 잡기 위해 재빨리 달렸다. 오비디우스에 따르면 퇴짜 맞아 기분이 상했던 제피로스가 원반을 더 멀리 날려버렸다(다른 설들은 그저 운이 없어서 원반이 멀리 날아간 것이라 전한다). 모든 종류의 이야기가 공통적으로 들려주는 결말은 히아킨토스가 그 원반에 맞아 죽어서 아폴론이 슬픔에 빠진다는 것이다. 그렇게 히아킨토스와 아폴론의 star-crossed한(2월 22일 참고) 사랑은 비극으로 끝난다. 아폴론은 히아킨토스의 피로 오늘날 히아신스라는 꽃을 만들고, 그 꽃잎에 'Ai Ai'라는 한탄을 새겼다.

그런데 그리스인들은 히아킨토스와 아폴론의 이 신화를 히아신

126

스가 아니라 문양이 독특한 글라디올러스, 참제비고깔, 붓꽃과 연결한다. 아름다운 왕자의 비극적 이야기가 너무 인상적이라 히아신스에게 주기 아까웠던 모양이다. 히아신스의 원래 이름이 멋없는 **crowtoe**였다는 걸 생각하면 고개가 끄덕여지기도 한다.

DEADLINE
데드라인

더글러스 애덤스의 유명한 말이 있다. "나는 **deadlin**을 좋아한다. 그것이 휭휭 소리를 내며 정신없이 지나가는 게 좋다." 많은 사람이 자기만의 방식으로 이 표현을 해석하곤 하지만 겨우 150년 전만 해도 애덤스가 말한 '휭휭 소리'는 진짜 총소리였을 것이다.

오늘날 마감이라는 뜻으로 사용하는 **deadline**의 의미는 20세기 초에야 나타난 것이다. 미국 남북전쟁 시절에는 비유가 아닌 진짜 물리적 경계, 특히 군사 감옥 주변의 경계선을 의미했다. 옥수가 그 선을 넘어가면 진짜 총알이 날아올지도 몰랐다. 기록을 보면 남부연합의 북군 감옥인 앤더슨빌에서 **dead line**을 넘다가 최후를 맞은 사례들을 확인할 수 있다. 포로들 이야기에서 무시무시한 **dead line**이 자주 언급되며 북군 장교들이 자신들의 포로에 대해 쓴 글에서도 같은 표현이 있다. "그들은 금세 희망을 잃고 무모하게 목숨을 내건다. 고통에 시달리다 미쳐버린 많은 이가 바보처럼 떠돈다. 어떤 이들은 일부러 **Dead Line**을 넘고 후회 없이 총살당한다."

공포를 조성하는 극단적인 이야기 말고 숨겨진 다른 뜻도 소개하자면, **deadline**은 인쇄할 때 활자가 판면을 넘어가 찍히는 일을 막기 위해 인쇄기에 표시한 안내 선을 부르는 말이기도 했다. 하지만 현재는 안내 선이라는 뜻은 물론, 피 묻은 역사까지 잊힌 채 무시무시하게 다가오는 시간 압박을 가리킬 뿐이다.

 **COCKTAIL**
칵테일

1953년 4월 13일은 이언 플레밍의 첫 제임스 본드 소설 『카지노 로열』이 출간된 날이다. 플레밍은 『옥스퍼드 영어 사전』에도 강렬한 흔적을 남겼다. 그는 ninja뿐 아니라 SMERSH(구소련의 대첩보 기관. 러시아어 'smert shpionam스파이에게 죽음을'을 줄인 말이다)라는 말을 가장 먼저 쓴 사람이다. 그의 작품을 읽은 독자들이라면 제임스 본드의 인상적인 대사를 기억할 것이다. "보드카 마티니, 젓지 말고 흔들어서."

많은 마티니 전문가는 이 말이 현실과 어긋난다고 지적한다. 제대로 섞으려면 재료를 흔들면 안 되기 때문이다. 녹은 얼음에 마티니가 희석되어 맛을 해칠 수도 있다. 하지만 제임스 본드의 팬이라면 이게 바로 술의 도수를 낮추려는 스파이의 고의적 선택이라고 반박할 수도 있을 것이다. 이 수수께끼는 영원히 풀리지 않을지도 모르지만, 언어학자에게 더 큰 수수께끼는 cocktail이라는 말의 어원이다.

이 이상한 단어의 어원 중에서 가장 널리 통용되는 설은 프랑스어 coquetier계란 컵에서 왔다는 것이다. 칵테일을 처음 만든 사람은 18세기 산토도밍고 출신의 약제사 앙투안 아메데 페쇼다. 페쇼는 프리메이슨 모임에서 자신만의 브랜디 토디브랜디에 단맛 나는 음료를 섞은 것를 계란 컵에 담아서 내놓았고, 이후로 이 술이 계란 컵으로 불리게 됐는데, 그게 cocktay로 변했다가 cocktail이 되었다는 것이다. 그럴듯하지만 뒷받침할 명쾌한 증거는 없다. 하지만 cock-ale에서 왔다는 설보다는 훨씬 신빙성이 있다. cock-ale은 에일 맥주에 나이 든 수탉, 건포도, 비자, 정향을 가미했다고 하는 17세기의 의심스러운 술이기 때문이다. 아쉽지만 cocktail이라는 말이 술에 수탉 깃털을 장식하던 관습에서 비롯되었다는, 가장 심심한 설명이 가장 정답에 가까워 보인다.

(14 April) YOUR NAME IS MUD
신뢰를 잃다

에이브러햄 링컨이 1865년 4월 14일에 암살당한 뒤 같은 해 6월, 새뮤얼 머드 박사가 암살 음모에 가담한 혐의로 유죄를 선고받았다. 오늘날까지도 역사가들 사이에서는 그의 가담 정도를 두고 논란이 이어지는 중이다.

존 윌크스 부스와 함께 있는 모습이 목격된 게 머드 박사가 유죄라는 핵심 증거였다. 두 사람은 남부연합 지지자로서 노예제 폐지를 격렬하게 반대했다. 연극 〈우리 미국인 사촌Our American Cousin〉이 공연 중이던 워싱턴의 포드 극장에서 대통령석에 앉은 링컨을 쏜 건 부스였다. 부스는 유명 배우였기 때문에 극장에 자유롭게 드나들 수 있었다. 부스는 방아쇠를 당긴 뒤 무대 위로 뛰어올라가다 다리가 부러졌다고 한다(머드 박사는 도주하기 위해 준비해둔 말이 흥분했기 때문이라고 했다). 이후 부스는 메릴랜드에서 지내는 동안 머드 박사의 보살핌을 받았다.

결국 부스는 사살되었고 머드 박사는 공범으로 유죄 판결을 받았다. 모든 사실을 안 국민들의 감정은 격렬하게 치솟았고, 한 작가는 대통령의 죽음에 대한 애도가 "여태까지 보지 못한 엄청난 애통함"이라 표현했다. 머드 박사는 나중에 앤드루 존슨 대통령에게 사면을 받아 석방되긴 했지만 유죄 판결 자체는 뒤집히지 않았다. 어떤 사람들은 이 일 이후 "your name is mud너는 사람들의 신뢰를 잃었다"라는 표현을 사용했다.

홍미로운 이야기이긴 하지만, 어원 연구자들은 머드 박사의 죄는 몰라도 그가 이 표현의 유래라는 오해는 풀어주었다. 『옥스퍼드 영어 사전』을 보면 mud가 500년도 더 전부터 어떤 것의 최악인 부분을 가리키는 표현으로 쓰였다는 사실을 알 수 있다. 또 1823년 스포츠 속어 사전에는 'his name is mud'라는 표현이 나오는데, 링컨 암살 사건보다 40년 전의 기록이다. 이 사전에서 mud는 다음과 같이 사용되었다.

> Mud 멍청하고 한심한 사람.
> "And his name is mud!" 바보 같은 연설이 끝나자 사람들이 소리쳤다.

머드 박사가 mud의 어원이 아니라는 건 확인되었지만, 그가 노예제는 신성하다고 주장한 걸 떠올리면 언어를 통해서라도 복수하는 편이 나을지도 모른다는 생각이 든다.

CONTRAFIBULARITY

진심이 담기지 않은 축하

사전의 역사에서 가장 중요한 기념일 중 하나는 새뮤얼 존슨의 『영어 사전』 출간일이다. 이 사전은 뛰어난 업적과 독특한 개성을 담고 있지만, 결국 언어는 보존 처리될 수 없다는 것, 변화는 불가피하며 또 필요하다는 것을 보여준다.

존슨은 위대한 문학 작품에서 용례를 찾아 국왕에게 걸맞은 표현이 담긴 사전을 만들고자 했다. 하지만 그는 일을 마치고 난 뒤에야

진실을 깨달았다. 망가질 위기에 놓인 언어를 정화하고 최대한 순수
하게 보존하려고 노력해도 언어란 계속 유쾌하고 혼란스럽고 아름다
운 길을 가게 된다는 것이다.

드라마 〈블랙애더〉1980년대 BBC에서 방영한 역사 시트콤에 그려진 블
랙애더는 언어를 붙잡아두는 게 불가능하다는 걸 잘 알고 있는 캐릭
터다. 〈잉크와 무능함〉 에피소드는 멍청한 조지 왕자가 존슨을 후원해
서 얻는 이득이 뭘까 생각해보는 것으로 시작한다. 고민하던 조지 왕
자는 존슨을 불러 작업물을 보여달라고 한다. 존슨이 사전을 소개하
며 "이 책은 사랑하는 우리말의 모든 단어를 담고 있다"고 말하자, 블
랙애더가 그의 주장을 반박하며 '자기만의 영어'로 놀리는 희극적 장
면이 이어진다.

블랙애더 제가 열렬한 contrafibularity들을 제안해도 박사님께서
반대하시지 않기를 바랍니다.
존슨 (어리둥절한 표정)
블랙애더 contrafibularity가 뭐냐고요? 제가 사는 곳에서는 흔히 쓰
는 말입니다만… 아, 죄송합니다. 박사님께 이런 pericombobulation
을 끼쳐서 anaspectic하고, phrasmotic하고, 심지어 후회하는 마
음도 드네요모두 〈블랙애더〉에서 처음 쓰인 말로 pericombobulation은 '혼란',
anaspeptic과 phrasmotic는 '미안한', '사과하는'이라는 뜻이다.

이 에피소드는 언어를 그대로 보존한다는 게 바람을 잡으려는
것만큼이나 가망 없는 일이라는 걸 잘 아는 사전 편찬자들의 사랑을
받았다. 그리고 contrafibularity는 진심이 담기지 않은 축하를 뜻하는
단어로 사전에 들어가게 되었다.

PASQUINADE
풍자

___

1970년 4월, 풍자 잡지 《내셔널 램푼National Lampoon》이 등장했다. 이 잡지의 패러디와 초현실적 스타일은 몇십 년 동안 미국 코미디에 영향을 미쳤다. 오늘날 lampoon이란 누군가를 조롱한다는 뜻이지만 원래는 술과 관련된 말이었다. 17세기 프랑스에서 "Lampons!"이라고 하면 "술 마시자!"라는 뜻으로 술자리에서 부르는 외설스럽고 조롱 가득한 노래를 의미한다.

자주 쓰이지는 않지만 비슷한 말로 pasquinade라는 말이 있는데, 이는 《내셔널 램푼》의 조상 격이라 할 수 있는 단어에서 비롯된 말이다. pasquinade는 인물이나 사건을 익명으로 풍자하고 조롱하는 걸 의미하며 16세기 초 로마에서 발굴된 조각상에 기원을 두고 있다. 사람들이 조각상 하단에 격렬한 풍자와 조롱 글을 남겼기 때문이다.

이후 조각상은 Pasquino라 불렸는데, 아마 바티칸 사람들을 즐겨 조롱한 기술자의 이름을 딴 것 같다. 다른 기념물들에도 비슷한 일이 생기자 로마에서는 Pasquino처럼 교회와 국가를 신랄하게 비난하는 글이 게재된 조각상을 '말하는 조각상'이라고 부르게 되었다.

CANTER
캔터

___

제프리 초서의 『캔터베리 이야기』는 내용도 유쾌하고 재미있지만, 노르만 프랑스어가 아닌 영어로 쓰인 작품이라는 점에서도 중대한 의미가 있다. 1066년 노르만 정복 이후 몇백 년 동안 프랑스어는 권력층의 언어로 막강한 힘을 발휘했다. 이전에도 영어로 작품을 쓴 사람들이 있긴 했지만, 『캔터베리 이야기』는 당대부터 유명세에 힘입어 널리 유통되었으며, 잘 기록되지 않던 잉글랜드 곳곳의 방언과 속어까지 담았기에 더욱 특별했다. 1397년 4월 17일 초서가 리처드 2세의 궁정에서 작품의 일부를 낭송하면서 역사적으로 유명한 순례가 시작되었을 뿐 아니라 귀족들도 통속 영어와 방언을 받아들이게 되었다.

『캔터베리 이야기』는 순례자들이 런던에서 캔터베리까지 말을 타고 순례 여행을 가며 이야기 경연을 하는 구성이다. 목적지는 캔터베리 대성당의 성 토머스 베켓 성지였고, 우승 상품은 귀환길에 서더크 대성당에 있는 타바드 인의 공짜 식사였다. 휴가 기분에 들뜬 순례자들은 가십과 이야기를 나누며 긴 시간을 보낸다. 그들은 서로의 이야기에 집중할 수 있도록, 먼 길을 가야 하는 말이 지치지 않도록 느린 속도로 움직인다. 당시에는 그런 걸음을 Canterbury trot이라 표현했는데, 이 말이 17세기가 되며 Canterbury로 줄었다가 마침내 canter가 되었다.

(18 April)

RHUBARB
웅얼거리는 소리

1930년 4월 18일, BBC 뉴스를 들으려고 라디오 앞에 모여 앉은 많은 가족이 "오늘은 뉴스가 없습니다"는 말을 들었다. 뉴스가 진행되어야 할 시간은 잔잔한 피아노 음악으로 채워졌다.

영어권에서는 연극의 어색한 정적을 채울 때 배우들이 rhubarb라는 말을 조용히 중얼거린다. 이 방법은 배우들이 대화하는 연기를 할 때는 쓰는 전통적인 방법으로, 실제로 발음해보면 진짜 대화하는 것 같다는 느낌이 든다.

4월에 꽃이 피는 식물 rhubarb 역시 알아듣기 어려운 수다와 관련되어 있다. 그리스인에게 rhubarb는 이국적인 식물이었다. 이름의 뒷부분인 barb도 그리스어로 '외국의'라는 뜻의 barbaros에서 온 것이라, 이 분홍 줄기 식물은 엉뚱하게도 barbarian의 친척이 되었다. 그렇다면 barbarian은 또 무엇일까? 고대 그리스인에게 외국인의 낯선 말은 모두 'bah bah bah'처럼 들렸다. 그리스인들은 외국인들을 믿을 수 없는 미개인으로 여겼고, 그들을 이해할 수 없다는 의미에서 barbarian야만인이라는 말이 태어났다.

이같이 영어 어원에는 외국인을 향한 깊은 불신이 자주 보인다. 가령 strange의 첫 번째 의미는 다른 나라에서 왔다는 뜻이고, outlandish기이한는 단어 그대로 outland에서 온 사람을 가리키는 말이다. alien에 외지 출신이라는 뜻과 불쾌하다는 뜻이 괜히 같이 있는 게 아니다. 각 나라의 역사를 살펴보면 사람들은 외국인을 특별히 환영한 적이 없고, 언어는 언제나 그 사실을 반영했다.

134

GHETTO
게토

4월 19일은 유대인이 나치에 저항한 주요 기념일 중 하나인 1943년의 바르샤바 게토 봉기의 날이다. 나치가 게토ghetto에 남은 이들을 트레블링카와 마즈다넥으로 이동시키려 하자 주민들이 이에 저항하며 벌어진 사건이다. 유대인 전투 기구 사령관인 마레크 에델만은 게토 봉기에 대해 이렇게 말했다. "그건 우리가 죽을 시간과 장소를 정하는 일이었다." 에델만의 말처럼 게토가 파괴되며 1만 3000명이 넘는 사람이 죽었다.

유대인 탄압의 역사는 **ghetto**라는 단어에 고스란히 들어 있다. 1516년 베네치아는 유대인들을 사회에서 분리시키기 위해 고립된 주거 구역을 만들었고, 많은 유럽 도시가 이를 따랐다. 베네치아의 유대인 구역은 옛 주물공장터에 세워졌다. 이탈리아어로 **getto**가 주물공장을 뜻하니 이게 **ghetto**의 어원이라 볼 수도 있지만, 교외를 뜻하는 **borghetto**, 즉 **borgo**에 작다는 뜻의 접미사가 붙은 것이라고 말하는 사람도 있다. 오늘날은 **ghetto**의 뜻이 넓어져 고립된 소수 집단을 가리키는 말이 되었다. 의미의 영역은 확장되었을지언정 그 뿌리가 반유대주의에 있다는 역사적 사실은 영원히 남을 것이다.

 MUMPSIMUS
잘못된 걸 고집하는 사람

---

mumpsimus는 우리 언어의 큰 구멍을 메워준 단어라, 이 말이 없었을 땐 뭐라고 말했을까 하는 생각이 든다. **mumpsimus**는 500년의 역사를 가진 단어로, 틀린 게 명백한 상황에서도 자기가 옳다고 우기는 사람을 말한다.

이 단어는 지식이 얕은 가톨릭 사제에 대한 유명한 이야기에서 비롯되었다. 사제는 성찬 후 기도문을 읊을 때 실수를 거듭하곤 했는데, "Quod ore sumpsimus, Domine주님, 저희가 모신 성체를"이라는 대목을 말할 때 **sumpsimus**를 **mumpsimus**라고 하는 식이었다. 잘못을 계속 지적당해도 고집을 꺾지 않았다.

이 이야기는 1516년 8월에 데시데리위스 에라스뮈스가 헨리 불럭에게 쓴 편지에 나오는 일화다. 에라스뮈스는 사제 이야기를 곁들이며 자신이 발간한 그리스어 신약성경을 외면하는 사람들의 무지에서 나온 용기에 개탄했다. 그 뒤로 사람들은 현실을 받아들이기 거부하는 사람을 표현할 때 mumpsimus를 사용했다. 윌리엄 틴들은 1530년에 출간한 『고위 성직자의 실천Practice of Prelates』에서 울시 추기경의 지시로 아라곤의 캐서린과 헨리 8세의 결혼을 무효시킬 이유를 찾는 사람들을 "모든 변호사와 박사, 신학의 mumpsimus들"이라며 비난했다.

(21 April) RED-LETTER DAY
빨간 날

로마의 달력은 기원전 753년 4월 21일에 시작된다. 이날은 로물루스와 레무스가 로마를 건국했다고 전해지는 날이다. 로마 사람들은 중요한 날을 달력에 붉은 황토나 잉크로 표시했다. 붉은 황토와 vermilion황화수은을 포함한 광물질로, 주사朱砂라고 부른다을 넣은 잉크는 값이 비싸서 책 제목같이 중요한 글자에만 썼고, 잉크 중에서도 더 비싼 붉은 잉크는 황제의 칙령을 쓰는 데 썼다.

14세기가 되자 붉은 잉크는 중요한 인물이나 정보를 강조할 때 사용되었다. 교회 달력에서도 평범한 날은 검은색으로, 축일은 붉은색으로 썼다. 중요하다고 강조하기 위해 빨갛게 표시한 날들은 red-letter days라 불리기 시작했고, 이 관행은 오늘날까지 이어져 달력 날짜 표기에 적용되고 있다.

고대의 붉은 잉크에서 파생된 몇 가지 표현 중 rubrica terra잉크 재료로 쓴 붉은 황토는 문서의 제목이나 지시 사항, 규칙을 뜻하는 rubric이라는 단어를 남겼다. 한편 주사는 라틴어로 minium이라고 한다. 수도사와 필경사들은 화려하게 꾸며야 할 책은 챕터의 첫 글자를 붉은

136

색으로 표시했고, 그 안에 miniatura라는 작은 그림을 그려 넣었다. 그러다 시간이 지나면서 miniatura가 붉은색을 의미하는 뜻을 잃고 작은 그림만을 가리키다가 16세기에 이르러 miniature소형의라는 단어로 정착했다.

(22 April) HEIST
강도

1981년의 어느 날, 기이한 핼러윈 가면을 쓴 중무장 강도들이 퍼스트내셔널 뱅크 오브 애리조나 투손 지점에 들이닥쳐 46억 원이 넘는 돈을 절도하는 대담한 heist를 벌였다. 당시 미국 역사상 최대 규모의 은행 강도였다.

heist는 역사가 긴 단어다. 원래는 상점 털이를 가리키는 hoist로 시작했으며, 미국 연쇄 살인범 칼 팬즈램에 대한 글을 통해 처음 인쇄물에 등장한 것으로 보인다. 팬즈램은 1911년에 벌어진 어느 mugging(강도짓이라는 뜻으로, 1800년대 초기부터 쓰였다)을 회상하며, "언제 리볼버를 꺼내서 heist up할지 생각하고 있었다"라고 말했다. 금주법 시대에 heist는 술 수송 차량을 강탈한다는 뜻이었고, 어느 정도 매혹적인 뉘앙스를 띠었다. heist에는 오늘날까지도 호기로운 의미가 남아 있다. 잔혹한 말인데도 은밀한 감탄의 느낌이 들어 있다는 점에서 heist는 caper까불거리다, 강도 짓을 하다와 비슷하다.

범죄 용어는 인쇄업자 로버트 코플런드가 1535년 무렵 출간한 『스피틀하우스로 가는 고속도로Hye Way to the Spyttel-house』라는 멋진 제목의 속어 모음집 중 첫 번째 파트였다(이 모음집의 제목에 쓰인 spittle house라는 말은 『옥스퍼드 영어 사전』에 "주로 하층 계급 사람들이 사는, 질병이 들끓는 장소"라 정의되어 있다). 이런 속어들은 cant라 하는데, 이 단어는 노래한다는 뜻의 라틴어 cantare에서 왔다. 이 말을 쓰는 거지들이 노래하듯 말했기 때문이다. 이 사전에는 마블 코믹스에서 튀어나온 듯한 악당들의 언어도 있다. 가령 상이군인인 척하며 동정심을 유발한 뒤 강도 짓 하는 사람 Ruffler, 간질 발작을 흉내 내는 사람 Counterfeit Crank, 방물장수인 척하는 여자 도둑 Bawdy Basket 같은 표현들이 포함되어 있다.

물론 이런 인물들보다도 유서 깊은 범죄 관련 표현들도 있다. 바이킹 법은 morð비밀 살인와 vig살인를 구별한다. morð는 잠자는 사람을 죽이는 것처럼 몰래 한 행동으로, 사형까지도 받을 수 있는 흉악 범죄였다. vig는 그것보다는 덜 심각하다 여겨지긴 했지만, 피살자의 가족이 복수할 권리가 보장된 범죄였다. 훗날 영어의 murdur가 된 단어는 바로 morð다. 가해자의 반대편에 있는 단어 pain은 '피의 값'을 뜻하는 그리스어 poine에서 온 단어로, 처벌을 의미했다. 이 처벌의 의미는 on pain of death안 하면 죽는다는 조건으로라는 표현에 보존되어 있다.

 23 April

BARDOLATRY
셰익스피어 숭배

윌리엄 셰익스피어는 1564년 태어나 1616년 4월 23일에 죽음을 맞이했다. 그가 위대한 작가임은 틀림없지만, 지나치게 찬양받고 있다고 비판할 수 있을까? 셰익스피어의 영향력을 생각하면 보통 용감하지 않고서는 그렇다고 대답하기 어렵겠지만, 그럼에도 세상에는 권위자에게 비판적인 사람이 있는 법이고, bardolatry라는 표현도 존재한다. 이 단어는 조지 버나드 쇼가 1901년에 처음 한 말로 기록되어 있다. 쇼는 아마도 시인the Bard 셰익스피어가 자신과 달리 사회 문제를 다루지 않는다는 점을 지적한 것 같다. 쇼가 말한 bardolater는 아무 의문 없이 맹목적으로 셰익스피어를 따르는 사람들ipsedixit(3월 10일 참고)을 뜻했다. Shakespeareolater도 같은 뜻으로 쓰인다.

쇼의 견해가 어떻든 간에 『옥스퍼드 영어 사전』에 셰익스피어가 처음 사용했다고 기록된 단어 1580개 전부가 그가 만든 게 아니라는 건 분명하다. 셰익스피어가 새로운 말을 많이 만들었다는 건 사실이지만, 신조어 발명가라는 명성은 작품의 인기 덕분이었다. 셰익스피어의 어휘로 알려진 단어들을 누가 만들었건 그것들이 살아남는 데는 셰익스피어가 중대한 역할을 했다. 그의 작품과 작품에 참여한 배우들 덕에 수많은 단어가 연극 무대로 들어왔고, 사라지지 않았으니 말이다.

하지만 당시 새로 생겨난 어휘들이 모두에게 칭송받은 것은 아니다. 오늘날 너무나 자연스럽게 쓰이는 laughable우스꽝스러운은 셰익스피어 비판자들에게 노골적인 조롱을 받았다. 그들은 laugh-at-able이 맞다고 소리쳤다. 얼마 후에는 reliable도 똑같은 조롱을 받았는데, rely-on-able로 해야 한다는 게 비판자들의 주장이다.

말장난은 두말할 나위 없이 셰익스피어가 구사한 최고의 기술이었다. 단어의 전통적 기능을 뒤집는 걸 좋아하던 그는 명사를 형용사로(barefaced, bloodstained, gloomy), 형용사와 명사를 부사로(trippingly, rascally), 명사를 동사로 만들었다.

그중에서도 동사화로 생겨난 몇몇 신조어는 그의 빛나는 성취로 여겨진다. 「오셀로」에서 카시오는 오셀로에게 'run off to a cave동굴로 달아나다'가 아닌 'encave동굴에 숨다'하라 말한다. 「리처드 2세」에서는 자꾸 자신을 'my gracious uncle나의 자비로운 숙부'이라 부르는 볼링브로크에게 요크 공작이 'grace me no grace, nor uncle me no uncle자비롭다는 말도 숙부라는 말도 그만둬라'이라고 답한다. 관객들은 이런 대사에 bedazzled매혹당한되곤 했는데, 이 단어도 우리가 시인에게 빚진 멋진 형용사다. 이런 동사화 경향은 오늘날에도 남아 있다. 영어 사용자들은 생활 속에서 셰익스피어처럼 자주 명사를 동사로 사용하고, 그러다 욕도 많이 먹는다.

셰익스피어는 지나치게 불평하는 자에게 퍼부어줄 욕설도 잔뜩 제공한다. "Away, you starveling, you elf-skin, you dried neat's-tongue, you bull's-pizzle, you stock-fish꺼져, 이 말라비틀어진 놈, 뱀장어 껍데기, 말린 소 혓바닥, 소 불알, 건어물!"「헨리 4세 제1부」에 나오는 이 엄청난 대사는 말 많은 현학자에게 날리는 말 폭탄이었다.

 **GHOST**
귀신

4월 24일은 성 마르코 축일 전야로, 내년에 죽게 될 사람들의 영혼이 교회 밖으로 나가는 모습이 보인다고 한다. 이 미신은 17세기 기록에 처음 나타났지만 기원 자체는 훨씬 오래되었다. 아마 흑사병 같은 역병 때문에 죽음이 만연하던 시절에 시작되었을 것이다.

살아 있는 사람들의 생령은 wraith나 fetch라고 하며 fetch-life는 산 사람을 데려가는 임무를 수행하는 저승사자를 가리킨다. 두 단어 모두 사전에 ghost의 동의어로 기록되어 있다. ghost는 귀신이라는 뜻에 걸맞게도 보이지 않는 이야기가 담겨 있다. 여기서의 귀신은 성 마르코 축일의 유령들과는 다른 ghoul악귀을 가리킨다. 물론 ghost나 ghoul이나 똑같이 섬뜩하지만.

ghost에 묵음 h가 들어간 건 500년 전에 일어난 실수의 결과다. 잉글랜드 인쇄술의 선구자로 알려진 윌리엄 캑스턴은 플랑드르에서 인쇄술을 배운 뒤 현지 식자공들을 데리고 돌아왔다. 그들(이라 표현하긴 하지만 아마 이들 중 한 명이었을 것이다)에게는 **gost**의 생김새가 이상해 보였다. 플랑드르어로는 **gheest**라고 쓰기에 식자공은 h를 넣어 좀 더 친숙한 모양으로 만들었다. 그리고 연쇄 반응처럼 **agast**와 **gastly**에도 h가 추가되어 각각 **aghast**경악한, **ghastly**무시무시한가 되었다.

 ## GUILLOTINE
단두대

1536년, 헨리 8세의 두 번째 왕비 앤 불린은 참수당하기 전에 자신의 목이 가늘어서 다행이라 말했다고 한다. 앤 불린의 사형을 집행한 사람은 '칼레의 교수형 집행인'이라 불리던 사람으로, 칼을 잘 썼다고 한다. 하지만 아무리 재주가 뛰어나다 하더라도 칼로 사람을 죽이는 일은 끔찍할 뿐만 아니라 물리적으로도 결코 쉽지 않은 일이다. 뭐가 됐든 끔찍한 건 맞지만 그래도 하층민을 처형하는 방식인 교수형보다는 참수형이 훨씬 인도적이라고 하는 사람들도 있긴 했다.

앤 불린이 참수당하고 250년 후, 프랑스 의사 조제프 이냐스 기요탱Joseph-Ignace Guillotin은 사형수들이 큰 고통 끝에 죽는 것에 문제의식을 느껴 의회에 개혁 법안을 제출했다. 사형수들은 사회적 지위와는 상관없이 동일한 처벌을 받아야 하며 그 방식은 기계가 수행하는 참수형이어야 한다는 내용이었다.

기요탱은 스코틀랜드에서 자신이 생각한 기계의 원형이 사용되고 있다는 걸 알고 있었을 것이다. 그는 외과 의사 앙투안 루이에게 협력을 요청해 기계를 만들었다. 완성된 기계는 첫 번째 발명자의 이름을 따서 초반에는 루이제트라 불렸지만, 나중에는 필요성을 열변한 기요탱의 이름을 따 기요틴guillotine이 되었다. 이 사형 기계의 성능을 최초로 경험한 자는 니콜라 J. 펠티에라는 노상강도였다. 그는 1792년 4월 25일에 기요틴의 칼날 아래 무릎을 꿇고 앉았다.

　guillotine은 프랑스 공포정치 시대에 영국으로 들어왔다. 당시 이 기계는 루이 16세와 마리 앙투아네트를 비롯한 수천 명을 효율적으로 처형했다. 죽음을 피할 수 없는 사람들의 고통을 덜어주기 위해 만들어진 장치이긴 했지만, 그 용도로 인해 어쩔 수 없이 잔혹한 폭압과 뗄 수 없는 관계로 기억되었다.

 KING'S EVIL
연주창

　학문이 발전하며 과학과 의학이 크게 발전하던 중세 말기에도 질병이 신의 징벌이라는 미신적 신념만큼은 확고했다. 특히 매독은 성병이라는 특징 때문에 더더욱 금기시되었다. 매독은 도덕적 타락을 상징하는 대표적인 질병이라 여겨져서 다양한 완곡어로 불렸다. Cupid's measles, French marbles, Neapolitan bone-ache(이건 셰익스피어가 만든 말이다) 같은 말들이 그것이다. 유럽 사람들은 매독에 사이가 좋지 않은 이웃 나라의 이름을 갖다 붙였다. 이탈리아에서는 Morbus Galus프랑스 병, 독일에서는 Franzosen boese Blattern프랑스 악성 수포이라 불렀으며 프랑스에서는 Mal de Naples나폴리 병라 불렀다.

　고귀한 사람이 어루만지면 병이 낫는다는 미신도 있었다. 체질에 따라 만성이기도 한 림프샘병인 연주창은 king's evil로 불렸다오늘날은 흔히 림프절결핵이라고 한다. king이 들어간 이유는 왕이나 여왕만이 고칠 수 있는 병이라 믿었기 때문이다. 이런 '마법의 손길'에 대한 믿음은 신이 한 번의 접촉만으로 기적같이 병을 낫게 한다는 전설에서 비롯되었다. 잉글랜드에서는 이 믿음이 참회왕 에드워드 때부터 앤 여왕 때까지 이어졌고, 앤 여왕은 왕실의 신성한 권리를 보여주기 위해 이 의식을 자주 행했다. 이 일이 마지막으로 실행된 건 앤 여왕 재위기인 1714년 4월 26일, 그러니까 여왕이 죽기 석 달 전이자 새뮤얼 존슨이 죽은 지 2년이 지난 후였다. 어릴 때부터 연주창을 앓았던 존슨은 여왕의 손길을 받기 위해 런던까지 갔고, 그 기념으로 받은 리본을 평생토록 착용했다. 하지만 당연하게도 손길 의식은 아무런 효과가 없었고, 결국은 수술을 받아 평생 흉터가 남았다고 한다.

_{27 April} **PANDEMONIUM**
대혼란

시인이자 논객이었던 존 밀턴은 시력을 잃고 궁핍함에 빠져 힘겨운 나날을 보내던 중, 1667년 4월 27일에 그의 대표작 『실낙원』의 저작권을 10파운드에 팔았다.

1600년대 초는 영어가 혁신을 받아들이던 시기라 사람들이 자유롭게 다른 언어의 어휘를 빌려 새로운 말을 만들어냈다. 『옥스퍼드 영어 사전』은 밀턴이 600개 이상의 신조어를 만들었다고 보고, 그를 벤 존슨이나 존 던 앞에 놓았다. 어떤 이들은 밀턴이 셰익스피어보다 앞선다는 논리를 펼치기도 한다. 셰익스피어는 신조어 발명자가 아니라 보급가였다는 게 그들의 주장이다.

밀턴이 기여한 어휘로는 stunning굉장히 멋진, exhilarating아주 신나는 같은 형용사가 있다. 하지만 이 단어들은 stun과 exhilarate를 확장한 것뿐이다. 비슷한 용례로 cherubim케루빔에서 온 cherubic천사 같은도 있고, lovelorn실연의 고통에 빠진, arch-fiend마왕 같은 복합어도 있다. 그렇다고 이런 단어들만 있는 건 아니다. moonstruck집착이나 열중으로 얼이 빠진 상태이나, politicaster무능하거나 한심한 정치인 같은 단어는 밀턴이 직접 만들어 처음으로 쓴 단어들이다. 하지만 그의 신조어 중 가장 기억할 만한 건 아마 묵시록과 관련된 단어 pandemonium일 것이다.

『실낙원』에서 팬더모니엄Pandemonium은 사탄이 다스리는 지옥의 수도이며 루시퍼의 영지다. 밀턴은 모든 것을 뜻하는 pan과 영혼이나 악마로 해석되는 daimon이라는 두 개의 그리스어를 결합해 이 말을 만들었다. 100년 후 pandemonium은 악의 소굴이라는 뜻이 되었다가 완전한 혼란 상태를 의미하게 되었고, 그 뜻으로 굳어져 지금까지 이어지고 있다.

 MAROON
고립시키다

1789년 4월 28일, 바운티호에서 플레처 크리스천이 선장 윌리엄 블라이에게 맞서 선상 반란mutiny을 일으켰고, 이 때문에 서인도제도 플랜테이션 노예들에게 식량으로 공급하기 위해 타히티에서 서인도제도로 빵나무를 옮기던 임무가 중단되었다. 도대체 무슨 일이 있었길래 선장에게 반란을 일으킨 걸까? 블라이는 제임스 쿡 휘하에 레절루션호를 타고 그의 세 번째이자 마지막 항해에 동참한 이력이 있는 사람이었고, 그 항해로 쿡 선장의 남반구 일주가 완결되었다.

바운티호 선원들은 빵나무 증식을 위해 6개월간 타히티에 머물렀는데, 선원들이 나태해진 모습을 본 블라이는 깊은 우려에 빠졌다. 그러다 귀로에 올랐을 때 더는 참지 못하고 음식과 럼주 배급을 반으로 줄였다. 그러자 크리스천과 반란자들은 블라이와 그의 편을 드는 사람들을 작은 보트에 태워 내보냈고, 그들은 6500킬로미터를 항해한 뒤에야 안전한 곳에 도달할 수 있었다.

mutiny는 폭력적인 봉기를 가리키는 프랑스어에서 온 말이다. 블라이를 바다 한가운데에 버리는 것처럼 사람을 maroon하는 것은 기원이 다르다. 마룬족은 도망 노예의 후예로, 수리남과 서인도제도의 산과 숲에서 살았다. 마룬이라는 이름 자체도 '거친', '야생'을 뜻하는 스페인어 cimarrón에서 온 것이다. 초기 마룬족은 유럽 플랜테이션 소유주들에게 저항하며 가혹하고 외딴 지역에서 생존한 것으로 유명하다. 바운티호의 출항 몇십 년 전인 18세기 초에 maroon이라는 단어는 사람을 외딴 섬에 버리는 일을 가리켰다.

maroon을 고동색이라 알고 있는 사람도 있을 텐데, 이건 밤을 가리키는 프랑스어 marron에서 온 말이라 전혀 다른 단어다. 밤을 불 속에 넣으면 터지기 때문에 marron은 폭음, 섬광과 함께 신호나 경고를 전하는 폭죽을 가리키기도 한다.

(**29 April**) **THESAURUS**

유의어 사전

1852년, 의사 피터 마크 로제는 의미에 따라 어휘를 정리하고 분류하는 일생의 작업을 완성했다. 그리고 4월 29일 『영어 단어와 구절의 유의어 사전: 편리하게 분류, 배치된 개념 표현Thesaurus of English Words and Phrases, Classified and Arranged so as to Facilitate the Expression of Ideas』을 출간했다. 사전 편찬 원칙 못지않게 직관에도 의존했던 로제는 살아생전에 자신의 역작이 28판을 찍는 걸 볼 수 있었다.

『유의어 사전Thesaurus』은 동의어나 반의어 사전보다는 역순 사전에 더 가깝다. 이 책은 특정 개념을 둘러싼 스펙트럼을 소개한다. 로제는 자신이 존경한, 동물을 6개의 강綱으로 나눈 생물 분류학의 아버지 칼 린네와 마찬가지로, '추상적 관계'에서 '우주와 물질'에 이르는 6개의 큰 범주로 단어들을 나누었다. 로제는 이 분류법이 알파벳 순서를 따른 인위적인 방법과 달리 인간 두뇌가 단어를 연결하는 방식을 따른다고 생각했다. 그러나 이보다 중요한 로제의 신념은 교육 수준이나 사회적 지위와 상관없이 누구나 글을 쓸 때 사전의 도움을 받을 수 있어야 한다는 것이었다. 그가 사용한 단어들이 대부분 고급 어휘라 의도한 목적을 성취했는지는 잘 모르겠지만, 로제의 이름을 딴 **Roget's Thesaurus**는 유의어 사전의 동의어로 영어에 남아 있다.

로제는 **thesaurus**의 어원을 알고 있었을 가능성이 높다. 고대 그리스어에서 라틴어를 경유한 **thesaurus**는 19세기 초에 고고학자들이 쓰기 시작한 단어로 원래는 보물, 창고, 사원을 뜻했다. 그러다 뜻이 넓어져서 특정 분야의 어휘나 정보를 담은 책을 의미하게 되었고 이제는 유의어를 담은 책이라는 뜻으로 의미가 더 좁아졌다.

THE NAKED TRUTH
있는 그대로의 사실

4월 30일은 정직의 날로, 현대사회에 (특히 정치와 관련된) 만연한 거짓말과 가짜 뉴스에 대한 안티테제로 만들어졌다. 이날의 창안자는 전 언론 담당 비서이자 소설가인 M. 허슈 골드버그다. 골드버그는 역사상 가장 간교하고 피해가 큰 거짓말들에 대한 책을 쓰기 위해 자료 조사를 해나가다 정직의 날을 지정하게 되었다고 한다. 4월 30일은 만우절이 있는 달의 마지막 날이자 조지 워싱턴의 취임식 날이기도 하다. 워싱턴은 아버지가 아끼는 벚나무를 망가뜨리고 "거짓말을 할 수는 없다"며 그 사실을 털어놓았다는 근거 없는 전설로 유명하다.

　　naked truth있는 그대로의 사실라는 표현은 잘 알려지지 않은 우화 「진실과 거짓」에서 비롯되었다. 이 우화는 로마 시인 호라티우스의 『서정 시집Horace's Odes』과 고대의 몇 가지 이야기에 등장한다. 내용인 즉슨 진실과 거짓이 함께 목욕을 하는데, 거짓이 먼저 물에서 나온 뒤 진실의 옷을 훔친다. 이 사실을 알게 된 진실은 거짓의 옷을 입느니 알몸이 되겠다고 한다. 이 이야기는 시간이 흐르는 동안 여러 표현으로 반복되다가 중세 시대에 naked truth로 확립되었다. naked truth와 대척점에 있는 말로는 the skinny잘 알려지지 않은 정보, 가십가 있는데, 비교적 최근인 1930년대에 태어난 말이다.

May

1	MAYDAY	메이데이(조난 신호)
2	MAY	5월
3	MACHIAVELLIAN	권모술수에 능한 사람
4	JEDI	제다이
5	CAVALIER	오만한
6	MILE	마일
7	WHITE ELEPHANT	흰 코끼리
8	GROAK	남이 먹는 모습을 지켜보다
9	HUGGER-MUGGER	무슨 일을 은밀하게 하다
10	NICOTINE	니코틴
11	ZUGZWANG	승산 없는 상황
12	BARRICADE	바리케이드
13	SWEAR	맹세, 욕설
14	MEDICINE MAN	치료 주술사
15	VOLCANO	화산
16	DIEHARD	끝까지 버티는
17	BAH	흥!
18	VAMP	요부
19	GOODBYE	(헤어질 때 쓰는) 안녕
20	ATLAS	지도책
21	NUTMEG	육두구
22	ABSQUATULATE	사라져버리다
23	PICNIC	기계가 아니라 사람이 문제
24	GYLDENBOLLOCKES	황금 고환
25	PANIC	패닉
26	COCKNEY	코크니
27	FUCK	욕설
28	COLLIESHANGIE	난투
29	TAKE THE BISCUIT	최악이다
30	FOB OFF	속이다
31	CLEPSYDRA	물시계

MAYDAY
메이데이(조난 신호)

---

mayday가 조난 상황에서 사용하는 무선 신호라는 사실은 잘 알려져 있다. May가 들어갔다고 하여 5월과 관련이 있지 않을까 생각하는 사람들도 있는데, 언어학적으로 보자면 5월과 아무런 관련이 없다. mayday는 1920년대 초 당시 영국의 유일한 국제공항이었던 크로이던 공항에서 시작된 말이다.

프레더릭 스탠리 목퍼드라는 통신사는 긴급 지원이 필요한 비행기가 사용할 단순한 표현을 고안하는 임무를 맡았다고 한다. 유서 깊은 모스부호인 SOS는 S가 두 개나 들어 있어서 무선 신호로 구분하기 어려웠다. 고민을 거듭하던 목퍼드는 프랑스어로 '와서 도와주세요'라는 뜻의 Venez m'aider에 토대해 mayday를 쓰자고 했다. 크로이던 공항의 비행기 상당수가 파리의 르부르제 공항을 오갔기 때문이다.

mayday는 1927년 워싱턴의 국제전기통신조약에서 공식 조난 신호로 재가된 이후 오늘날까지 쓰이고 있다. 덜 심각한 조난 상황에 사용되는 신호는 pan-pan인데, 이 말도 프랑스어 panne고장에서 왔다. 모스부호 SOS는 'Save Our Souls우리 영혼을 구해주세요'의 약자라고 알려져 있지만 이건 잘못된 풍문이다. 그저 모스부호 중 가장 단순하고 인식하기 쉬워서 선택된 것 뿐이다.

MAY
5월

May는 여신 Maia의 달을 뜻하는 라틴어 Maius mensis에서 온 단어다. 마이아는 그리스신화의 티탄 신 아틀라스의 일곱 딸 중 하나로 로마신화에서는 봄과 다산을 상징하는 마이아 마에스타Maia Majesta가 되었다.

may는 산사나무 꽃의 이름이기도 하다. 개화 시기는 5월이며 영국 시골 곳곳의 산울타리에 핀다. 고대영어 노래인 〈May Day〉 가사를 보면 "5월에 견과nuts를 주우러 가네"라는 대목이 나온다. 주로 가을에 보이는 견과를 5월에 이야기하는 게 이상해 보이는데, 아마 산사나무 꽃다발을 뜻하는 knots of May가 변형된 것으로 보인다. 셰익스피어가 말한 darling buds of May도 산사나무를 가리킨 걸 수 있다.

하지만 "Ne'er cast a clout till May be out"라는 옛 속담(1500년대에도 '오래된 속담'이라고 기록되었다)에 나오는 May는 산사나무가 아니라 5월이라는 뜻으로 쓰였다. 다른 버전을 보면 더 확실히 알 수 있다.

Button to chin, till May be in.
5월이 오기 전에는 턱까지 단추를 잠가라.
Cast not a clout, till May be out.
5월이 끝나기 전에는 옷을 벗어던지지 말라.

여기서 clout는 옷clothing을 가리키는 고대 방언이다. 5월까지도 추위가 이어지니 확실히 여름이 올 때까지는 따뜻하게 입으라는 속담이다.

MACHIAVELLIAN
권모술수에 능한 사람

둘 다 가질 수 없다면 사랑받는 것보다 두려움을 일으키는게 낫다.
속임수로 얻을 수 있다면 힘으로 얻으려 하지 말라.

이 두 경구는 1469년 5월 3일에 태어난 작가이자 정치가 니콜로 디 베르나르도 데이 마키아벨리Niccolò di Bernardo dei Machiavelli가 한 말이다. 1513년에 권력을 획득하고 유지하는 방법을 기술한 『군주론』이 발간된 이후, 마키아벨리라는 이름은 오랫동안 속임수와 간계의 동의어였다. 『군주론』은 인간 본성이 비관적이며 논쟁적이라 말한다. 이 주장으로 마키아벨리는 수백 년 동안 학자들을 분열시켰다. 어떤 학자들은 그의 관점이 사악하다 보았으며, 어떤 학자들은 그가 현실 정치의 옹호자로서 통치의 현실을 볼 줄 안다고 했다.

마키아벨리안Machiavellian은 마키아벨리의 원칙에 근거해 행동하는 사람을 가리킨다. 오래지 않아 이 말의 폭은 더 넓어져서 비도덕적 방법으로 권력을 추구하는 사람, 목표를 위해서라면 수단과 방법을 가리지 않는 모사꾼에게 두루 적용되었다. 이 말은 500년 동안 지속되었고, 오늘날에도 도덕보다 이익을 중시하는 사람을 가리킬 때 유용하게 사용된다.

152

JEDI
제다이

5월 4일은 스타워즈의 날이다. 〈스타워즈〉 팬들은 이날 "May the Fourth be with you"라고 인사를 나누는데, 이것은 〈스타워즈〉의 유명 대사 "May the Force be with you포스가 함께하길"를 비튼 표현이다. 수세대에 걸쳐 수천만 명을 사로잡은 〈스타워즈〉 시리즈는 세계까지는 몰라도 영화계의 판을 바꾸었다는 평을 받는다.

〈스타워즈〉는 언어에도 큰 영향을 미쳤다. 『옥스퍼드 영어 사전』은 droid, jedi, lightsaber, Padawan 같은 단어와 함께 Force의 새로운 뜻이 〈스타워즈〉에서 나왔다고 설명한다. jedi(〈스타워즈〉에서 신비의 힘인 포스를 사용하는 영웅적인 수도승 전사)는 뛰어난 기술이나 불가사의한 힘을 가진 사람을 두루 뜻한다. 영화에서 로봇을 뜻하는 droid는 주로 인격 없는 자동인형을 가리키는 말로 사용하며, 제다이 수련생을 뜻하는 Padawan은 젊고 미숙하고 순진한 사람을 일컫는 말이 되었다.

〈스타워즈〉는 정치에도 스며들었다. 스타워즈라는 말 자체가 전략방위구상(1983년에 로널드 레이건 미국 대통령이 제안한 군사 방어 전략. 소련이 발사한 미사일을 우주에서 파괴하는 계획이다)의 별명이 된 것이다. 〈스타워즈〉가 세상에 선보인 지 40년가량이 지난 지금, 악의 무리에 대한 승리와 몰락한 영웅의 부활을 그린 이 이야기는 중요한 문화 지식 중 하나로 남아 있다.

CAVALIER
오만한

잉글랜드 내전은 20만 명의 목숨을 빼앗고 영국 사회의 근간을 뒤흔든 사건이다. 이로 인해 군사 통치가 들어섰으며 왕이 체포되고 처형되었다. 1646년 5월 5일은 찰스 1세가 스코틀랜드에서 항복하고 잉글랜드 의회에 넘겨진 날이다.

오늘날 사용되는 욕설은 주로 돈과 지위에 관련되어 있다. chav, pikey, ned 등은 모두 가난한 하층민을 비하하는 말이다. 하지만 이 시기에 사용되던 욕설은 상대 당을 조롱하는 내용이 많았다. 크롬웰이 이끄는 의회파를 조롱하던 Roundhead라는 말은 청교도들의 짧게 자른 머리를 비웃던 말이다. 반대로 Roundhead들은 왕당파의 긴 곱슬머리, 레이스 옷깃, 커프스 같은 요란한 외양을 경멸했다.

1641년에 이르러 의회파는 왕당파를 Cavaliers라 불렀다. 프랑스어에서 건너온 이 말의 기원은 말馬을 뜻하는 라틴어 caballus로, 이탈리아어 cavaliere(말을 탄 용맹한 기사라는 뜻. chivalry기사도의 어원이다)를 거쳐 영어에 들어왔다. cavalier는 초반에 정중하고 명예로우며 용맹하다는 뉘앙스를 띠었지만 차츰 허풍스럽고 떠들썩하다는 의미로 바뀌었다. Roundhead들에게 이 말은 찰스 1세와 그 추종자들을 완벽하게 표현하는 단어였다. 하지만 오히려 조롱의 대상이된 이들이 이 표현을 기꺼이 수용해 자랑스럽게 사용했고, 그렇게 이 모욕 표현은 현대 영어에 유산을 남겼다.

오늘날 cavalier 같다고 하면 오만하고 차갑다는 뜻이지만, puritanical청교도적, censorious검열이 심한는 더 심한 모욕으로 여겨진다. 당시는 프로테스탄트와 가톨릭 외에 다른 종교 집단들도 번성하던 시기였고, 거기서 파생된 갈등이 언어를 통해 드러났다. 기타 종교 집단은 흔히 그들의 비정통적 믿음을 조롱하는 멸칭으로 불렸는데, 성직자 토머스 홀이 당대를 휩쓴 몇몇 종교 집단들의 목록을 나열한 기록이 있다. "현재 영국에는 Ranters, Seekers, Shakers, Quakers, Creepers를 비롯한 많은 종파가 있다."

이런 이름은 대부분은 해당 집단의 행동을 비하하는 표현이었다. 이를테면 Ranters고함치는 사람들는 시끄럽고 요란하게 설교를 했다고 한다. 하지만 Quakers떠는 사람들는 이런 칭호를 수용했다. 원래는 신도들이 하느님 말씀 앞에 벌벌 떨던 것에서 비롯된 이름인데, 나중에는 그들 스스로가 자신을 '퀘이커 교도'라 불렀다.

(6 May) **MILE**
마일

1954년 5월 6일 어느 비바람 부는 오후, 런던 세인트메리 병원의 한 의학생이 근무를 마치고 옥스퍼드로 향하는 기차를 탔다. 그리고 몇 시간 후에 달리기의 역사를 바꾸었다.

로저 배니스터는 훌륭한 달리기 선수였던 아버지의 뒤를 따랐다. 배니스터의 아버지도 당시 많은 선수가 그랬듯 달리기가 끝나면 곧잘 기절하곤 했다고 회상했다. 배니스터는 아버지와는 다른 상황에서 달리기를 배웠다. 그에게 달리기는 취미일 뿐 아니라 나치 대공습 때 방공호로 달아나기 위한 것이기도 했다. 아마 빨리 달리지 않으면 폭탄이 머리 위로 떨어질 거라고 상상하지 않았을까 싶다.

배니스터는 1953년에 국가 대표가 되었고, 다음 해 5월 저녁에 험악한 날씨를 뚫고 1200명의 관중 앞에서 최초로 four-minute mile(1마일을 4분 안에 달리는 일)을 달성했다. 《뉴욕 타임스》는 "지금까지 인간이 달성 불가능했던 목표 중 하나"라며 배니스터의 성취를 표현했다. 아쉽게도 몇 주 뒤에 라이벌이었던 존 랜디가 2초 앞질러 기록을 경신했지만, 배니스터는 여전히 엘리트 운동선수의 아이콘으로 남아 있다.

역시 한때 four-minute mile 기록 보유자였던 서배스천 코는 배니스터가 무거운 스파이크슈즈를 신고 "자동차경주 선수들도 거부할 트랙에서" 달렸다고 했다. 그러나 정작 배니스터 자신은 이렇게 말했다. "내가 속도를 늦추지 않고 결승선에 닿기만 한다면 나를 맞이해줄 사람들이 팔을 벌린 채 기다리고 있었다."

인간에게 1마일mile, 약 1.6킬로미터은 항상 먼 거리라 여겨졌다. 마일은 고대 로마에서 군대가 1000걸음을 행군한 거리를 기준으로 했는데, 1000걸음이 라틴어로 mille passus였고 이게 mille로 줄어든 것이다. 한편 1마일의 8분의 1을 뜻하는 strade는 올림픽 경주 거리를 가리키는 그리스어에서 왔으며 stadium으로 변형되어 그런 경주가 열리는 장소를 뜻하게 되었다. 옥스퍼드 이플리 로드도 stadium 중 하나였고, 거기서 배니스터는 열망하던 포옹을 받았다.

 WHITE ELEPHANT
흰 코끼리

1865년 5월 7일은 미국의 동물원에서 수용 생활을 하던 코끼리 올드 해니벌이 죽은 날이다. 그는 전성기에 몸무게가 6.5톤이 넘을 정도로 거대한 코끼리였다. 해니벌이 소속된 아이작 A. 밴 앰버그의 유랑 서커스단은 1년에 5000킬로미터를 이동했다. 부고 기사에 따르면 올드 해니벌은 "수백만 명에게 최고의 구경거리"였다.

해니벌이 미국이 아닌 시암(오늘날의 태국)에서 살았다 해도 특별히 더 낮지는 않았을 것이다. 그런데 예외적으로 좋은 대우를 받는 코끼리가 있었는데, 그건 바로 흰색 코끼리다. 흰 코끼리는 숭배의 대상이었고, 출생하거나 발견되는 즉시 국왕 소유가 되었다. 시암은 흰 코끼리를 몹시 중요시해서 국기에도 흰 코끼리를 넣을 정도였다.

이런 기록들을 살펴보면 흰 코끼리가 귀한 대접을 받은 것 같지만 사실 어떻게 보면 아무런 가치가 없기도 했다. 귀한 존재다 보니 사역 동물로 쓸 수도 없는 와중에 사육비는 막대하게 들었기 때문이다. 그래서 전설에 따르면 시암의 역대 왕들은 마음에 안 드는 사람에게 선물로 흰 코끼리를 주었다고 한다. 흰 코끼리를 키우다가 선물받은 사람이 파산할지도 모른다는 점을 노린 것이다. 오늘날에도 흰 코끼리는 이득보다 문제가 훨씬 더 많은, 짐스럽고 쓸모없는 존재를 가리킨다.

GROAK

남이 먹는 모습을 지켜보다

『옥스퍼드 영어 사전』과 함께 『영어 방언사전English Dialect Dictionary』은 잠자리에서 읽기 아주 좋은 책이다. 조금 두껍긴 하지만, 옥스퍼드대학교 문헌학자 조지프 라이트의 주도하에 발간된 이 여섯 권짜리 방언 모음집은 아직도 이 분야의 표준으로 자리하고 있다.

『영어 방언사전』에는 친숙하지만 잊혀버린 보물이 너무도 많아서 뭐가 최고인지 고를 수가 없다. 그래도 모두가 손꼽을 만한 게 있다면 바로 groak라는 동사다. 라이트는 groak가 스코틀랜드와 아일랜드에서 쓰는 말로, 무언가를 의심스러운 눈길로 바라보다, 칭얼거린다는 뜻이라 정의한다. 라이트는 이 두 가지 의미와 함께 세 번째 정의도

소개한다. 바로 '남이 음식을 먹는 모습을 보며 나눠주기를 기대한다' 라는 뜻이다. 예를 들면 개들은 언제나 groak하고, 사람도 옆에서 맛있는 음식을 먹으면 groak한다.

라이트에 의하면 아쉽게도 세 번째 의미는 1892년을 마지막으로 기록에서 사라졌다고 한다. 만약 세 번째 뜻을 좋아하는 사람들이 노력한다면, 은근히 유용해 외면하기 힘든 이 의미가 『영어 방언 개관』에 새로이 수록될지도 모른다.

HUGGER-MUGGER
무슨 일을 은밀하게 하다

제2차 세계대전 중이던 1941년 5월 9일, 영국 해군은 프림로즈 작전의 일환으로 북대서양에서 독일 잠수함 U-110을 나포했다. 잠수함에 승선해보니 에니그마Enigma 기계, 암호 해독 키, 암호책이 있었다. 영국 블레츨리 파크의 일급 기밀 본부에 있던 암호 해독가들은 독일군이 해독할 수 없다고 믿었던 체계를 해독하는 데 성공했다. 그리고 다음 날 잠수함을 침몰시켜 암호도 잠수함과 함께 물속으로 가라앉았을 거라고 독일군이 안심하게끔 만들었다.

처음에 enigma는 일부러 알아맞히기 어렵도록 모호하게 만든 문제를 가리켰다. 이 단어는 넌지시 말한다는 뜻의 그리스어 ainissesthai에서 왔다. 비밀을 가리키는 말로 블레츨리 파크의 암호 해독가들에게 익숙했을 또 하나의 표현은 hugger-mugger이다. 동사로는 무언가를 은밀하게 한다는 뜻이고, 명사로 구두쇠를 뜻하기도 했다. 물건을 조용히 쌓아두는 구두쇠의 특성 때문이다. hugger-mugger는 무언가를 모의한다는 의미와 감춘다는 mucker의 옛 의미가 한데 결합된 것이다. 언어학자들은 이런 단어를 중첩 복합어라 부른다. 영어에는 재미있는 중첩 복합어가 많다. helter-skelter허둥지둥, higgledy-piggledy뒤죽박죽, willy-nilly우물쭈물 등이 대표적인 예다(1월 9일 참고).

NICOTINE
니코틴

제노바 선원 크리스토퍼 콜럼버스는 카리브해의 타이노족이 돌돌 만 마른 나뭇잎 끝에 불을 붙여 연기를 마시는 모습을 보았다. 콜럼버스는 이걸 새로운 형태의 약이라고 보았다. 물론 현재의 우리는 타이노족이 나뭇잎을 태워 피우는 문화가 당시보다도 1500년 전인 마야 문명에서 비롯되었다는 걸 안다. 콜럼버스와 선원들은 그 식물을 스페인으로 가져갔고 타이노족의 언어를 빌려 tabaco라 불렀다.

1561년 리스본 주재 프랑스 대사였던 장 니코 드 빌망Jean Nicot de Villemain은 친구 집에서 열린 만찬에 참석했다가 tabaco를 보았다. 그날 밤 만찬 참석자들을 포함한 많은 사람이 그 잎사귀에 강력한 치유 능력이 있다고 믿었다. 파리로 돌아온 니코는 대비이자 섭정인 카트린 드 메디시스에게 아들의 편두통에 써보라며 담배 가루를 보냈다. 그 방법이 통했건 통하지 않았건 담배는 파리의 인기 상품이 되었고 곧 전 유럽으로 퍼져나갔다. 이후 프랑스는 니코를 기리는 의미에서 담배에 herba nicotonia라는 이름을 붙였으며 담배풀에서 발견된 알칼로이드 성분도 그의 이름으로 불렀다. nicotine은 19세기 초 영어에 수입되어 지금까지 힘을 발휘하고 있다.

⬭ 11 May ⬭ ZUGZWANG
승산 없는 상황

1997년 5월 11일, 체스 그랜드 마스터 가리 카스파로프가 IBM 슈
퍼컴퓨터 딥블루에 패배했다. 이 역사적 대결은 엄격한 토너먼트 조
건하에 그랜드 마스터가 기계에 패배한 첫 사례이자, 인공지능의 엄
청난 도약으로 인간의 자리가 사라지기 시작한 사건이었다.

Zugzwang은 독일어로 손을 뜻하는 Zug와 충동을 뜻하는 Zwang
에서 온 체스 용어로, 어떤 수를 써도 손해가 나는, 승산이 없는 상
황을 가리키는 말이다. 양쪽 기사가 모두 Zugzwang 상태인 경우는
trébuchet라고 하는데, 중세 시대 성을 공격하는 무기의 이름을 딴 표
현이다.

체스에는 고유한 어휘 세계가 있어서 각종 수와 시나리오를 blind
pigs, coffeehouse, Maróczy Bind, vacating sacrifice 같은 멋진 이름으로
부른다. wood-pusher는 말을 움직일 줄만 아는 하수를 가리키는 표현
이다. 이 같은 체스 초보들에게 Zugzwang은 그저 발음하기 어려운 단
어일 뿐이다.

⬭ 12 May ⬭ BARRICADE
바리케이드

1562년부터 1598년까지 36년 동안 프랑스는 종교전쟁으로 바람
잘 날이 없었다. 위그노 교도(칼뱅주의를 따르는 프로테스탄트의 한 지파)는
가톨릭과 동일한 종교적 자유를 요구했지만, 프랑스의 유력 가문으로
가톨릭을 옹호한 기즈가의 강력한 반대에 부딪혔다.

프랑스 왕 앙리 3세는 1576년에 위그노 교도에게 완전한 자유를 주는 조약에 서명했다. 그러자 1588년 5월 12일, 기즈 공작을 비롯한 가톨릭 신도들이 파리로 진격했고 왕의 결정에 반대하던 수천 명이 그들을 환영했다. 가톨릭 신도들은 왕실 군대의 역공을 막기 위해 큰 술통barrel에 흙과 돌을 넣어 길을 막았다. 이로 인해 왕이 고립된 사건을 la journeé des barricades, 즉 바리케이드의 날이라고 한다. 여기서 barricade는 술통을 뜻하는 프랑스어 barrique에서 온 말이다.

이 술통은 영어의 다른 단어들도 만들어냈다. 그중에는 barrier와 bar도 있는데, 당시 bar는 술통을 만드는 좁은 나무 널을 가리켰다. 신기한 건 embarrass곤란하게 하다에도 bar가 숨어 있다는 것이다. 수백 년 전에 술통들이 길을 가로막아 곤란하게 했기 때문이다.

SWEAR

맹세, 욕설

윈스턴 처칠은 『옥스퍼드 인용문 사전Oxford Dictionary of Quotations』에 굉장히 자주 등장한다. 처칠의 말이 이렇게까지 생명력이 긴 이유는 그의 말이 재치 있고 설득력도 강했기 때문이다. "정치는 전쟁보다 위험하다. 전쟁에서는 한 번만 죽지 않는가", "영국인은 선을 그은 다음, 항상 뭉개곤 한다" 같은 표현을 보면 그의 입담을 알 수 있다.

"내가 드릴 수 있는 건 피, 노고, 눈물, 땀뿐이다"라는 유명한 말은 총리가 된 처칠이 1940년 5월 13일 하원에서 한 첫 연설의 일부다. 독일이 프랑스, 벨기에, 네덜란드를 침공한 지 나흘이 지난 날이었는데, 다음 날 전선에서 들려온 소식은 암울했다. 독일군이 스당에서 프랑스군을 격파한 것이다.

이날 연설에서 처칠은 싸우겠다고 맹세했다. "승리해야 합니다. 어떤 대가를 치르더라도 승리해야 하고, 아무리 두려워도, 길이 멀고 험해도 승리해야 합니다. 승리 없이는 생존도 불가능합니다."

이런 맹세, 즉 사람이나 대의에 충성하겠다는 선언이 본래 swear 의 의미다. swear은 고대영어 swerian에서 온 단어이며 엄숙한 맹세를 뜻한다. answer의 형제 단어이기도 한데, 원래 answer도 진실을 맹세하고 혐의를 반박하는 진술을 가리켰다.

맹세할 때 많은 사람이 흔히 자기 생명이나 명예를 건다. 절실한 신념을 담은 진지한 약속인 경우에는 신에게 맹세하기도 한다. 그런데 오늘날 swearing은 맹세보다 욕설이라는 뜻으로 더 많이 쓰인다. 한 단어가 어쩌다 이렇게나 다른 뜻으로 쓰이게 된 걸까? 그 이유를 살펴보면 나름의 연관성이 있는데, 중세 시대 사람들은 신의 이름을 너무 자주 부르는 일이 불경하다고 생각했기 때문이다.

MEDICINE MAN
치료 주술사

1607년 크리스토퍼 뉴포트 선장이 이끄는 원정대가 버지니아주 제임스타운에 도착했다. 승객들은 다음 날 배에서 내렸고, 그곳이 북아메리카 최초의 영국 식민지가 되었다. 두 번째 방문자는 13년 후 메이플라워호를 타고 온 청교도들이었다. 메이플라워호를 타고 온 사람들은 대부분 교육 수준이 높고 용감했다. 하지만 그 해안에 처음으로 발을 디딘 사람은 메이플라워호 사람들도, 제임스타운 건설자들도 아니었다. 아메리카 대륙에는 원주민이 수천 년 동안 엄청나게 다양한 언어를 사용하며 살고 있었다. 그렇다면 원주민들과 이주자들이 만났을 때 언어 때문에 굉장한 마찰이 일지 않았을까? 아마 스콴토라는 사람이 없었다면 그랬을지도 모른다.

스콴토는 메이플라워호가 도착하기 15년 전쯤 영국 선원에게 납치된 아메리카 원주민이다. 런던으로 끌려간 스콴토는 통역 교육을 받다가 고향으로 가는 배에 숨어 겨우 탈출에 성공했다. 고향으로 돌아온 그는 새로운 땅에 도착한 청교도들이 공포에 사로잡혀 있는 모습을 보았다. 청교도들의 눈에 아메리카는 거친 동물과 거친 사람이 가득한 척박하고 희망 없는 땅이었기 때문이다. 그들은 추위와 질병과 허기에 시달렸으며 새로운 환경에서 먹고 살 방법을 찾지 못해 처음에 배를 탔던 144명 중 절반 이상이 죽었다.

어느 날 (청교도들에게 거친 사람으로 비춰졌을) 스콴토가 그들에게 다가가 한마디를 건넸다. "Welcome." 그렇게 말문을 튼 스콴토는 이후 몇 달 동안 이주민들의 안내자가 되어 토착 작물 재배법을 알려주었다. 영국에서 가져온 씨앗이 제대로 자라지 않았을 때 그가 알려준 비법은 큰 도움이 되었다. 청교도들을 살린 스콴토를 둘러싸고 많은 신화가 생겨났다. 오늘날 미국 땅에서 영어를 사용하게 된 것도 스콴토 덕분이라 주장하는 사람도 꽤 있다.

하지만 그들 사이의 소통은 완벽하지 못했다. 영국에서는 raccoon 미국너구리, moose말코손바닥사슴, skunk스컹크, terrapin테라핀 거북을 마주친 적이 없고, wigwam, moccasin, tomahawk도 몰랐다. 그래서 청교도들은 원주민 언어를 빌려오거나 옛 단어를 새로운 현상에 활용했다. 그들은 새로이 맞닥트린 언어의 구멍을 메우기 위해 rattle snake방울뱀, medicine man치료 주술사, war path출정길, bull frog황소개구리 같은 복합어를 많이 만들었다. 이런 영어 단어를 사용한 이유는 익숙한 데서 오는 편안함 때문이었을 것이다. 지명에도 같은 방식을 적용해서 New England, Cambridge, Plymouth, Dartmouth, Boston 등의 이름이 탄생하게 되었다.

　몇몇 이들은 스콴토 같은 사람들이 쓰는 원주민 언어의 아름다움을 포착했다. 펜실베이니아를 세운 윌리엄 펜은 다음과 같이 말했다. "나는 유럽 언어 가운데 억양과 강조 표현 면에서 저들의 토착 언어보다 달콤하고 훌륭한 단어를 가진 언어를 알지 못한다." 이렇게 미국 영어는 옛것과 새것, 토착어와 외국어, 평범한 것과 이국적인 것의 눈부신 혼합으로 시작되었다.

 VOLCANO
화산

　1844년 5월 15일에 찰스 굿이어는 고무를 생산하고 강화하는 방법인 vulcanisation 공정 특허를 받았다. 이 단어에는 로마신화의 불의 신이자 대장장이 신인 불카누스Vulcanus의 이름이 들어 있다. 신화에 따르면 유피테르와 유노 사이에서 태어난 불카누스는 어려서부터 못생기고 다리를 절었던 탓에 어머니가 올림포스산에서 내던졌지만, 갖은 위기를 이기고 살아남았다. 불카누스는 바다 요정들에게 키워지며 대장장이 기술을 연마한 결과 신들의 세계에서도 따라올 자가 없는 수준이 되었다.

　불카누스는 올림포스로 돌아오라는 어머니의 요구를 거절하고 대신 아름다운 옥좌를 만들어 바친다. 사실 그 옥좌는 사람을 묶어두는 장치로, 자신을 버린 어머니에게 복수하기 위해 만든 것이었다. 사흘이 지나자 결국 유피테르가 개입해 유노를 풀어주면 베누스를 아내로 맞게 해주겠다고 약속한다. 불카누스는 기뻐하며 올림포스로 돌아왔지만, 결국 그 결혼은 불행한 결혼이 된다.

고대 로마인은 불카누스를 통해 불의 파괴력과 창조력이라는 양면을 모두 보았다. 그들은 에트나산이 신들의 대장간이라고 믿었고, 거기서 volcano화산라는 말이 생겼다. 에트나산이 폭발 기미를 보이는 것은 불카누스가 아내의 외도에 화가 나서 거대한 철판을 두드리기 때문이라고 생각했다.

(16 May) DIEHARD
끝까지 버티는

오늘날 우리는 diehard를 흔들리지 않는 신념을 가졌다는 뜻의 형용사로 쓰지만, 이 말에는 피 묻은 어원이 담겨 있다. die가 들어간 데서 눈치챘을 수도 있지만 diehard의 기원은 단어의 생김 그대로 섬뜩하다.

18세기에 diehard는 교수형 밧줄에 매달려서도 저항하는 사형수를 가리키는 말이었다. 이후 처형 방식이 교수대 발밑이 꺼지는 방식으로 바뀌며 사형수는 이전보다 빠르게 숨이 끊어지게 되었다. 그래도 die hard라는 표현은 대중의 상상 속에서 100년도 넘게 지속되다가 반도전쟁의 한 전투에서 전설의 일부가 되어 지금까지 사용되고 있다.

1811년 5월 16일, 알부에라 전투에서 57연대 웨스트 미들섹스의 윌리엄 잉글리스 중령은 프랑스군의 맹공격에 맞서 버텼다. 당시 심각한 부상을 입은 상태였음에도 "Die hard, the 57th, die hard버티자, 57연대, 버텨!"라고 외치며 부하들을 독려했다. 이 일로 나중에 잉글리스 중령 연대는 The Die-hards버티는 자들라는 별명을 얻었다.

BAH

17 May

흥!

에버니저 스크루지(『크리스마스 캐럴』속 그 "쥐어짜고, 들들 볶고, 박박 긁고, 꼭 붙드는 탐욕스런 노인")가 자주 하는 말인 "Bah, humbug!"은 그로부터 25년쯤 전, 바이런 경이 경멸의 뜻을 담아 처음으로 쓴 bah에서 비롯된 표현이다. bah는 그가 해외에 살던 시절에 변태 행위로 고소당할지 모른다는 걱정을 하며 쓴 장시 「베포Beppo」에 나온다.

「베포」는 쾌락을 즐기며 살라고 권고하는 작품으로, 어느 이탈리아 여성이 남편이 바다에서 실종되었다 믿고 백작이라 알려진 남성을 대리 남편 삼는 이야기다. 작품은 이탈리아와 영국의 도덕관을 비교하며, 영국의 위선적인 태도를 열등하게 표현한다. 작품 속 백작은 세련되고 교양 있는 남자로서 모든 음악 공연자를 두려움에 떨게 하는 날카로운 안목을 갖고 있다.

166

> 바이올린 연주자는 틀린 음정을 감지하자
> 두려움에 떨며 주위를 둘러본다.
> 음악이 가득한 프리마돈나의 가슴도
> 백작이 "bah!"라 외칠까 두려워 쿵쿵거린다.

'흥!' 또는 '쳇!'이라는 뜻의 bah는 바이런이 유행시킨 몇 가지 어휘 중 하나다. 그중에는 여성 팬들을 에로틱한 열광에 빠트린 명성에 걸맞게 beddable동침할 만도 있고 carpe diem지금을 즐겨라 같은 멋진 말도 있지만, miscreator형편없는 작품을 창작하거나 공연하는 사람 같은 표현도 있다. miscreator는 1824년 5월 17일 런던의 출판업자 존 머리의 사무실에서 일어난, 문학사상 최대의 범죄라고 불리는 사건과 관계되어 있다.

5년 전 바이런은 친구 토머스 무어에게 아마도 그의 회고록이 포함되었을 원고를 맡기면서 자신이 죽고 난 뒤에 출판해달라고 당부했다. 다른 친구 토머스 메드윈에게는 "이 회고록을 읽으면 자네는 정신과 육체가 할 수 있는 진정한 방종의 악덕이 뭔지 알게 될 거야. 내 인생은 아주 즐겁고 교훈적이었거든"이라고 전했다.

하지만 우리는 바이런의 원고가 정말 그런지 판단할 수 없게 되었다. 바이런의 사후 한 달 뒤인 1824년 5월 17일, 생전 바이런과 가까웠던 친구 세 명이 모여 회고록이 출판에 부적합하니 없애자고 합의를 본 것이다. 그리고 그들은 곧 머리의 사무실에서 원고를 불태워 결정을 실행에 옮겼다.

그날 앨버말가 50번지에서 재가 되어버린 종이에 어떤 내용이 들어 있었는지는 몰라도 바이런은 오늘날까지 낭만적 영웅이라는 명성을 유지하고 있다. 그는 뛰어난 천재성에도 불구하고 도덕적이지 않다는 이유로 웨스트민스터 사원에 묻히지 못했다. bah는 그토록 우여곡절을 겪으며 격렬한 감정을 불러일으킨 사람에게 어울릴 만한 말은 아니다. 바이런은 당대의 셀럽이자 도발적 인물로, 그의 애인 캐럴라인 램 부인의 표현에 따르면 "미쳤고, 나쁘고, 알면 위험한" 사람이었기 때문이다.

VAMP
요부

vamp요부라고 불리는 여성이 『옥스퍼드 영어 사전』에 그 뜻이 Jezebe구약성경에 나오는 왕비 이세벨, adventuress여자 모험가라 정의된 걸 보면 조금 자신감을 얻을지도 모른다. 하지만 vampire에 기원을 둔 vamp

는 결코 칭찬이 될 수 없는 단어다.

1897년 5월 18일, 아치볼드 컨스터블에서 브람 스토커의 두 번째 소설 『드라큘라』가 출간되었다. 스토커는 작가였지만 생전에는 런던 라이시엄 극장의 매니저로 더 유명했다. 스토커는 이 극장의 소유주인 헨리 어빙 밑에서 일했는데, 어빙이 드라큘라 백작의 모델이라는 설이 있다. 아무리 고용주와 근로자라는 점을 감안해도 두 사람의 관계는 불평등했다. 스토커는 어빙을 숭배했지만 어빙의 잦은 변덕에 많은 상처를 받았다. 역사가 루이 S. 워런은 "브람 스토커는 고용주로 인해 자신이 느끼는 두려움과 적의를 내면화해 이를 토대로 고딕소설을 썼다"고 말했다.

한편 드라큘라의 진짜 모델은 드라큘레아라는 별명으로 불렸던 블라드 체페슈라는 사람도 있다. 이 잔혹한 영주가 대중의 상상 속에 오랫동안 남아 있는 걸 보면 그럴 법한 가설이다. drac는 원래 루마니어로 용을 뜻했지만 현대로 오며 악마까지 함께 가리키게 되었다. 영어 단어 vampire는 프랑스어에서 왔고, 이 프랑스어는 헝가리어 vampir에서 왔다. 그러나 궁극적 기원은 마녀를 뜻하는 터키어 uber에 있다. 스토커의 『드라큘라』가 흡혈 괴물의 이미지를 확고히하기는 했지만 이 또한 당대에 큰 영향을 미친 존 윌리엄 폴리도리의 『뱀파이어Vampyre』를 뒤이은 것이었다.

뱀파이어는 이미 수백 년 전부터 민속에 자리를 잡고 있었다. 옛 유럽 이야기 속에서 묘사되는 뱀파이어는 퉁퉁 부은 몸에 수의를 입은 죽지 않는 종족이었다. 그러다 폴리도리와 스토커 덕분에 오늘날 같은 수척하고 창백하며 갈등에 시달리는 뱀파이어가 태어난 것이다.

GOODBYE
(헤어질 때 쓰는) 안녕

1575년, 작가 겸 학자인 게이브리얼 하비는 편지에 "to requite your gallonde of godbwyes, I regive you a pottle of howedyes당신이 보낸 godbwye들에 보답하기 위해 howedye들을 다시 보냅니다"라는 문장을 썼다. 하비의 이 편지는 howedye('안녕하십니까?'라는 뜻으로, 나중에 howdy로 변했다)뿐 아니라 godbwye(God be with ye가 줄어든 헤어질 때의 인사로, 오늘날 goodbye의 조상)의 첫 기록으로 남았다. 종교적 색채를 띤 좀 더 정중한 표현 adieu('신에게'라는 뜻의 프랑스어에서 온 말)와 비슷하지만, bye에는 별다른 종교적 의미가 없다.

영어의 많은 인사말은 현대적으로 보이지만 중세까지 거슬러 올라가는 오래된 표현이 많다. 1980년대와 1990년대에 많이 쓰인 wotcha도 헨리 6세의 인사말 what cheer에서 유래했다. what cheer은 지인을 만났을 때 잘 지내는지, 어떻게 지내는지를 묻는 전통적인 표현이다. 여기서 cheer은 얼굴을 뜻했다. 표정이 마음을 반영하기 때문이다. 나중에 이 what cheer가 변형된 게 전형적인 코크니런던 동부 노동자 계층의 방언. 가수 아델이 쓰는 말투로 유명하다 어휘인 wotcha다. 이처럼 오랜 역사를 지닌 인사말은 비단 영어에만 국한된 게 아니다. 가령 이탈리아어 작별 인사 ciao도 '나는 당신의 노예입니다'라는 뜻의 방언 schiavo에서 온 것이다.

ATLAS
지도책

1570년 5월 20일 안트베르펜에서 지도 제작자 아브라함 오르텔리우스가 출간한 『세계의 무대』는 최초의 현대적 atlas지도책로 여겨진다. atlas라는 말을 처음 쓰기 시작한 사람 중에는 플랑드르의 유명 지리학자 헤라르뒤스 메르카토르도 있다. 그가 펴낸 지도책 표지에는 무릎을 굽힌 아틀라스 신이 지구를 떠받치고 있는 장면이 그려져 있다. 『지도책 또는 세계의 구성과 창조된 우주에 대한 천지학天地學적 명상Atlas Sive Cosmographicae Meditationes de Fabrica Mundi et Fabricati Figura』이라는 다소 어려운 제목이지만, 메르카토르가 생각한 atlas의 정의가 잘 담겨 있다.

메르카토르의 지도책은 1595년에 출간되었지만, 아틀라스 신화는 기원전 8세기 이전으로 거슬러 올라간다. 그리스 시인 헤시오도스의 서사시 「신통기Theogony」는 현존하는 티타노마키아(티탄족과 올림포스 신들 사이에 벌어진 전쟁)에 대한 유일한 기록이다. 제우스는 형제들을 이끌고 폭압적인 아버지 크로노스가 이끄는 티탄족에게 맞서 반란을 일으켰다.

헤시오도스에 따르면 제우스는 전쟁에서 승리를 거둔 뒤 티탄족 대부분을 타르타로스로 추방했다. 하지만 몇몇 티탄족은 지상에서 벌을 받았는데, 아틀라스는 저항의 대가로 영원히 세상을 어깨에 짊어지고 사는 벌을 받게 된다. 아틀라스는 제우스의 아들 헤라클레스의 열두 가지 과업에 잠시 등장해 속임을 당하기도 한다. 나중에는 영웅 페르세우스가 메두사의 머리를 이용해 아틀라스를 돌로 만들어버렸고, 그 뒤로 그는 영원히 아프리카에 있는 아틀라스산으로 남았다고 한다.

170

21 May　NUTMEG

육두구

1904년 5월 21일은 파리 생토노레가 229번지 프랑스체육연맹 본부 뒤편에서 국제축구연맹Fédération Internationale de Football Association 이 창립된 날이다. 이 연맹의 목적은 국가 대항전을 여는 것이었다. 오늘날 FIFA라 불리는 이 연맹은 축구계에서 가장 큰 권위를 가진 기관이 되었다.

축구와 관련해서는 각종 동작, 성공, 패배, 골, 스타 선수와 무명 선수를 가리키는 수많은 어휘가 있다. 그중 가장 생뚱맞아 보이는 건 nutmeg이다. nutmeg은 공격수가 수비수 다리 사이로 공을 차넣고 반대편에서 다시 잡는 동작을 가리킨다. 이 단어는 향신료로 쓰는 육두구를 뜻하기도 한다. 어쩌다 축구 용어와 이국적 향신료의 이름이 한 단어에 깃들게 된 걸까?

가장 신빙성 있는 설은 nutmeg가 고환을 뜻하는 속어 nuts에서 왔다는 것이다. 공이 선수의 다리 사이로 지나가기 때문이다. 어떤 사람들은 코크니의 압운 속어라고 생각하기도 하는데, 그들의 주장은 nutmeg가 leg라는 것이다. 하지만 또 어떤 이들은 nutmeg의 어원이 leg보다 오래되었다는 이유로 여기에 반박한다. 1870년대 nutmeg는 잉글랜드와 북아메리카 사이에서 활발하게 교역이 이루어지던 값비싼 열매였다. 비양심적인 상인들이 조금이라도 더 득을 보기 위해 자루에 대팻밥을 섞어 넣어 구매자를 속이곤 했는데, 이 행위를 nutmegging이라 칭했다. 그러니 이렇게 속임수에 당하는 일을 nutmeg 당했다고 표현한 것이다.

하지만 「켄트의 잡놈 또는 웨스트민스터의 호색한 마부Kentish Dick or The Lusty Coach-Man of Westminster」라는 이야기시를 보면 "놈을 거세하자. 놈의 **nutmegs**를 없애버리자"라는 구절이 등장한다. 이 기록을 보면 1600년대부터 **nutmeg**이 고환의 완곡어였다는 걸 알 수 있기에 지금으로서는 아무래도 고환설이 가장 유력하다고 여겨진다.

 ABSQUATULATE
사라져버리다

어떤 행사나 파티에 갔다가, 혹은 길에서 우연히 누구를 만나 이 야기를 할 때 별로 재미없다고 느껴지면 빠르고 정중하게 대화를 마무리하고 떠날 기회를 엿본다. 하지만 이런 상황에 눈치 보지 않고 재빨리 **absquatulate**하는 사람들도 있다. 1830년대에 미국에서 장난스럽게 만들어진 **absquatulate**는 어딘가를 갑자기 떠나는 걸 가리킨다. 이 말이 만들어질 당시는 터무니없고 우스꽝스러운 단어나 표현을 만드는 게 유행이었다. **absquatulate**의 경우는 라틴어와 일상어를 섞어 만든 단어다.

말장난 열풍 속에서 다른 재미있는 조어들도 많이 태어났다. **discombobulate**혼란에 빠뜨리다, **skedaddle**허둥지둥 달아나다은 지금까지 사용되는 표현이다. 반면 어떤 것들은 안타깝게도 금세 사라졌는데, 그중에는 **goshbustified**지나치게 흡족해하다, **dumfungled**완전히 탈진한처럼 흥미로운 단어들도 꽤 있다. 또 허풍꾼과 관련해서는 **blustrification**허세, **humbuggery**속이다, **bamboozlement**골탕 먹임 같은 단어들이 만들어져 오늘날까지 쓰이고 있다.

172

PICNIC
기계가 아니라 사람이 문제

컴퓨터 프로그래밍 언어 자바의 최초 버전은 1995년 5월 23일에 발표되었다. 제임스 고슬링 개발 팀은 네트워크를 인간 활동 전체로 확장하는 어려운 과제를 실현해냈다. 그런데 우리는 컴퓨터를 사용하며 자바 프로그램을 얼마나 인식하고 있을까? 일반 사용자는 헤아리기 어렵겠지만 오늘날 자바는 일상생활의 많은 기계에서 보이지 않는 엔진 역할을 하고 있다.

자바는 원래 고슬링 사무실 앞에 있는 참나무에서 따와 Oak라 불렸다고 한다. 하지만 이 상표가 이미 등록된 탓에 첨단 기술의 느낌을 잘 전달할 만한 짧고 힘찬 말을 찾아 나서게 되었다. Silk, Jolt, Dynamic, Java 같은 이름들이 후보였는데, 아마도 자바 커피가 많은 개발자에게 힘을 줬기에 커피 원두의 이름이 채택되었을 것이다.

그토록 중요한 프로그램의 이름이 이렇게 정해졌다는 것이 허탈할 수도 있지만, 이런 임의성은 기술 관련 어휘들의 공통적인 특징이기도 하다. 세계의 어휘는 혁신적 별명, 멋진 약성어이니셜들로 이루어진 말, 문헌 인용, 줄임말 아닌 줄임말(유명한 예로, 'WWW'를 발음해보면 원래 표현인 '월드 와이드 웹'보다 시간이 더 든다) 같은 언어로 이루어져 있다. Google도 googol(10의 100제곱을 가리키는 재미난 말로, 인터넷상의 방대한 자료를 암시한다)을 즉석에서 변형한 것이라고 한다. 요즘 매일같이 사용하는 Bluetooth는 치아가 완전히 망가져서 푸른색을 띠었다는 10세기의 스칸디나비아 왕 블로탄Blåtand(실제 이름은 하랄 고름손)의 이름에서 나온 단어다. 치아 상태가 어땠건 그는 덴마크와 노르웨이를 통일한 왕이었기에 텔레커뮤니케이션과 컴퓨터 산업을 결합하는 기술에 적합한 이름 같다.

양자물리학을 연구한 물리학자 베르너 하이젠베르크Werner Heisenberg의 이름을 딴 Hisenbug는 소프트웨어의 버그를 뜻한다. 검토하려고 하면 기존과 양상이 달라지거나 완전히 사라져버려서 그런 이름이 붙었다. 음침한 이름을 가진 Hindenbug도 있는데, 발음이 비슷하다고 해서 헷갈려서는 안 된다. Hindenbug는 시스템에 엄청난 피해를 끼치는 버그다. Jenga code는 데이터 한 줄이 바뀌면 무너지는 코드고, 빙 두르거나 거꾸로 입력되어버리는 Yoda code는 〈스타워즈〉의 제다이 마스터 요다의 말투에서 비롯된 이름이다.

약성어에는 흔히 외부에 대한 비난이 깔려 있다. NATO는 'No action, talk only행동은 안 하고 말만 한다'의 약자로, 기술자들이 답답한 사무직 직원을 비유할 때 쓰는 암호다. PICNIC은 'problem in chair, not in computer컴퓨터가 아니라 사람이 문제'의 약자로, 설명서에 다 나와 있는데도 거듭 문의하는 상습 문의자를 가리키는 기술 지원 팀의 비밀 속어다(RTFM, read the fucking manual제발 설명서 좀 읽으세요라는 말도 있다).

174

(24 May) **GYLDENBOLLOCKES**
황금 고환

한국은 약 5000만 명인 전체 인구 중 2000만 명이 넘는 사람이 겨우 5개의 성을 쓴다. 덴마크는 상위 20개를 차지하는 성이 모두 sen으로 끝난다. sen은 '~의 아들'이라는 뜻이며 스칸디나비아 전역에 퍼져 있다. 하지만 영국과 미국의 성에는 이런 깔끔한 패턴이 없다. 지금은 Crackpot, Crookbones, Sweteinbede 같은 재미있는 성이 거의 사라진 것 같지만 Sly, Haythornthwaite, McGillikuddy 정도는 웬만한 도시에서는 어렵지 않게 마주칠 수 있다.

175

17세기 청교도들은 아이들에게 세례를 줄 때 성경을 비롯한 종교 문헌에서 경건한 표현을 찾아 이름으로 붙여주는 풍습이 있었다. 교회 기록에 그런 이름들(Preserved Fish보존된 생선, Thankful Thorpe감사하는 마을, Repentance Water참회의 물, Kill-Sin Pimple속죄의 여드름, Humiliation Hinde겸허한 종)이 남아 있는 걸 볼 수 있다. 그 외에도 같은 시대에 쓰인 성 중에는 Blackinthemouth검게 칠한 입, Blubber입술이 두꺼운, Mad미친, Measle홍역, Peckcheese치즈를 쪼다, Hatechrist그리스도를 미워하다처럼 소유자의 상태를 간결하게 설명해주는 것들도 있었다.

이런 성들은 대개 별명에서 시작되었을 것이다. 실제로 별명은 성의 중요한 기원 중 하나다. Gyldenbollockes황금 고환는 데이비드 베컴이 나타나기 수백 년 전부터 이미 중세 잉글랜드 거리에서 불리던 별명이었고 Thynne마른, Belcher트림꾼 같은 것들은 듣는 즉시 알아차릴 수 있다. 하지만 그렇다고 해서 모든 성을 액면 그대로 받아들일 수는 없다. Brown이라는 성을 가진 사람은 갈색 옷을 입은 사람이었을 수도 있고, 피부색이 어두운 사람이었을 수도 있다. 비슷하게 Stout뚱뚱한이라는 성은 유난히 마른 사람을 놀리는 중세의 농담에서 시작된 말일 수도 있다.

별명은 생각보다 중요하다. 별명은 많은 성의 기원이기도 하지만, 사전 편찬자에게 그 말이 언제부터 쓰였는지 알려주는 중요한 증거가 되기도 하기 때문이다. 『옥스퍼드 영어 사전』 bilberry 항목에 실린 최초의 인용문은 1584년에 쓰인 것이지만, 노팅엄 법원 기록에는 그보다 2세기 전에 살았던 Adam Bilberylyp이라는 사람의 기록이 있다. 이름으로 보아 아마도 입술이 푸르죽죽했던 모양인데, bilberry는 현대에 블루베리와 비슷한 빌베리를 뜻하는 말로 사용된다.

PANIC
패닉

5월 25일은 타월 데이로, 더글러스 애덤스의 『은하수를 여행하는 히치하이커를 위한 안내서』를 기리는 날이다. 이 작품의 팬들은 위대한 작가를 기리는 의미로 타월을 가지고 다닌다. 책에서 타월을 "별들 사이를 오가는 히치하이커에게 가장 유용한 물건"이라고 했기 때문이다. "은하를 종횡무진하고, 풍찬노숙하고, 열악한 상황을 견디고, 희박한 확률과 씨름하고, 할 일을 해내면서도 여전히 자신의 타월이 어디 있는지 아는 사람은 분명 상대할 가치가 있는 자다"라는 구절도 있다.

『은하수를 여행하는 히치하이커를 위한 안내서』 표지에 당당히 새겨진 "DON'T PANIC당황하지 말 것"이라는 문구는 망상에 빠진 미래의 안드로이드를 장난스러운 고대의 신과 연결한다. 그 신은 판Pan으로, 팬파이프의 발명가이자 파티와 낭만 중독자이기도 하다. 이야기에 따르자면 판은 장난을 잘 치지만, 툭하면 격노하는 변덕스러운 신이었다. 워낙 악명이 높아서 판과 마주치는 이들은 모두 공포에 사로잡혔다고 한다.

판은 깊은 동굴이나 어두운 숲 같은 외딴곳에서 우렁찬 목소리로 장난 치는 것을 좋아했기에 지나가던 나그네들은 알 수 없는 곳에서 터져나오는 거대하고 섬뜩한 소리를 들으면 판의 고함이라 생각했다. 판의 명성 덕분에 16세기 영어에는 갑작스럽고 강렬한 공포를 뜻하는 Panic frights, Panic fear 같은 표현이 들어왔다. 그러다 세월이 흐르며 사람들의 기억 속에서 이런 어원은 점차 사라지고, panic은 학교나 회사에 지각할 것 같은 불안과 짜증을 표현하는 말로 자리 잡게 되었다.

COCKNEY
코크니

아름다운 세인트메리르보 교회는 시티 오브 런던의 오아시스다. 1080년 무렵 캔터베리 대주교의 런던 본부로 건설된 이 교회는 멋진 외관 못지않게 파란만장한 역사로도 유명하다. 1666년 런던 대화재로 파괴되었으며 크리스토퍼 렌 경에 의해 재건되었다가 1941년 5월 독일의 런던 대공습으로 다시 파괴되었기 때문이다. 결국 교회는 1964년에 다시 재건되었다.

이런 온갖 사연에도 불구하고 세인트메리르보 교회의 가장 유명한 특징은 다름 아닌 종소리다. 진정한 코크니Cockney라면 이 종소리가 들리는 구역에서 태어난 사람이어야 한다는 말도 있다. 종소리가 들리는 구역은 생각보다 넓다. 2000년에 발표된 한 연구에 따르면 동쪽으로 10킬로미터, 북쪽으로 8킬로미터, 남쪽으로 5킬로미터, 서쪽으로 6.5킬로미터 떨어진 곳에서까지 들린다고 한다.

cockney라는 말의 어원은 수 세기 동안 쉽게 포착되지 않았다. 최초의 기록은 1362년의 것인데, 그때는 '수탉의 알cock's egg'이라는 뜻으로 쓰인 게 확실하다. 수탉은 알을 낳을 수가 없으니 수탉의 알이란 표현은 세상에 없는 존재, 잘못되고 결함 있는 무언가를 가리켰다. 제프리 초서는 cockered라는 표현으로 응석받이 아이, 나약하고 제멋대로인 사람을 가리켰다. 같은 맥락에서 시골 사람들이 농촌의 어려움을 모르는 나약한 도시 사람을 욕하는 말로 cockney를 사용했다. 어쩌면 도시 사람들이 시골 사람을 가리키는 bumpkin, yokel 같은 모욕적인 표현에 대한 복수일지도 모르겠다.

시간이 흐르며 cockney는 런던 중심부 사람들에게 사용되다가 마침내 그들의 방언까지 가리키게 되었다. 셰익스피어도 코크니 말투

(어휘가 아닌 발음만이었지만)를 사용했다고 알려져 있다.

하지만 '코크니'라고 했을 때 가장 유명한 건 압운 속어rhyming slang다. 마치 암호 같은 압운 속어는 19세기 초 행상꾼들의 농담에서 시작된 것으로 보인다. 모든 속어가 그렇듯 압운 속어도 정부 관리를 비롯해 외부인을 따돌리기 위해 만들어진 말이었다. 처음에는 압운 요소를 생략하는 게 많았다. barnet으로 hair를 표현한 1850년대 압운 속어 Barnet fair—hair—barnet, 1950년대에 Sweeny로 Flying Squad(기동 수사대)를 표현한 Sweeney Todd—Flying Squad—the Sweeney가 그 예다.

압운 속어는 오늘날까지도 살아남았지만 당연히 변화도 있었다. 모크니Mockney는 유명인의 이름을 가지고 만드는 속어인데, 부부인 Posh and Becks(빅토리아와 데이비드 베컴)는 sex를 뜻하고, BBC 라디오 진행자인 Pete Tong은 wrong을 뜻한다. 이후로는 런던의 다문화적 속성을 반영해 본래의 코크니 방언뿐 아니라 속어, 카리브해의 언어, 미국 랩까지 혼합된 다인종적 언어도 나타나기 시작했다.

178

미래에 어떤 언어 문화가 기다리고 있건 간에 apples and pears(stairs) 계단, not having a Scooby(Scooby Doo=clue)모른다, going down the West End for a ruby(Ruby Murray=curry)커리 먹으러 간다는 지금도 영국에서 널리 사용되고 있다. 현실은 어떨지 몰라도, 런던의 특정 지역이 코크니 말투를 쓴다는 개념은 런던의 상징으로 오래도록 남을 것이다. 빨간색 2층 버스와 검은 택시가 런던을 상징하는 것처럼.

FUCK
욕설

5월 27일은 캔터베리의 아우구스티노 축일이다. 그는 "신이여, 제게 순결과 자제력을 주시되 나중에 주소서"라는 유명한 말을 남겼다. 『옥스퍼드 영어 사전』에 실린 fuck의 가장 오래된 기록 중 하나는 1500년에 쓰여진 것으로, 몇몇 수도승이 일리의 아내들을 fuck했기 때문에 천국에 못 갈 것이라는 내용이다.

오늘날 심야 코미디나 예능에는 'F***'이라는 표현이 흘러넘친다. 총리 후보도 이 말을 공개적으로 사용했고, 오스카상 수상 연설도 이 말이 들어가지 않고는 완성되지 않을 정도다. 이렇게 널리 쓰이다 보면 단어가 가진 맛이 줄어들 법도 한데, fuck은 500년이 넘도록 그 자극을 간직한 채 기세를 유지하고 있다.

언어학자들에게 영어에서 가장 쓰임이 다양한 말을 꼽아보라고 하면 fuck은 아마 항상 상위권을 차지할 것이다. fuck은 문장 어디에 끼워 넣어도 자연스럽게 스며든다. 명사로도(he doesn't give a fuck), 형용사로도(not a fucking clue), 동사로도(I fucked up), 강조어로도(it's all gone fucking mad), 심지어 일상적 간투사(abso-fucking-lutely)로도 쓰이는 단어가 fuck 말고 또 뭐가 있을까?

하지만 이뿐만이 아니다. 오늘날 fuck은 쓰임새가 더 커져 fuck-off대단한, fuck-me섹시한 같은 표현도 생겨났다. fuck face불쾌한 사람, know fuck all하나도 모른다, fucked up완전히 망가진, fucked over by a right fucker제대로 사기당한, scare the fuck out of someone큰 충격을 주다, cause a cluster-fuck재난을 일으키다, total fuckwit멍청한 사람, fuck about시간을 낭비하다 같은 표현도 있고, 심지어 놀랐을 때 "fuck a duck!"이라 말하기도 한다.

fuck과 관련해 잘못 알려진 속설이 하나 있는데, 이 단어가 'Fornication Under Command of the King왕 명령하의 간음'의 약성어라는 설이다. 역병으로 인구가 크게 줄자 국왕이 자손 번식에 힘쓰라고 명령한 데서 비롯되었다는 것이다. 이때 사람들은 왕의 칙령을 수행 중이니 방해하지 말라는 의미로 'F.U.C.K.'라는 표지를 문 앞에 걸었다고 한다. 재미난 이야기지만 말 그대로 fucking nonsense헛소리다. 어원은 그렇게 간단하지 않다. 지금까지 드러난 근거로 보자면 주먹을 뜻하는 라틴어 pugnus가 많은 변화를 거친 형태일 가능성이 높은데, 이게 사실이라면 fuck와 pugnacious싸움을 좋아하는는 친척 관계라 할 수 있다.

fucking은 섹스라는 뜻으로 꽤 알려져 있는데, 원래 기원은 때린다는 의미였다. fuck의 초기 용례 중에는 이름에 쓰인 흔적도 있다. 그렇다면 13세기의 Mr. Fuckbeggere는 거지를 때린 폭력적인 시민이 분명하다. 같은 시기 황조롱이의 별명이었던 wyndfucker도 날개로 바람을 때리는 새를 뜻했다.

하지만 시간이 흐르며 fuck에도 다른 의미가 생겼다. 1475년 스코틀랜드 시인 윌리엄 던바는 한 여성의 crowdie mowdie(질을 가리키는 옛말)에 들어가려고 하는 어느 젊은이에 대해 썼다. 또 한 무명 수도승은 1528년 도덕서 여백에 "O D fuckin Abbot"이라 썼다. abbot은 수도원장이라는 뜻인데, 이 말이 수도원장이 섹스를 너무 많이 한다는 비난인지, 그냥 강한 감탄으로 쓴 말인지는 알 수 없다. 재밌는 건 이 수도승이 신성한 책에 그런 낙서를 하면서도 차마 damned라고는 못 쓰고 D라고 축약해 썼다는 것이다. 그에게는 damnation지옥살이이 더 무서운 말이었다.

그러다 fuck은 17세기에 우리가 흔히 아는 섹스라는 뜻으로 인기를 얻어갔다. 1663년 리처드 헤드Richard Head라는 다소 의아한 이름head에는 음경이라는 뜻이 있다의 남자가 쓴 기록에도 같은 뜻이 담겨 있다.

"나는 몰래 들어가서… 그자가 내 아내에게 거대한 fuck을 올려놓는 장면을 보았다." 1700년대 인쇄물에서 fuck은 검열을 피하기 위해 항상 'f—k'으로 쓰였다. 이런 줄표는 외설죄로 고발당하지 않기 위해 비교적 최근까지도 사용되었다.

그러던 중 1960년에 너무 외설적이라는 평을 받은 데이비드 허버트 로런스의 『채털리 부인의 연인』에 대한 기소 시도가 실패한 뒤부터는 비교적 규제가 느슨해졌다. 검찰은 배심원들에게 "fuck과 fucking이 30회, cunt여성 성기가 14회, balls고환가 13회, shit똥과 arse엉덩이가 각 6회, cock남성 성기이 4회, piss오줌가 3회 나오는 책"을 아내와 하인들이 보지 못하게 해달라며 호소했다. 600년 동안 다양한 금기를 겪은 fuck은 아직도 강력한 욕설로 널리 사용 중이다.

COLLIESHANGIE
난투

130척의 배로 이루어진 스페인 무적함대가 1588년 5월 28일 출항했다. 잉글랜드와 스페인이 다투던at loggerheads 시기에 엘리자베스 1세를 향한 적의를 표현하기 위해서였다. 16세기에 logger는 말이 멀리 가지 못하도록 묶어두는 무거운 나무 블록을 가리켰고, logger-head는 비유적으로 멍청한 사람, 머리가 나무토막 같은 사람이라는 뜻으로 쓰였다. 하지만 17세기가 되면서부터는 배에서 사용하는 역청을 가리키는 말로 쓰였다. 역청은 때로는 치명적인 무기가 되기도 했기에 거기서 at loggerheads라는 표현이 나온 것으로 보인다.

영어에는 wrangle이나 kefuffle다툼에 대한 표현으로, 귀여운 느낌인 argy-bargy옥신각신부터 살벌한 스코틀랜드 단어인 stramash

난투까지 다양한 어휘가 있다. 그중에서도 『옥스퍼드 영어 사전』은 16세기에 사용된 rippit, hubbleshubble, 19세기에 사용된 rumpus, bobbery, foofaraw를 소개한다. 조금 드문 표현으로는 빅토리아 시대의 collieshangie라는 말도 있다. 이는 게일어로 고함을 뜻하는 callaidh에서 온 걸 수도 있지만 양치기 개의 이름에서 기원했을 가능성이 좀더 높다. 개들끼리 요란하게 싸우는 걸 가리켰을 수도 있고, 목줄을 채우거나 encumbrance짐를 들도록 했을 때 소란을 피우는 모습을 가리켰을 수도 있다. 프랑스어에서 들어온 brouhaha소동는 주로 코미디나 아이러니한 맥락에서 쓰이는 단어인데, 악마가 사람들에게 공포를 불어넣는 것을 가리키는 말이었다는 무서운 기원이 있다.

 TAKE THE BISCUIT
최악이다

해마다 세계 비스킷의 날이 되면 수많은 비스킷 가운데 어떤 것이 최고인지를 두고 토론이 벌어지곤 한다. 하지만 이 주제는 scone의 올바른 발음(6월 30일 참고)과 마찬가지로 그렇게 쉽게 결정 날 수 있는 것이 아니다.

사람들이 얼마나 비스킷을 사랑하는지 떠올리면 take the biscuit이라는 표현이 짜증스러운 상황을 가리킨다는 게 의아할 정도다. 그렇다면 이 말은 왜 부정적 표현이 된 걸까? 왜냐하면 이미 과한 케이크에 덧입힌 아이싱을 의미하기 때문이다.

take the biscuit은 미국에서 take the cake의 연장으로 생겨난 것으로 보이며, 이 표현은 19세기 흑인들의 춤 대회에서 기원한 것으로 추정된다. 이 행사는 남부 흑인 노예 플랜테이션에서 자주 행해졌는데, 최고의 댄서에게 케이크 조각을 선물로 주어서 cakewalk라고 불리게 되었다. 아마 신나는 여흥을 제공한 춤 대회의 이름이 오늘날 아주 쉬운 일을 뜻하는 cakewalk(다른 말로 piece of cake)로 이어졌을 것이다.

다시 biscuit으로 돌아오면, 이 단어는 두 번 익혔다는 뜻의 프랑스어에서 왔다. 냉장 기술이 생기기 전에 식품을 보존하는 한 가지 방법은 납작한 빵을 두 번 구워서 말리는 것이었다. 이렇게 만든 빵을 pain bescuit, 즉 두 번 익힌 빵이라 불렀다. 이 말이 besquit으로 줄어들어 오늘날 우리가 사랑하는 달콤한 맛을 담은 단어가 된 것이다.

 FOB OFF
속이다

1381년 5월 30일은 농민반란이 일어난 날이다. 소년 왕 리처드 2세 시절, 세금 징수원 존 브램턴이 에식스의 포빙Fobbing 마을에 일인당 12펜스의 인두세(사람 머릿수에 맞추어 일률적으로 매기는 세금)를 걷으러 갔다. 절망과 빈곤에 시달리던 마을 주민들은 한데 모여 저항했고 브램턴은 빈손으로 돌아갈 수밖에 없었다. 오늘날 포빙 마을 후손들은 이 사건에서 fob off속이다라는 말이 생겨났다고 말한다.

여행지에서 관광 가이드들은 어떤 단어나 표현의 재밌는 기원을 전하곤 한다. 하지만 알고 보면 진실은 이와 달리 별로 흥미롭지 않은 경우가 많다. 사실 포빙 마을 사건도 fob off한 경우에 해당한다. 『옥스퍼드 영어 사전』을 보면 동사 fob는 16세기 말, 그러니까 포빙 마을 사건 몇 세기 후에 나타나기 시작한다. 그 의미는 지금처럼 속인다는 뜻이었고, 같은 의미의 독일어 foppen과도 연결된다.

잉글랜드 극작가 로버트 그린은 1583년 작품인 산문 로맨스 『마

밀리아: 잉글랜드 귀부인들의 거울Mamillia: A Mirrour or looking-glasse for the Ladies of Englande』에 다음과 같은 말을 썼다. "I will not fobbe you with fayre wordes, and foule deedes아름다운 말과 추한 행동으로 당신을 속이지 않겠습니다."

그린은 「그린의 서푼짜리 재치Greenes Groats-Worth of Witte」라는 팸플릿으로 유명한데 이것은 셰익스피어의 작품을 은밀히 공격하는 내용이라고 여겨진다. 셰익스피어가 「헨리 4세 제2부」의 퀴클리 부인 대사에 fubbed를 사용했기 때문이다. "I have borne, and borne, and borne, and have been fubbed off, and fubbed off, and fubbed off, from this day to that day, that it is a shame to be thought on나는 그날부터 오늘까지 참고 참고 참았고, 속고 속고 속았어요. 생각만 해도 기가 막혀요."

fob은 명사로도 똑같이 사기라는 뜻을 갖고 있었다. 17세기 중반이 되면 시계 같은 귀중품을 넣어두는 승마 바지 허리띠의 주머니를 가리키게 되었는데, 이 또한 소매치기들을 피하기 위해 감추어진 것이었다. fob은 그때도 여전히 속임수와 관련되어 있었다.

CLEPSYDRA
물시계

1859년 5월 31일, 런던 국회의사당의 시계탑이 처음으로 시간을 알리기 시작했다. 하지만 빅벤이라는 이름의 유명한 시계는 같은 해 7월에야 비로소 종이 울리기 시작했다.

기원전 16세기의 시계는 이 빅토리아 시대의 거대하고 과시적인 장치만큼 복잡하지 않았다. 고대 이집트인은 일정한 양의 물이 한 물통에서 다른 물통으로 흐르는 시간을 측정해 물시계를 발명했다. 나

중에 그리스인들은 이 장치의 정확도를 좀 더 높이고 거기 clepsydra
라는 이름을 붙였다. clepsydra는 그리스어로 훔친다는 뜻의 kleptein
과 물을 뜻하는 hydor를 합한 것이다. kleptein에서는 kleptomania도벽
라는 말뿐 아니라 clepsammia모래시계도 파생되었다. 이것도 시간을 훔
친다는 비유를 활용한 단어다.

June

1	FEISTY	혈기왕성한
2	CHERUBIMICAL	술에 취해 아무나 끌어안는 사람
3	CHIPS	감자튀김
4	HACKNEYED	기레기
5	PACIFIC	태평양
6	SNOUTFAIR	아름다운 사람
7	TREACLE	당밀
8	NEWSPEAK	신언어
9	DUTCH FEAST	주인이 손님보다 먼저 취한 파티
10	THEIST	차 애호가
11	ALCATRAZ	앨커트래즈
12	DOOLALLY	미친
13	CLATTERFART	수다쟁이
14	SANGUINE	활기 넘치는
15	CHARTER	헌장
16	UXORIOUS	아내를 너무 사랑하는
17	ULTRACREPIDARIAN	잘 모르면서 말하는 사람
18	BUMF	휴지
19	G-STRING	끈팬티
20	SHARK BISCUIT	초보 서퍼
21	SCARPER	도망치다
22	BOGUS	가짜의
23	IDDY-UMPTY	점과 선
24	CHOREOMANIA	무도광
25	JUGGERNAUT	자가나트
26	TENNIS	테니스
27	BONK	에너지 고갈 상태
28	ANSERINE	거위의
29	CERULEAN	세룰리안 블루
30	SCONE	스콘

FEISTY
혈기왕성한

학생들에게 진로를 소개하는 책에 다시 등장해 마땅한 직업이 하나 있다면 flatulist, 바로 바람을 내뿜는 기술로 관객을 즐겁게 하는 전문 방귀꾼이다. 1857년 6월 1일에 태어난 조제프 퓌졸은 르 페토만이라는 예명으로 활동하며 역사상 가장 유명한 방귀꾼이 되어 물랭루즈로 관중을 끌어모았다.

퓌졸은 독특한 신체 구조 덕분에 직장으로 빨아들인 공기를 괄약근으로 조정해 내보낼 수 있었다(참고로 괄약근sphincter은 스핑크스Sphinx와 형제 단어다. 스핑크스는 지나가는 행인에게 수수께끼를 내고 맞추지 못하면 목을 졸라 죽였는데, sphincter과 Sphinx는 모두 꽉 조인다는 뜻의 그리스어에서 왔다). 퓌졸은 군 복무 시절 자신의 남다른 기술을 이용해 동료들을 즐겁게 했다. 그때 많은 이의 열렬한 반응을 보며 전문 공연자로 나서겠다는 다짐을 했고, 이후 그의 삶은 역사가 되었다.

영어는 방귀fart를 꽤 사랑한다. 아무리 수습하려 해도 예상치 못한 온갖 방식으로 새어나가는 방귀의 특성이 잘 담긴 동사 fizzle바람 새는 소리가 나다은 한때 조용히 방귀를 뀐다는 뜻으로 사용되었다. 퓌졸의 예명인 르 페토만Le Pétomane의 토대가 된 프랑스어 péter방귀 뀌다에서 hoisted by his own petard제 꾀에 넘어간라는 영어 표현이 나오기도 했다. 여기서 petard는 작은 폭탄이라는 뜻이고 windipop, fowkin, poot, parp, ventosity모두 방귀라는 뜻도 그와 비슷한 폭음을 일으킨다. partridge자고새도 péter에서 온 단어로, 새가 날아오를 때의 날갯짓 소리가 방귀 소리와 비슷하기 때문이다. 방귀를 뀐다는 뜻의 대표적인 단어 fart가 포함된 의외의 단어는 feisty혈기왕성한다. feisty는 fisting hound사냥개에서 비롯된 말인데, 이 견종은 방귀를 자주 뀐다고 한다.

CHERUBIMICAL
술에 취해 아무나 끌어안는 사람

영어에는 schnockered, spifflicated, befuggered, woofled, phalanxed, liquorish 등등 술에 취했다는 표현만 3000개가 넘는다. 벤저민 프랭클린은 『술꾼 사전Drinkers' Dictionary』을 집필한 것으로도 유명한데, 그 책에는 과음한 상태를 표현하는 말이 200개도 넘게 실려 있다. he's taken off his considering cap, been to France, contended with Pharaoh, smelt of an onion, been too free with Sir Richard는 모두 술에 취했다는 뜻으로 쓰인 말이다.

cherubimical은 술에 취해 기분이 좋아져서 아무나 끌어안는 사람을 가리킨다. 엘리자베스 시대의 토머스 내시는 취한 상태를 여러 동물과 연결 지었다. ape-drunk는 술에 취해 원숭이처럼 펄펄 뛰며 소리치는 것이고, lion drunk는 으르렁거리며 싸우는 것이다. 교활해지면 fox drunk, 무겁게 늘어지면 swine drunk, 말을 못하면 sheep drunk였고, 음란한 생각밖에 하지 못하면 goat drunk라 했다.

CHIPS
감자튀김

6월의 첫 번째 금요일은 피시 앤 칩스Fish and Chips의 날이다. 이날 만큼은 평범한 사람들도 to have a chip on one's shoulder라는 특이한 표현에 대해 생각해볼지 모른다. 이 표현은 맛있는 감자와는 아무 상관이 없으며 오히려 불만이나 분노에 차 있는 경우를 말한다.

이 표현은 18세기 부두 노동자들의 일을 묘사하며 처음 기록되었다. 1730년대 조선공들은 일이 끝나면 남은 목재를 집에 가져갈 수 있었기에 일터를 떠나기 전이면 어깨에 나무토막chips을 올려놓은 뒤 상태를 살펴보곤 했다. 그러나 시간이 지나자 집에 가져갈 수 있는 목재의 양이 한쪽 겨드랑이에 낄 수 있을 정도로 줄어들었다. 여기에 불만을 품은 노동자들이(1756년 채텀 부두에서 보낸 편지에는 이들이 '파업자'라 기록되어 있다) "어깨에 나무 토막을 올리고 밀어붙였다pushed on with their chips on their shoulders"는 기록이 남아 있다. 이는 chips가 불만의 의미로 사용되었다고 알려진 첫 사례다.

하지만 당시까지만 해도 chips가 일반적으로 불만을 뜻하던 건 아니었다. 그런 의미는 1830년대에야 나타나는데, 싸움을 좋아하는 아이들이 어깨에 나무토막을 얹고 다른 아이들에게 용기가 있으면 떨어트려보라며 도발할 때 쓰였다. 그러다 1840년이 되면 불만을 표현하는 전형적인 단어로 자리 잡아서 다음과 같은 예를 남겼다. "조너선은 이미 상당히 끓어오른 상태라 knocking a chip off a boy하지 않아도 더 활활 타오를 수 있을 것이다."

그렇다면 먹는 chips의 뜻은 언제 등장했을까? 음식을 가리키는 chips는 1769년 『숙련된 가정주부를 위한 지침서』에 처음 기록되었으며 당시는 오렌지 조각을 가리켰다. 그러다 찰스 디킨스의 『두 도시 이야기』에서 "기름 몇 방울로 겨우 튀긴 거친 감자의 chips"라는 문장을 통해 처음으로 감자와 관련된 의미를 선보였다.

HACKNEYED
기레기

1654년 6월에 크롬웰이 전세 마차hackney carriage를 규제하는 첫 법령을 통과시켰다. 그런데 이 hackney carriage에서 기자를 비하하는 hack이 파생되었다. 지난 몇백 년 동안 저널리스트에게는 다양한 이름이 붙었다. 1600년대에는 diurnaller, 1700년대에는 couranteer, 1800년대에는 pressman, 1980년대에는 Bigfoot 등 여러 명칭이 있지만, 가장 생명력이 긴 건 단연 hack라 할 수 있다. 뉴스를 전하는 사람과 런던의 상징 중 하나인 hackney carriage 사이에 어떤 연관성이 있는 걸까?

오늘날 Hackney는 런던 동북부 지역이며 1300년에는 리강 서안에 위치한 작은 마을의 이름이었다. Hackney는 말 번식과 사육으로 유명했다. 승용마도 키우고, 군마나 사역마인 destrier(어원은 오른손이라는 뜻의 라틴어 dextra다. 기사의 종자가 오른손으로 말을 이끌었기 때문)를 키우기도 했다. 그중에서도 외양이나 품종보다 힘이 우선시되는 말들은 hackney라 불렀다. 승용마들은 종종 돈을 받고 손님을 태웠고, hackney는 승용마와 함께 그 말들이 끄는 탈것도 함께 가리키게 되었다. 이후 hackney carriage는 손님을 태우는 탈것을 가리키는 용어가 되었고, 런던을 비롯한 여러 도시의 택시들은 아직도 hackney carriage가 정식 명칭이다.

hackney horse는 런던 거리에서 쉽게 구할 수 있었고 눈에 잘 띄기도 했다. 결국에는 너무 많아서 흔하고 평범해졌다. 그러나 그만큼 혹사당하는 경우도 많았기에 hackneyed는 마구잡이로 쓰여서 신선함이나 흥미를 잃은 것을 가리키게 되었다. 다시 말해 오래된 것, 독창성이 없는 것, 예를 들자면 감자튀김을 담는 종이봉투로나 적절한 것이다. 이 단어의 유산은 오늘날의 저널리스트들에게 이어지고 있지만, 많은 비하 용어가 그렇듯 저널리스트들도 자조의 의미로 스스로를 그렇게 부르곤 한다.

PACIFIC
태평양

매년 6월 5일은 세계 환경의 날로, 전 세계에서 환경 문제를 알리는 다양한 캠페인이 벌어지며, 특히 기후 위기가 중점적으로 다뤄진다. 기후 위기는 바다에도 엄청난 피해를 입힐 것으로 예상된다.

ocean은 큰 강이라는 뜻의 그리스어 okeanos에서 왔지만, 현대 어원학자들은 그 기원이 더 오래되었을지도 모른다고 주장한다. 고대 그리스인은 지구가 평평한 원반 형태이며 대양은 거대한 땅덩이를 둘러싸고 흐르는 큰 강이라 생각했다.

각 대양을 구별하고 이름을 지을 때는 당연하게도 다양한 문화적 요소가 반영되었다. 인도양Indian Ocean은 위치를 기준으로 붙은 이름이며, India 자체는 인더스강을 가리키는 산스크리트어 Sindhu가 그리스어를 거쳐 온 말이다. 대서양Atlantic Ocean은 북아프리카의 아틀라스Atlas산맥에서 왔고, 신화 속 아틀라스는 세상을 지탱하는 강력한 티탄 신이었다(5월 20일 참고).

Pacific Ocean이라는 태평양의 이름은 페르디난드 마젤란이 지었다. 그는 1520년에 향료제도에 갈 항로를 찾던 도중 오늘날의 마젤란 해협을 발견하게 되었다. 마젤란 선단은 그곳에서 예측 불가능한 바람과 조류를 경험하고, 마침내 당시 남부해라 부르던 대양으로 진출했다. 남부해라는 이름은 탐험가이자 콩키스타도르인 바스코 누녜스

데 발보아가 파나마에서 바다를 바라보고 지은 것이다. 마젤란은 태평양을 횡단하며 바다의 고요함에 깊은 인상을 받았고, 고요한 바다라는 뜻의 Mar Pacifico라는 이름을 붙였다.

 ## SNOUTFAIR
아름다운 사람

---

hot, fit, hench, dench처럼 매력적이라는 뜻을 담은 어휘는 생각보다 많지 않은 반면 못생겼다는 표현은 차고 넘친다. 인간은 원체 비관적이고 가십을 좋아하며 끊임없이 남의 단점을 찾아내려 하는 smellfungus라 그런 걸지도 모른다. 하지만 과거의 한 사전에는 다소 어색할지라도 상대를 사로잡을 수 있을 몇 가지 엄선된 형용사가 등장한다.

snoutfair는 1600년대에 얼굴이 아름다운fair-faced 사람을 가리키는 단어였다. 이 말에도 처음에는 비하와 질투가 담겨 있었지만("I know a snowt-faire, selfe-conceited asse내가 아는 예쁜 애가 있어. 잘난척하는 멍청이야") 곧 긍정적인 형용사로 변했다.

그 외에도 seemly점잖은, comely어여쁜, pulchrous아름다운가 있고, 1400년대에 사용된 말이자 약간 위험한 glorious skinny도 있다. 어떤 형용사는 아름답다는 본래 뜻에서 벗어나 방종하다는 의미가 담기기도 했는데 smicke, lust가 그런 단어다. 아름다운 여자에게는 언제나 bellibone이라는 말을 쓸 수 있다. 이것은 프랑스어 belle et bonne아름답고 좋은이 변형된 좋은 말이지만 조심해서 사용해야 한다. 사전을 보면 매력과 동시에 질투라는 뜻도 있기 때문이다.

TREACLE
당밀

루이 14세가 왕위에 오른 날은 1654년 6월 7일이다. 72년하고도 110일간의 재위 기간은 유럽 역사상 그 어떤 군주보다도 길었다두 번째 는 엘리자베스 2세 여왕으로 70년 214일 재위했다. 그의 절대 통치 체제가 프랑스혁명 전까지 유지되며 많은 개혁과 전쟁을 일으켰고, 프랑스는 세계 곳곳에 크나큰 영향력을 미쳤다. 이 시기에는 살인 사건이 포함된 마녀사냥이 귀족 사회와 궁정을 뒤흔들어 36명이 처형되었다. 브랭빌리에 부인이 재산 상속을 노리고 아버지와 남동생 두 명을 독살한 혐의로 체포되어 물을 10리터가량 강제로 들이켜는 고문을 당한 뒤 참수형으로 생을 마감한 사건도 있었다.

이 공포스러운 사건으로 평범한 죽음도 독살이라 생각하는 분위기가 팽배해졌다. 루이 14세도 생명에 위협을 느끼고 주변인들을 불신하기 시작했다. 정부는 약과 함께 독을 판매했다고 의심되는 많은 점쟁이와 연금술사를 체포했다. 잡힌 이들은 고문 끝에 자백을 했고, 어떤 이들은 배우자나 궁정 안의 라이벌을 죽이려는 속셈으로 독을 산 고객의 이름을 순순히 털어놓았다.

독의 위험성은 우리가 사용하는 평범한 단어들 속에 조용히 숨어 있다. potion묘약도 원래는 독을 탄 음료를 가리켰다. 현대의 생화학 무기도 대부분 고대의 원형이 있다. 독극물 발사체, 조제약, 독충 등에는 오랜 역사가 깃들어 있다. 옛 의학 교과서를 보면 유독 해독제 관련 내용이 많은데, 이를 보면 당시에도 누군가를 죽이려는 소망이 얼마나 컸는지를 알 수 있다. 심지어 treacle당밀도 그 치료제를 만드는 과정에서 탄생했다.

이 끈적이는 시럽은 살인과 거리가 멀어 보이지만 treacle 자체

194

가 그리스어로 독이 있는 동물을 가리키는 therion에서 온 말이다. therion에게 물리면 theriake라는 해독제로만 치료가 가능했는데, 하필 맛이 고약해서 달콤한 것을 섞어 먹어야 그나마 먹을 만했다. 이후 theriake가 treacle이 된 것이고, 나중에는 해독제라는 뜻을 벗어나 해독제를 먹을 만하게 만들어주는 보조제를 뜻하게 되었다. 그러다 17세기 말에 이르러서는 의료용 치료제뿐 아니라 달콤한 당밀시럽을 가리키는 말로 사용되었다.

이쯤되면 해독제로 쓰이던 theriake가 어떤 성분이었는지 궁금해지지만 아쉽게도 확인할 수 있는 방법은 없다. 치료제 하나는 몰약, 사프란, 주름버섯, 생강, 계피, 유향을 비롯한 41개의 재료를 넣어 만든다고 하는데, 당시에는 대부분이 희귀한 재료였을 것이다. 로마 시대에 제조되던 어떤 약은 아편과 뱀도 넣었다고 한다. 정말이지 달콤한 시럽과는 거리가 엄청나다.

(8 June) **NEWSPEAK**
신언어

오보, 거짓 정보, 가짜 뉴스는 21세기의 주요 쟁점 중 하나다. 하지만 권력 기관을 의심하는 데서 시작된 이런 논란들은 전혀 새로운 게 아니다. 적어도 1949년 6월 8일에 출간된 조지 오웰의 『1984』를 읽은 독자들에게는 그럴 것이다. 오웰은 언어가 퇴보하면서 점차 대화가 불가능해지고 있다고 여기고 이중 언어, 상투어, 유사 과학이 만든 언어적 진공 상태 덕에 권력 기관이 아무런 저항도 받지 않은 채로 힘을 휘두르는 현실을 이야기하고 싶어 했다. 오웰은 나쁜 언어는 사실을 감추며 반대로 좋은 언어는 투명하게 보여준다고 생각했다.

오웰의 글은 언어의 타락에 맞서 싸우는 가운데 새로운 어휘도 여럿 선사했는데, Orwellian오웰식이라는 표현도 그중 하나다. Orwellian은 디스토피아, 억압, 전체주의를 가리키는 말이다. 『1984』를 통해서 빅브라더Big Brother라는 말이 널리 통용되기도 했다. 빅브라더는 19세기 중반 이후 다양한 감시, 감독을 표현하는 말로 사용되었다. 1999년에는 시청자들이 감시하고 통제하는 네덜란드 관찰 예능 프로그램의 제목이 되기도 했다. 또 오웰은 생각범죄thought-crime라는 표현을 가져와 그 자체로 모든 범죄를 포함하는 핵심적 범죄라는 뜻으로 정착시켰다.

그는 직접 어휘를 만들기도 했다. 비인간unperson도 오웰이 처음 쓴 말인데, 이 말은 존재감이 없었던 탓에 모든 공식 기록에서 지워진 사람을 뜻했지만, 이제는 의미가 확장되어 정치적이나 사회적으로 중요하지 않은 사람을 가리킨다. 오웰은 이중사고doublethink 개념도 만들었다. 『1984』의 복잡한 세계에서 이중사고란 "아는 것과 모르는 것, 정교한 거짓을 말하면서 완전한 진실이라 생각하는 것, 논리에 반하는 논리를 사용하는 것, 도덕을 거부하면서도 선언하는 것, 전혀 민주적이지 않았지만 당이 민주주의의 수호자라 믿는 것"으로 해석된다.

『1984』에 등장하는 newspeak신언어란 정치 선전을 위해 만들어진 고도로 통제된 인공언어다. 신언어는 작품의 후반으로 갈수록 자유 사상을 막기 위해 줄어드는 양상을 보인다. newspeak은 흔히 news-speak뉴스 언어로 해석되지만 오웰은 oldspeak구언어의 반대 개념으로 사용했다(부러 모호성을 의도한 건지는 잘 모르겠다). 요즘 상황을 보면 모두가 온갖 이야기를 할 수 있는 소셜 미디어에 거짓이 파다하지 않은가. 오늘날 뉴스라며 쏟아져 나오는 수많은 오보는 이 단어를 다시 떠올리게 한다.

한편 몇몇 사람들은 진실과 거짓의 불분명한 경계를 유용하게

196

이용하고 있다. 도널드 트럼프는 자신에게 반대하는 언론은 '가짜 미디어'고 그들의 보도는 '가짜 뉴스'라며 맹공을 퍼부었다. 그의 재임 기간에는 명백한 사실에 대한 의심과 오보에 대한 검증 부재가 횡행했다. 트럼프 비판자들이 조롱 조로 사용하는 표현도 생겨났는데, 트럼프 취임식에 참석한 사람이 오바마 취임식 참석자보다 수천 명이나 많았다는 주장에 의문이 제기되었기 때문이다. 한 트럼프 지지자는 '대안적 사실alternative fact'이라는 말을 사용하며 그를 옹호했다. 이 말은 10년 전 미국의 풍자 프로그램 〈콜베어 르포〉에 나왔던 단어인 truthines를 상기시킨다. 이것은 진실 자체가 아니라 진실이라 믿고 싶은 것을 믿는 심리를 가리킨다(3월 10일 참고).

오늘날 BBC 사옥 앞에는 마틴 제닝스가 만든 오웰의 조각상이 서 있다(BBC 회의실도 『1984』에 101호실로 나오는 고문실을 모델로 만들었다고 한다). 조각상 뒤쪽 벽에는 『1984』 속의 한 문장이 적혀 있다. "만약 자유가 무언가를 의미한다면 그건 사람들이 듣기 싫어하는 말을 할 권리다."

 DUTCH FEAST
주인이 손님보다 먼저 취한 파티

존 캠던 호튼은 역사상 최초이자 최고의 속어 사전을 편찬한 사람 중 한 명이다. 호튼은 "금방 사라지는 저속한 언어, 유행과 취향에 따라 끝없이 변하는 언어, 빈부와도 도덕성과도 상관없이 모든 사람들이 쓰는 말"들을 수집하고 정리했다. 현실의 온갖 언어를 끈질기게 탐구한 끝에 호튼은 1859년 『현대 속어, 유행어, 비어 사전A Dictionary of Modern Slang, Cant, and Vulgar Words』을 출간했다. 호튼은 1873년 죽는 날(혹자는 뇌염 때문이라 하고 혹자는 돼지고기를 과잉 섭취해서라고 한다)까지도 사

전을 만들었다.

이 사전에 실린 다양한 역순 속어단어를 거꾸로 읽어서 만드는 속어. earth로 three를 표현하는 것 등이 있다, 압운 속어, 선원과 점원들의 은어 가운데 Dutch uncle이라는 표현이 있다. 호튼은 이 말을 대화에 자주 등장하지만 설명하기 어려운 사람이라 정의한다. 비슷한 말로는 dutch concert어려운 곡을 쉽게 연주하는 사람, dutch consolation불행 중 다행 등이 있다. 이 단어들의 존재감이 강한 건 아니지만, Dutch courage술김에 내는 가짜 용기, double dutch횡설수설, going dutch서로 비용을 각자 계산하는 일는 오늘날에도 널리 쓰이는 표현들이다. 그런데 왜 하필 많은 나라 중에서도 네덜란드를 뜻하는 Dutch일까?

17세기에 영국은 네덜란드와 at loggerheads 상태였다(5월 28일 참고). 양국 모두 해상 지배권을 잡아 향료제도에서 이국적인 물품을 수송하는 해로를 통제하고 싶어 했기에 결국 1652~1674년 동안 세 차례의 해전이 벌어졌다. 그러다 1667년 6월 9일 네덜란드군이 메드웨이강을 거슬러 올라와 영국 배들을 침몰시키고 템스강을 봉쇄했다. 이때 생긴 적대감 때문에 영국인들이 Dutch에 겁쟁이나 인색함같이 안 좋은 특징을 부여한 것이다.

오늘날 네덜란드에 대한 편견 자체는 대부분 사라졌지만 몇 가지 현대적 표현은 여전히 유용하다. 가령 자세한 내역이 없고 이의를 제기하면 오히려 액수가 커지는 청구서 dutch reckoning, 주인이 손님보다 먼저 취해버린 파티를 뜻하는 dutch feast 같은 말들이 있다.

THEIST
차 애호가

theist라는 말을 들으면 신앙심이 깊은 사람이 먼저 떠오를 것이다. 이 단어가 17세기 말 처음 기록되었을 때는 그런 의미였다. 하지만 좀 더 현대적이라 여겨지는 두 번째 뜻도 있다. 이 두 번째 뜻은 신성한 신(그리스어로 theos)이 아니라 따뜻한 차tea를 숭배하는 사람을 가리킨다. theism은 『옥스퍼드 영어 사전』에 딱 한 번 기록되긴 했지만, 어떤 사람들은 그것만으로도 이 말을 쓸 명분이 충분하다고 생각한다. theism은 차 중독자를 말한다. 차를 사랑한 것으로 유명한 시인 퍼시 비시 셸리가 스스로를 그렇게 불렀다는 기록이 있다.

침대 위에 누워 뒹굴면서 차를 마시는 것 외에는 어떤 일도 거부하는 사람(7월 27일 참고)을 칭할 때는 prioritease priority와 tea를 결합한 말라는 말이 유용하게 쓰일 수 있다. 커피 애호가에게는 procaffeinate라는 것이 있다. 이 단어는 prioritease보다 널리 알려져 있고, 커피를 한잔 마시기 전에는 어떤 일도 시작하지 않는 것을 뜻한다.

ALCATRAZ
앨커트래즈

1962년 6월 11일, 존 앵글린과 클래런스 앵글린 형제, 동료 수감자 프랑크 모리스가 Alcatraz 연방 교도소를 탈출했다. 앵글린 형제는 우비로 만든 임시 뗏목을 타고 섬을 벗어났고, 그 뒤로 그들이 어떻게 되었는지는 알려진 바가 없다. 15년 후 FBI는 그들이 차가운 샌프란시스코만에 빠져 죽었을 거라 추정하고 수사를 종결했다. 하지면 그들

의 이름은 아직도 수배 명단에 올라 있다. Alcatraz 교도소에서 탈옥에
성공한 사람은 이들을 포함해 모두 다섯 명뿐이었다.

Alcatraz라는 이름은 펠리컨, 앨버트로스와 연관 있다. 아라비아
어 al-gattos는 참수리를 가리키는데, 이 말이 스페인에서 alcatraz로
변하며 여러 종류의 펠리컨을 가리키게 되었다. g가 c로 변한 건 아무
래도 스페인어로 양동이를 뜻하는 alcaduz(이 단어 역시 아라비아어에서 왔
다)의 영향일지 모른다. 펠리컨의 특징은 아래 부리에 달린 불룩한 주
머니이기 때문이다. 이 주머니는 물고기를 잡아 보관하는 용도라고 알
려져 있지만 거기에 물을 담아 새끼들에게 가져다준다는 전설도 있다.

샌프란시스코만의 Alcatraz섬은 수백 종의 새가 사는 곳이었기
에 악명 높았던 감옥의 이름도 Alcatraz라 불리게 되었다. 이 말에서
Albatross앨버트로스라는 이름도 나왔다. 이 새도 처음에는 Alcatraz라
고 불렸는데, 라틴어로 흰색이라는 뜻의 albus를 받아들여 Albatross
로 바뀌었다.

DOOLALLY

미친

6월 중순에 이르러 곧 푹푹 찔 여름날이 이어질 걸 생각하면 벌
써부터 휴가가 간절해진다. 휴가 없이 더위를 버텨야 한다고 하면
doolally할 것처럼 느껴지는 사람들도 있을 것이다. 특이하게 생긴 이
단어의 역사에는 더위가 중요한 역할을 했다.

대영제국 전성기 영국군은 인도 봄베이 동북쪽의 데올랄리Deolali
에 군 정신병원을 세웠는데, 정신병원은 병원의 역할 외에 복무를 마
친 전역 군인들이 귀국선을 기다리며 머무르는 임시 캠프 역할도 했

다. 그런데 배가 11월에서 3월 사이에만 출항했기 때문에 운 나쁜 일부 군인들은 뜨거운 인도의 태양과 우기의 폭우 속에 몇 달을 참고 기다려야 했다. 어떤 군인들은 성병에 걸려 병원을 떠나지 못하기도 했다. 이렇게 지루함과 불안에 시달리다 보니 당연하게도 군인들의 품행은 나빠질 수밖에 없었다.

이들은 doolally tap에 걸리기도 했는데, doolally는 Deolali의 영국식 발음이고 tap은 우르드어로 말라리아열을 뜻한다. 우리가 좀 더 잘 아는 용어로 말하자면 발진티푸스에 걸린 것이다. 후로 시간이 지나며 doolally tap에서 tap이 탈락하고 doolally만 남아 미쳤다는 뜻의 속어로 사용되고 있다. 그래도 이 정도면 광기를 가리키는 어휘 중에서 비교적 온화한 편에 속한다고 할 수 있다.

(13 June) **CLATTERFART**
수다쟁이

제2차 세계대전이 한창일 때, 유명한 포스터 한 장이 등장했다. 실없는 수다나 뒷담화를 통해 기밀 정보가 새나가는 일을 막기 위해 장교를 비롯한 군인들과 여성들에게 keep mum할 것을 촉구하는 포스터였다. 포스터에는 "Keep mum, she's not so dumb입을 다물어라, 여자는 그렇게 바보가 아니다!"라는 슬로건과 함께 아름다운 여성이 군인들에게 둘러싸여 반쯤 누워 있는 모습의 그림이 담겨 있었다. 이 그림은 남성을 유혹하는 것 같은 여인이 사실 알고 보면 스파이일 수도 있다는 뜻이었다.

이 포스터는 뒷일을 생각지 않고 뒷담화를 해대는 사람이 남성이라 가정했다. 아마 당시 중요한 전쟁 정보를 알고 있는 건 대개 남성이었기 때문일 것이다. 하지만 전통적으로 수다는 여성의 특징으로 여겨졌다. gossip도 대모代母의 옛말인 godsib에서 온 말이다. 대모가 친구의 출산을 도와주러 왔다가 곁에 남아 한동안 함께 잡담을 나눈 데서 나온 말이 아닐까 싶다. 그래서 godsib는 엄청난 clatterfart, bablatrice, prattle-basket, chattermag, jangleress로 여겨졌다. 지금 죽 나열한 이 단어들은 모두 오랜 세월 수다쟁이 여성을 가리킨 말들이다.

어떤 이들은 girl도 수다쟁이를 뜻하는 garrulous에서 온 말이라고 주장한다. 하지만 여성이 남성보다 말이 많다는 속설이 과학적으로 증명된 사실일까? 최근 연구에 따르면 양성 모두 하루에 쓰는 단어의 수가 똑같다고 한다. 이 연구에서 밝혀진 신기한 사실은 스펙트럼의 양 끝을 차지하는 성별이 남성이라는 것이다. 말수가 가장 적은 사람과 가장 수다스러운 사람(무려 하루에 4만 7000단어나 말했다) 모두 남성이었다.

그럼 반대로 다른 사람의 비밀을 잘 지켜주는 사람은 뭐라고 했을까? 옛날에는 secretary라 불렸다. 1400년대에 secretary는 대개 비밀을 털어놓을 수 있는 남성 친구를 가리켰다. 하지만 20세기로 오면 secretary는 '비서'라는 뜻이 되어 여성 중에서도 수다스러운 여성이라는 고정관념이 생겼다.

 SANGUINE
활기 넘치는

6월 14일은 세계 헌혈의 날로, 다른 사람에게 피를 기증한 모든 이에게 감사하는 날이다. 생명의 상징인 피는 언어 속에도 흐르고 있다. 예를 들어 씩씩하고 명랑하고 자신감 넘치는 사람을 가리키는 sanguine이 있다. sanguine은 라틴어로 피와 관련되었다는 뜻의 sanguineus에서 왔다. 선홍색이라는 뜻의 sanguine은 특히 명문가의 문장紋章을 가리킬 때 쓰인다. 피를 적극성과 연관 짓는 건 고대부터 이어져 온 믿음에 뿌리를 두고 있다.

2000년 가까운 세월 동안 서양의학은 히포크라스테스와 아리스토텔레스의 네 가지 체액설에 토대해 있었다. 그들은 네 가지 체액인 피, 황담즙, 흑담즙, 점액질이 균형을 유지해야 병에 걸리지 않는다고 생각했다. 황담즙이 과잉되면 짜증과 불만과 분노가 차게 되며, 흑담즙이 너무 많으면 불안과 슬픔에 사로잡힌다(우리가 흔히 말하는 멜랑콜리한 기분의 melancholy도 검은색과 담즙을 뜻하는 그리스어에서 온 것이다). 반면 점액질이 과잉되면 무감각에 빠진다. 오늘날 점액질을 뜻하는 phlegmatic이라는 말은 여유롭고 침착하다는 뜻이다. 그렇다면 sanguine이 뜻하는 피는 어떨까? 피가 지배적이면 낙관적이고 유쾌한 기질을 갖추면서도 안색이 붉어진다고 여겼다. 어쩌면 grogblossom 때문일 수도 있지만(1월 1일 참고).

(15 June) # CHARTER
헌장

1066년 크리스마스 날, 정복자 윌리엄이 잉글랜드 왕위에 오르며 대관식에 사용한 언어는 영어와 라틴어였다. 하지만 윌리엄 자신은 프랑스어로 말했다. 그 뒤로 3세기 동안 다양한 프랑스 어휘와 그 뿌리인 라틴어가 영어에 영향을 미쳤다. 노르만 정복 이후 교육받은 사람들은 프랑스어와 라틴어, 영어를 넘나들어야 했다. 프랑스어의 압박은 불가항력이었고, 토착 어휘가 노르만 프랑스어로 교체되는 일도 흔했다. 예를 들어 고대영어 rood는 교회의 큰 십자가를 가리키는 말이었는데, 이후로는 rood-screen 같은 단어나 Holyrood 같은 지명으로만 살아남았다. 고대프랑스어 crois가 정복 이후 영어로 들어오며 표준화된 게 지금의 cross다.

1066년에 공포된 윌리엄의 「런던 헌장Charter for London」은 모든 사람의 권리에 관한 문서다. '런던 헌장'은 나중에 역사가들이 붙인 이름인데, 당연하게도 프랑스어에서 기원했다. Charter는 작은 종잇장이라는 뜻의 프랑스어 cartle에서 왔으며, cartle은 라틴어 carta에서 온 말이다. 군주나 입법기관이 공포하는 법적 문서는 대개 낱장의 종이에 적었기 때문이다.

존 왕은 1215년 6월 15일 러니미드에서 「대헌장Magna Carta」에 인장을 찍었다. 「대헌장」은 내전을 피하고 성난 귀족을 달래기 위해 왕권의 자의적 사용을 제한하기로 한 중세의 평화 조약이었다. 63개의 조문을 보면 대다수가 왕의 통치에 대한 불만을 표현하는 내용이며 동시에 모든 자유민에게 정당한 대우와 공정한 재판을 받을 권리를 보장한다는 조항도 포함되었다. 결국 이미 권력을 가진 자들을 위한 조약인 것이다. 「대헌장」은 전체가 라틴어로 쓰여서 영어를 쓰는 농노들은 그 문서를 이해조차 할 수 없었다.

그런 뒤 「대헌장」은 많은 수정을 거쳐 분량이 반으로 줄어들었다. 사실 그 덕분에 더 많은 대중의 권리를 조금이라도 보장하는 데 도움을 줄 수 있었던 것이다. 그러나 많은 역사가가 「대헌장」은 오늘날의 명성을 누릴 자격이 없다고 말한다. 이 명성은 나중에 잉글랜드와 미국 양쪽에서 자유를 위한 슬로건으로 채택된 덕에 쌓아 올려진 것이기 때문이다. 작가 질 리포어는 다음과 같이 쓰기도 했다. "프랑스어를 썼던 왕이 귀족들에게 잠깐 한 약속을 영국에서는 자유의 토대로, 미국에서는 민주주의의 토대로 선언하기까지는 오랜 고심과 많은 수정이 필요했다."

UXORIOUS

아내를 너무 사랑하는

6월 16일은 블룸즈데이Bloomsday로, 소설가 제임스 조이스와 그의 이상하고 뛰어난 소설 『율리시즈』를 기념하는 날이다주인공 Leopold Bloom의 이름을 따서 Bloomsday다. 조이스는 뛰어난 신조어 생산자이자 자신의 글을 위해 언어의 부족한 틈새를 메우는 사람이었으며 언제나 모든 일을 설득력 있게, 자신만의 특이한 스타일로 표현했다. 그가 쓴 조어 가운데는 신선한 글자 조합인 poppysmic요란하게 키스하는도 있고, 거만한 smilesmirk(smile+smirk)우쭐한 웃음도 있다. 대책 없이 취한 사람을 가리키는 peloothered는 술꾼 사전에 들어갈 만한 말이다. 이런 단어들은 조이스의 작품 속에서 강한 존재감을 드러낸 탓에 맞춤법 검사 프로그램에 걸리긴 하지만 말 자체는 아주 생생하게 다가온다.

『율리시즈』의 시간적 배경은 6월 16일이다. 1904년 6월 16일은 조이스가 미래의 배우자 노라 바나클과 첫 데이트를 한 날이다. 그들은 1931년에야 정식 결혼을 했지만 둘의 관계는 마지막까지 열렬했다고 한다. 유명한 말이지만 노라는 조이스에게 dirty little fuckbird 같은 존재였다(이 말의 의미는 조이스가 만든 말로 설명하자면 pornosophical포르노+철학적이다).

uxorious는 아내를 집착적으로 사랑하는 남편을 뜻하는 말인데, 노라에 대한 조이스의 애정이 딱 그랬던 것 같다. uxorious는 아내라는 뜻의 라틴어 uxor에서 온 말이며 아주 중립적인 단어는 아닌 듯하다. 시인 존 밀턴의 글을 보면 이 단어에 비판적인 뉘앙스가 담겨 있다는 걸 알 수 있다. "여자 같고 uxorious한 지방 행정관들은 집에서 여자에게 지배당하고 휘둘린다."

영어를 보면 남성 중심적인 관점에서 만들어진 말이 많다는 것을 알 수 있는데, 드물지만 여성 입장에서 만들어진 단어도 있다. 1607년에는 남편을 지나치게 사랑하는 여자를 뜻하는 maritorious가 사용되었다. "Dames maritorious, ne're were meritoriusmaritorious한 부인은 훌륭하지 않다." 하지만 이 단어는 3세기 동안 외면받은 채 자리 잡지 못했다. maritorious는 남편을 가리키는 라틴어 maritum에서 왔다.

 ULTRACREPIDARIAN
잘 모르면서 말하는 사람

주변을 둘러보면 전혀 모르는 주제에도 장광설을 늘어놓는 사람이 적어도 한 명은 있기 마련이다. 이런 주제넘은 비평가를 ultracrepidarian이라고 한다. 이 말이 수 세기 동안 이어져 올 수 있었던 건 자신이 아는 분야를 훌쩍 넘어버린 문제를 감히 아는 척하며 언급한 한 남성의 이야기 덕분이다.

그 남성은 고대 그리스의 이름 없는 구두장이였는데, 유명 화가 아펠레스의 그림을 보고 샌들의 고리가 하나 부족한 걸 보니 잘못 그린 것 같다며 비판했다. 문제는 아펠레스가 자기 작품에 대한 평이 궁금해 종종 관람자들의 대화를 엿듣곤 했다는 것이다. 그런데 하필 구두장이가 신발 이야기에서 더 나아가 인물의 다리까지 비판하기 시작했다. 우연히 이를 듣게 된 아펠레스는 구두장이에게 신발이나 평가하라고 쏘아붙였다고 한다. 라틴어 ne ultra crepidam은 샌들을 넘지 마라는 뜻이며, 여기서 알지도 못하는 일에 의견을 내는 사람을 가리키는 ultracrepidarian이라는 말이 만들어졌다.

BUMF
휴지

6월 18일은 워털루 전투를 기념하는 워털루의 날이다. 사람들은 흔히 Waterloo의 loo가 화장실을 가리키는 전통적인 완곡어라고 생각한다. 제임스 조이스도 『율리시즈』에서 워털루와 화장실을 한데 엮어 water closet이라는 표현을 사용했다. 하지만 loo의 어원은 아직도 확실하지 않다. 한 가지 설은 프랑스어 "Regardez l'eau물 조심해요!"가 변형된 gardyloo에서 왔다는 것이다. 17세기 몇몇 도시에서는 하인들이 요강을 밖으로 쏟기 전에 길가는 행인들에게 gardyloo라고 외쳤다고 한다. 하지만 이 용례와 20세기에 처음 등장한 loo 사이에는 시간차가 너무 난다.

loo의 진정한 기원은 아직까지 수수께끼지만, 어쨌든 toilet이라 대놓고 말하지 못하는 사람들이 덜 민망하게 필요한 말을 하도록 도와준다. 화장실을 뜻하는 말 중에는 loo 외에도 덜 알려진 완곡어가 꽤 많다. 그중 가장 공식적인 건 phrontistery호젓한 명상의 장소지만, 이렇게 시적인 건 별로 없다. 1800년대에는 화장실과 관련해 play arse music엉덩이 음악을 연주하다, visit the Spice Islands향료제도를 방문하다, use the thunder-jug천둥 주전자를 쓰다, 심지어는 strain the potatoes감자를 걸러내다 같은 말들을 썼다. 100년 전부터는 release a hostage인질을 풀어주다, empty the anaconda아나콘다를 버리다, drain the lizard도마뱀을 배출하다 같은 말을 쓰는 추세다.

지금까지 소개한 완곡어도 재미있지만, 최고 중에 최고를 뽑자면 단연 visit the doughnut in granny's greenhouse할머니 댁 온실의 도넛을 찾아
가다라 할 수 있다. 이 완곡어는 마이클 페일린과 고故 테리 존스의 코
미디에서 탄생했다. 이 코미디에는 아주 다급한 상황에서도 솔직하게
말하지 못하는 딱한 남자가 나오는데, 그 남자의 표현에서 나온 visit
the doughnut in granny's greenhouse는 한 록 그룹의 앨범 제목이 되
기까지 했다.

향료제도를 방문할 때는 물론 bumf화장실 휴지(bumfodder를 줄인 말.
부가적인 뜻으로는 아무 쓸데없는 것을 의미한다)를 챙겨야 한다. 휴지에도 오
래된 다른 이름들이 많은데, arsewisp, tail-timber, wipe-breeches,
bungwad가 대표적이다.

G-STRING
끈팬티

1935년 6월 19일은 시카고의 쿠퍼스사가 세계 최초로 남성용
삼각팬티를 판매한 날이다. 개발자 아서 크나이블러는 이 팬티에
Jockeys라는 이름을 붙였다. 백화점은 비바람 치는 날에 상품을 출시
했다가 이렇게 추운 날 노출이 많은 옷을 판매하는 건 아무래도 맞지
않는다고 생각하고 철수를 명령했지만, 직원들이 철수 작업을 하기도
전에 고객이 몰려들어 600장의 팬티가 팔려나갔다. 이 소식이 퍼지며
자연스레 Jockeys도 널리 알려졌다. 얼마 지나지 않아 런던 피커딜리
의 심슨스 상점은 Jockeys를 일주일에 3000장씩 팔기 시작했다.

Jockeys와 경쟁할 전통적인 속옷이라고는 10년 전에 권투 선수
의 옷을 본 따 만든 사각팬티뿐이었다. 사각팬티는 여러모로 매력적
이었지만 어떤 사람들은 기능성이 떨어진다는 불평을 토로하기도 했

다. 때마침 jockeys 또는 jockstraps라 불리던 삼각팬티가 등장해 속옷의 역사를 바꾼 것이다. 이름이 jockeys인 이유는 이 팬티가 운동선수뿐만 아니라 jockey들, 즉 말이나 페니파딩앞바퀴가 매우 컸던 초기 자전거을 타는 사람들이 불편하지 않도록 신체를 지지해주는 속옷이었기 때문이다.

인류는 옛날부터 속옷에 집착해왔다. 투탕카멘의 무덤에는 무려 145벌의 팬티가 있었다고 한다. 그 후 underfugs(속옷의 옛말)는 길고 헐렁한 속바지부터 기절할 정도로 몸을 꽉 조이는 bodice(strait-laced경직된라는 표현이 여기서 나왔다)까지 다양해졌다. 때로는 성별의 경계를 뛰어넘기도 했다. 코르셋과 브래지어는 둘 다 프랑스어에서 온 말로, 갑옷의 일부에서 시작된 것들이다. bracière는 팔 보호대였고, 작은 몸이라는 뜻의 corset은 가슴 보호대였다.

bloomers는 미국의 인권 및 금주 운동가 아멜리아 젠크스 블루머Amelia Jenks Bloomer의 이름을 딴 옷이다. 블루머는 치마 대신 knickerbockers(무릎 아래를 조이는 헐렁한 반바지)나 길고 헐렁한 바지를 입었다. 1894년 『브루어의 표현 및 우화 사전Brewer's Dictionary of Phrase and Fable』의 저자 에버니저 코범 브루어는 이런 옷이 "10대 소녀들에게는 어울리지만 뚱뚱하거나 40대인 사람이 입으면 우스꽝스럽다"고 썼다. 한편 knickers는 knickerbockers의 줄임말이다. 1809년 워싱턴 어빙은 디드리치 니커보커Diedrich Knickerbocker라는 가명으로 집필한 『뉴욕의 역사History of New York』에 뉴욕에 사는 네덜란드 이민자의 후손 Knickerbocker들이 무릎을 조이는 헐렁한 반바지를 입고 있는 그림을 실었다. 남자들은 니커보커스를 운동복으로 입었지만, 여자들은 속옷으로 입었고 이를 knickers라고 짧게 줄여 불렀다.

오늘날의 니커보커스는 속바지pants를 뜻한다. pants는 pantalone(요란한 바지 차림의 광대)이나 이탈리아 희극에서 화려한 바지를 입고 등장

하는 광대 pantaloon에서 온 것이다. 이렇게 긴 옷의 반대편에는 아슬
아슬한 G-string이 있다. 이 속옷은 아메리카 원주민들이 샅을 가리는
용도로 입던 천을 가리키는 말이었다. 그런데 왜 하필 G일까? 어떤 사
람들은 G-string이 바이올린의 G 현처럼 가늘어서 이런 이름이 붙은
것이라고 한다.

(20 June) SHARK BISCUIT
초보 서퍼

6월 20일은 국제 서핑의 날로, 아이러니하게도 1975년 영화 〈죠
스〉가 개봉한 날이기도 하다. 서핑과 상어는 shark biscuit이라는 단어
를 통해 멋지게 만난다. 이 말은 서퍼들이 풋내기 서퍼나 흔들리는 보
드를 가리키는 속어다.

말리부와 하와이 해변에서 활동하는 서핑 마니아들은 서핑이라는
대담한 스포츠에 걸맞은 어휘를 선호하며 거기에 surfari(surfing+safari)
유머까지 집어넣는다. 서퍼들은 파도, 동작, 보드의 아주 작은 디테일
까지도 구별하며 각 서퍼들의 특징을 예리하게 짚는다.

동료 서퍼는 대개 brah나 dude로 가리키고, barnie나 grom,
grommet은 shark biscuit과 마찬가지로 서핑 초보자들을 가리킨다.
frube는 파도를 한 번도 잡지 못하는 서퍼를 뜻하는 반면 paddle-puss
는 계속 해변 근처의 파도에 머무는 사람이다. shubie는 모든 장비
를 최고급으로 구비하지만 물에 들어가지는 않는 사람을 가리킨다.
shubie의 반대편에는 hellman이 있다. hellman은 극한의 스릴을 즐기
는 서퍼이자 파도의 제왕이며 hotdogger라고도 불린다.

한편 서퍼들이 자신들과 다른 무리라고 생각하는 사람들이 있다.

211

일명 goat-boater라 불리는 kayaker카약을 타는 사람, 서핑을 하지 않으면서 해변에 죽치고 있는 hodad, 다른 사람이 파도를 잡는 걸 계속 방해하는 eggbeater 등이 있다.

SCARPER
도망치다

scarper도망치다는 런던의 일링 코미디일링 스튜디오가 1940~1950년대에 제작한 코미디 시리즈나 다이아몬드 절도 사건 같은 뉴스에 자주 나오는 표현이다. scarper는 생각보다 오래전에 영어에 들어온 말로, Polari(12월 16일 참고)라 하는 19세기 비밀 방언과 관련 있다.

scarper는 탈출을 뜻하는 이탈리아어 scappare에서 유래한 것으로 보인다. scarper the Letty는 Polari 은어로, 숙식 제공 장소에서 도망친다는 뜻이다. 1893년에 출간된 『스웰의 밤 생활 안내서Swell's Night Guide』를 보면 또 한 가지 예가 나온다. "He must hook it before daylight does appear, and then scarper by the back door그는 해가 뜨기 전에 그것을 훔치고 뒷문으로 scarper해야 한다."

scarper는 몇십 년 후에 비슷한 뜻을 가진 새로운 형제 단어를 얻게 된다. 오크니제도의 스캐퍼플로라는 내해內海에는 영국 중요 해군 기지가 있는데, 제1차 세계대전이 끝나가던 1919년에 그곳에서 극적인 사건이 벌어졌다. 패전한 독일 함대가 연합국 손에 들어갈 처지가 되자, 독일 해군 소장 루트비히 폰 로이터가 배를 모두 침몰시키라고 명령한 것이다. 그날 무려 53척의 전함이 바다에 가라앉았고, 그 시간과 장소가 대중의 뇌리에 강하게 박히게 되었다. 결과적으로 스캐퍼플로Scapa Flow는 go의 압운 속어가 되어 번거로운 장소를 벗어나는 일에 쓰이게 되었다.

BOGUS
가짜의

1986년 6월 22일, 디에고 마라도나는 월드컵 역사상 가장 큰 논쟁을 일으켰다. 멕시코시티의 아스테카 스타디움에서 열린 아르헨티나 대 잉글랜드 준결승전에서 명백한 핸드볼 반칙이 나왔는데, 그게 아르헨티나의 골로 이어진 것이다. 결국 아르헨티나는 4강전에서 승리하고 이어진 결승전에서도 승리를 거머쥐었다. 경기가 끝난 뒤 마라도나는 "그 골은 내 머리와 신의 손의 합작품"이었다고 말했다. 본인에게는 영광의 골이었을지 몰라도 잉글랜드 팬들 입장에서는 결코 잊지 못할 완전한 'bogus위조의, 사기의'였다.

bogus라는 말이 사용된 첫 번째 기록은 위조 동전을 만드는 기계에 대한 글이다. 1827년 오하이오주의 《페인즈빌 텔레그래프》 신문이 페인즈빌에서 위조 동전 제작 기계가 적발되었다는 기사를 실었는데, 보도에 따르면 신기하게 생긴 그 기계를 보고 군중 속에서 누군가 bogus라고 소리쳤다는 것이다. 《페인즈빌 텔레그래프》는 후로도 반복적으로 이 말을 기사에 실었다.

bogus의 기원에 대해서는 많은 이야기가 있긴 하지만, 그것들 자체가 대부분 bogus다. 그나마 버몬트주 방언에서 비롯되었다는 설이 그럴듯하다. 버몬트주 방언 tantrabogus는 모양이 이상한 물체를 가리키는 말이었는데(오늘날의 thingamajig와 같은 뜻이다), 영국 데번 출신 식민 개척자들의 말에서 파생되었다는 것이다. 데번 방언으로 tantarrob는 악마의 별칭이며 bogeyman의 bogey도 악마라는 뜻이었다. 이 이야기

212

가 맞는다면 bogus는 악마의 형제라고 할 수 있다. 1986년 월드컵에서 마라도나가 넣은 그 골은 오늘날까지도 잉글랜드 팬에게는 **bogus**라 칭해질 만한 부당한 골이었다.

 IDDY-UMPTY
점과 선

1868년 6월 23일은 역사상 최초의 현대적 타자기에 특허가 내려진 날이다. 특허권자인 미국 신문 편집자 크리스토퍼 레이섬 숄스는 이전에 많은 사람이 숱하게 시도한 일에 마침내 성공했다. 숄스가 처음 만든 기계는 타자를 빠르게 치다 보면 글자와 연결된 금속 살대들이 대책 없이 꼬이곤 했다. 타자기의 자판 배열도 난제였다. 처음에는 당연하게 알파벳순으로 자판을 배열했는데, 언어란 생각처럼 질서 정연하고 예측 가능하지 않았던 것이다. 결국 자판은 알파벳 순서가 아니라 사용 빈도에 따라 배치하는 방향으로 수정되었다. 또 나란히 쓰이는 일이 많은 글자들은 분리해놔야 살대가 꼬이는 상황을 방지할 수 있었다. 이런 갖은 노력 끝에 지금 우리가 사용하는 쿼티 키보드가 나왔고, 숄스는 이를 인류의 축복이라 표현했다.

글자의 사용 빈도는 모스부호 발명자 새뮤얼 모스에게도 중요했다. 모스는 가장 많이 쓰는 글자에 가장 간단한 부호를 배정하기 위해 인쇄업자의 활자 세트에 있는 글자 수를 세서 정리했다. 그 결과 E가 맨 꼭대기에 왔고 Z가 맨 아래에 오게 되었다. 모스는 지금의 배열에 도달하기 위해 엄청나게 많은umpteen 활자를 살펴보았을 텐데, 굉장히 많다는 뜻의 umpteen 자체도 그가 1836년에 만든 모스부호에 뿌리를 두고 있는 단어다. 모스부호는 '따다 따다' 하는 소리 때문에

iddy-umpty라는 장난스러운 별명이 붙었다. iddy가 모스부호의 dot(·),
umpty가 dash(−)였는데, 그 후에 umpty는 기호를 뜻하는 의미에서 나
아가 헤아릴 수 없을 만큼 큰 수를 가리키게 되었다. umpteen도 여기
서 자연스럽게 파생된 단어다.

 CHOREOMANIA
무도광狂

Choreomania는 강박적으로 춤을 추는 일을 뜻한다. 이런 기이한
현상은 과거 여러 차례 기록되었는데, 가장 인상적인 사례는 1374년
6월 24일 독일 아헨에서 일어난 일이다. 이날 아헨 시민들은 잔뜩 모
여 마구잡이로 춤을 추다가 탈진 직전 상태까지 갔다는 기록이 남아
있다.

　이 사건을 두고 나온 여러 설 가운데는 악령에 의한 집단 히스테
리라는 이야기도 있고, 우연히 환각을 일으키는 버섯을 먹고 ergotism
맥각중독증에 걸렸다는 이야기도 있다. ergotism은 일명 성 안토니오의
불이라고도 불리는데, 안토니오회 수도사들이 이 병을 잘 치료한다고
알려졌었기 때문이다.

　비슷한 현상으로 tarantism이 있다. tarantism은 주로 16~17세기
이탈리아에서 일어났다. 미신에 따르면 타란툴라늑대거미(이탈리아의
타란토 항구에서 살아서 이런 이름이 붙었다)에 물려 히스테리와 발작 증세를
보일 경우, 장시간 빙글빙글 도는 타란툴라 춤을 춰야 치료할 수 있다
고 전해졌다. 이 미신은 몇 세기 동안 이어졌고, 새뮤얼 존슨은 사전에
tarantula를 싣고 "이 곤충에 물리면 오직 음악으로만 치료할 수 있다"
고 적었다.

JUGGERNAUT

자가나트

juggernaut는 멈출 수 없는 힘, 거대한 트럭, 〈엑스맨〉에 등장하는 악당 등 다양한 뜻이 있다. juggernaut는 19세기 초 영국인들이 인도에서 목격한 라트 야트라라는 힌두교 축제 용어가 영어로 들어온 것이다. 라트 야트라는 목조 성상들을 올려놓은 거대한 전차를 끌고 거리를 행진하는 축제로, 수천 명의 신도가 그 뒤를 따라간다. 이들이 모시는 여러 신 중 하나가 산스크리트어로 우주의 제왕을 뜻하는 자가나트Jagganath다. 비슈누의 10가지 아바타 중 하나에 걸맞은 이름이다(힌두교의 3대 신은 보존자 비슈누, 창조자 브라마, 파괴자 시바다).

자가나트와 전차를 처음 본 영국인들은 눈앞의 광경을 이해하기 어려웠다. 초기 기록에 따르면 라트 야트라는 아주 폭력적이고 무모했다고 한다. 신도들이 거대한 전차 바퀴 아래 뛰어들어 희생당하는 일이 일쑤였기 때문이다. 서양인들은 Juggernaut가 앞에 있는 모든 걸 짓뭉개고 지나가버리는 야만적이고 멈출 수 없는 존재라고 기록했다.

라트 야트라의 위험한 이미지로 인해 이 단어는 조지 왕과 빅토리아 여왕 시대에 음주처럼 대책 없이 빠져들거나 값비싼 희생을 치르게 되는 나쁜 습관을 가리키게 되었다. 이런 과정을 거쳐 juggernaut는 힌두 신과 분리되었고 오늘날은 전혀 다른 의미를 담고 있지만, 강력하고 거대하며 막을 수 없는 힘이라는 뜻만큼은 여전히 유지 중이다.

TENNIS
테니스

이맘때쯤이면 윔블던 대회가 시작된다. 딸기 크림을 먹고 나면 테니스 용어를 떠올려보는 게 전통이다윔블던 대회에서는 크림 얹은 딸기를 먹는 전통이 있다.

tennis라는 말은 잡거나 받는다는 뜻의 프랑스어 동사 tener의 명령형에서 왔다. 명확한 기록은 없지만 초기 테니스 경기에서 선수들이 서브를 넣을 때 "Tenez받아라!"라 외친 데서 나온 말일 거라고 여겨진다.

지금은 racket으로 테니스를 치지만, 과거에는 손바닥으로 공을 쳤다. racket은 반격한다는 뜻의 프랑스어 rachasser에서 유래된 말이라 유추된다. 손바닥이라는 뜻의 아랍어 rahat al-yad에서 왔다는 설도 있다. 듀스deuce는 '앞으로 두 점'을 뜻하는 프랑스어 à deux가 영어식으로 변한 것이다. 듀스는 양쪽 선수의 점수가 포티 올이라 부르는 40 대 40이 된 상황을 말하는데, 여기서 두 점을 더 내면 승리하기 때문이다.

하지만 뭐니 뭐니 해도 가장 의아한 용어는 love다. 두 선수가 맹렬하게 싸우는 경기에서 0점을 '사랑'이라고 부르는 건 상당히 어색하게 느껴진다. 『옥스퍼드 영어 사전』은 이 love가 for love라는 표현에서 온 걸 수도 있다고 말한다. 테니스를 치는 궁극적인 이유는 순위를 매겨 우승 컵을 거머쥐거나 상금을 타기 위해서가 아니라 그저 경기를 사랑해서라는 것이다. 이보다 더 인기 있는 설은 love가 달걀을 뜻하는 프랑스어 l'oeuf의 변형이라는 것이다. 점수판의 숫자 0이 달걀을 닮았기 때문이다. 이것도 증거가 부족하다고 느껴진다면 크리켓 경기에서 사용하는 용어인 duck을 끌어와 볼 수도 있다. duck도 타자의 0점을 가리키는 것으로, duck's egg가 줄어든 말이기 때문이다.

216

BONK

에너지 고갈 상태

테니스와 더불어 6월 말이면 사이클 3대 투어 중 가장 유명한 투르 드 프랑스 대회가 열린다. MAMIL(middle-aged man in Lycra)쫄쫄이를 입은 중년 남성에게도, 로드바이크 전문가에게도 자전거는 영원하면서도 짜릿한 순간을 선사하는 매력적인 스포츠다.

"유토피아에는 사이클 트랙이 가득할 것이다." 허버트 조지 웰스는 투르 드 프랑스가 생긴 지 겨우 2년밖에 되지 않은 1905년에 이런 말을 남겼다. 그 시절 자전거는 꼿꼿한 자세로 여유롭게 타는 게 특징이었다. 남성들은 길이를 줄인 정장 바지를 입었으며, 여성들은 높고 장식이 많은 모자에 위험해 보이는 긴 치마 차림이었다. 당시 한 광고는 서지, 트위드, 줄어들지 않게 처리한 트윌, 홈스펀 등이 사이클에 적합한 소재라고 홍보했다. 런던 하이드 파크에 가면 이런 옷을 차려입고 자전거 타는 사람이 가득했다. 사람들은 옹기종기 모여서 자전거 타는 이들의 모습을 구경했다. 또 안장 때문에 생기는 통증과 멍을 줄여준다는 엘리먼 유니버설 물약이 등장하기도 했다. 하지만 boneshakers라 불린 구식 자전거를 타는 사람들은 물약보다 안장에 생고기를 까는 방법을 이용했다. 자전거를 타고 나면 고기가 부드러운 상태가 되어 있었기 때문이다.

오늘날 자전거를 많이 타는 사람들이라면 사타구니 쓸림을 한 번쯤 겪어봤을 것이다. 그럴 땐 샤무아 크림과 비타민 I(일명 이부프로펜)으로 통증을 완화할 수 있다. 하지만 이런 것들로도 대처할 수 없는 악명 높은 상태를 bonk라고 한다. bonk는 강타한다는 뜻의 일반 속어와는 달리 사이클에서는 에너지 고갈 상태를 의미한다. 포도당 수치가 바닥으로 떨어져서 페달을 밟는 건 물론이고 어떤 행동도 할 수 없는 탈진 상태다. 사이클에서 "배가 고프면 이미 늦었다"는 말은 농담이 아니라 꼭 새겨둬야 하는 진리다.

 ANSERINE
거위의

1519년 6월 28일 신성로마제국 황제로 선출된 카를 5세는 네덜란드와 벨기에 일대에서 스페인, 이탈리아, 라틴아메리카에 걸친 광대한 제국을 다스렸다. 카를 5세가 신에게는 스페인어로, 병사들에게는 독일어로, 외교관에게는 프랑스어로, 여성에게는 이탈리아어로 말했다는 사실을 유명한 이야기다. 영어는 거위와 대화할 때만 썼다.

동물과 관련된 형용사는 굉장히 풍성하다. feline고양이의, canine개의, equine말의, bovine소의처럼 잘 알려진 것들 말고도 갈고리 모양의 코는 aquiline독수리 같은 코라 하고, 풍성한 머리는 leonine사자의 갈기 같다고 표현한다. 비밀스럽기가 vulpine여우 같은하거나, 빠르기가 leporine토끼 같은하다는 표현도 쓴다. murine생쥐 같은 기질은 겁이 많다는 뜻이고, 그 반대로 우쭐거리는 것은 pavonine공작 같은 기질이라 한다. 구불구불한 강은 serpentine뱀 같은이라고 하고, 큰곰자리는 ursine곰 모양이라는 표현을 붙이곤 한다. 그래서인지 큰곰자리를 학술 용어로 Ursa Major라 한다. 암cancer은 cancrine게 모양에서 왔다. 왜일까? 옛날 의사들이 종양 주변에 부푼 정맥이 게 다리와 비슷해 보인다고 생각해서였다. 카를 5세가 영어로 대화한 동물, 거위와 관련된 형용사는 뭘까? 바로 anserine이다. 라틴어로 거위를 뜻하는 anser에서 온 말이다.

CERULEAN

세룰리안 블루

한국에서는 같은 녹색 계열이라도 노란색이 섞였으면 연두색이라고 구분해서 말한다. 러시아어도 연청색과 진청색을 가리키는 단어가 다르다. 색이름의 차이 외에도 나라마다 감정을 상징하는 색깔도 다르다. 예를 들어 분노는 독일에서 녹색으로, 한국에서는 붉은색으로 대표된다. 리투아니아에서는 정도에 따라 각기 다른 색으로 표현하는데, 흰색은 통제된 분노, 붉은색은 평범한 분노, 파란색은 강렬한 분노, 검은색은 극단적인 분노를 뜻한다.

각 문화가 색을 인지하고 이를 다른 사물 또는 감정과 연결하는 방식은 너무도 천차만별이라 일관성을 찾기가 어렵다. 또 색깔들은 이름이 붙은 시기도 제각각이다. 영어에서 가장 먼저 이름이 붙은 색깔은 검정, 하양, 빨강이며 마지막은 분홍, 주황이다(주황은 중세에 오렌지가 수입되면서 생겨났다).

파란색을 뜻하는 blue는 하늘과 깊은 바다의 색깔을 뜻하는 고대어에서 왔다. 파란색은 대개 우울함, 음란함(검열관들이 청색 잉크를 썼던 것, 지난날 매춘부들이 감옥에서 청색 옷을 입었던 것에서 비롯되었다)을 상징한다. 하지만 짙은 청색을 의미하는 cerulean은 평온하고 탁 트인 느낌을 주어서, 구름 없는 하늘의 빛깔, 평온하고 잔잔한 바다를 묘사할 때 쓰고 싶은 색이름이다.

SCONE
스콘

해마다 6월 30일이 되면 전국 크림의 날을 맞아 피할 수 없는 논쟁이 벌어진다. 과연 잼과 크림 중 무엇을 먼저 발라야 하는가? 그리고 scone의 정확한 발음은 무엇인가? 첫 번째 질문에 대한 답은 지역에 따라 달라진다. 콘월에서는 언제나 잼이 먼저지만, 데번 사람들은 크림이야말로 모든 것의 토대라며 열변을 토할 것이다.

독일어로 고급 빵을 뜻하는 Schönbrot가 영어에 들어오며 태어난 scone은 16세기에 처음 기록되었다. 겉보기에 별 문제가 없어 보이는 이 단어가 500년 후에 이토록 맹렬한 논쟁을 촉발한다는 게 좀 의아하긴 하지만, scone을 어떻게 발음하느냐에 관한 논란은 아직도 뜨겁다.

『옥스퍼드 영어 사전』의 scone 항목을 보면 gone, cone 모두와 각운이 맞으니 '스콘'과 '스코운' 모두 표준이라 나와 있다. 예전에는 이 차이가 계층 문제로도 이어졌는데('스콘' 발음이 중산층 쪽이었다고 한다), 이제는 지역과 더 깊은 관계를 맺고 있다. '스콘' 발음은 스코틀랜드, 북아일랜드, 북잉글랜드에서 압도적으로 많이 쓰이는 반면 잉글랜드 중부와 남아일랜드에 가면 '스코운' 발음이 더 많이 들린다. 양쪽 모두 자신들의 발음이 옳다는 주장을 굽히지 않는다. 당연한 말이지만 결국 지역 주민들의 취향에 따르는 법이다.

220

July

1	CWTCH	아늑한 공간
2	SUFFRAGE	투표권
3	PENGUIN	펭귄
4	CHIASMUS	교차 대구
5	JUMBO	점보
6	UTOPIA	유토피아
7	SCOTCH MIST	비현실적인 것
8	FOO FIGHTERS	미확인비행물체
9	GERONIMO!	자, 간다!
10	LACONIC	말수가 적은 사람
11	BULLDOZER	불도저
12	LACKADAISICAL	무기력하다
13	SELL DOWN THE RIVER	배신하다
14	KAKISTOCRACY	최악의 정부
15	MEME	밈
16	ADDER	살모사
17	FIRGUN	타인의 성공을 보며 느끼는 행복
18	GONZO	곤조
19	HYSTERICAL	히스테릭한
20	GORDIAN KNOT	고르디아스의 매듭
21	EMOTICON	이모티콘
22	ARSEROPES	창자
23	FASCISM	파시즘
24	ZEPHYR	산들바람
25	LAUREL	월계수
26	PAREIDOLIA	연관성 없는 것에서 의미를 찾으려는 현상
27	HURKLE-DURKLE	늦게까지 빈둥거리다
28	POTATO	감자
29	PYRRHIC VICTORY	상처뿐인 승리
30	BEEFEATER	런던탑 호위병
31	PETRICHOR	비가 내릴 때 나는 냄새

CWTCH
아늑한 공간

이제는 뭔가를 기념하는 날이 하도 많이 생겨서 무슨 날이 있는지도 다 모를 정도다. 그러나 달력에 쓰여 있는 온갖 정체 모를 '날'들에 눈살을 찌푸리는 자들에게 반항이라도 하듯 7월은 국제 프리허그의 '달'임을 꿋꿋하게 이어가고 있다. 프리허그는 후안 만이라는 가명으로 알려진 오스트레일리아인이 시작한 운동으로, 낯선 사람과의 포옹이 정신에 긍정적인 영향을 미치므로 그 효과를 높이자는 의미에서 만들어졌다.

hug라는 말의 기원은 수수께끼다. 유추해보자면 위로한다는 뜻의 스칸디나비아어 hygga의 유산일 가능성이 있다. 만약 이 가설이 맞는다면 hug는 dagger단검, ransack약탈하다, berserk미쳐 날뛰는, slaughter도살처럼 대체로 어두운 스칸디나비아어 기원 어휘 가운데 예외적으로 포근한 말이다. 북유럽 전사들이 영국을 습격한 이후 정착해 살면서 이 말이 들어왔을 수도 있다.

소중히 한다는 뜻의 독일어 hegen에서 왔다는 설도 있다. hegen에는 산울타리로 둘러싼다는 뜻도 있고, 포옹하는 것처럼 두 팔로 상대방을 감싼다는 뜻도 있다. 이와 동의어로 웨일스어에는 cwtch라는 재미난 단어가 있다. cwtch는 명사로는 snug와 snuggle처럼 작고 아늑한 공간을 의미하지만, 동사로는 끌어안는다는 뜻을 지녔다. 생김새가 비슷한 덴마크어 hygge는 영어에 들어와서 편안한 삶, 감각적 즐거움을 중시하는 삶을 뜻하게 되었다.

SUFFRAGE
투표권

1858년 7월, 에멀라인 팽크허스트가 태어났다. 만약 당시 남성들에게 suffrage에 대해 물어본다면 여자에게 선거권을 주는 게 말이 되느냐고 펄쩍 뛰었을 것이다. 고통이라는 단어 suffering과 모양이 비슷하긴 하지만 suffrage라는 단어에 그런 뜻은 없다. 물론 어떤 남자들은 저녁을 차려야 할 아내가 다른 데 정신이 팔려 밥을 늦게 먹어야 한다며 고통스럽다고 하겠지만 말이다.

라틴어 suffragium은 지지, 죽은 사람을 위한 기도나 청원을 의미했다. 선거권이라는 뜻은 1787년 미국 헌법에서 쓰이기 시작했고, 이후 suffragette는 suffrage 운동을 하는 여성 활동가를 가리켰다. 뒤에 붙은 -ette는 지소사指小辭다. 프랑스어에서 온 말로 보통보다 작은 것을 뜻하거나(cigarette은 작은 cigar고, maisonette는 작은 집이다) hackette여기자, leatherette인조가죽처럼 모조품, 열등한 것, 또는 여성을 가리키는 말로 쓰였다.

19세기 말 여성운동이 조용한 청원에 그치지 않고 전투적인 태세로 창문을 깨는 등의 물리적 시위를 하자, 이 새로운 물결을 조롱하는 현상이 생겨났다. 한 신문은 여성운동가를 히스테릭하고 폭력적인 괴짜라 불렀으며, 아기가 "내게도 선거권을 주세요!"라고 울부짖는 모습이나 붉은 얼굴의 여성운동가 오터비 스팽크퍼스트 양Miss Ortobee Spankdfirst, 먼저 볼기짝을 맞아야 한다ought to be spanked first는 의미을 그린 엽서들이 인쇄되었다. 《데일리 메일》역시 suffragette라는 말을 조롱의 의미로 사용했고, 특히 폭력적이고 과격하다고 여겨지는 행동을 하는 여성들에게 썼다. 그런 여성 중에는 내셔널 갤러리에 걸린 〈거울을 보는 비너스〉를 파손하려 한 사람도 있었다.

그러자 여성들은 좀 더 중립적인 suffragist라는 표현을 쓰기로 했다. 팽크허스트가 창립한 여성사회정치연맹은 1914년 출간한 회보 《서프러제트》에서 이렇게 설명했다. "어떤 여성이 Suffragist와 Suffragette의 차이가 뭐냐고 물은 적이 있다. Suffragist는 그저 투표를 원하는 사람이고 Suffragette는 그 권리를 얻으려는 사람이다." 그리고 여성들은 결국 그 일을 해냈다. 1928년 7월 2일 영국 의회는 여성에게 남성과 동일한 선거권을 부여했다. 팽크허스트와 그에게서 영향을 받은 여성들의 의지와 역할이 이뤄낸 결과였지만, 정작 팽크허스트 자신은 안타깝게도 소망이 실현되는 것을 볼 수 없었다.

 PENGUIN
펭귄

1844년 7월 3일, 아이슬란드 엘데이섬에서 어리석은 어부 몇 명이 마지막 큰바다오리great auks 한 쌍을 죽였다. 북대서양의 날지 못하는 토착 동물인 큰바다오리는 한때 100만 마리가 넘을 정도였는데, 겨우 두 마리만 남게 되었다는 사실 자체가 무척이나 충격적이다. 하지만 고기로도, 낚시 미끼로도 유용했던 데다 가죽을 보존하려는 박물관의 엉뚱한 노력까지 더해져 이들은 결국 완전히 멸종하고 말았다. 영국 새 가운데 역사에 멸종으로 기록된 건 큰바다오리뿐이다.

큰바다오리는 선키가 85센티미터에 몸무게는 5킬로그램가량으로 바다오릿과에서 가장 큰 종이었다. 이름의 auk가 awkward어색한에서 온 것이라는 속설이 있긴 하지만 아무래도 아닌 듯하다(awkward는 잘못된 방향이라는 뜻의 스칸디나비아어 awk에서 온 말이다). 정확히 말하면 auk는 바다오릿과 레이저빌을 뜻하는 고대 스칸디나비아어 álka에서 온 것이다. 그런데 이 이야기에 전혀 예상치 못한 다른 새가 등장한다.

바로 펭귄이다. penguin은 사전에 있는 소수의 웨일스어 중 하나다(그 외에는 난쟁이 개라는 뜻의 corgi가 있다). 큰바다오리를 가리키던 penguin은 흰 머리를 뜻하는 pen gwyn에서 왔다. 선원들이 펭귄을 보고 날지도 못하고 검은색과 흰색이 섞인 게 바다오리와 비슷해 착각한 걸 수도 있고, 아니면 한 단어로 두 종류를 한꺼번에 가리킨 걸 수도 있다. 그렇게 뒤섞여 사용되다 penguin은 오늘날 우리가 아는 뒤뚱거리는 새를 가리키게 되었고, 옛 이름 arsefoot은 사라졌다.

 CHIASMUS
교차 대구

1776년 7월 4일 미국은 독립선언을 하며 모든 시민이 생명, 자유, 행복을 추구할 천부적인 권리가 있다고 했다. 이 말에 담긴 정신은 독립 기념일마다 사람들의 마음에 새로이 새겨지곤 한다. 미국 역사상 가장 중요한 문서로 여겨지는 「독립선언서」에는 주목할 만한 문장이 여럿 담겨 있다.

토머스 제퍼슨을 포함한 「독립선언서」 저자들은 영국 국왕의 "절대적 전제 정치"를 비난하며, 영국 국민들이 "정의와 혈연의 목소리를 외면하고 있다"고 지적했다. 그리고 격정적인 어휘로 "수많은 관리가… 사람들을 옥죄고 재산을 축내려고" 파견되었다고 말한다. 영국 왕은 "바다를 노략질하고, 해안을 수탈하고, 도시를 불태우고, 생명을 파괴했다." 그래서 미국인은 독립의 필요성을 느꼈으며, 영국인을 전시에는 적으로, 평화 시에는 친구로in peace friends 여긴다는 것이다.

이미 friends in peace가 익숙한 탓에 in peace friends라는 표현이

걸린다면, 아마 이것이야말로 제퍼슨의 의도였을 것이다. 이렇게 뒤집어서 반복하는 표현을 수사학 용어로 chiasmus교차 대구라고 한다. 이는 방향 변화를 뜻하는 그리스어에서 온 말이다. chiasmus 맨 앞의 chi는 그리스어 알파벳의 22번째 글자로, 원래 발음은 '크'였으며 현대 영어에서 X로 표현된다. chi는 사선으로 엇갈린 배열을 뜻한다. 덧붙이자면 연말에 자주 보이는 Xmas의 X도 chi다. 여기서 X는 그리스도를 뜻하는 Khristos의 첫 글자다.

「독립선언서」에 나오는 chiasmus는 글의 호흡을 늦추고, 듣는 이들에게 비록 지금은 적이지만 언젠가 두 나라가 다시 친구가 될 것이라는 희망에 집중하게 하려는 의도였을 것이다. 오랜 세월이 흘러 또 한 명의 정치인이 이 chiasmus를 사용해 멋진 효과를 냈다. 존 F. 케네디는 1961년 취임 연설에서 다음과 같이 말했다. "두려움 때문에 희망을 협상하지 말되 협상하는 걸 두려워하지 맙시다."

228

JUMBO
점보

1810년 7월 5일은 P.T. 바넘이 태어난 날이다. 바넘의 이름은 영화와 전설 속에 남았지만, 그토록 유명해진 그의 성공은 상당수가 사기로 쌓아 올린 것이다. 그는 조지 워싱턴을 키운 161세 유모나 전설의 피지 인어를 보여준다고 했지만 사실 인어는 원숭이 몸에 물고기를 붙인 것이었다.

바넘은 기인과 괴물을 상업적으로 포장해서 구름 관객을 모았다. 스스로도 그게 humbug(12월 19일 참고)라는 걸 인정하긴 했지만, 그는 진실과 거짓이 교묘히 섞였을 때 관중이 즐거움을 느끼며 속아 넘어간다는 걸 알았다. 바넘은 말했다. "미국 대중의 취향을 과소평가해도 아무도 손해 볼 게 없다." 비록 사기가 만연하긴 했지만 '최고의 쇼맨'이라는 별명이 붙은 바넘의 마케팅 기술만큼은 확실히 성공적이었다. 그런 그의 공연에서 이제는 기원과 아주 멀어진 단어 하나가 생겨났다.

Jumbo는 1860년대 아프리카에서 태어난 코끼리로 키가 4미터에 이르렀다. Jumbo라는 이름은 아마 우두머리를 뜻하는 스와힐리어 jumbe에서 왔을 것이다. 거대한 덩치와 잘 어울리는 이름이었다. 구경거리가 될 만한 기이한 생명체를 알아보는 데 탁월한 안목을 지녔던 바넘은 런던 동물원에 1만 달러를 지불하고 점보를 사서 미국으로 싣고 왔다.

점보의 죽음은 삶만큼이나 비극적이었다. 공연을 마치고 집으로 쓰던 화물 열차로 돌아가다가 그만 기차에 치이고 만 것이다. 비극은 여기서 끝나지 않았다. 바넘은 죽은 점보를 박제해 더 많은 돈을 벌었다. 그 덕에 점보의 유명세는 죽은 뒤에도 사그라들지 않았고, 디즈니는 이 이름을 살짝 바꾸어 우리가 잘 아는 영화 〈덤보Dumbo〉를 만들었다. 오늘날 우리는 이런 슬픈 역사를 모른 채 소시지부터 비행기까지 점보라는 말을 두루 쓰고 있다.

UTOPIA
유토피아

헨리 8세가 신뢰하던 신하이자 전직 재상인 토머스 모어는 1535년 7월 6일 참수형을 당했다. 모어는 정통 가톨릭 신앙 옹호자였는데, 헨리 8세가 국교회를 세우고 아라곤의 캐서린과 이혼하자 재상 자리에서 물러났다. 그는 왕의 이혼과 개종을 비판했다는 이유로 반역죄로

재판을 받았다.

오늘날 모어는 보통 『유토피아Utopia』의 저자로 기억된다. 『유토피아』는 가상의 섬을 배경으로 한 풍자 작품인데, 그 섬은 공동생활과 공동 문화, 공정한 도덕, 영적인 체제를 갖춘 완벽한 세상으로 설정되어 있으며 모두가 행복을 누리는 지상낙원이었다.

하지만 현실의 모어는 작품에서 느껴지는 것만큼 이상주의자는 아니었다. 모순적이게도 환상적이고 목가적인 땅의 이름인 utopia는 '아무 데도 존재하지 않는다'라는 뜻이다. 그리스어로 없다는 뜻의 ou와 장소라는 뜻의 topos가 합쳐진 말이기 때문이다. 그런데 한 세기 후의 작가들은 이 말을 모든 게 완벽한 상상의 장소로 해석했다. 그러자 반대의 뜻을 지닌 말도 나타났다. 바로 dystopia다. dystopia는 모든 게 최악인 장소다. 이 말은 18세기에 나쁘다는 뜻으로 쓰이던 그리스어 dus가 붙어 만들어졌는데, 아마 utopia의 u가 좋다는 뜻의 그리스어 eu에서 왔다는 착각에서 비롯되었을 것이다. 결국 모어에게 eucatastrophe는 없었다. eucatastrophe는 해피 엔딩을 의미하는 J.R.R. 톨킨의 말이다.

 SCOTCH MIST
비현실적인 것

1814년 7월 7일, 월터 스콧의 『웨이벌리』가 출간되었다. 『웨이벌리』는 익명으로 출간된 스콧의 첫 장편소설로, 그가 세계적 명성을 얻은 시라는 장르를 떠나는 계기가 되었다. 스콧이 만든 가상 세계와 등장인물의 폭은 셰익스피어에 비견된다는 평을 받기도 했다.

스콧은 영문학뿐 아니라 언어에도 유산을 남겼다. 스코틀랜드

하일랜드의 노파를 가리키는 게일어 cailleach, 거칠게 다룬다는 뜻의 misguggle, 불량배나 부랑자를 뜻하는 rintherout과 Scotch mist 모두 그가 만든 단어들이다. 이 중 Scotch mist는 이미 있었던 단어지만 스콧이 새로운 의미를 불어넣었다.

Scotch mist는 말 그대로 하일랜드의 진한 안개를 뜻하며 17세기 중반부터 사용되었다. 『웨이벌리』에서는 주인공의 숙모가 Scotch mists를 조심하라고 말하는 대목이 등장한다. "그 안개는 잉글랜드 사람을 흠뻑 적시고… 무엇보다 플란넬 천을 금세 해지게 한단다."

이 말은 처음에는 문자 그대로의 뜻으로 쓰였지만 점차 비유적 의미가 강해져 실체가 없고 비현실적인 것, 상상 속의 무언가 또는 제대로 이해하지 못한 것을 뜻하게 되었다. 그리고 세 번째 뜻은 사람을 그런 상태로 만드는 것으로, 레몬을 넣은 위스키를 가리킨다.

 FOO FIGHTERS
미확인비행물체

1947년 7월 8일 뉴멕시코주에서 훗날 로스웰 사건이라고 불린 사건이 일어났다. 이 사건의 진실에 대해서는 오늘날까지도 음모론이 난무한다. 군 당국은 공군의 열기구가 뉴멕시코주 로스웰의 대목장 근처에 추락했다고 밝혔다. 하지만 그 말을 믿지 않는 사람들은 그 기구가 사실은 외계 우주선이며 거기 탑승해 있던 우주인도 군에서 데려가 은폐 중이라고 주장했다.

이 일이 발생하기 몇 년 전, 제2차 세계대전 연합국 공군 병사들이 미확인비행물체들을 보고했는데, 이는 나중에 foo fighters로 알려졌다. foo fighters는 1930년대 빌 홀먼의 만화 『스모키 스토버』속 주인공 소방관의 "foo가 있는 곳에는 불이 있다"라는 캐치프레이즈에서 나온 말이다. 홀먼은 샌프란시스코 차이나타운의 작은 옥돌 조각 바닥에서 foo라는 말을 보았는데, 그건 아마 중국어로 복福을 뜻하는 fu의 변형이었을 것이다. 그래서인지 그의 만화에는 foo와 관련된 말장난이 가득하다.

일설에 따르면 foo fighter라는 말이 UFO를 뜻하게 된 건 1944년 11월 27일의 415 야간 비행 편대 귀환 보고 때문이었다. 『스모키 스토버』의 팬이었던 레이더병 도널드 마이어스가 연합국 비행기 뒤에 불덩이가 따라오는 모습을 보고 흥분해서 그 말을 썼다는 것이다. 마이어스는 주머니에서 만화책을 꺼내 들고 부대의 정보 장교에게 "저게 그 fuckin foo fighter예요!"라고 소리쳤다. 그 말이 공군 병사들 사이에서 유행하다 나중에는 대중의 머릿속에까지 박혔고(물론 욕은 빼고), 종국에는 인기 록밴드 Foo Fighters의 이름으로까지 이어졌다.

 GERONIMO!

자, 간다!

"Geronimo!"는 "자, 간다!"라는 말을 씩씩하게 할 때 쓰는 말이다. 이 말은 성 예로니모의 스페인어 이름인 산헤로니모가 변형된 것이라는 설이 있지만, 구체적인 증거를 살펴보면 가톨릭 성인이 아니라 아메리카 원주민 주술사를 부르는 말에서 왔다는 걸 알 수 있다.

이 말을 현대적 의미로 처음 사용한 사람은 미군 낙하산 부대 병사였던 오브리 에버하트며 시간과 장소는 1940년 7월 조지아주 포트 베닝이었다고 한다. 에버하트가 소속된 부대는 다음 날 집단 강하가 예정되어 있었고, 소대원들은 용기를 내기 위해 서부영화 〈제로니모

Geronimo)를 보러 갔다. 영화의 주인공 제로니모는 아파치족의 유명한 족장으로 전사들을 이끌고 아메리카 식민지 건설자들과 싸웠다(그의 진짜 이름은 고야클라였는데, 미국인들에게 어려운 발음이라 제로니모가 된 거라 추정된다. 한편으로는 멕시코 군인들이 전투에서 고야클라와 마주치면 겁을 먹고 성 예로니모를 불러댔기 때문이라는 설도 있다).

동료들과 맥주를 마시던 에버하트는 "넌 겁쟁이라 아마 못 뛰어내릴걸?"이라는 놀림을 받자 이렇게 말했다. "아니? 난 무섭지 않아. 내가 겁먹지 않았다는 걸 증명하기 위해 내일 비행기에서 뛰어내릴 때 '제로니모'라고 외칠 테니 잘 들어!" 실제로 에버하트는 그 말을 실행에 옮겼고 여기서 용기를 표현하는 감탄사가 태어났다. 그런데 용기를 과시한 일화와는 걸맞지 않게 고야클라라는 이름의 원래 뜻은 '하품하는 사람'이다.

LACONIC
말수가 적은 사람

인도의 영적 지도자 메허 바바는 1925년 7월 10일부터 묵언 수행을 시작했고, 이 수행은 그가 죽은 1969년까지 44년 동안 이어졌다. 바바의 행적은 수많은 노래와 슬로건을 낳았고, 현재까지도 바바의 추종자들은 매년 침묵의 날을 준수하며 그를 기린다.

laconic은 말수가 매우 적은 사람을 가리킨다. 이 말은 엄격한 군인 정신을 지녔던 스파르타에서 왔다. 스파르타는 고대 그리스의 라코니아Laconia 지역에 속해 있었는데, 스파르타 사람들은 말수가 적은 것으로 유명했다. 이와 관련된 일화로, 마케도니아 필리포스 2세와 스파르타인들 사이에 오간 대화가 유명하다. 당시 필리포스는 그리스

남부를 공격해서 여러 도시국가를 점령한 상태였다. 그는 "내가 라코니아에 가면 너희 농장을 부수고, 사람들을 죽이고, 도시를 무너트릴 것이다"라는 내용을 적어 스파르타에 전령을 보냈는데, 돌아온 회신에는 달랑 한마디만 적혀 있었다고 한다. "If과연."

BULLDOZER
불도저

1960년 7월 11일은 하퍼 리의 『앵무새 죽이기』가 출간된 날이다. 1930년대 앨라배마주의 인종 편견을 통렬하게 그려낸 이 작품은 현대 미국 문학의 고전이 되었다. 줄거리는 변호사 애티커스 핀치가 백인 여성을 강간했다는 혐의로 고소된 흑인 남성 톰 로빈슨의 무죄를 입증하기 위해 노력하는 내용이다. 『앵무새 죽이기』가 주는 많은 교훈 중 하나는 우리가 누군가를 진정으로 이해하려면 그들의 입장을 경험해야 한다는 것이다.

7월 11일은 『앵무새 죽이기』가 출간되기 55년 전에 W.E.B. 두보이스 같은 흑인 활동가들이 나이아가라 운동을 창립한 날이기도 하다. 나이아가라 운동은 흑인의 평등과 자유를 위한 활동이었다. 활동가들은 인종 차별에 맞서 린치나 bulldozing에 관심을 기울일 것을 촉구했다. bulldozer라는 단어는 다른 사람을 협박하는 폭력배를 뜻했지만, 애초에 만들어졌을 때는 문자 그대로의 의미였다. bulldose라고도 썼으며, bullwhip소를 몰 때 쓰는 큰 채찍을 많은 양dose으로 사용한다는 뜻이었다.

bulldosing은 미국 역사상 가장 치열하고 부정부패가 난무했다고 여겨지는 1876년 대통령 선거 때 유명해졌다. 당시 남부 백인 주민들은 흑인 유권자가 공화당에 투표하는 일을 막기 위해 "내게는 채찍을,

234

그에게는 bull-dose를"이라고 외쳤다. 같은 해 한 신문 보도에 따르면 "Bull-dozer들은 밤에 비싼 말을 타고 시골을 돌아다니면서 공화당 후보에게 투표하면 죽이겠다고 유색인들을 위협했다."

그로부터 불과 몇십 년이 지난 뒤, Bulldozer는 사람이 아니라 중장비를 가리키는 말로 의미가 바뀌었다. 하지만 단어의 뜻이 바뀌었다 해도 흑인의 자유를 위한 투쟁은 끝나지 않았다. 『앵무새 죽이기』에서 애티커스 핀치는 아들 젬에게 말했다. "젬, 나는 네게 진정한 용기가 무엇인지 알려주고 싶었단다. 용기는 손에 권총을 들면 생기는 게 아니야. 진정한 용기란 가망이 없다는 걸 알면서도 도전하고, 어떤 상황에서도 끝까지 포기하지 않는 걸 말해. 승리하는 일은 드물지만 살다 보면 가끔은 정말 용기가 이기기도 한단다."

 LACKADAISICAL
무기력하다

lackadaisical하다는 건 무감각하고 무기력하다는 뜻이다. 그런데 의아하게도 이 말은 강력한 감탄사에서 나왔다. "Alack-a-day!"는 "(이런 일이 일어나다니) 재수 옴 붙은 날이네!"라는 뜻으로 쓰이는 말이었다. 강력한 후회, 놀라움, 한탄을 표현하는 흔한 말이었는데, 18세기 들어 약간 늘어진 lackadaisy라는 단어로 변했다. 아마 ups나 whoops-a-daisy의 영향을 받은 것 같다. 이 말은 지금도 아이가 넘어지거나 누군가 물건을 쓰러트렸을 때 쓰는 말인데, 신기하게도 두 표현 다 데이지와는 아무 상관이 없다. 의미보다는 소리에 집중해 단어가 비논리적인 형태로 변했기 때문이다.

사소한 일로도 기분이 상해 "lack-a-day", "lack-a-daisy"를 입에 달

고 사는 사람은 정신적으로 나약한 사람이라 여겨졌고, 여기서 의미의 변화가 시작되었다. 후에도 계속 나쁜 쪽으로 의미가 확장되어 수심에 잠겨 산다는 본래의 뜻을 떠나 자기 연민에 빠져 허우적거리는 사람, 그래서 무력하게 늘어진 사람이라는 뜻으로 바뀌었다.

SELL DOWN THE RIVER
배신하다

1832년 7월 13일, 미국 지리학자 헨리 스쿨크래프트가 미시시피강의 수원을 발견했다. 유람선과 수많은 노래로 유명한 미시시피강은 많은 아메리카 원주민이 의존하는 삶의 터전이었다. 알곤킨어로 '물들의 아버지'를 뜻하는 미시시피강은 미국 역사의 어두운 면(유럽 이주민들과의 전쟁, 노예무역, 남북전쟁 등)을 목격했으며 언어에도 자취를 남겼다.

sell someone down the river는 누군가를 크게 배신한다는 비유적 표현으로 사용되지만 처음에는 비유가 아니었다. 19세기 초 켄터키주 루이빌은 미국에서 손꼽히는 노예무역의 중심지였다. 노예 중에서도 주로 남성들이 루이빌에 집결되어 있다가 미시시피강이나 오하이오강을 타고 면화 농장으로 팔려갔고, 거기서 가혹한 노동과 학대에 시달렸다. 그 삶은 고통스러웠을 것이 분명하기에 이들은 도착하기 전에 스스로 목숨을 끊기도 했다. 해리엇 비처 스토의 소설 『톰 아저씨의 오두막』을 보면 주인공도 그렇게 팔려가 잔인한 농장주의 손에 넘어간다. sell down the river에 담긴 배신의 의미는 노예무역이 폐지된 뒤에 나타난 것이지만, 인간 배신의 역사는 그 표현에 계속 흐르고 있다.

KAKISTOCRACY
최악의 정부

절대적 통치자라는 뜻의 despot은 그리스에서는 비난의 뜻이 그리 강하지 않았으며, 로마 시대에는 여러 황제의 통치 방식을 가리켰다. despot이 비난의 의미를 띠게 된 건 프랑스혁명 시기에 루이 16세를 가리키면서부터다. 1789년 7월 14일, 혁명군이 바스티유 감옥을 습격해 군주제를 무너트리고 프랑스 공화국을 세웠고, 7월 14일은 지금도 프랑스의 국경일로 지정되어 있다.

며칠 뒤 영국 신문《더 월드》는 성난 군중이 전제정치의 상징인 국사범 감옥을 공격한 사건에 대해 다음과 같은 글을 게재했다.

그토록 짧은 시간에 일궈낸 전국적 혁명은 세계 역사에 유례없는 일이다. 군중의 폭동은 사방으로 퍼졌지만 결국 승리는 당의 것으로 끝나는 듯하다. 속박은 다시 자유를 얻었고, 절망은 즉시 위안을 받았다!

이 사건은 굶주림과 루이 16세의 빚으로 인한 세금에 신음하던 파리 시민들을 부추겼다. 시민들의 목표는 아무 원칙도 없어 보이는 전제 정부(다른 말로 kakitocracy)를 무너트리는 것이었다. 프랑스혁명이 끝나고 50년가량이 지난 뒤에 만들어진 kakitocracy라는 표현은 최악을 의미하는 그리스어 kakistos와 통치를 의미하는 -cracy가 결합된 것이다. kakistocracy는 최악의 통치자를 둔 정부를 가리키며 통치자가 왕인 경우도 마찬가지다.

MEME
밈

2006년 7월 15일은 트위터가 탄생한 역사적인 날이다. 이 소셜 미디어는 게시글을 140자밖에 쓸 수 없다는 특성 때문에(2017년에 두 배인 280자로 늘었다) 많은 어휘를 생성해냈다. 모음 생략, 약성어, 숫자로 표현하는 소리, 사라진 구두점 등 소셜 미디어 언어의 가장 두드러지는 특징은 간결성이다. 이 모든 특징을 총합하면 새로운 대화의 관습이 탄생한다.

온라인과 디지털 커뮤니케이션에서는 이런 새로운 언어 관습이 굉장히 요긴해서 페이스북의 창립자 마크 저커버그는 페이스북이 하는 일을 언어학 용어로 정의하기까지 했다. 저커버그는 페이스북이 제한된 어휘로 시작했지만, 오픈 그래프인터넷 페이지의 링크에 섬네일 이미지와 내용의 일부가 함께 보이게 만든 기술를 도입하면서부터는 명사가 더해져 하고 싶은 모든 말을 할 수 있게 됐다고 이야기했다. 최근에는 동사를 추가하면서 페이스북 사용자들이 원하는 방식으로 연결될 수 있도록 하겠다고 했다.

이 같은 온라인 접속에는 언제나 복제 현상이 함께한다. 아이디어도 강력한 바이러스처럼 '바이럴'될 수 있다는 개념은 1980년대에 처음 나타났다. 유전자가 계승되는 것처럼 대중 속에서 모방되고 지속되는 문화 요소나 행동 특징을 진화생물학자 리처드 도킨스가 meme이라는 말로 표현한 지 10년 만이었다. meme는 '모방한 것'이라는 뜻의 고대 그리스어 mimema를 줄인 말이다. 하지만 냉소주의자나 셀카 혐오자들에게 소셜 미디어란 결국 me-me나를 과시하는 공간이라는 걸 되새기게끔 하는 단어에 불과할지도 모른다.

ADDER
살모사

7월 16일은 세계 뱀의 날이다. viper독사는 옛날부터 지금까지 오래도록 미움받는 동물이다. 이 이름은 한때는 위험하거나 혐오스러운 독뱀을 통칭했는데, 그중에는 악마의 현신인 에덴동산의 뱀도 포함되었다. 그래서인지 viper는 뱀뿐 아니라 배신과 기만을 일삼는 사람이나 악의적인 인물을 가리키는 말로도 사용되었다. 이렇듯 이미지는 최악이지만, 정작 viper 고기는 영양이 풍부하고 기력을 살려준다고 하여 약으로 쓰였다.

viper는 라틴어 vipera에서 온 말이다. vipera는 산 채로 낳는다는 뜻의 vivipara가 줄어든 것이다. 뱀의 알이 암컷의 몸속에서 부화해서 알의 영양분을 먹으며 성장한 뒤 태어나기 때문이다. 한때는 뱀이 태어날 때 어미의 옆구리를 갉아먹어서 어미를 죽인다는 미신도 있었다.

뱀은 adder라고도 한다. 원래는 nadder였는데 metanalysis와 rebracketing둘 다 민간어원이라는 뜻의 영향으로 adder가 되었다. adder는 풀뱀을 가리키는 독일어 Natter에서 온 것으로, 중세 시대에는 nadder 였다. 그러다 14세기나 15세기경 사람들이 a nadder를 an adder로 착각하는 바람에 앞의 n이 사라지게 되었다.

이와 비슷하게 eke-name은 또 다른 이름이라는 뜻이었는데(eke 가 보충이나 추가를 뜻한다), 사람들이 an eke-name을 a neke-name으로 여기는 바람에 지금의 nickname별명이 되었다. 마찬가지로 apron도 프랑스어 nappe테이블보에서 온 말이라 처음에는 napron이었고, umpire 심판도 원래는 선수들과 별개의 존재라는 뜻의 non-peer, 즉 noumper 였다.

FIRGUN

타인의 성공을 보며 느끼는 행복

일본에는 '他人の不幸は蜜の味타인의 불행은 꿀처럼 달콤하다'라는 속담이 있다. 비슷한 뜻으로 프랑스어에는 joie maligne라는 말이, 러시아어에는 zloradstvo가 있다. 그리고 잘 알려져 있다시피 독일어의 Schadenfreunde는 영어에까지 들어와 있다. 그리스인은 이 감정을 epichairekakia망신을 즐거워하는 일로, 로마인은 malevolentia이 말에서 영어 malevolence(악의)가 나왔다로 표현했다. 이런 말은 모두 다른 사람의 고통을 보면서 느끼는 은근한 기쁨을 뜻한다.

이런 시기와 질투를 드러내는 말은 깊은 역사를 갖고 있지만, 반대의 감정을 표현하는 언어는 매우 드물다. 그런 예외적 표현 가운데 하나가 firgun이다. firgun은 다른 사람의 성공을 보며 느끼는 이타적인 기쁨을 의미한다. 영어로는 정확한 번역이 어려운데, 부정적 감정이 없는 상태와 너그러운 마음 양쪽을 다 의미할 수 있다. firgun은 비교적 최근인 1970년대에 생겨난 히브리어 단어로, 이디시어중동부 유럽 유대인들이 사용한 언어 farginen에서 유래하지 않았을까 싶다. fariginen은 수여한다는 뜻의 독일어 vergönnen의 사촌이다. fariginen의 부정사 lefaargen은 사심 없이 다른 사람을 즐겁게 해준다는 뜻이다.

7월 17일은 국제 firgun의 날로, 다른 의도 없이 다른 사람을 칭찬하자는 뜻을 담고 있다. 그러니까 어떤 작가의 말처럼 firgun은 '타화타찬하는 기술'이기도 하다(12월 25일 참고).

240

GONZO

곤조

열광적인 기사를 말하는 곤조gonzo 저널리즘은 1937년 7월 18일에 태어난 미국 작가 헌터 스톡턴 톰슨과 떼려야 뗄 수 없다. 영화로도 만들어진 저서 『라스베이거스의 공포와 혐오』로 유명한 톰슨은 주관적인 1인칭 서술로 1960년대와 1970년대 뉴저널리즘 스타일에 독자적인 영역을 개척했고 오늘날까지도 널리 모방되고 있다. 그는 작가 윌리엄 포크너가 말한 "때로 픽션은 최고의 팩트다"라는 생각을 지지했다. 객관적이고 입증된 보도를 지향하던 시대에 톰슨은 기자의 개성과 저속성으로도 진실을 전달할 수 있다고 보았다.

톰슨 덕에 저널리즘 사전에 열광적이고 주관적인 저널리즘, 과장된 문체의 기사를 가리키는 새로운 어휘도 태어났다. 저널리스트 빌 카도소가 톰슨이 쓴 기사를 'pure gonzo'라고 칭찬하자, 톰슨은 《롤링 스톤》에서 그 표현을 언급했다.

하지만 정작 내 기사를 기억해준 사람은 아무도 없었다. 그래서 우리는 스스로 뭔가를 만들어내야 한다. 자유 기업과 아메리칸 드림과 라스베이거스에서 약에 취한 허레이쇼 앨저를 말이다. 지금 당장 순수한 곤조 저널리즘을 시작하자.

gonzo는 gone crazo에 gung-ho지나치게 열정적인의 느낌이 더해진 단어라고 볼 수 있다. 그러다 점점 의미가 더 넓어져 이제는 기이하고 무리하고 선을 넘어간 모든 걸 가리키는 말로 사용되고 있다. 미국의 몇몇 주에서는 폭음 파티에서 최후까지 견디는 사람을 가리키는 속어로도 쓰인다.

HYSTERICAL
히스테릭한

1848년 7월 19일은 뉴욕주 세니커폴스에서 최초의 여성 인권회의가 열린 날이다. 참석자들은 여성의 자유, 사회·종교적 권리, 그리고 무엇보다 선거권을 위해 싸울 것을 맹세했다. 그들은 「감성선언서 Declaration of Sentiments」를 발표했다. 「독립선언서」의 영향을 받아 만들어진 「감성선언서」는 여성의 자신감과 독립을 파괴하는 19가지 학대와 침해를 열거했다. 이 회의는 많은 지지를 받았지만 가정으로 돌아가라고 비웃는 사람들도 있었다. 보수주의자들 눈에는 이런 여성들은 분명히 hysterical하게 비춰졌을 것이다.

『옥스퍼드 영어 사전』은 hysteria를 병적인 흥분 상태라고 정의하고 있다. 어원을 살펴보면 지난날에는 이런 흥분 상태를 여성만의 문제로 여겼다는 걸 알 수 있다. 고대에는 자궁의 문제 때문에 히스테리가 생긴다고 여겼다. 단어 자체도 자궁을 뜻하는 그리스어 hustera에서 왔다. hustera는 hysterectomy자궁절제술의 뿌리이기도 하다. 독일어에서도 히스테리는 여성의 병이라 여겨 mutterweb, 즉 어머니의 고통이라고 했다.

고대 그리스에서 자궁은 여성의 몸속을 이리저리 옮겨 다니며 질병뿐 아니라 kleptomania(5월 31일 참고) 같은 부도덕 행위, 심지어 살인까지도 일으킨다고 생각했다. 움직이는 자궁설은 플라톤이나 의사 아레테우스를 비롯한 여러 고대 문헌에 등장한다. 아레테우스는 이를 hysterical suffocation자궁의 질식이라 불렀는데, 치료 방식이 상당히 기이했다. 자궁을 제자리로 돌려놓으려면 질 근처에 좋은 냄새를 두고 입 근처에 나쁜 냄새를 두어야 하며, 재채기를 하는 것도 효과가 좋다는 것이다. 그렇다고 모두가 이런 이상한 처방에 동의한 건 아니었다.

의사 갈레노스는 자궁에 있는 여자의 씨앗이 히스테리를 일으키고 나아가 불안, 불면증, 우울증, 심하게는 기절까지 일으킨다고 보았다.

1800년대에 히스테리는 아주 흔한 진단명이었다. 이때 역시 많이 쓰이던 vapours라는 말은 평소 자신의 본모습을 숨겨 위장하느라 생긴 스트레스가 폭발하는 것이 히스테리라 여긴 데서 나왔으며, 역시 거의 여자에게만 쓰였다.

오늘날에는 남성에게도 hysterical하다는 말을 쓰기는 하지만 관습 때문인지 여성에게 좀 더 자주 쓰인다. feisty사나운, frumpy촌스러운, bossy나대는, emotional감정적인, frigid불감증의, high maintenace비용이 많이 드는 모두 마찬가지다. 2000년 넘게 이어진 잘못된 편견이 언어 속에 남아 여전히 지속되고 있다.

 GORDIAN KNOT
고르디아스의 매듭

Gordian knot은 사고를 뒤집지 않으면 풀 수 없는 문제적 상황을 가리킨다. 이 비유는 기원전 356년 7월 20일에 태어난 알렉산드로스 대왕의 전설에서 탄생했다. 알렉산드로스 대왕이 프리기아를 침공하기 몇 년 전, 프리기아에 소달구지를 몰고 들어가는 자가 그 땅을 지배하게 될 것이라는 신탁의 예언이 있었다. 소달구지를 이끌고 가서 프리기아를 지배하게 된 사람은 고르디아스라는 농부였고, 그의 아들 미다스는 풍요의 신 사바지오스에게 소달구지를 바쳤다. 그리고 궁전 기둥에 나무껍질로 만든 복잡한 매듭으로 소달구지를 묶어두었다.

그 후 새로운 신탁이 내려, 소달구지의 매듭을 푸는 자가 아시아 전체를 지배하게 될 것이라 했다. 그리고 기원전 333년 알렉산드로스 대왕이 군대를 이끌고 프리기아에 도착했다. 전해져오는 설에 따르면 알렉산드로스 대왕은 풀어지지 않는 매듭을 가지고 씨름하다 그냥 칼로 잘라버렸다. 막대의 고정핀을 빼서 매듭의 두 끝을 찾은 뒤 풀었다는 말도 있다. 어떤 방식이었는지는 명확히 알 수 없지만 이후로 **Gordian knot**은 도저히 풀 수 없어 보이지만 관습을 벗어나 생각하면 쉽게 풀리는 경우를 가리키게 되었다.

7월에는 세계 이모지emoji의 날이 있다. 하지만 굳이 이모지의 날이 아니더라도 이미 전 세계의 많은 사람이 디지털 시대의 만국 공통어인 작은 그림들을 매일 쓰고 있을 것이다. 1982년 스콧 팔먼이 카네기멜론대학교 인터넷 게시판에 세계 최초의 이모티콘을 만들어 올린 뒤 사람들의 반응은 두 개로 갈렸다. 새롭게 등장한 이 문화를 환영하는 입장☺과 이것이 영어를 망치고 말 것이라는 입장☹이었다.

팔먼이 만든 건 키보드의 특수 문자를 활용한 웃는 표정 이모티콘:-)이었다. 이 문자 배열은 금세 퍼져나갔다. 그리고 몇 달 지나지 않아 다양한 표정이 만들어졌고, 키보드로 만든 그림 문자가 컬러 이미지로 변하며 emoji가 태어났다. emoji는 그림문자를 뜻하는 일본어 에모지絵文字에서 온 말이다.

2015년 『옥스퍼드 영어 사전』이 올해의 단어로 '눈물 흘리며 기뻐하는 얼굴😂'이라 불리는 그림문자를 고르자 엄청난 논란이 일었다. 이에 반대한 사람들은 주로 '표준' 언어를 버리고 그림을 골랐다며 비판했지만 이모지는 디지털 커뮤니케이션에서 중요한 역할을 하며 빠르게 성장하는 언어다. 이를 단어라고 할 수 있는지에 대한 여부와 상관없이 이모지들은 전통적 언어가 표현하지 못한 애매한 뉘앙스를 섬세하게 전달한다. 일각에서는 이모지가 이집트의 상형문자 같은 고대 그림문자의 계승이라고 보기도 한다.

가끔씩 이모지가 대화에 녹아들어 그림과 말이 결합되기도 한다. small aubergine작은 가지(미국에서는 aubergine 대신 eggplant를 쓴다)은 남성의 성기를 가리키는 공공연한 암호다. 이 표현은 인스타그램 같은 소셜 미디어에 #EggplantFriday라는 트렌드를 촉발했고, 남성들은 자신의 aubergine을 노골적으로 게시했다. 사태가 심해지자 인스타그램은 관련 어휘를 검색할 수 없도록 만들었는데, 그러자 #FreetheEggplant 'eggplant'에 자유를 캠페인이 일어났다. 이 캠페인은 성 평등을 추구하며 등장했던 #FreetheNipple젖꼭지에 자유를 운동을 흉내 낸 것이다.

오늘날 이모지는 스마트 기기의 업데이트와 함께 시대의 흐름에 발맞춰 빠르게 변화하고 있다. 하지만 아무리 다양한 표정의 이모지가 생겨나도 언어만큼 우리의 복잡한 감정을 구체적으로 전달할 수는 없다. 디지털 감성은 가벼운 게 장점이자 특징이다. 한 심리학자는 이모지가 우리가 느끼는 감각을 정확하게 표현하는 능력을 제한할지 모른다고 우려했다. 웃는 이모지나 눈물 흘리는 이모지 중 하나를 선택하는 건 쉬울 테지만 언제나 1차원을 벗어나지 못할 것이다. 현대인의 삶은 온라인 없이 돌아갈 수 없지만, 인간으로서 느끼는 입체적인 감정과 상황을 제대로 설명하려면 여전히 사전이 필요하다. 〈이모티: 더 무비〉에 나오는 등장인물의 말처럼 "meh별로라는 뜻 정도로 해석된다로 사는 것도 늘 쉬운 건 아니기" 때문이다.

ARSEROPES
창자

1825년에 출간된 『영어 어원 사전Etymological Dictionary of the English Language』에서 존 제이미슨은 창자라는 뜻을 가진 유쾌한 단어 groozlins를 소개하고 이런 예문을 들었다. "내 groozlins이 꾸르륵거렸다. 소화불량이다." 새뮤얼 존슨은 그보다도 몇십 년 전, 자신의 영어 사전에 wamble을 수록하고 그 뜻을 "구토와 메스꺼움으로 뒹굴다"라고 정의했다. 이 단어는 오늘날 우리가 비슷한 뜻으로 쓰는 wamble in the trollibags로 이어졌다(trollibags는 창자라는 뜻의 trillibubs와 동의어다).

좀 더 구체적으로 창자를 가리키는 단어는 14세기에 등장했다. 이 때부터는 해부학 용어가 정교해지기 시작했다. 당시 고환은 ballocks였고 cunt여성 성기의 비어는 해부학 교재에 실리는 말이었다. 창자는 arseropes(arse항문+ropes밧줄)였다. arseropes는 위클리프의 영어 성경에 처음 사용되었다. "the arsroppis of hem goying out stoonkyn그의 내장이 악취를 풍기며 쏟아졌다." 때로는 있는 그대로를 말하는 게 효과적일 때도 있는 법이다.

FASCISM
파시즘

1929년 7월 23일 이탈리아의 파시스트 정부는 외국어 사용을 전면 금지했다. 외국 문물이 이탈리아의 순수성과 국력을 해친다는 이유에서였다. 이 사건은 2017년에 브렉시트 지지자들이 영국 여권에 프랑스어 사용을 금지하자고 청원한 모순과도 같다. 여권passport이라는 단어 자체가 프랑스어에서 왔듯, 무솔리니의 정당 이름도 다른 언어에 뿌리를 두고 있었기 때문이다.

라틴어로 faces는 느릅나무나 자작나무의 나뭇가지 다발을 가리켰는데, 이 나무의 가지가 행정관의 권력을 상징하게 되었다. 붉은 가죽끈으로 다발을 묶은 뒤 거기에 도끼날을 달아 행정관이 범법자들을 벌주고 처형까지 할 수 있는 권위를 나타냈기 때문이다. 가지 다발은 통합을 상징했다. 하나만 있을 때는 쉽게 부러질 수 있지만 함께 모이면 강하다는 뜻이었다.

이후 몇백 년 동안 fasces는 권위의 상징으로 쓰였다. 미국 동전, 하원 의회의 연단 마크, 명문가 방패 문장의 모티브로도 인기였다. 이는 연대를 상징하기도 했는데, 실제로 19세기 시칠리아 노동조합원들은 fasci siciliani라 불렸으며 제1차 세계대전이 끝난 뒤 퇴역 군인 조직에서도 사용했다. 그런데 시간이 지나면서 많은 단체가 사회주의를 배척하고 민족주의적인 모습을 띠기 시작했다. 베니토 무솔리니도 퇴역 군인이자 전직 사회주의자였기에 fasces가 상징하는 바를 잘 알고 있었다. 무솔리니 추종자들은 이 유서 깊은 상징을 휘장으로 선택했고, 이 휘장을 내세워 국가와 정부의 지위를 높이는 Partito Nazionale Fascista국가 파시스트당를 탄생시켰다.

언어의 변화·변질을 막아 순수함을 지키려는 모든 시도가 그랬듯 무솔리니의 시도 또한 무지의 소산이었기에 실패할 수밖에 없었다. 언어는 인위적으로 제어할 수 없는 것이며 전체주의적인 통제 시도에 언제나 저항하기 때문이다.

ZEPHYR
산들바람

영어에서 가장 감미로운 단어 중 하나일 zephyr는 나른한 봄날이나 여름날에 부는 산들바람을 뜻한다. 그리스신화에서 바람의 신들을 일컫는 아네모이는 각기 다른 방향의 바람을 맡고 있다. 그중 서풍의 신 제피로스Zephyrus는 차가운 북풍의 신 보레아스와는 반대로 온화한 바람을 불게 했다.

나른한 7월 중순의 여름날, 나무에 매단 해먹에 눕고 싶을 때면 psithurism이라는 단어가 떠오른다. psithurism은 속삭임을 뜻하는 그리스어에서 온 말로, 산들바람에 나뭇잎이 바스락거리는 소리를 묘사할 때 쓰는 표현이다. 속삭임을 뜻하는 아름다운 말 susurrus와도 비슷한데, 라틴어에서 온 susurrus는 물결 소리나 나뭇잎이 바스락거리는 소리 같은 부드러운 소리를 가리킨다.

LAUREL
월계수

제1차 세계대전이 발발하기 사흘 전인 1914년 7월 25일, 66세의 크리켓 선수 윌리엄 길버트 그레이스가 마지막 클럽 경기에서 69점을 기록했다. 그레이스는 오늘날까지 가장 위대한 선수 중 한 명으로 여겨진다.

크리켓은 slog away계속 열심히 일하다부터 sticky wicket곤란한 상황, up sticks이사하다까지 영어에 수많은 표현을 남겼다. 축구나 하키에서 한 사람이 세 번 이상 골을 넣는 경우를 뜻하는 말인 해트트릭도 크리

켓에서 나왔다. 1858년에 H.H. 스티븐슨이 셰필드의 하이드파크 크리
켓 경기장에서 세 번의 투구로 세 명의 타자를 연속 아웃시키자, 사람
들은 이를 기념하기 위해 돈을 모았고 모자를 사서 스티븐슨에게 선물
했다. 이 아이디어에서 나온 해트트릭이라는 말은 다른 종목으로도 퍼
졌고, 무언가를 세 번 연속으로 이룬 것을 가리키는 말로 자리 잡았다.

역사적으로 스포츠 승자에게는 상징적인 상이 수여되었다. 그리
스와 로마에서는 개선장군이 받는 월계관laurel을 교육과 체육 분야의
공헌자에게도 주었다. 월계관은 그리스신화의 아폴론과 다프네 이야
기에서 유래한 것으로 승리, 명예, 평화를 상징한다. 사랑의 신 에로스
는 아폴론에게 놀림을 받자 복수로 황금 화살을 쏘았고, 아폴론은 다
프네를 사랑하게 된다. 하지만 에로스는 다프네에게 사랑을 거부하는
화살을 쏜다. 그 결과 아폴론은 한사코 자신을 거부하는 다프네를 악
착같이 따라다니는 신세가 되었다. 참다 못한 다프네가 이 운명을 피
하게 해달라고 기도하자 이를 불쌍히 여긴 신이 그를 월계수로 만들
어주었다. 그날부터 아폴론은 다프네의 이파리로 월계관을 만들어 썼
고, 피티아 제전의 승리자는 아폴론을 기리는 의미에서 월계관을 썼
다고 한다.

월계수는 스포츠뿐만 아니라 각 분야의 다양한 공헌자들에게 수
여되는 영광의 의미를 담고 있다. 나아가 단어에 직접 들어가기도 했
는데, 학사 학위라는 뜻의 baccalaureate가 그러하다. 학자들의 학문
적 성취를 기념하며 월계수를 상으로 주는 전통에 기인해 만들어진
baccalaureate는 bachelor(젊은 초보 기사를 뜻했던 예전 뜻이 이어져 대학의 첫
번째 학위를 의미하게 되었다)라는 뜻의 중세 라틴어 baccalarius에서 유래
한 것이며, bacca lauri월계 열매의 형태가 변한 것이다.

PAREIDOLIA
연관성 없는 것에서 의미를 찾으려는 현상

한 세대의 기억에 새겨질 만큼 강렬한 사진들이 있다. 예를 들면 2019년에 발표된 최초의 블랙홀 이미지, 1968년 아폴로 8호가 달에서 찍은 일명 '지구돋이' 사진 같은 것 말이다.

1976년 7월 말에 바이킹 1호는 화성에서 사람 얼굴로 보이는 사진을 찍었다. 그 사진이 찍힌 이후 어떻게 다른 행성 표면에 인간의 얼굴이 새겨질 수 있는지를 두고 수십 가지 설이 생겨났다. 하지만 추가로 조사한 결과, 이 형태는 pareidolia 현상일 뿐이라는 게 밝혀졌다. 옆이라는 뜻의 그리스어 para와 모양과 형태를 뜻하는 eidolon이 합쳐져 만들어진 pareidolia는 실은 아무 관련 없는 현상(구름 모양, 역으로 재생한 음악, 탄 모양이 뭔가와 닮은 토스트 등)에서 평소 익숙했던 것을 보고 듣는 인간 두뇌의 본능적 반응을 가리킨다(우리말로는 변상증이라고 한다).

250

pareidolia의 상위개념으로는 apophenia가 있다. 이 단어 역시 서로 무관한 것들을 연결하는 비합리적 인식을 가리킨다. 주로 도박과 함께 언급되곤 하는데, 도박할 때는 이전 판의 결과가 다음 사건의 확률에 영향을 미칠 것이라 생각하는 경향이 있기 때문이다. 동전을 세 번 던져서 세 번 다 뒷면이 나오면 다음에 앞면이 나올 거라 생각하는 경우가 많지만, 누구나 알다시피 실제 확률은 언제나 50퍼센트다.

HURKLE-DURKLE

늦게까지 빈둥거리다

핀란드에서는 7월 27일이 unikeonpäivä라는 기념일로 지정되어 있다. 바로 잠꾸러기의 날로, 기독교와 이슬람교 전설에 나오는 에페수스 근처 동굴에서 잠든 일곱 사람을 기념한다. 이들은 종교 박해를 피해 동굴에 숨었다가 거기서 잠들어버렸다. 사람들은 이 사실을 모른 채 동굴을 봉인했는데, 몇백 년 뒤에 다시 열어보니 놀랍게도 일곱 명이 죽지 않고 여전히 자고 있었다고 한다.

여기서 7월 27일에 늦게 자는 사람은 연말까지 빈둥거리며 성과 없이 지낸다는 미신이 나왔다. 이를 예방할 유일한 방법은 잠들어버린 사람에게 찬물을 퍼붓는 것이다. unikeonpäivä와 비슷한 말로, 옛 스코틀랜드어의 hurkle-durkle라는 표현이 있다. hurkle-durkle은 1808년에 출간된 제이미슨의 『스코틀랜드어 어원 사전Etymological Dictionary of the Scots Language』에 "일어날 때가 훨씬 지났는데도 침대에 누워 있거나 빈둥거리다"라고 정의되어 있다.

POTATO

감자

16세기 유럽은 13세기에 처음 맛본 동양의 사치품과 향료, 직물에 열광했다. 직접 물품을 찾아 나서기 위해 떠난 수많은 항해에서 새로운 사람들을 만난 결과, 15~16세기 영어에는 아메리카 원주민의 언어가 밀려들었다. tobacco담배, canoe카누, hammock해먹, hurricane허리케인 모두 16세기 탐험가의 기록에서 나온 단어들이다.

1565년 존 호킨스는 플로리다 여행기에 potato를 처음 언급했다. "이 potato들은 뿌리채소 중 가장 맛있고 순무나 당근보다도 훨씬 뛰어나다." 1586년 7월 28일, 천문학자 겸 항해사 토머스 해리엇 경은 월터 롤리 경이 후원한 모험 여행(북아메리카에 최초의 영국 정착지를 건설할 목적이었다)을 마친 뒤 영국에 돌아와서 이 진미를 소개했다.

많은 이에게 사랑받는 potato는 원래 타이노어 batata였는데, 스페인에 들어가 현지어의 영향을 받아 patata로 변화했다. 셰익스피어는 감자에 최음 효과가 있다고 생각했고, 실제로 그의 작품 「윈저의 즐거운 아낙네들」을 보면, 폴스타프가 포드 부인의 열정을 일깨우고 싶은 마음에 하늘에서 감자 비가 내리게 해달라고 비는 장면이 나온다.

토마토 역시 열대 아메리카 원산으로, 대탐험 시대에 발견된 후 많은 사랑을 받아 '사랑의 사과'로까지 알려졌다. 16세기 한 약초서에는 "사랑의 사과는 두 종류가 있다"라고 쓰여 있다. 이처럼 샐러드 재료에도 어원의 즐거움이 숨어 있다.

PYRRHIC VICTORY
상처뿐인 승리

1693년 7월 29일의 런던 전투는 잉글랜드, 스코틀랜드, 네덜란드 연합군이 프랑스에 대항해 벌인 9년 전쟁의 변곡점이 되었다. 수적 우세를 앞세운 프랑스군이 승리를 거두긴 했지만 손실이 너무 큰 Pyrrhic victory였기에 그 기세는 오래 이어지지 못했다.

Pyrrhic victory는 승리한 건 맞지만 피해가 너무 커서 아무런 이득이 없는 경우를 뜻한다. 이 말은 에피로스의 피로스Pyrrhus 왕에게서 비롯되었다. 피로스의 군대는 기원전 280년에 헤라클레아 전투와 그

다음에 벌어진 아스쿨룸 전투에서 로마 군대를 격퇴했다. 하지만 승전을 축하하는 말에 피로스는 이렇게 답했다. "다시 한번 이렇게 승리한다면 우리는 패망할 것이다." 에피로스가 승리를 거두었는데도 손실이 너무 커서 승리의 의미가 없다시피 했기 때문이다.

에피로스가 그렇게 큰 손실을 입은 건 로마의 parting shot 때문이었을지도 모른다. 지금은 parting shot이 쏘아붙이는 이별의 말 정도로 해석되지만, 예전에는 지금과 달리 위험한 뜻을 갖고 있었다. 이 표현은 파르티아인Parthian에게서 비롯되었다. 빠른 속도로 펼쳐지는 파르티아 기병 전술 중에서도 가장 무시무시했던 건 말을 타고 달아나는 척하다가 화살을 쏘는 것이었다. 여기서 마지막 타격이라는 의미가 나와 17세기 언어에 비유 표현으로 들어오게 되었다. 하지만 세월이 지나고 기원이 멀어지면서 비유를 이해하는 사람들이 줄어들자 Parthian은 발음이 비슷한 parting으로 변했고, parting shot으로 정착해 이제는 작별 인사라는 뜻으로 사용된다.

BEEFEATER
30 July
런던탑 호위병

1485년 헨리 7세는 군주를 경호하고 연회를 비롯한 국가 행사를 수행할 왕실 근위대를 만들었다. 근위대는 헨리 7세의 대관식 날인 1485년 10월 30일 처음 선보였고 beefeater라는 별명을 얻었다.

그런데 당시 beef-eater는 잘 먹는 하인, 소고기를 먹는 사람을 가리키는 멸칭으로 통용되고 있었다. 이 말은 앵글로색슨 시대의 하인들을 가리키던 말 loaf-eater와도 비슷했으며 프랑스인이 (지금까지도) 영국인을 가리키는 별명이기도 했다. beefeater가 근위대의 별명이

된 이유는 아마 단어의 뜻 그대로일 것이다. 기록에 따르면 근위대는 고기로 급료를 받는 경우가 많았고, 무려 왕의 식탁에 놓이는 최고급 소고기를 받았다고 한다.

하지만 이 이유가 다는 아닐 것이다. 몇몇 역사가에 따르면 beefeater 라는 별명이 붙은 것은 어떤 사건 때문이었다. 헨리 8세는 변복을 하고 백성과 어울리는 것을 좋아했다고 한다. 한번은 근위대 제복을 입고 레딩 수도원으로 사냥을 나갔는데, 그곳에서 수도원장이자 국왕 수행단의 일원인 토머스 노크의 만찬에 초대받게 된다. 왕은 메인 요리로 나온 큼직한 소고기를 맛있게 먹었고, 수도원장이 그 모습을 보며 말했다. "내가 그대처럼 소고기를 맛있게 먹을 수만 있다면 100파운드를 주겠소." 그 뒤 수도원장은 영문도 모른 채 런던탑에 갇혀 빵과 물만 먹는 신세가 되었다. 그러던 어느 날 웬일로 소고기가 식사로 나와 허겁지겁 먹어치웠는데, 그날 밤 헨리 8세가 찾아와 "원하던 대로 소고기를 맛있게 먹게 해주었으니 100파운드를 주시게"라 말했다. 결국 수도원장은 100파운드를 지불한 후에야 겨우 풀려났다.

이 이야기는 beefeater의 제복만큼이나 요란한 소문일 가능성이 높지만, 사람들 사이에서는 널리 퍼져 오늘날까지 전해지고 있다. beefeater의 공식 명칭은 Yeoman Warders of His Majesty's Royal Palace and Fortress the Tower of London국왕 폐하의 왕궁과 런던탑 요새의 Yeoman 호위병인데, 여기서 yeoman은 young man이란 뜻으로, 중간 지위 병졸과 궁내관을 가리켰다.

31 July · PETRICHOR
비가 내릴 때 나는 냄새

여름에 뜨겁고 마른 땅에 비가 내리면 나는 냄새가 있는데, 금방 사라져버려 말로 표현하기가 애매하다. 어떤 사람들은 musky사향 냄새가 나는하다고 표현하고, 어떤 사람들은 primal원시적인하다고 한다. 설명하기가 어렵다고 해도 이 향을 가리키는 단어는 있다. 바로 1960년대에 두 과학자가 만든 petrichor라는 말이다. petrichor는 땅속 유기물의 유성 액체 혼합물에서 나오는 냄새를 가리키는 용어다. 이 냄새의 핵심은 지오스민geosmin, 즉 박테리아가 썩은 유기물로 만드는 분자다. 마른 날씨가 오래 지속되다가 빗방울이 떨어지면 공중에 많은 지오스민이 방출되고, 그 향기가 바람에 실려 사람들에게 비가 곧 온다는 소식을 알린다. '비 냄새가 난다'라는 말은 실제로 과학적 근거가 있다.

이 단어에는 향만큼이나 기분 좋은 어원이 숨어 있다. 접두사 petro는 바위나 돌과 관련 있다는 걸 의미하며, petrified는 비유적으로나 문자 그대로나 돌이 되었다는 뜻이다. petroleum석유은 바위 지대에서 나오는 액체를 말한다. 하지만 무엇보다 놀라운 사실은 petrichor의 뒷부분인데, ichor는 그리스신화에서 신들의 정맥에 흐르는 신비로운 액체를 가리킨다. 그러니까 petrichor는 '돌의 진정한 에센스'로 조향사들이 구현하고 싶어 하는 강력한 향이라 할 수 있다.

August

1	WAPENTAKE	소구역
2	TESTICULATE	팔을 흔들며 헛소리하다
3	READ THE RIOT ACT	강경 진압을 예고하다
4	CHAMPAGNE	샴페인
5	CHIVVY	재촉하다
6	HWYL	열변을 일으키는 감정
7	CONSPUE	침을 뱉다
8	DOLLAR	달러
9	BARNACLE GOOSE	흰뺨기러기
10	THE FULL MONTY	필요한 모든 것
11	@	골뱅이표
12	STITCH UP	사기치다
13	KIOSK	키오스크
14	THE DOG'S BOLLOCKS	탁월한 것
15	BANG-A-BONK	강둑에 앉아 멍하니 바라보다
16	CORRIE-FISTED	왼손잡이
17	RHOTACISM	어설픈 r 발음
18	KAMIKAZE	가미카제
19	ROGITATE	똑같은 질문을 반복하다
20	HALCYON	평온한
21	OXFORD COMMA	옥스퍼드 콤마
22	DOG DAYS	덥고 긴 여름날
23	MEANDER	구불구불하게 뻗다
24	WAYZGOOSE	인쇄공들의 여름 파티
25	SWEET FA	전혀 아닌
26	TELEGRAPH	전보
27	FREE	자유
28	TOSSPOT	멍청한 인간
29	COOL	멋진
30	SARDONIC	냉소적인
31	ZWODDER	인사불성

WAPENTAKE
소구역

8월의 첫날은 요크셔의 날로, 1975년 요크셔 라이딩 클럽에서 처음 기념하기 시작했다. 지난날 요크셔는 동쪽, 서쪽, 북쪽 세 개의 '라이딩'과 에인스티 오브 요크Ainsty of York로 나뉘었다. 요크셔가 영국의 다른 지역에 비해 컸기 때문이다. riding은 이 지역에 남은 바이킹의 유산으로, 3분의 1을 뜻하는 고대 스칸디나비아어 þriðjungr에서 온 단어다. 이 말이 고대영어에서 trithing이 되었다가 영어 사용자들에게 더 익숙한 riding으로 변한 것이다. 라이딩은 1974년에 철폐되었고 독립적 지위를 가지고 있던 요크는 '노스 요크셔'라는 이름으로 통합되었다.

또 다른 지역명인 shire는 앵글로색슨 영어에서 특정한 의미가 있다. 이는 작은 구역들(100가구로 이루어져 hundred 또는 wapentake라 불렸다)로 이루어진 행정구역을 가리켰는데, 각 소구의 이름 중에는 사람들이 많이 모이는 장소나 나무, 언덕 같은 자연물에서 따온 것도 있었다. wapentake은 무기를 드는 일을 뜻하는 고대 스칸디나비아어 vápnatak에서 왔다. 바이킹은 회의를 할 때 칼, 창, 도끼를 휘둘러 의사를 표시하고, 떠날 때는 그 무기들로 재무장했다. 고대영어에서 wapentake은 shire의 하위 단위로 쓰였으며 요크셔, 더비셔, 노팅엄셔, 링컨셔, 노샘프턴셔, 레스터셔에서 기록되었다. 모두 덴마크인의 후손이 많이 사는 지역이다.

TESTICULATE
팔을 흔들며 헛소리하다

1865년 8월 2일, 동화 작가 루이스 캐럴은 일기에 이렇게 썼다. "드디어 『이상한 나라의 앨리스』 재쇄를 찍기로 했다. 1쇄로 찍은 2000부는 휴지로 팔아야 한다." 캐럴은 이 책이 아주 완벽하기를 바랐고, 일러스트가 미흡하다는 이유로 1쇄본을 거부한 상태였다.

고생 끝에 출간된 이 책은 당대부터 지금까지 모든 세대의 어린이들에게 뜨거운 사랑을 받았다. 평소 말장난을 좋아하던 캐럴의 창의적이면서도 어린이다운 언어가 탁월한 힘을 발휘한 것이다. 오늘날 새로운 단어는 기존의 단어들을 합하는 방식으로 많이 만들어지는데, 캐럴은 이를 portmanteau라 불렀다. 이 단어는 양쪽으로 펼쳐졌다 하나로 접혔다 하는 옛 여행 가방을 가리키기에 단어 합성 방식을 잘 나타낸다.

캐럴은 portmanteau의 마술사였다. 실제로 그가 만든 단어들은 지금까지도 쓰이고 있으며, 과거에 조금 남아 있던 인위적인 느낌은 모두 사라졌다. 예를 들어 chortle은 chuckle킥킥 웃다과 snort방귀 뀌다를, mimsy는 miserable비참한과 flimsy얄팍한를, galumph은 gallop질주과 triumph승리를 합친 것이다.

최근에 만들어진 portmanteau는 포착하기 어려운 감정들 때문에 생기는 언어의 틈새를 메워준다. probsolutely는 아마도 확실하다는 뜻이고, textpectation은 기다리는 메시지가 있어서 핸드폰을 계속 들여다보는 일이다. 가장 최근에 등장한 testiculating이라는 말은 팔을 흔들면서 헛소리하는 걸 가리킨다. 이런 말들은 현실에서 사용되지만 아직 사전에 등재되지는 않았다. 하지만 먹을 게 없어서 짜증 날 때 쓰는 표현 hangry는 이제 사전에서 찾아볼 수 있는 단어가 되었다.

《워싱턴 포스트》에서 주최하는 유명한 경연 중에 기존 단어의 한 글자만 바꿔서 새로운 단어를 만드는 프로그램이 있는데, 거기서 멋진 합성어가 여럿 나왔다. **skilljoy**(s+killjoy)모든 방면에서 나보다 뛰어난 친구, **glibido**(glib+libido)말만 하고 행동은 안 하는 것, **sarchasm**(sarcasm+chasm)비아냥거렸지만 상대는 알아듣지 못하는 상황 등이 대표적이다. 미래 사전에는 이런 놀라운 단어들이 당연하게 등재될지도 모를 일이다.

(3 August) **READ THE RIOT ACT**
강경 진압을 예고하다

19세기 초 이후 read the riot act직역하면 '폭동법을 읽다'라는 뜻라는 표현은 사람들을 진정시키는 일을 뜻해왔지만, 1715년에는 다툼을 멈춘다기보다 의회의 뜻에 따라 진압하겠다는 의미로 사용되었다. 실제로 당시에는 폭동법이 있었고, 그 내용을 사람들 앞에서 읽어야 했다.

18세기 초 잉글랜드 정부는 폐위된 스튜어트 가문 제임스 2세의 지지자들이 하노버 가문의 조지 1세를 몰아내기 위해 결집하고 있다는 정보를 입수하고, 1715년 8월 초에 폭동법을 발효했다. 이 법의 공식 이름은 '혼란과 폭력 집회를 금지하며, 폭도를 빠르고 효과적으로 진압하기 위한 법'이었다. 폭동법에는 모든 군중이 해산 후 귀가해야 한다는 명령이 담겨 있었고, 법문은 "신이여, 국왕을 지켜주소서"로 끝났다. 이 법을 읽게 되면 그때부터 시위대에게 1시간의 유예가 주어지며 이후에도 해산하지 않으면 처벌되었다. 이것도 비폭력 집회의 경우고, 만약 폭력이 동반된 집회라면 법률 집행자가 구경꾼들의 도움을 받아 폭도들을 진압하고 체포할 수 있었다. 폭동법을 어긴 자들에게는 강제 노동 징역형 같은 가혹한 벌이 떨어졌다.

이 법이 악명을 얻기 시작한 건 1819년 맨체스터의 인구 절반이 세인트피터 광장에 모여 의회 개혁을 요구했을 때였다. 우호적이고 평화로운 분위기였음에도 이들을 해산시키려고 군대가 출동했고, 가혹한 진압 때문에 18명이 죽고 수백 명이 다쳤다. 피털루 학살이라 이름 붙은 이 사건에 대해 강력한 비난이 일자, 정부는 진입 개시 전에 폭동법을 읽었다고 주장했다. 하지만 설령 법령을 읽었다 한들 그 상황에서 들을 수 있는 사람은 아무도 없었을 것이다.

하노버 가문이 권력을 잡은 뒤로는 폭동법이 필요 없어졌지만, 그래도 사문화되어 150년 넘게 남아 있다가 1973년에야 완전하게 폐지되었다. 하지만 폭동법이 사라진 지금도 read the riot act는 시위를 포함해 여러 격렬한 상황에 비유적인 표현으로 쓰이고 있다.

(4 August) **CHAMPAGNE**
샴페인

돔 페리뇽은 19세에 프랑스 에페르네 근처에 있는 오빌레의 베네딕토 수도회에 들어갔다. 그는 역사적인 샹파뉴Champagne 지방에서 방대한 와인 저장고를 관리하며 검은 포도로 화이트 와인을 만드는 법, 당 함량을 높여 와인에 거품을 넣는 법 등 여러 가지 와인 기술을 개발했다. 또 와인을 신선하게 보관하기 위해 처음으로 나무 대신 코르크 마개를 사용했으며 코르크는 대마 끈으로 고정해 폭발하지 않도록 했다. 당시는 스파클링 와인이 흔하게 폭발하곤 했기 때문이다.

속설에 의하면 돔 페리뇽이 샴페인을 발명했다고 하지만, 이는 사실이 아니다. 정확히 말하자면 샴페인은 한 사람의 번득이는 재주가 아니라 오랜 진화 과정을 통해 자연스럽게 완성된 것이다. 사실이

어떻든 간에 전설을 따르자면, 1693년 8월 4일 돔 페리뇽은 자신이 직접 만든 와인을 맛보고 동료 수도사들에게 이렇게 소리쳤다고 한다. "어서 와봐요! 별을 마시는 것 같아요!" 이후로 별을 마신다는 말은 샴페인의 기쁨을 표현하는 말이 되었다.

샹파뉴라는 지명은 넓은 들판이라는 의미에서 지어진 이름으로, 평평한 땅을 뜻하는 라틴어 campus에서 왔다. 샹파뉴의 들판에는 campus와 단어 생김새가 비슷한 champignon버섯이 자생한다. 또 champignon과 단어가 비슷하게 생긴 고대 로마의 champion들은 Campus Martius마르스 들판 같은 넓은 공간에서 군사 훈련을 받았다. 의외의 사실은 샴페인이 고대의 scamp악한, 깡패와도 연결되어 있다는 것이다. scamp는 decamp캠프를 떠나다하고 전장에서 도망친 군인을 가리켰다.

5 August **CHIVVY**
재촉하다

우리가 아이들을, 팀을, 스스로를 chivvy재촉하다하는 경향이 있건 없건, 영국인이라면 한 번쯤은 이 이상하게 생긴 단어의 기원을 스쳐 지나간 적이 있을 것이다. 일단 모든 들볶음이 끝나고 나면 그 이야기를 들어볼 만하다.

이야기는 1380년대 노섬벌랜드의 퍼시가와 스코틀랜드의 더글러스가 사이의 오랜 영토 분쟁으로 시작한다. 두 가문 사이의 갈등은 수많은 범죄와 분란을 일으켰고, 체비엇Cheviot 언덕(주민들은 체비Chevy라 불렀다)을 넘어가는 습격도 있었다. 그중에서도 특히 희생이 컸던 한 분쟁은 1388년 8월 5일에 벌어졌다. 2대 더글러스 백작 제임스가 더

럼과 뉴캐슬 주변을 약탈하자, 1대 노섬벌랜드 백작 헨리 퍼시가 두 아들 헨리(흔히 해리 홋스퍼라고 알려진)와 랠프를 보내 맞서게 했다. 오터번 전투로 알려진 이 전투는 2000명에 가까운 사망자를 기록하며 스코틀랜드의 대승으로 막을 내렸다.

　　오터번 전투는 중세 스코틀랜드와 잉글랜드 역사의 이정표가 되었고, 당시 이를 기리는 노래들도 인기를 끌었다. 〈체비 체이스의 노래The Ballad of Chevy Chase(chase는 사냥터라는 뜻)〉는 헨리 퍼시가 대규모 사냥꾼을 이끌고 체비엇 언덕을 넘어가 오터번 전투와 비슷한 전쟁을 일으키는 내용이다. 이 노래는 엄청난 히트를 쳤다. 엘리자베스 1세 시대의 시인이자 궁정 대신이었던 필립 시드니 경은 다음과 같이 썼다. "퍼시와 더글러스에 관한 오래된 노래는 들을 때마다 나팔 소리보다 더 큰 감동을 준다." 이 인기로 인해 chevy는 괴롭히고 공격하고 들볶는다는 뜻이 되어 퍼졌다.

　　그러나 우리가 아는 이상한 형태의 단어에 이르기 위해서는 또 한 가지의 사연을 통과해야 한다. 이 역시 유혈이 낭자한 이야기다. chevy가 chivvy가 된 데는 17세기 범죄 은어가 영향을 미친 것으로 보인다. 범죄의 세계에서 chiv는 칼이었고, chivvy는 chiv의 동사형으로, 칼이나 면도칼로 사람을 긋는다는 뜻이었다.

 HWYL
열변을 일으키는 감정

　　해마다 8월 첫 주에는 웨일스 공동체가 그들의 문화와 언어를 축하하는 아이스테드바드 축제가 열린다. 이 축제는 1861년부터 매년 개최되었고 예외는 1914년과 2020년뿐이었다. 1914년은 제1차 세계

대전 때문에, 2020년은 코로나 바이러스 때문에 축제를 열 수 없었다. 아이스테드바드 축제에서는 웨일스 음악, 춤, 공연, 노래, 시각 등 예술의 향연이 펼쳐지며, 이 광경을 보면 웨일스어의 독특한 단어 hwyl 이 떠오른다.

사전은 hwyl을 "열변을 일으키는 감정", "웨일스 모임의 특징인 열렬한 감정"이라고 정의한다. 단어의 뜻만큼이나 기원도 시적이다. 예전에는 배의 돛을 가리키는 단어였는데, 거기서 각자가 선택한 인생의 항로라는 비유적 의미로 옮겨갔다. 영어에서는 이 단어를 다른 식으로는 불가능했을 열변을 가능하게 해주는 힘이라는 뜻으로 사용한다. 하지만 본토인 웨일스에서는 좀 더 복잡하고 미묘한 의미여서 소속감과 고향에 대한 느낌, 기분과 열정을 섬세하게 전달한다. 그런 면에서 hwyl은 번역이 거의 불가능한 또 다른 웨일스 단어 hiraeth고향과 그곳의 모든 것에 대한 그리움와 비슷한 데가 있다고 할 수 있다.

 7 August

CONSPUE
침을 뱉다

1956년 8월 7일, 보스턴 레드삭스의 강타자 테드 윌리엄스는 머리 끝까지 화가 났다. 양키스와의 경기 2회 2아웃에서 상대의 플라이 볼을 잘못 판단하는 바람에 공을 놓친 것이다. 열렬한 애정을 갖고 지켜보던 3만 5000명의 관중은 야유를 퍼부었다. 윌리엄스는 곧바로 멋진 수비를 선보였지만 야유는 진정되지 않았다. 그러자 윌리엄스는 선수 대기석으로 돌아가는 도중 팬들에게 침을 뱉었고, 이 일로 5000달러의 벌금을 냈다.

잘 쓰이는 말은 아니지만 윌리엄스나 그를 고소한 사람들이 알았다면 좋았을 단어가 하나 있다. 누군가에게 경멸을 표현하려고 침을 뱉는다는 뜻의 동사 conspue로, 1890년 『옥스퍼드 영어 사전』에 딱 한 번 실린 단어다.

DOLLAR
달러

1792년 8월 8일 미국 하원은 만장일치로 달러를 미국의 공식 화폐로 결정했다. 지금까지도 널리 쓰이는 달러라는 명칭은 사실 미국과 아무 상관없는 지역에서 유래했다. 보헤미아 북서부의 작은 산악 도시 야히모프는 당시 독일 이름인 Sankt Joachimsthal요아힘의 계곡로 더 잘 알려져 있었다.

보헤미아의 갑부 귀족이었던 슐리크 백작은 16세기 초 야히모프에서 광산업을 시작했다. 이곳에서 채굴한 은으로 만든 은화는 슐리켄탈러나 요아힘탈러라는 이름으로 유통되었다. 여기서 탈러thaler는 계곡에서 왔다는 뜻이다. 이후 thaler가 daler로 변해(실제로 독일어 thal 의 어원은 영어의 dale계곡과 연결되어 있다) 16세기 중반부터 다양한 동전을 가리키는 말로 사용되었다. 이 daler가 영어에 정착하며 우리가 아는 dollar로 변하게 되었고 이후에도 관련된 다양한 어휘를 만들어냈다. buck, bone, smackeroo, clam, plunk 모두 달러를 뜻하는 단어다.

BARNACLE GOOSE
흰뺨기러기

1924년 8월 9일, 노르웨이와 덴마크는 그린란드에서 각자의 이익을 보호하는 조약에 서명했다. 지루할 만큼 오랜 기간 이어지던 접근권 논쟁은 2009년에 그린란드가 투표로 자치를 결정하면서 완전히 끝나게 되었다. 그린란드라는 이름은 살인을 저질러 아이슬란드에서 추방된 에리크 소르발손(붉은 에릭이라고도 불린다)이 지은 것이다. 소르발손은 북서쪽으로 항해한 끝에 눈부시게 하얀 땅을 발견하고 그곳에 정착해 푸른 땅을 뜻하는 Grfnland라는 이름을 붙였다. 어떤 이들은 얼음 없는 땅은 극히 일부인데도 굳이 그린란드라는 이름을 지은 건 이 사실을 감추고 사람들을 유인하기 위해서라고 했다.

하지만 소르발손은 굳이 이름으로 사람들을 속일 필요가 없었다. 태양 아래 빛나는 그린란드는 무척 아름다운 곳이기 때문이다. 동물 생태계는 그린란드가 지닌 매력 중 하나로, 그곳에 가면 북극여우, 북극곰, 독수리, 레밍, 멸종 위기종인 북극늑대도 볼 수 있다. 또 barnacle goose흰뺨기러기라는 신기한 이름직역하면 따개비기러기라는 뜻이다의 새도 만날 수 있다. 이 야생 조류는 북극 툰드라지대에서 눈에 잘 띄는 하얀 얼굴과 검은 목뿐 아니라 수수께끼 같은 번식 습성으로도 유명하다. barnacle goose들은 가파르고 좁은 바위, 심지어 위험한 절벽 가장자리같이 쉽게 접근할 수 없는 외딴 장소를 번식지로 선택한다. 사람들 눈에 잘 띄지 않는 장소라 중세에는 이들의 둥지를 보기 어려웠고, 사람들은 barnacle goose의 번식 방법을 두고 여러 가지 환상적인 이야기를 만들어냈다.

셰익스피어 시대를 포함한 수백 년 동안 사람들은 barnacle goose가 나무 열매에서 태어난다고 생각했다. 열매가 바위에 떨어지

266

면 작은 조개가 되고, 이 조개가 물에 떠다니는 통나무 같은 것에 붙으면 하늘하늘한 실 같은 게 나와 거기서 새가 태어난다고 여겼다. 원래 barnacle이라는 말은 이 기러기를 가리키다가 나중에는 기러기가 태어난 조개, 따개비라는 뜻으로 바뀌었다.

 THE FULL MONTY
필요한 모든 것

버나드 몽고메리Bernard Montgomery 장군은 1943년 8월 제2차 세계대전에서 북아프리카와 이탈리아 전선으로 파견될 영국 제8군의 사령군으로 임명되었다. 몽고메리 장군은 제2차 세계대전의 영웅으로, 땅에 떨어진 군의 사기를 끌어올리고 전투 장비를 제대로 보급했다는 평가를 받는다. 떠들썩한 성격이었던 그는 군에서 몬티Monty라는 별명으로 통했는데, 키우는 개 두 마리 이름을 로멜과 히틀러라고 지은 것으로도 유명했다. 미국의 드와이트 아이젠하워 장군은 몽고메리 장군의 쇼맨십에 대해 이렇게 말했다. "몽고메리 장군이 주목받기를 좋아하지만, 그게 병사들에게 미치는 효과 때문에 그러는 걸 수도 있다. 그의 병사들은 확실히 그에게 충성한다."

이 강렬한 인물은 역사뿐 아니라 언어에도 흔적을 남겼다. 몽고메리 장군은 '완벽한 영국식 아침 식사'를 고집했는데, 여기서 필요한 모든 것이라는 뜻의 full monty라는 표현이 나왔다고 한다. 기록을 보면(영어 속어에는 1980년대에야 나타났다) 이 설은 별로 신빙성이 없어 보이지만 가장 널리 퍼져 있는 설이다. 그래도 최근 연구에 따르면 이 설은 full monty의 다른 기원설들과도 비슷한 점이 있다. 그중 하나는 도박 용어 monte와 관련된 것이다. monte는 사람들이 자기 몫을 모두 가져간 뒤 남은 카드 더미를 가리킨다. 오스트레일리아에서 monty는 승리가 확실시되는 경주마를, for a monty는 확실함을 뜻한다.

몬터규 버턴과 관련이 있다는 설도 있다. 재단사로 크게 성공한 버턴은 자기 이름을 딴 의류 기업 Burton Menswear를 창업했다(이 회사는 아직도 운영 중이다). 버턴은 영국 군복의 4분의 1 정도를 생산해 양차 세계대전에 큰 기여를 했다. 전쟁 기간이 아닐 때는 맞춤 양복으로 유명했다. 더비셔 체스터필드 지점은 투피스 정장이 표준이었고, 조끼와 여분의 바지가 필요한 경우는 추가 비용을 받았다고 한다. 그래서 전해지는 이야기에 따르면 the full Montague Burton이 the full Monty로 줄어, 어떤 것의 총합이나 전체를 가리키는 풀 세트라는 말이 되었다고 한다. 피터 카타네오 감독의 영화 〈풀 몬티〉는 셰필드 철강 공장에서 해고된 노동자들이 스트리퍼가 된다는 내용으로 이 영화의 full Monty는 알몸을 가리킨다. 쇼맨 기질이 다분했던 몽고메리 장군이 이 영화를 봤다면 아마 무척 즐거워했을 것이다.

뉴욕현대미술관은 2010년 온라인 컬렉션에 '@'을 넣었다. 미술관은 이 기호가 큐레이터들이 세상을 추적할 수 있도록, 그전까지 인식할 수 없던 것들을 인식하도록 돕는다고 말했다. '@'의 기원은 명확하게 알기가 어렵다. 영어로 at이라 부르며 소셜 미디어와 이메일에 필수적인 이 기호는 어디서 어떻게 시작된 걸까?

중세 수도사들은 무엇인가를 향한다는 뜻의 라틴어 ad의 줄임말로 '@'을 썼는데, 그때는 a에 ∂(d의 옛날 형태)를 결합한 것이었다. 오늘날 쓰이는 형태는 그로부터 한 세기가량 뒤에 나타났다. 피렌체 상인들이 이것을 amphora(와인 같은 액체를 측정하는 단위가 된 테라코타 그릇)를 가리키는 의미로 쓴 것이다. 스페인에서 '@'을 부르는 명칭 arroba 역시 수백 년 동안 액체 단위를 가리킨 말이다. 이 기호는 회계 분야에서는 '~의 가격에'라는 아주 특정한 의미로 쓰이게 되었다. 그러다 1885년 미국의 언더우드 타자기에 등장하자 '상업의 a'라 불리며 주로 회계와 기업 운송에 쓰이기 시작했다.

이렇게 크게 주목받지 못하던 '@'은 프로그래머들끼리 연결될 수 있는 방법을 고민하던 한 컴퓨터 과학자에게 발탁되어 현대어로 도약했다. 자신이 가진 모델 33 텔레타이프 키보드에서 사용할, 다른 것과 헷갈리지 않을 만한 문자를 찾던 레이 톰린슨의 눈에 '@'가 들어온 것이다. 톰린슨이 '@'를 활용한 시스템을 실험해보기 위해 자신에게 이메일을 보내자 보이지 않는 메일이 방 안의 텔레타이프들 사이를 이동해 전달되었다. 한정된 영역에 갇혀 있던 기호가 연결과 통신의 중심이 되는 순간이었다.

⟨12 August⟩ **STITCH UP**
사기치다

1851년 8월 12일은 아이작 싱어가 최초의 재봉틀 특허를 내서 의류 생산에 혁명을 일으킨 날이다. 16세기에 동사 stitch up은 서툴게 바느질을 한다는 의미로 쓰이는 말이었다. 그런데 3세기가 지나자 범죄 세계에 틈입해 누군가를 조종하고 돈을 갈취한다는 뜻으로 변해 사용되었다. stitch up like a kipper는 거기에 강조의 의미를 더했을 뿐이다.

한 설에 따르면 kipper라는 표현은 20세기 중후반의 패션 디자이너 마이클 피시가 만든 kipper tie를 의미한다(kipper는 말린 연어나 청어라는 뜻으로, 그의 성 Fish에서 나온 말장난인 동시에 넥타이의 모양을 가리켰다). 아마 넥타이처럼 매달려 있다는 뜻이 아닐까 싶다. 옛날 범죄 용어로 stitch-up은 누군가를 당국에 grass밀고한다는 뜻이었다. 전혀 다르게 생긴 이 두 단어는 코크니 압운 속어에서 만났다. 17세기 은어로 shop은 감옥을 가리켰기에 grasshopper=shopper가 된 것이다.

(13 August)

KIOSK
키오스크

윌리엄 그레이가 1889년에 만든 전화기는 20세기 영국을 상징하는 이미지 중 하나가 되었다. 공중전화를 만들자는 생각은 아내가 병에 걸려 아픈데도 의사에게 전화를 할 수 없었던 상황에서 비롯되었다고 한다. 첫 번째 모델은 서던뉴잉글랜드 전화 회사가 미국 하트퍼드의 메인 스트리트와 센트럴로 교차점에 있는 은행 건물 1층에 설치한 것이었다.

영국 우체국이 도입한 최초의 표준 공중전화 kiosk는 1921년에 만들어져서 K1(Kiosk 1번)이라 불렸다. 한때 많은 사랑을 받았지만 이제는 사라져가는 오늘날의 공중전화는 K6로, 조지 5세의 즉위 25주년을 기념해 만들어진 디자인이다.

지금의 전화박스도 멋있지만 지난날 kiosk는 훨씬 더 웅장했다. 원래 kiosk는 기둥을 세우고 난간을 두른 개방형 정자나 여름 별장을 가리켰다. 터키와 이란에서 흔히 볼 수 있는 건축물이었고, 서유럽 곳곳의 정원과 공원에도 도입되었다. 19세기에 kiosk는 신문 등을 파는 가벼운 구조물을 가리키다가 1920년대에 들어 공중전화를 가리키는 말로도 사용되었다. kiosk는 프랑스어 kiosque를 거쳐 영어에 들어왔지만 원래 뿌리는 터키어의 köşk정자와 페르시아어의 kuš북이다.

THE DOG'S BOLLOCKS
탁월한 것

이맘때는 하고 있던 모든 업무에 bollocks라고 선언한 뒤 날씨 좋고 즐거운 곳으로 떠날 때다. bollocks는 기나긴 역사가 담긴 단어로, 고환을 일컫는 통속적인 명사로 시작해 오늘날에는 헛소리를 비난하거나 각종 답답함, 후회, 짜증을 표현하는 감탄사로 사용된다. bollocks가 처음 쓰이기 시작한 건 1300년대였는데, 이때는 주로 ballocks라고 쓰였다. ballocks는 앵글로색슨어 beallucas에서 비롯된 말로, 고환을 뜻하는 일상어였다. 1541년에 쓰인 한 외과 의사의 지침서에는 "ballocks의 살은 불결하며 안은 단단하다"고 적혀 있으며 성경의 한 초기 번역본에도 이 단어가 등장한다.

당시 ballocks는 부적절한 단어가 아니었다. 1700년대 말에도 한 장군이 kiss my arse는 저속하지만 kiss my ballocks는 훨씬 무난하다고 말했다. 같은 시기에 쓰인 시에도 the charms of the ballocks라는 표현이 나오고, 원예에서는 난초orchid(이 또한 고환을 뜻하는 그리스어 orchis에서 온 말이다) 품종으로 ballockgrass, fool's ballocks, sweet ballocks 같은 것들이 생겨났다. 심지어 애정을 담아 친구를 부를 때 bollock stones라 하기도 했다.

shit과 마찬가지로 bollocks도 세월이 지나면서 나쁜 뜻에서 좋은 뜻으로 바뀌어갔다. top bollocks라고 하면 top drawer, top trumps,

271

top banana처럼 최고라는 의미다. 이런 칭송 중에서도 최고의 칭찬은 the dog's bollocks다. 이 신기한 표현은 콜론과 대시:—가 개의 고환과 비슷하게 생겼다는 이유로 인쇄업자들이 하던 농담이다. 이후 dog's bollocks는 bee's knees, cat's whiskers, kipper's knickers과 마찬가지로 탁월함을 뜻하게 되었다. 하지만 최근 BBC는 bollocks가 prick음경과 arsehole항문의 중간에 있다는 해부학적 특징을 반영해서 비속어 목록의 여덟 번째 자리에 넣기로 결정했다.

 BANG-A-BONK

강둑에 앉아 멍하니 바라보다

무더운 여름날을 보내는 데 bang-a-bonk하는 것보다 좋은 방법이 있을까? 아무 생각 없이 강둑에 앉아 지나가는 것을 본다는 뜻의 이 단어는 글로스터셔 방언사전에 올라가 있었지만 아쉽게도 시간이 지나며 사라지게 되었다.

물가에 앉아 물을 내다본다는 의미의 단어라면 영어에는 이미 선배가 있다. 운하 변에 앉아 지나가는 보트와 거기 탄 이들을 한가롭게 관찰하는 사람이라는 뜻의 gongoozler다. 이 단어는 뭔가 특이한 것을 오래 바라본다는 19세기 레이크 디스트릭트 방언의 동사 gongoozle에서 왔다. gongoozle은 컴브리아 방언 중 바라본다는 뜻의 gawn과 멍하니 바라본다는 뜻의 goozen이 합쳐진 말이다.

1931년 여름《노팅엄 이브닝》신문은 barge people과 그들의 은어가 사라져간다는 기사를 싣고, 그 예로 chalico바지선 목재에 바르는 타르와 말똥의 혼합물, jambling pole몇몇 바지선 뱃머리에 튀어나온 장대, loodel방향 조정에 쓰는 막대기, 그리고 gongoozler를 언급했다. 오늘날 gongoozle은 멍하니 바라보는 모든 일에 쓸 수 있다.

CORRIE-FISTED
왼손잡이

매년 8월 중순이면 왼손잡이의 날이 돌아온다. 오래전부터 많은 곳에서 불운하다고, 심지어는 불길하다고 여겨온 특징을 축하하는 드문 기회다. 라틴어로 왼쪽을 뜻하는 sinister은 영어에 들어와 불길하다는 의미가 되었고, 반대로 오른쪽을 뜻하는 dexter는 dextrous솜씨 좋은의 뿌리가 되었다. 왼손잡이는 동서고금을 막론하고 많은 차별을 받았다. awkward어색한(스칸디나비아어로 잘못된 방향이라는 뜻의 awk에서 왔다)도 adroit능란한(프랑스어의 côté droit오른쪽에서 왔다)하지 못한 사람을 비난하는 말이었다고 한다.

왼손잡이를 가리키는 많은 단어는 지역적 특색이 있다. 영국에서는 kay-pawed, cack-handed, caggy-handed처럼 지역마다 다르게 부른다. 그 외에 cuddy-wifter, pally-duker 같은 표현도 있고, 야구에서 나온 southpaw라는 말도 있다(다이아몬드 방향 때문에 투수는 왼손이 몸의 남쪽에 오게 되므로). 스코틀랜드의 한 지방은 약 20킬로미터 반경 내에 왼손잡이에 대한 표현이 14가지나 되는데, 대부분이 잉글랜드와 스코틀랜드 경계 지방의 퍼니허스트 성에 살던 커Kerr 가문과 관련된 것이다. 10개가 넘는 표현 중에는 corrie-fisted도 있다.

전설에 따르면 성의 영주 앤드루 커는 자신이 왼손잡이라는 사실을 유용하게 이용했다고 한다. 전투 중에 예기치 못한 방향으로 칼을 휘둘러 적을 제압할 수 있었기 때문이다. 커는 왼손잡이 군인들을 고용했고 성 자체도 왼손잡이를 기준으로 설계되었다. 보통은 계단이

273

시계 방향으로 돌아 올라가지만 퍼니허스트 성은 시계 반대 방향으로 만들어져 방어자가 왼손으로 공격하기에 유리했다.

 RHOTACISM

어설픈 r 발음

1979년 8월 17일은 죽은 앵무새, 스페인 종교재판, 엘더베리, 세계 최고로 웃긴 농담의 팬들에게 중요한 날이다. 테리 존스가 연출한 영화 〈라이프 오브 브라이언Monty Python's Life of Brian〉이 처음으로 상연된 날이기 때문이다. 이 작품은 영국 영화사 EMI의 의장이 대본을 마음에 들어 하지 않아서 재정 조달 위기에 빠졌다가 조지 해리슨 덕분에 살아났다. 그는 자기 집을 다시 저당 잡히면서 '역사상 가장 비싼 영화 티켓'을 샀다고 말했다. 그러지 않고는 이 영화를 볼 수가 없었기 때문이다.

영화의 수난은 여기서 끝이 아니었다. 작품은 신성모독을 범했다는 이유로 영국의 39개 공공기관과 아일랜드를 비롯한 여러 나라에서 상영이 금지되었다. 결국 제작사는 "너무 재미있는 바람에 노르웨이에서도 금지당했다"는 광고 문구를 내걸었다. 오늘날 이 영화는 최고의 코미디를 뽑는 여론 조사에서 항상 높은 순위를 차지한다.

영화의 주인공 브라이언은 예수가 태어난 마구간의 바로 옆에서 태어난다. 시간이 한참 흘러 브라이언이 예수의 가르침을 흉내 내자 그가 기적을 행할 수 있다고 믿고 따르는 사람들이 생겨나지만, 결국 그는 체포되고 사형을 선고받는다. 유대인들의 폭동이 두려워진 총독 빌라도는 군중에게 여기 이 사형수들 중 누구를 풀어주는 게 좋겠냐고 묻는다. 그런데 빌라도는 r 발음을 제대로 못하는 사람이라, 군중은 그를 놀리려고 일부러 Roger, Roderick처럼 r이 들어간 이름들을 외친다. 빌라도는 사람들이 자기를 놀리는 건지 묻는다. 그러다 마침내 Brian이 나오자 빌라도는 "브와이언을 푸워줘와"라고 말한다.

r 발음을 잘 못하는 걸 rhotacism이라 한다. 아이들은 r 발음, 즉 rhotic sound를 가장 늦게 익힌다. 어른이 돼도 이 발음을 익히지 못한 사람들은 '워'와 비슷한 소리를 내게 된다.

(18 August) ## KAMIKAZE
가미카제

kamikaze라는 말은 제2차 세계대전 종반부에 일본 공군 특공대를 통해 영어에 들어왔다. 일본군이 두려움 없이(선택의 여지가 없거나 연료가 없었다고도 한다) 폭탄이 장착된 비행기를 몰고 자살 공격을 한 이후 kamikaze는 대의에 대한 무모한 맹신으로 개인을 희생하는 일을 의미하게 되었다.

하지만 이 단어가 시작된 건 하늘이 아닌 바다에서였다. 쿠빌라이 칸은 1274년 일본 원정을 시도했다가 실패하자 7년 후 역사상 최대 규모의 해군을 꾸렸다. 이후로도 그 규모를 능가한 건 20세기의 노르망디 상륙작전뿐이다. 하지만 1281년 8월 중반에 태풍을 만나면서 몽골 해군 7만 명이 사망하며 일본 침략은 포기할 수밖에 없었다. 일본어로 신의 바람을 뜻하는 kamikaze의 어원은 여기서 탄생한 것이다. 신의 도움으로 바다에서 적을 몰아냈다는 이 이야기는 700년에 가까운 세월이 흘러 또 다른 전쟁에서 되살아나 kamikaze 파일럿을 독려하고 국민의 지지를 얻는 역할로 활용되었다.

ROGITATE
똑같은 질문을 반복하다

여름방학 시즌이 되면 아이들과 하루 종일 함께 있는 부모들은 끝없는 질문에 시달리기 마련이다. 이런 상황에는 rogitate라는 단어가 떠오른다. 묻는다는 뜻의 라틴어 rogare에서 온 rogitate는 질문과 부탁을 자주 한다는 뜻이다. "아직 멀었어요?" "이게 뭐예요?"처럼 반복되는 질문에 시달릴 때 유용한 단어다.

 HALCYON
평온한

halcyon은 영어에서 가장 아름다운 단어 중 하나로, halcyon days는 고요하고 행복한 날들을 의미한다. 이 말은 그리스신화에서 왔다. alkuon은 전설 속의 물총새로, 그리스어로 바다에서 태어난다는 뜻이다. 고대에는 물총새가 바다 위의 둥지에서 번식한다는 믿음이 있었기 때문에 붙은 이름이다.

여신 알키오네Alcyone는 남편이 바다에 빠져 죽자 고통을 이기지 못하고 바다에 몸을 던진다. 이 모습을 본 신들은 알키오네의 슬픔과 고통에 마음이 움직여 남편을 다시 살려준 뒤 두 사람을 물총새로 만들었다. 이후로 물총새가 해마다 바다에 둥지를 지을 때면 알키오네의 아버지이자 바람의 신인 아이올로스가 고요한 바다를 만들어준다고 한다.

물총새의 번식 기간은 동지 7일 전부터 7일 후까지라 알려져 있다. 이 기간은 halcyon days, 즉 물총새의 날들로 평화롭고 맑다고 한다. 그러다 1500년대 이후로는 halcyon의 의미가 넓어져 조용하고 평화롭고 행복한 시기를 가리키게 되었다.

 ## OXFORD COMMA
옥스퍼드 콤마

영국 총리 보리스 존슨은 2019년 8월 21일 베를린에서 독일 총리 앙겔라 메르켈과 만났다. 브렉시트 논쟁 중에서도 가장 곤란한 이슈로 악명 높은 백스톱2020년 말까지 EU 관세동맹에 잔류하는 일을 논의하기 위해서였다. 그리고 다섯 달 후 영국은 공식적으로 EU를 떠났다. 이 역사적인 결별에 또 한 가지 논란이 따라붙었으니, 바로 브렉시트 기념주화였다.

이 50펜스 동전의 뒷면에는 "Peace, prosperity and friendship with all nations평화, 번영 그리고 만국의 우호"라는 말이 적혀 있다. 여기에 대해 의견을 개진한 많은 사람 중에는 작가 필립 풀먼도 있었다. 그는 소셜 미디어에 "브렉시트 기념 50펜스 주화에 oxford comma가 빠졌으니 글을 아는 사람이라면 모두가 거부해야 마땅하다"는 말을 남겼다. 과연 oxford comma란 무엇일까?

oxford comma라는 구두점은 학자들 사이에서 악명 높은 분리부정사보다 더 많은 논란을 일으켰다. serial comma라고도 불리는 이 부호는 and 앞에 쓰는 쉼표를 가리킨다. "We ate steak, green beans, and sautéed potatoes"라는 문장에서 beans 다음의 쉼표가 oxford comma다. 없어도 의미 전달에 아무 문제가 없기에 이것을 쓰거나 쓰지 않는 건 대체로 취향의 문제다. 하지만 모호한 뉘앙스를 피하기 위해 필요한 경우도 있다. "I'd like to dedicate this book to my parents,

Sarah and God이 책을 내 부모님 세라와 갓에게 바칩니다" 같은 경우가 그러하다. 하지만 and 앞에는 쉼표를 찍지 않는다고 믿어온 사람들의 고집은 완고하다.

이 쉼표는 옥스퍼드대학교 출판부의 교열 스타일이라 이런 이름이 붙었다. 하지만 이 방식은 '꿈꾸는 첨탑들의 도시옥스퍼드의 별명' 밖으로 뻗어나가지 못하는, 자국 땅의 이방인 같은 존재다. 미국과 오스트레일리아에서는 널리 사용되지만 영국에서는 거의 쓰이지 않기 때문이다.

prosperity 다음에 약간의 숨 쉴 틈을 넣는다고 브렉시트 기념주화가 더 멋있어지는 건 아닐 것이다. 하지만 브렉시트 탈퇴라는 영국 역사에 손꼽히는 정치 이슈와 연관되어 있으니 이런 문법 소동이 벌어지는 건 어쩌면 당연해 보이기도 한다.

DOG DAYS
덥고 긴 여름날

8월 말이 다가오면 움직이기도 싫고 숨 쉬는 것만으로도 지치는 날들이 이어진다. 태양이 너무 뜨거운 탓에 바람마저도 없으면 그 무엇도 하기 힘들다. 작가 내털리 배빗의 묘사처럼 "여름의 정점은 대관람차를 탄 채 최고점에 올라가 잠시 멈추기 직전"의 날들이라 할 수 있다. 이런 시기를 dog days라 표현한다. 라틴어 dies caniculares를 직역한 말인데, 무기력에 짓눌리고 나태해지는 시기를 비유적으로 표현한 것이다.

dog days는 더운 날에 개들이 게으르거나 거칠어져서 생긴 말이 아니라, 영어의 많은 표현이 그렇듯 별과 관련되어 있다. 이 표현에 담긴 dog는 큰개자리의 가장 밝은 별 시리우스(천랑성)다. 시리우스는 7월 초부터 8월 말까지 똑같은 시간에 뜨고 진다. 고대인에게 더운 여름은 질병을 비롯한 여러 재난을 불러일으키는 무서운 계절이기도 했다. 실제로 호메로스의 『일리아스』에는 오리온의 개 시리우스가 불쌍한 인간들에게 열병을 가져온다는 내용이 담겨 있다. 하지만 오늘날 열사병은 대개 아무것도 하지 않고 그늘에서 쉬면 저절로 치유된다.

MEANDER
구불구불하게 뻗다

meander(meandreos)는 고대 그리스 미술, 특히 조각과 도예에 사용된 장식적 모티프다. 복잡한 나선이나 그물망 모양이 특징이며 미로 모양도 있다. 끊임없이 얽히고 가지를 뻗어나가는 이 패턴은 신화 속 미노타우로스가 갇혀 살았고, 테세우스가 실을 풀어 탈출한 미로를 떠오르게 한다(clew실꾸리는 clue실마리의 조상이다). 그리스인들은 meander 패턴을 바다, 더 나아가서는 생명 자체의 영원한 흐름으로 보았다. 이 무늬는 오늘날 엠블럼과 로고에도 흔히 사용된다. 베르사체 로고의 메두사를 둘러싼 문양이 대표적인 예다.

meandros는 프리기아 고원지대에서 에게해까지 구불구불 흐르는 마이안드로스강에서 온 말로(오늘날은 뷔유크멘데레스강이라 불린다), 강의 흐름처럼 구불구불하고 여유로운 경로를 말한다. 여름날의 한가로운 산책이나 뱃놀이를 떠오르게 하는 단어다.

<table>
<tr><td>24 August</td></tr>
</table>

WAYZGOOSE
인쇄공들의 여름 파티

8월 말이 되면 드디어 해가 천천히 짧아지기 시작하고, 인쇄업자들은 오후 늦은 작업을 촛불 아래서 마무리하게 되었다. 가을 작업의 시작을 기념하고, 길어지는 어둠에 우울해지지 않도록 인쇄소에서는 성 바르톨로메오 축일을 전후로 견습공들에게 잔치를 베풀었고, 이를 **wayzgoose** 또는 **way-goose**라고 했다. 사전에서 가장 신기하게 생긴 단어 중 하나다.

이 단어의 기원은 명확하게 밝혀진 바가 없다. 그루터기를 뜻하는 **wayz**에서 왔다는 설도 있는데, 추수 후 남은 그루터기를 먹고 살이 찐 거위를 잡아 잔치를 했다는 이유에서다. 하지만 이 시기의 거위는 대부분 여윈 상태였다. 어원학자들은 그 말이 지금은 사라진 옛 농담이거나 "Away goes떠나간다!" 같은 표현이 변한 게 아닐까 추측하고 있다. 기원이 무엇이든 오늘날 **wayzgoose**는 연례 여름 만찬이나 출판사, 신문사 인쇄공들의 야유회를 가리킨다. 이것을 **beanfeast**의 줄임말인 **beano**라고도 하는데, "난폭한 사태로 끝나기 일쑤인 잔치"라는 뜻으로 사전에 등재되어 있다.

<table>
<tr><td>25 August</td></tr>
</table>

SWEET FA
전혀 아닌

sweet FA의 **FA**가 뭘 뜻하는 건지 물어보는 사람은 별로 없다. 하지만 여기에는 생각보다 많은 사연이 깃들어 있다. **FA**는 영국의 기성세대들이 지금까지도 사용하는 **sweet Fanny Adams**라는 말의 새로운 버전으로, 빅토리아 시대의 섬뜩한 살인 사건과 관련되어 있다.

1867년 8월 25일, 햄프셔 올턴에서 변호사 사무실 직원인 스물네 살 프레더릭 베이커가 여덟 살 소녀 패니 애덤스를 잔혹하게 살해한 죄로 체포되었다. 아이를 집 근처에서 납치해 죽인 뒤 수십 토막을 냈다는 혐의였다. 애덤스의 사체 일부는 끝까지 발견되지 못했고, 베이커는 그해 크리스마스 이브에 성난 군중 5000명이 모인 윈체스터 감옥 앞에서 교수형을 당했다.

워낙 충격적인 사건이라 패니 애덤스의 이름은 사람들 머릿속에 몇 년이 지나도록 박혀 있었다. 그런데 영국 해군들이 1869년에 새로 배급된 양고기 통조림에 블랙 유머랍시고 패니 애덤스의 이름을 붙였다. 고기 토막들이 죽은 소녀의 유해 같다는 이유에서였다. 이후 애덤스의 이니셜 **FA**는 Fuck All아무것도 없음이라는 욕설을 에둘러 표현하는 데 사용되었다. 19세기에 벌어진 끔찍한 사건이 아무것도 없다고 욕하는 표현이 된 건 정말 아이러니한 반전이다.

(26 August) **TELEGRAPH**
전보

1858년 8월 26일, 《뉴욕 트리뷴》 오후판에 전보로 전송된 뉴스 속보가 실렸다. "중국과의 중요한 평화 첩보"라는 제목으로, 아편전쟁 중 중국과 프랑스-영국 연합 사이의 외교전에 대한 내용을 담았다. 하지만 막상 기사를 보면 외교와 관련된 내용은 몇 줄뿐이었고 오히려 그 아래에 이 뉴스가 전보로 전송되었다는 메시지가 더 강조되어 있었다. 전보telegraph는 그리스어로 멀리서라는 뜻의 tēle와 쓴다는 뜻의 **graphein**이 합쳐진 단어다.

다음 날《뉴욕 트리뷴》은 사건을 일어나는 즉시 보도하는 게 얼마나 중요한지 강조하는 사설을 실었다. 그 사설에는 쉽게 흥분하는 어떤 사람을 비꼬는 뉘앙스가 담겨 있었다. 비꼼의 당사자는 "해양 전신을 통해 런던에서 직접 오는 뉴스!"라는 제목을 보고 내용을 살펴본 뒤 신문을 던져버린 한 청년이었다. 청년은 "완전 사기야! '런던에서 바로' 온다더니 하루 전 일들이잖아!"라며 불평했다. 편집국장은 "과연 지금보다 더 빨리 할 수 있을까? 30분이라도? 30초라도?"라며 청년의 태도를 냉소했다.

그로부터 150년이 지난 지금, 독자들은 정말 30초 전에 벌어진 일을 실시간으로 볼 수 있게 되었다. 하지만 당시에도 모든 사람이 전보 속보를 반긴 것은 아니었다.《뉴욕 타임스》사설은 오히려 이런 전달 방식이 사람들에게 공포를 불어넣을 거라고 했다.

> 전보가 큰 문제를 일으켰다는 데에는 의문의 여지가 없다. 피상적이고, 돌연하고, 정제되지 않고, 너무 빨라 숙고할 수 없는 게 전신 정보의 특징이다. … 10분 만에 도착하는 조각 뉴스들이 무슨 소용이며 전보 칼럼은 얼마나 시시한가? 죄다 어디는 눈이, 어디는 비가 왔고, 누가 피살되었고, 누구는 교수형 당했다 같은 내용뿐이다.

가만 보니 오늘날에는 소셜 미디어와 가짜 뉴스에 대해서도 똑같이 말할 수 있을 것 같다.

FREE
자유

1963년 8월 27일은 민권 운동의 정점을 이루는 사건이 일어난 날이다. 20만 명의 군중이 워싱턴 D.C.를 행진한 것이다. 가장 유명한 것은 마틴 루서 킹의 "나는 꿈이 있습니다"라는 연설이다. 현대사의 명연설 중 하나로 꼽히는 이 연설은 21세기에도 계속 이어지고 있는 기원으로 끝난다.

우리가 모든 마을과 나라와 도시에 자유를 허락하면, 신의 모든 아이들, 흑인과 백인, 유대인과 기독교인, 프로테스탄트 신도와 가톨릭 신도 모두가 손을 잡고 함께 옛 흑인 영가를 부를 수 있을 것입니다. "마침내 자유를 얻었네free at last, 전능하신 주께 감사드리네. 마침내 자유를 얻었네."

free라는 단어는 앨프레드 왕의 글에서 처음 등장했다. 그 뿌리는 사랑한다는 뜻의 고대어로, friend도 여기서 나왔다. 이 말이 오늘날 자유라는 뜻으로 쓰이게 된 건 노예를 제외한 자유민들만이 사랑한다는 말과 친구라는 말을 썼기 때문이다. 로마에서 자유민과 그들의 자녀를 가리키는 말로 쓰인 라틴어 liberi와도 역사가 같다. 자유와 사랑의 관계에 대한 고대의 방정식은 지금도 풀리지 않는 난제다.

TOSSPOT
멍청한 인간

대공황으로 인해 영국 전체가 힘든 시기를 보내던 1930년 늦여름, 신문에 그나마 축하할 일 하나가 실렸다. 알코올 소비가 20년 만에 최저 수준을 찍었으며, 변성 알코올 중독으로 체포된 사람들도 줄어들었다는 것이다. 하지만 사실 이것은 모두 소비세가 급격히 높아진 탓에 발생한 일이었다. 어찌 보면 소비세의 상승이 대규모 실업보다 큰 징벌이 된 셈이다.

어쩔 수 없이 술을 끊은 사람들은 hydropot이라는 말을 기쁘게 받아들였을지 모른다. 18세기 단어 hydropot은 술을 끊은 사람을 약간 우호적으로 표현한 말이다. 그들의 영혼은 몰라도 그들의 간은 tosspot술꾼 역할을 쉬게 되어 감사했을 것이다. 이 말은 술꾼이 맥주잔pot of beer을 비우고toss 얼른 새 술에 손을 뻗는 습관에서 온 말이다 ('한심한 바보'라는 말도 tosser에서 왔을 가능성이 높다. 하지만 이것은 뿌리도 전혀 다르고 알코올과도 무관하다). 술꾼을 가리키는 어휘는 gulchcup, swill-bowl, malt-worm, pot-leech 등 굉장히 다채로웠다.

음주량 감소 통계가 보도되기 100년 전, 랭커셔 프레스턴에서 teetotalism이라는 금주운동이 일어났다. 여기서 tee는 tosspot이 아니라 금주 맹세를 강조하기 위해 total의 t를 맨 앞에 또 한 번 쓴 것이다. 금주 단체 회원 중 몇몇은 약속을 잊지 않기 위해 서명 시 이름 뒤에 T를 쓰기도 했다고 한다. 술꾼을 뜻하는 tosspot과 금주를 뜻하는 teetotaller는 너무 다른 단어처럼 보이지만, 코로나19로 인한 팬데믹 상황에 발표된 지표들을 보면 실제로 많은 사람이 양극단으로 나뉘었다는 걸 알 수 있다. 팬데믹 기간 사람들은 커피잔이 아니라 맥주잔의 개수로 인생의 즐거움을 측정했던 것 같다. 하지만 100년 전의 통계는 인류가 언제나 그래왔다는 걸 알려준다.

 COOL
멋진

1920년 8월 29일은 야드버드(초년생)라는 별명을 가진 찰리 파커가 태어난 날이다. 찰리 파커는 재즈 시대 최고의 솔로 연주자이자 비밥 예술가 중 한 명이었다. 파커는 두말할 나위 없이 cool했다. cool은 1930~1940년대, 그러니까 디지 길레스피, 마일스 데이비스 같은 아티스트가 세상을 풍미하던 재즈의 전성기에 널리 쓰인 표현이다. 이런 예술가들은 hepcat이라 불렸는데, 이 말은 『캡 캘로웨이의 사전Cab Calloway's Cat-alogue: A 'Hepster's' Dictionary』에 "뭔가를 아는 사람"이라고 정의되었다.

hip과 hep은 19세기에 쓰이던 영악하다는 뜻에서 발전한 것으로, 농부나 마부가 말에게 "Hep일어나!"이라 명령하던 말에서 기원했다고 한다. hipster와 hippy 모두 hepcat에서 온 말이다. 하지만 cool은 그보다도 훨씬 이전인 1776년 조너선 그린의 『그린 속어 사전Green's Dictionary of Slang』에 처음 실렸다. 그 후로는 이튼칼리지의 속어가 되어 cool fish오만하고 침착한 학생라는 말로 쓰였다. 그러고는 한 세기 이상 눈에 띄지 않았지만 속어적 뉘앙스는 여전히 사라지지 않은 상태였다. 이로부터 한참 시간이 흐른 1947년, 색소폰 연주계의 거물 찰리 파커가 〈Cool Blues〉라는 곡을 녹음한 걸 보면 그때는 cool이 확실히 주류에 편입해 쓰이고 있었다는 걸 알 수 있다.

SARDONIC

냉소적인

1708년 영국-네덜란드 연합이 스페인에게서 사르데냐와 메노르카를 빼앗았다. 신성로마제국의 황제이자 스페인 왕위 요구자인 카를 6세를 위해서였다. 스페인이 냉소적인sardonic 미소를 지었는지 어쨌는지는 기록에 없지만, 만약 그랬다면 정말 적절했을 것이다. sardonic은 (이보다 더 유명한 sardine정어리과 함께) 실제로 사르데냐섬에서 유래한 말이기 때문이다.

그리스 서사 시인 호메로스는 sardanios를 쓴웃음이라는 뜻으로 썼다. 나중에 그리스인과 로마인은 이 말을 sardonios사르데냐의로 바꾸어서 사르데냐에 자라는 한 식물herba Sardonia을 가리켰다. 이 식물을 먹으면 웃는 것처럼 얼굴에 경련을 일으키다 결국 죽음에 이르게 된다고 한다. 냉소sardonic laughter는 조롱하듯 입꼬리를 올려 경멸을 내비치는 게 특징이다. 의학용어로 risus sardonicus사르데냐의 웃음은 파상풍으로 얼굴에서 웃음이 지워지지 않는 것을 뜻한다.

286

ZWODDER

인사불성

여름휴가의 끝이 다가올 때, 조지프 라이트의 『영어 방언사전』 맨 마지막에 실린 단어 zwodder를 떠올려보자. 나른하고 몽롱한 여름날의 감각을 조금이라도 더 오래가게 해줄 것이다.

zwodder은 사전에 "몸과 마음이 졸리고 둔하게 느껴지는 상태"라고 정의되어 있다. 그런데 그런 상태가 되는 장소는 햇빛이 쏟아지는 강변이나 해변이 아니라 아늑한 술집일지도 모른다. 비슷하게 생긴 또 다른 방언 swadder가 음주로 피곤해진다는 뜻이기 때문이다. 어느 쪽이 맞건 zwodder와 zwoddery는 졸리고 몽롱한 늦여름의 감각을 완벽한 발음으로 전달하는 단어임에 틀림없다.

September

1	FURLOUGH	휴가
2	MUBBLE FUBBLES	우울
3	TRUMPERINESS	화려하지만 가치 없는 것
4	GENERICIDE	고유명사가 보통명사가 되는 일
5	YEN	열망
6	CHEAP	저렴한
7	HUMICUBATION	참회와 순종을 표현하기 위해 땅바닥에 엎드리는 일
8	MACGUFFIN	맥거핀
9	SLOGAN	슬로건
10	BITCH THE POT	차를 따르다
11	GROUND ZERO	그라운드 제로
12	CONKER	마로니에 열매
13	CALLIPYGIAN	엉덩이가 아름다운
14	SPANGLE	스팽글
15	SLEUTH	탐정
16	LIKE	있잖아
17	FREELANCER	프리랜서
18	GOSSAMER	거미줄
19	PAMPHLET	팸플릿
20	INDIAN SUMMER	인디언 서머
21	A FLICK OF HARES	토끼 무리
22	REMORSE	회한
23	BOYCOTT	보이콧
24	FALL	가을
25	BOONDOGGLE	쓸데없는 일
26	ACCOLADE	포상
27	GRICER	철도 마니아
28	HELLO	(만날 때 쓰는) 안녕
29	MALL	몰
30	ON YOUR TOD	홀로

FURLOUGH
휴가

September9월라는 이름은 일곱을 뜻하는 라틴어 septem에서 왔다. 로마의 일 년은 3월에 시작했으며, 1월과 2월은 나중에 율리우스 카이사르가 율리우스력을 도입했을 때 생겨났다. 9세기 초 샤를마뉴는 September라는 이름을 받아들이지 않고 Harvest-Month추수월라는 이름을 썼다. 가을은 보리를 수확하는 달이었기에 앵글로색슨인에게 9월은 보리의 달이라는 뜻의 Gerstmonath였다. 9월은 선선한 날씨로 기분 좋은 달이기도 하지만, 한편으로는 여름휴가summer leave의 끝을 뜻하기도 한다. 이런 의미의 leave는 furlough의 형제 단어다. furlough는 잘 쓰지 않는 단어였는데, 2020년 갑작스러운 팬데믹 기간 동안 주류가 되었다.

사전을 보면 고용 중지, 휴가라고 정의되어 있는 furlough는 17세기에 처음 기록되었고, 이때는 군인들이 일정 기간 받는 휴가를 뜻하는 말로 쓰였다. 네덜란드어 verlof와 독일어 Verlaub에서 유래한 말로, 이 두 단어 모두 신뢰를 기반으로 한 허락을 의미하며 고대영어 leaf(leave)와 연결되어 있다. belief(타인에 대한 신뢰)와 love(애정을 가지고 신뢰하는 일)는 furlough의 친척이기도 하다.

MUBBLE FUBBLES
우울

학생이든 직장인이든 휴가 마지막 날이나 일요일 저녁이 되면 두려움에 사로잡힌다. 16세기에는 이런 기분을 mubble fubbles라 표현했다. 그런데 이 말을 직접 해보면 우울한 뜻임에도 부드러운 발음 때문인지 심신의 고통이 덜어지는 것 같은 기분이 든다.

어디서 유래한 단어인지는 모르지만 어쩌면 절망과 우울을 가리킨 동시대의 표현 mulligrubs가 변형된 걸지도 모른다. 1607년 크리스마스 연극 등장인물이 우울감에 빠진 사람을 이렇게 달래기 때문이다. "전하께서 국사를 비롯한 여러 가지 문제로 머리가 아프시다면 저희가 직접 찾아와 전하의 mubble fubbles를 덜어드리겠습니다."

TRUMPERINESS
화려하지만 가치 없는 것

아일랜드계 미국인 조폭 두목이었던 1929년 9월 3일생 제임스 휘트니 벌저는 81세라는 노령에 열아홉 건의 살인 혐의로 기소되었다. 악명 높은 벌저의 인생은 잭 니콜슨, 리어나도 디카프리오, 맷 데이먼이 출연한 오스카상 수상 영화 〈디파티드〉로 만들어졌고, 2015년에는 전기 영화 〈블랙매스〉로도 세상에 알려졌다. 나중에는 벌저가 FBI 정보원이었다는 사실도 밝혀졌는데, 그 대가로 FBI가 벌저의 범죄 행각을 눈감아준 것이었다. 벌저는 stool pigeon끄나풀인 셈이었다.

이 표현은 다른 새를 유인하기 위해 죽거나 박제한 새를 stool스툴에 올려 미끼로 사용하던 습속에서 유래했고, 후에는 비유적인 의미가 담긴 sitting duck이라는 표현으로 변했다. stool의 본래 철자는 stale로, 도둑이나 희극의 조수라는 뜻도 담겨 있다. 셰익스피어 「템페스트」의 프로스페로는 이렇게 말했다. "The trumpery in my house, go bring it hither, For stale to catch these thieves도둑놈들을 잡을 미끼로 쓸 만한 집안의 싸구려 옷들을 가져오너라."

이 대사는 더 오래된 표현 trumpery를 소개한다. trumpery는 『옥스퍼드 영어 사전』에 사기, 협잡이라는 뜻으로 정의되어 있다. 기원은 1400년대까지 거슬러 올라가는데, 시간이 흘러 셰익스피어 활동기로 오면 보기보다 가치 없는 물건이라는 뜻이 더해진다. 바로 여기서 trumpery finery겉만 번지르르한 싸구려 옷과 보석라는 말이 나왔다. 비슷한 뜻을 가진 명사형 trumperiness도 화려하고 요란하지만 무가치한 것을 가리키는 단어로서 유용하고 시사성 있게 쓰인다.

 4 September **GENERICIDE**
고유명사가 보통명사가 되는 일

구글은 1998년 9월 4일에 창립되었다. 구글이라는 이름이 googol 1 다음에 0이 100개 나오는 수(5월 23일 참고)에서 왔다는 건 너무 잘 알려진 이야기다. 구글은 등장 이후로 검색엔진 시장을 지배했고, genericide라는 비난을 받는 지경에 이르렀다.

genericide는 1972년에 만들어진 법률 용어로, 특정 브랜드가 너무 유명해진 나머지 그 제품 전체를 일컫는 보통명사가 된 경우를 가리킨다. hoover청소기, aspirin, band-aid일회용 밴드 같은 단어들이 그 예다. 하지만 이로 인해 한 브랜드가 고유한 정체성을 잃었다고 판단되면 상표가 취소될 수 있다. 어떻게 보면 그런 회사들은 너무 성공해서 브랜드의 개성을 잃었다고 할 수 있다. 대부분의 사전을 보면 고유명사 구글은 Google로, 동사는 google로 쓰여 있는데, 이걸 보면 구글도 부분적이지만 genericide고유성을 잃고 보통명사가 되는 죽음를 맞이한 사례로 볼 수 있다.

YEN
열망

1839년 9월 5일 발발한 1차 아편전쟁은 영국과 청나라가 광둥의 아편 몰수를 두고 벌인 군사행동에서 시작되었다. 중국은 아편을 금지하기 위해 수송을 중단시켰고, 영국 정부는 중국이 자유무역 원칙(뿐만 아니라 마약 수출로 영국이 얻는 막대한 수익)과 아편 상인들의 자유 통행을 보장해야 한다고 주장했다. 영국의 승리로 아편 무역이 계속되자 청나라 백성들은 마약에 더 깊이 빠졌고 중국은 경제적으로 막심한 피해를 입었다. 옛날에는 아편을 yen이라고 표현했는데, 중국어로 아편을 뜻하는 烟yān에서 온 말이다. 욕망, 열망을 뜻하는 yen의 현대적 의미는 마약 중독자들의 갈망에서 시작된 것이다.

CHEAP
저렴한

1916년 9월 미국 식품업자 클래런스 손더스가 테네시주 멤피스에 최초의 셀프서비스 가게 피글리 위글리 슈퍼마켓을 열었다. 피글리 위글리 슈퍼마켓에는 기존의 전통 상점보다 세 배나 많은 물품이 진열되었고, 1923년에는 북아메리카에 지점이 1200개나 생겨났다. 놀랍게도 그때 도입된 진열 복도, 바구니, 계산대는 오늘날까지도 거의 변한 점이 없다. 저렴한 가격으로 폭넓은 선택을 하고 싶은 미국인들의 거대한 욕망을 손더스가 정확히 포착한 것이다.

cheap은 원래 거래하다bargain, 물물교환하다barter라는 뜻이었다. 그러다 고대프랑스어에서 이 두 단어를 대체할 말이 들어온 뒤로 저렴하다는 뜻으로 옮겨갔고, 잘 산 물건을 뜻하는 good cheap처럼 활용되며 지금의 뜻으로 정착했다. 옛날에 쓰이던 의미는 오늘날 Cheapside, Chipping(Norton, Camden 등), Chepstow처럼 넓은 의미에서 시장에 해당하는 지명과 chap이라는 단어에만 남아 있다. chap은 고대영어 chapman에서 온 말이다. chapman은 원래 상인이라는 뜻이었는데, 점차 그들과 거래하는 손님을 가리키는 말로 변했고 단어 자체도 chap으로 줄어들면서 놈이나 녀석을 가리키는 말이 되었다.

 HUMICUBATION
참회와 순종을 표현하기 위해 땅바닥에 엎드리는 일

1902년 오스트레일리아는 전례 없는 가뭄이 닥쳐 가축과 농작물에 엄청난 피해를 입었다. 뜨거운 날씨가 이어지던 어느 날, 전 국민이 함께 비를 기원하는 기도를 올렸다. 그해 상황이 얼마나 심각했는지 당대 유명 성악가였던 소프라노 데임 넬리 멜바는 자신이 목격한 광경을 이렇게 증언했다. "제 두 눈으로 수백 킬로미터의 목초지가 누렇게 타버린 모습을 봤어요. 풀이라고는 한 포기도 없었고요. 굶주린 양 떼는 움직일 힘조차 없어서 울타리에 기대 있더군요. 정말 끔찍했어요."

9월 8일 자《아거스》신문은 전날 행해진 "겸허한 봉헌과 비를 바라는 기도"를 보도하며 멜버른 복스힐에서 온 감리교 목사의 말을 실었다.

오스트레일리아의 생명과 정치에 위험이 닥친 것은 하느님을 무시하고 싶어 하는 유혹에서 시작된 것입니다. 하느님은 우리 대류에 이런 지독한 가뭄을 내려 경고의 말씀을 새기셨습니다. 그러나 정작 오스트레일리아는 하느님이 내리신 교훈을 제대로 배우지 못한 것 같습니다.

다른 이들도 비를 부르려면 참회가 이루어져야 한다고 이야기했다. 그리고 마침내 비가 오자 많은 사람이 신의 은혜로 여기며 감사해했다.

humicubation은 땅바닥에 엎드려 참회하거나 순종을 표현하는 일이다. 1902년에 비가 내리기를 기원한 사람들도 아마 그렇게 했을 것이다. 하지만 humicubation은 이보다 덜 비극적인 상황에서도 행해졌다. 특히 고주망태가 된 채 늦게 귀가해서 아내 앞에 뻗어버린 남편을 가리키는 표현으로 자주 사용되었다(이 경우에 남편이 아내에게 용서를 빌기 위해 선물을 사가기도 하는데, 이런 선물을 독일어로 Drachenfutter용의 먹이라고 한다).

 MACGUFFIN
맥거핀

1960년 9월 8일은 앤서니 퍼킨스와 재닛 리가 출연한 앨프리드 히치콕의 영화 〈싸이코〉가 개봉한 역사적인 날이다. 〈싸이코〉는 1959년에 출간된 같은 이름의 소설을 기반으로 만든 영화다. 어느 인터뷰에서 왜 이 영화를 만들었냐고 묻자 히치콕은 "느닷없이 욕조에서 일어나는 살인을 표현하고 싶었던 게 전부"라고 대답했다. 미국 영화사상 간접적으로 가장 적나라한 살인 장면으로 꼽히는 45초의 샤워 신은 총 78대의 카메라로 52컷을 촬영해 연출하느라 촬영 기간이 일주일이나 걸렸다고 한다.

이 장면이 〈싸이코〉의 핵심이기는 하지만, 재닛 리가 연기한 매리언 크레인이 훔친 4만 달러와 그 행동의 동기도 플롯에 중요한 역할을 한다. 하지만 정작 영화를 보는 관객에게는 그게 그다지 중요하지 않은데, 히치콕은 그런 플롯 진행 요소를 맥거핀macguffin이라 불렀다. 맥거핀이 무엇인지 설명해달라고 하자 그는 모호한 답변을 내놓았다.

macguffin은 스코틀랜드 이름으로, 기차에서 만난 두 남성의 이야기에서 따온 것입니다. 한 명이 "맥거핀이 뭡니까?"라고 묻자, 상대방이 "스코틀랜드 고원에서 사자를 잡는 장치예요"라고 답하더군요. 남성은 다시 물었습니다. "스코틀랜드 고원에는 사자가 없잖아요?" 그랬더니 상대방은 이런 대답을 내놓았습니다. "그럼 맥거핀이 아닌 거죠."

히치콕의 영화에는 종국에 사라져버리는 플롯 요소가 많다. 〈오명〉의 방사성 원광과 〈39 계단〉의 조용한 비행기 엔진도 그런 요소다. 히치콕이 이런 시도를 한 뒤로 감독들은 맥거핀을 자유롭게 해석했다. 가령 쿠엔틴 타란티노의 〈펄프 픽션〉을 보면 주인공들이 반짝이는 금속 여행 가방 안의 내용물을 두고 격렬하게 싸우지만, 결국 그게 무엇인지는 마지막까지 밝혀지지 않는다.

SLOGAN
슬로건

세계 최초의 광고 슬로건slogan은 1859년 8월 초 영국에서 등장했다. 비첨스 파우더는 모든 불쾌와 불안을 없애줄 거라고 광고했다. 비첨스 파우더는 의료진이 인정한 가장 효과적이고 안전한 가정상비약으로, 모든 연령대의 환자에게 사용할 수 있다고 했다. 이 약은 효능만 보면 한 통에 1기니는 받아야 하지만 훨씬 저렴하게 판매하고 있다고 광고했다.

그러나 몇몇 사람들은 약의 효능에 의문을 품었다. 1912년 영국 의사협회가 검사해보니 성분이 좋지 않았고 심지어는 비누 가루도 들어 있었다. 그런데 실제로 소화계에 효과가 있었고, 평범한 시민들은 비첨스 파우더를 만병통치약으로 여겼다. 이 제품은 1998년에야 생산이 중단되었다. 미국에서는 벤저민 브랜드레스의 알약이 이와 비슷했다. 이 역시 대중 광고라는 신기술을 활용했다.

slogan은 광고와는 전혀 관계 없는 곳에서 유래했다. 처음 기록된 건 1513년이었다. 이 해 9월 9일에 벌어진 플로든 전투에서 제임스 4세가 이끈 잉글랜드 군대가 스코틀랜드 침략군을 물리쳤다. 스코틀랜드 게일어 sluagh-ghairm에서 온 slogan은 군대라는 뜻의 sluagh와 고함이라는 뜻의 ghairm이 결합한 단어다. 쉽게 말하자면 스코틀랜드가 잉글랜드와 벌인 수많은 전투에서 사용한 '돌격 함성'이었다. 하지만 오랜 세월을 거치며 기존의 의미가 희석되어서 특징적인 어조, 문구, 외침, 특히 시장에서 경쟁하는 브랜드들의 외침을 의미하게 되었다.

BITCH THE POT
차를 따르다

차를 마시는 일은 때때로 험담의 대상이 되곤 한다. 차 모임에 대한 고정관념은 여성들이 찻주전자를 앞에 두고 온갖 수다를 떤다는 데서 생겨났다. 중국에서 수입한 음료의 인기(tea라는 말은 중국어 차 茶에서 왔다)가 높아진 이후로 차는 여성들이 자주 마시는 것으로 알려졌고, 여성들의 수다와도 연결되었다. 프랜시스 그로즈의 『통속어 고전 사전』에 실린 차와 관련된 다양한 속어 중에는 prattle-broth, cat-lap(cat은 수다스러운 노파를 가리키는 당시의 속어다), scandal broth 등이 있다.

차를 따르는 일은 play mother뿐 아니라 bitch the pot이라고도 표현했다. 차를 마시는 일은 bitch라고 했다. 이때 bitch는 못된 여성뿐 아니라 문란하고 관능적인 여성을 뜻하기도 했다. 19세기의 한 사전은 차에 관한 단어에 적나라한 예문을 동원해서 수다스럽다는 의미뿐만 아니라 도덕성이 낮다는 의미도 담았다. "창녀들은 싸구려 술을 마시고 어린 계집들은 차를 마시는구나!"

차와 관련된 어휘들은 성차별과 여성 혐오를 표출하는 또 하나의 매개였고 bitch party, tabby party도 여성들의 쑥덕공론 가득한 모임을 가리키는 말이었다. 아내와 딸에게 차를 금지하는 남성도 있었다. 1822년, 팸플릿 작가이자 정치 논객이던 윌리엄 코빗은 이렇게 말했다.

차탁에서 쑥덕공론을 하게 두는 것은 매춘부를 길러내는 일과 다르지 않다. 오직 차를 끓이고, 차와 뗄 수 없는 쑥덕공론을 거들려고 길러진 여자들은 밥버러지에다 고용주의 골칫거리일 뿐이다. 그런 여자에게 애정을 품고 결혼하는 남자들은 저주를 받는 셈이다.

298

21세기에 spill the T라는 표현은 드래그 문화사회가 정의한 성별 외형 정의에서 벗어나는 행위. 주로 여장한 남성들을 의미한다에서 쑥덕공론을 뜻하는 속어로 자리 잡았다. 여기서 T는 truth일 수도, tea일 수도 있다. 또 weak tea는 금세 거짓으로 드러날 이야기, 주로 여성들이 하는 이야기를 가리키는 말이었다. 물론 이제는 모두 터무니없는 이야기에 불과하다.

 GROUND ZERO
그라운드 제로

1945년 8월 6일, 리틀 보이라는 별명의 원자폭탄이 일본 히로시마에 투하되었다. 이 폭탄의 파괴력은 그때까지 가장 강력하다고 기록된 것보다 2000배가 넘는 수준이었다. 히로시마는 섬광 속에 파괴되었고, 사망자는 무려 14만 명에 이른다고 추정된다. 폭발 지점 아래에 있는 땅은 Ground Zero라 불리게 되었다. 여기서 Zero는 역사상 최고의 핵무기 폭발 시험이었던 트리니티 핵실험의 암호명으로 먼저 쓰였던 말이다.

히로시마 원자폭탄 투하 이후 Ground Zero는 지진이나 전염병 같은 자연재해나 인간이 일으킨 대형 참사 뒤에 가장 막대한 피해를 입은 지역을 가리키는 말이 되었다. 그러다 우리가 9·11 테러라고 부르는 2001년 뉴욕 세계무역센터 테러 사건과 합쳐지면서 대중의 인식 속에 더 파괴적인 느낌으로 각인되었다.

하지만 Ground Zero가 끝과 동시에 시작을 의미한다고 생각하는 사람들도 있었다. 무역센터를 재건하기 위한 복구 작업이 이어지는 동안 Ground Zero는 세계무역센터 자리를 가리키는 말로 쓰였기 때문이다. 그러다 테러 10주기가 되던 날, 뉴욕 시장 마이클 블룸버그는 Ground Zero라는 이름을 철회하자고 했다. "이제는 6만 5000제곱미터의 땅에 본래 이름을 돌려주어야 할 때입니다. 세계무역센터와 국립 9월 11일 기념박물관, 이게 그곳의 진정한 이름입니다." 그래도 9·11이라는 표현과 Ground Zero가 원래의 의미를 잃을 가능성은 한동안 없어 보인다.

 CONKER
마로니에 열매

9월은 마로니에 열매의 진한 색깔과 윤기에 감탄하는 달이다. 영국 어린이들은 마로니에 열매를 끈으로 꿰어 game of conkers를 하기도 한다.

conker는 달팽이 껍데기를 가리키는 방언에서 온 말로 보이며 소라 껍데기를 가리키는 conch의 형제 단어다. 이런 껍데기들은 아이들이 가지고 논 최초의 장난감 가운데 하나다. conker는 얼마 지나지 않아 conqueror정복자와 연결되었다가 토너먼트 경기라는 뜻도 생겼다.

인기 있는 놀이가 다 그렇듯 conker의 크기, 색깔, 종류와 관련된 다양한 속어가 만들어졌다. 예를 들어 obblyonker, cheggy 같은 탄약은 cheeser, laggie, seasoner로 분류되는데, 이 중 cheeser는 옆면이 납작한 conker에 붙은 이름이며, seasoner는 비바람에 시달리거나 매니큐어, 공업용 수지를 바르는 반칙으로 단단해진 conker에 붙은 이름이다(conker를 단단하게 만드는 방법 중 하나는 돼지에게 먹여서 배출시키는 것이라고 한다). 새 conker는 아직 다른 conker에 정복되지 않았으므로 none-er라고 불렀다. game of conkers는 한 conker가 다른 conker

를 깨면 one-er, 또 한 번 승리하면 two-er라는 식으로 진행된다. 끈이 엉키면 먼저 "Stringsies!"라고 소리치는 사람이 한 번 더 기회를 얻는다. 최종 승리를 거두려면 kinger를 격퇴해야 한다. 이런 표현들만 보면 귀엽고 재밌는 놀이 같지만, conker가 쩍 갈라지는 소리를 듣거나 conkistador(conker와 conquistador를 합친 말)의 멍든 손마디를 보면 생각이 달라질 것이다.

 CALLIPYGIAN
엉덩이가 아름다운

미켈란젤로는 1501년 9월 13일 다윗(다비드)상을 조각하기 시작했다. 그로부터 500년 후, 이 다비드상이 130년 만에 목욕을 했다는 보도가 나왔다. 복원 작업자들은 다비드상이 생각만큼 완벽하지 않다는 사실을 알게 되었다. 르네상스적 아름다움의 상징인 이 작품의 엉덩이 부분이 습기로 인한 세균 때문에 얼룩덜룩해진 것이다. 복원 작업이 흔히 그렇듯 자국을 없애려고 하자 큰 논란이 일어났다. 하지만 어떤 방법을 썼더라도 별 효과가 없었을 것이다. 그렇다면 이제 다비드상에 callipygian이라는 표현을 쓸 수 없을까? callipygian은 엉덩이가 아름답거나 균형 잡혀 있다는 뜻으로, 처음에는 아프로디테를 묘사하는 말로 쓰이다가 베누스 조각상으로 옮겨간 표현이다.

만약 다비드상이 말할 수 있었다면 관리자들에게 prat멍청이이라 외쳤을 것이다. 처음에 prat은 한쪽 엉덩이를 가리키는 단어였기 때문이다(여기서 코미디의 pratfall엉덩방아를 찧는 슬랩스틱이 나왔다). 이후에는 엉덩이와 대상이라는 뜻이 함께 담겨 있는 비유적인 단어 butt이 농담의 대상이 되었다.

SPANGLE
스팽글

14 September

1814년 미국 변호사이자 아마추어 시인인 프랜시스 스콧 키가 「포트 맥헨리의 방어Defence of Fort McHenry」라는 시를 썼다. 1812년 전쟁 중 볼티모어 항구의 한 배에서 영국의 포트 맥헨리 폭격을 보며 쓴 것이라고 한다. 미군은 기지 방어에 성공했고, 9월 14일 아침이 되자 부대 게양대에 가로 13미터, 세로 9미터에 달하는 거대한 위수기가 올라갔다. 이 깃발이 키의 영감을 일깨웠다.

보이는가 그대, 새벽빛 속의 깃발이?
우리가 마지막 햇빛 속에서 당당히 부른 그것,
치열한 전투 속에서도
성벽 위에 당당하게 나부끼던 그 넓은 띠와 빛나는 별들을.
붉은 섬광과 공중의 폭탄은
우리 깃발이 밤새 버텨냈다는 증거가 되었도다.
말해다오 그대, 별이 가득한 깃발이 아직도
자유인의 땅에, 용자의 고향에 휘날리는지?

「포트 맥헨리의 방어」는 일주일 후 신문에 실렸다. 키는 음악 서적을 출간하는 출판사에 이 시를 가져갔고, 회사는 여기에 〈천국의 아나크레온에게To Anacreon in Heaven〉라는 노래의 멜로디를 붙여 출간했다. 그로부터 100년 뒤 〈별이 가득한 깃발Star-Spangled Banner〉은 허버트 후버 대통령의 승인을 받아 정식으로 미국 국가가 되었다. 이 노래가 국가로 선정되는 데 논란이 없었던 건 아니다. 노래가 찬양하는 나라는 자유민들의 나라일 뿐, 키가 작품을 쓸 당시에 억압받던 노예는 포함하지 못한다는 이유 때문이었다.

보통 spangle이라 하면 반짝이는 금속이나 플라스틱 장식을 떠올릴 테지만, 고대영어에서는 걸쇠나 죔쇠를 뜻하는 말이었다. 그러다 시간이 지나면서 그 물건의 특징인 반짝임이 단어의 핵심적인 뜻으로 자리 잡은 것이다.

 SLEUTH
탐정

"추리를 못하는 탐정은 아무짝에도 쓸모가 없으니 회색 세포를 좀 쓰시게, 친구." 애거사 크리스티의 작품 『스타일스 저택의 괴사건』 속 에르퀼 푸아로의 말이다. 범죄소설 역사에 빛나는 작가 크리스티는 1890년 9월 15일에 태어났다. 그가 만든 미스 마플과 에르퀼 푸아로는 손꼽히는 sleuth탐정 캐릭터로 자리매김했다. 원래 sleuth는 사냥감의 sloo자취를 쫓는 사냥개 sleuth-hound(지금의 블러드하운드)를 가리키는 말이었다. sloð는 수세기 전에 바이킹 침략자들에게서 온 말로, 그들도 약탈물 추적에는 사냥개 못지않게 끈질긴 자들이었다.

만약 크리스티의 두 형사가 미국 사람이었다면 private dick이라고 불렸을 것이다. 많은 이를 헷갈리게 해온 단어 dick은 detective형사의 줄임말일 수도 있고, 롬어집시 언어에서 온 말일 수도 있다. 롬어 dikh나 deek은 본다는 뜻이다(이 단어는 have a dekko힐끔 보다라는 표현과 연결된다).

LIKE
있잖아

21세기의 큰 언어적 결례 중 하나는 일상 대화 중간중간에 like를 사용하는 것이다. 어떤 이들은 이 현상을 영어가 혼돈을 거쳐 망각 속으로 사라질 신호라고 본다. 2019년 미국에서 방영된 리얼리티 예능 〈러브 아일랜드〉의 출연자 한 명이 5분 동안 like를 76번이나 사용하자, 영국 매체들은 비판 기사를 쏟아냈다.

〈러브 아일랜드〉의 출연자들은 새로운 표현을 만들어내거나 기존 단어에 새로운 의미를 더해 자신의 시그니처 마크로 삼는데, 이로 인해 프로그램 자체가 마치 하나의 언어 실험실처럼 느껴진다. 실제로 muggy무더운는 '속임수를 쓰는'이라는 뜻을, melt녹다는 '축축한'이라는 뜻을 새롭게 얻어 종영 이후에도 사용되었다. prangy불안한와 pied off데이트 상대에게 차인도 여기서 나온 표현이다. 파트너에게 갑작스러운 혐오감을 느낀다는 뜻의 ick factor라는 단어도 있다. 프로그램이 엄청난 인기가 있었던 만큼 영향력도 워낙 커서, 일부 학교에서는 학생들이 대화할 때 like를 쓰지 못하게 하기도 했지만 언어를 통제하려는 모든 시도가 그랬듯 별 소득 없이 끝나고 말았다.

대화 도중에 반복적으로 like를 쓰면 잘해봐야 게을러 보이고, 최악의 경우에는 어휘력이 부족한 사람처럼 느껴진다. 그렇게 생각하는 것도 이해는 되지만, 사실 인간은 언어를 쓰기 시작한 아주 오래전부터 'um음'이나 'er어' 같은 말을 간투사로 썼다는 걸 기억해야 한다. indeed정말도 innit(isn't it)도 같은 맥락에서 사용된다.

그런데 이런 표현을 쓰는 게 정말 나쁘기만 한 걸까? 한 실험에서 두 집단에 같은 메시지의 음성 녹음을 들려주었는데, 한 집단은 불필요한 소리를 전부 없앤 편집본을 들었고, 다른 집단은 더듬거림과

304

의미 없는 간투사가 그대로 섞인 일반적인 대화를 들었다. 결과는 놀라웠다. 자연스러운 대화를 들은 집단이 내용을 더 잘 이해한 것이다. 간투사 같은 언어적 양념들은 청자에게 메시지를 이해할 시간을 주는 동시에 말의 리듬을 더해준다.

like는 〈러브 아일랜드〉의 필수 요소가 되기 1000년 전의 고대영어 ylike에서 시작되었다. 그 뿌리는 독일어의 gelich에서 왔으며 lich는 몸을 의미했다(주로 죽은 몸을 가리키는 말이었기에 lych-gate는 교회 묘지 입구를 가리켰고, 한때는 죽음을 예고한다고 알려진 lich owl도 있었다). 14세기에 와서는 like mad 같은 표현에 쓰이다가 마침내 '말하자면' 같은 뜻이나 대화 중 의미 없는 간투사, 강조 표현으로 쓰이게 되었다.

『옥스퍼드 영어 사전』에 처음 기록된 like의 예문은 상당히 놀랍다. 1778년 패니 버니의 소설 『이블리나Evelina』에서 나왔다. "Father grew quite uneasy like, for fear of his Lordship's taking offence아버지는 모시는 분이 화를 낼까 봐 굉장히 불안해졌다." 〈러브 아일랜드〉를 보고 화가 나는 사람들이 이 책을 본다면 우리가 지금 하는 걱정이 전혀 새로운 게 아니라는 사실에 조금은 위안을 받을 수 있을 것이다.

 FREELANCER
프리랜서

freelance는 유래가 그대로 남은 단어다. 비서secretary가 원래 비밀secret을 지키는 사람(privy내밀히 관여하는한 직책)이던 것, 또 heathen이 교도, 미개인이 마을이나 도시에 사는 문명인과 달리 heath히스 황야에 사는 사람들을 뜻하던 것과 마찬가지다. 최초의 freelancer는 자신에게 급료를 주는 사람을 위해 자유롭게 창을 던지는 기사를 뜻하는 말이었다. 그들은 어떤 영주에게도 종속되지 않고 돈을 좇던 모험 군인이었다. 하지만 실제로 중세 시대에 쓰인 표현은 아니었고 월터 스콧이 『아이반호』에 처음 쓰면서 등장한 회고적 표현이다. 그 뒤로는 한동안 특정 소속이 없는 정치적 매버릭을 가리키다가, 독립적으로 활동하는 사람이라는 원래와 비슷한 의미로 돌아갔다.

영어의 경우 단어에 기원이 그대로 새겨져 있어도 미처 눈치채지 못하는 말이 많다. 소리가 달라졌거나 그 역사가 오래전에 사라졌기 때문이다. 일러스트레이터illustrator는 광택lustre을 더하는 사람이었고, 아침 식사breakfast는 금식을 깬다break a fast는 의미였으며, 찬장cupboard이 컵cup을 보관하는 테이블board이었다는 사실은 간과하기 쉬울지 몰라도 생긴 그대로 이해할 수 있는 단어들이다. 자기 분야에서 홀로free 창lance을 던지는 프리랜서라면 누구나 동의할 것이다.

GOSSAMER
거미줄

진정한 가을이 다가오면 작은 거미들이 짠 부드럽고 가느다란 거미줄이 나뭇잎과 가지 사이에 늘어져 있거나 공중에 떠 있는 모습이 보이기 시작한다. gossamer라는 단어는 부드러운 어감 때문인지 아주 시적인 어원을 갖고 있을 것 같다. 셰익스피어도 이를 놓치지 않고 「로미오와 줄리엣」에서 gossamer의 특징을 잘 활용했다.

사랑에 빠진 사람은
변덕스러운 여름 바람에 하늘거리는
거미줄gossamer 위를 걸어도 넘어지지 않지.

그 순간의 기쁨에 몸이 너무도 가벼우니.

하지만 실제 어원은 별로 시적이지 않다. gossamer은 단순히 goose-summer가 줄어든 형태로 보이기 때문이다. 아무래도 가을철에 거위를 먹다 보니 자연스레 거미줄이 자주 보였던 게 아닐까. 아니면 거미줄이 풀밭에 솜털처럼 퍼져 있는 모습이 거위 깃털처럼 보여서일 수도 있다.

 PAMPHLET
팸플릿

1796년, 미국 대통령 조지 워싱턴은 이후 미국 역사에 길이 남을 고별 연설을 했다. "워싱턴 장군이 미국 대통령직을 거절하며 국민들에게 드리는 말씀"은 차기 대통령 선거를 두 달 반가량 앞둔 9월 19일 《아메리칸 데일리 애드버타이저》에 발표되었다. 하지만 이 연설문은 사실 4년 전에 작성해둔 것이었다. 두 번째 임기에 나서고 싶지 않던 워싱턴은 이 글을 미리 써두었지만, 토머스 제퍼슨을 비롯한 여럿이 안정된 정부를 유지하는 게 그의 의무라고 설득한 탓에 4년이 지나서야 공개하게 된 것이다. 이 연설은 전국의 신문에 실렸고 엄청난 수요에 팸플릿으로도 재출간되어 널리 배포되었다.

물론 pamphlet이 사람들을 들뜨게 한 건 그때가 처음은 아니었다. 이 단어에는 의외로 격렬한 유래가 있다. 라틴어 희극 〈사랑의 팜필루스Pamphilus de amore(줄여서 Pamphilus)〉에서 비롯된 말인데, 이 작품은 베누스 여신과 여성 주선자의 가르침에 따라 폭력적인 인생을 사는 젊은이 팜필루스가 갈라테이아를 유혹하고 강간하는 내용이다.

Pamphilus라는 이름은 모두에게 사랑받는다는 뜻의 그리스 어에서 왔다. 이름의 뜻처럼 이 희극은 대중의 큰 사랑을 받았고 pamphilet, 즉 작은 팜필루스라는 소형 책자로 만들어졌다. 이로 인해 서 선거철만 되면 우편함에 잔뜩 꽂히는 책자들이 pamphlet이라 불리 게 된 것이다.

 20 September # INDIAN SUMMER
인디언 서머

1812년, 쾌적하고 몽롱한 가을날을 즐기던 뉴잉글랜드의 한 성 직자가 의도치 않게 시적인 글을 썼다.

완벽하게 투명한 공기와 파란 하늘을 떠가는 구름으로 장식된 맑 은 날씨가 2~3주간 이어지고 있습니다. 요즘같이 매력적인 계절 은 원주민에게서 비롯된 말인 Indian Summer라 표현하기도 합니 다. 원주민들은 이런 날씨가 자비로운 신 카우탄토윗(남서쪽의 신) 의 궁정에서 오는 것이라고 생각하지요.

성직자의 이 설교문은 Indian summer(늦가을에 한여름처럼 강렬한 햇 빛이 내리쬐는 날들)이라는 말의 기원을 잘 설명해준다. 하지만 확실하 다고 할 수는 없는 게, 『옥스퍼드 영어 사전』을 보면 대용품이나 모조 품을 폄하하는 의미로 '인디언'이라는 말을 붙이던 관행에서 비롯되 었다고 추측하고 있기 때문이다. 예를 들어 Indian bread는 카사바 녹 말로 만드는 가짜 빵이다. 가을 날씨가 따뜻해졌다고 해서 다시 여름 이 돌아왔다는 뜻이 아닌 것과 마찬가지다. 하지만 그 성직자가 Indian summer라는 말을 쓴 건 '가짜 여름'이라는 뜻이 아니라 쾌청한 가을 날씨가 처음 느껴진 곳이 그때까지도 아메리카 인디언들이 점유하고 있던 지역이었기 때문인지도 모른다. 아메리카 원주민의 말에는 때아닌 온화한 날씨와 관련된 게 많다.

불가리아에서는 이런 날씨를 집시 여름이라고 하는데, 이집트에서 온 유랑인이라는 집시의 본래 뜻과 관련 있는 것 같다. 독일에서는 Altweibersommer, 즉 노파의 여름이라고 부른다. 노파는 인생의 늦가을에 접어든 사람이기 때문이다. 게일어에는 거위의 작은 가을을 뜻하는 fómhar beag na ngéanna라는 사랑스러운 표현이 있다. 영어 사용자들은 Indian summer라고 하면 예상치 못하게 따뜻한 날씨와 진해지는 단풍을 떠올리곤 한다. 깊은 가을에 받는 자연의 선물이다.

 A FLICK OF HARES
토끼 무리

정치인 집단을 가리키는 말로 posse와 odium 중 무엇이 더 적절한지에 대한 논의만큼 사람들을 짜증 나게 하는 건 별로 없다. 하지만 사전 편찬자들은 오래전부터 특정 집단을 이르는 집합명사에 매료되어 왔다. 집합명사에서 지루한 것은 집합명사라는 이름뿐이다. 우리가 오늘날 사랑하는 대부분의 집합명사는 중세부터 사용되던 것이다. 귀족들이 자신의 교양을 지키기 위해 지어낸 말들로, 사냥이나 낚시를 하러 가서 망신당하지 않는 법을 가르쳐주는 예절책에 나와 있다. 족제비 무리가 busyness고, 토끼 무리가 flick이며, 사냥개 무리가 mute라는 걸 안다는 사실은 중세 귀족에게 일종의 훈장처럼 여겨졌다. 이런 용어를 알아두면 망신도 피할 수 있고, 귀족과 농민을 계급적

으로 구별할 수도 있었다.

이런 집합명사를 확인할 수 있는 중요한 자료로는 귀족적 취향이 담긴 15세기 개괄서 『성 앨번스의 책Book of St Albans』이 있다. 이 책의 저자는 하트퍼드셔의 솝웰 수녀원 원장인 줄리아나 버너스로 알려져 있다. 이 책은 160종에 이르는 사냥동물과 각종 인간 무리를 가리키는 집합명사가 수록되어 있으며, 잉글랜드 최초로 컬러 이미지를 담은 인쇄물이었다. 『성 앨번스의 책』은 출간 즉시 대인기를 누렸고, 윌리엄 캑스턴과 인쇄 및 출판업자 윙킨 드 워드의 도움을 받아 여러 차례 재쇄를 찍었다. 그리고 애초에 목표했던 귀족층 바깥까지도 널리 퍼져 나갔다.

그 뒤로 500년 넘는 세월이 지났지만 여기서 나온 단어는 지금까지도 많이 남아 있다. 까마귀의 집합명사 murder, 여우의 집합명사 skulk는 여전히 즐거이 음미할 수 있는 말이다. 15세기의 집합명사 중에는 말장난을 의도한 것도 있다. cuckold바람핀 아내를 둔 남편의 집단을 incredulity의심라고 하고, 모델의 어깨를 넓히거나 눈썹을 꾸미곤 했던 초상화 화가 집단을 misbelief불신라고 한 것을 보면 중세의 유머 감각을 느낄 수 있다. 수도승을 가리키는 집합명사는 abomination혐오이었고, 이것은 엄숙한 서약을 하고도 주색잡기에 빠져 사는 수도승들을 놀리는 말이었다.

인기 있는 몇몇 단어는 과거가 꽤 복잡하다. 찌르레기의 집합명사는 한데 모였을 때 내는 소리에서 비롯된 murmuration으로 정착되기 전까지는 mutation돌연변이이었다. 열 살이 되면 다리 하나가 떨어져나가고 새 다리가 자라난다는 속설 때문이었다. an unkindness of ravens라는 표현은 갈까마귀가 불운을 알린다는 믿음에서 온 것이다. 살펴보면 요즘에 다시 살려낼 만한 표현들이 꽤 많다. 맥주가 물보다 안전하던 시절에 태어난 a drunkship of cobblers구두장이들도 그러하다.

또 오늘날의 집배원들은 a diligence of messengers라는 말을, 술집 주인들은 laughter of hostelers라는 말을 더 기쁘게 받아들이지 않을까 싶다.

기존의 말을 살리는 것만큼이나 새로운 집합명사를 탐색하는 일도 계속되고 있다. 공식 목록은 없지만 어떤 일이 한번 화제가 되었다 하면 새로운 집합명사가 탄생하기 때문이다. 특히나 정치인에 대한 집합명사 탐색은 매일같이 이루어지는 작업이라 할 수 있다.

REMORSE
회한

1988년 9월 22일, 캐나다 정부는 제2차 세계대전 당시 일본계 캐나다인을 억류한 일에 대해 사과했다. 당시 브리티시컬럼비아주의 일본계 캐나다인 90퍼센트 이상이 국가 안보와 진주만공격에 대한 보복이라는 명목하에 억류되었다. 이로 인해 직장을 잃거나 일본으로 송환된 이들 중 다수는 캐나다인으로 태어나 평생을 캐나다인으로 살아온 사람들이었다.

remorse회한는 깊은 후회를 나타내는 단어다. 물어뜯는다는 뜻의 라틴어 mordere에서 온 말이며 깊고 고통스러운 죄책감을 의미한다. 영어에는 이처럼 섬뜩한 감정이 담긴 단어가 여럿 있다. sarcasm비아냥도 그러하다. 이 말은 살을 찢는다는 뜻의 그리스어 sarkazein에서 왔으며 비아냥거림이 상대의 피부를 찢는 것과 같다는 의미가 담겨 있다. sarcasm은 sarcophagus석관의 형제 단어다. 당시 석관은 관 속의 시신을 빨리 부패시키는 특징이 있는 석회암으로 만들었는데, 그 때문에 sarcophagus도 살을 파먹는다는 뜻을 갖게 되었다.

BOYCOTT
보이콧

찰스 커닝엄 보이콧Charles Cunningham Boycott 대위는 1880년 9월 23일 《타임스》에 편지를 보내 아일랜드 전국토지연맹(19세기 말에 지주 제도를 철폐하고 가난한 소작 농민을 돕기 위해 만들어진 정치 조직)의 행패로 자신이 겪은 고충을 토로했다.

> 우리 집 대문 자물쇠가 부서지며 문이 활짝 열리더군요. 벽은 무너지고 물건들은 도로에 팽개쳐졌습니다. 저는 어떤 일꾼도 구할 수 없었고, 토지연맹은 제게 모든 걸 포기하고 이 나라를 떠나지 않으면 파멸시키겠다고, 그게 연맹의 목적이라고 말했습니다. 그때 제가 얼마나 생명의 위험을 느꼈는지에 대해서는 더 말하지 않겠습니다. 제가 굳이 말하지 않아도 이 나라를 아는 사람이라면 누구나 명백하게 알고 있는 사실이니까요.

보이콧은 영국인으로, 아일랜드 메이요주 볼린로브 근처의 라우마스크하우스에서 영국인 부재지주 에른 경의 대리인으로 일했다. 당시 토지연맹은 소작인들이 내는 임대료를 25퍼센트 인하해달라며 토지 소유제 개혁을 요구했다. 하지만 보이콧은 이 요구를 거절했고 그 결과 군중의 표적이 되었다.

토지연맹의 회장 찰스 스튜어트 파넬은 다른 방법이 필요하다고 보고, 보이콧을 압박하려면 모두가 그를 거부해야 한다고 말했다. 그래서 노동자들은 연장을 내려놓았고, 지역 상점 점원들은 보이콧과 그의 가족에게 물건을 팔지 않았다. 가을이 와서 추수 시기가 되었는데도 쓸 수 있는 인력이 없자 그는 다른 지역에서 온 자원봉사자 50명의 도움을 받아야 했다. 상황이 여기까지 오자 아일랜드 전역에서 보이콧 운동에 대한 보도가 이어졌다.

이 논란이 일으킨 열정과 분노가 너무도 큰 나머지 보이콧의 이름은 본의 아니게 집단적인 배척을 표현하는 말이 되었다. 이 말은 다른 언어로도 건너가 프랑스에서는 boycotter, 네덜란드에서는 boycotten, 독일에서는 boykottieren으로 사용된다. 시작점인 영국에서는 최근에 여성의 권리에 초점을 맞춘 girlcott이라는 변용 표현도 생겨났다.

 FALL
가을

미국에서는 가을을 fall이라고 표현하는데, 많은 영국인이 이를 비웃곤 한다. 낙엽이 떨어지는 계절이니 fall이라는 발상이 너무 단순하고 뻔하다는 것이다. 그런데 정작 17세기 이전에는 영국에서도 이말이 흔히 쓰였다. fall of the leaf는 고대영어 harvest에서 나온 말로, spring이 수 세기 동안 spring of the leaf의 줄임말로 쓰인 것과 마찬가지다.

북아메리카에 최초의 식민지가 건설되던 시절에는 autumn과 fall이 함께 쓰이다가 18세기에 fall은 미국, autumn은 영국에서 사용하는 표현으로 갈라졌다. autumn은 프랑스어 l'automne에서 온 말이다. 영국인들이 autumn을 선택한 이유는 1066년 이후 오랜 세월이 지난 뒤에도 프랑스어가 여전히 위엄 있고 아름다운 지배자들의 언어로 느껴졌기 때문이다.

BOONDOGGLE
쓸데없는 일

1066년 9월 25일, 잉글랜드의 마지막 앵글로색슨족 왕인 해럴드 고드윈슨이 스탬퍼드 다리 전투에서 하랄 하르드라다 왕이 이끄는 노르웨이 군대에 대승을 거두었다. 하지만 그의 승리는 오래가지 못했다. 사흘 뒤 정복자 윌리엄이 노르만 군대를 이끌고 서식스에 상륙했기 때문이다. 해럴드는 윌리엄의 침략을 막기 위해 군대를 돌려 남쪽으로 장거리 행군을 했고, 4000명가량의 군인과 함께 전사했다.

해럴드의 분투는 현대 어휘로 boondoggle이라 부를 수 있을 것이다. 오늘날 정치계에서 boondoggle은 낭비적이고 불필요하지만 그래도 밀어붙여야 할 일을 뜻한다. 이 말은 처음에는 보이스카우트가 손으로 직접 만든 가죽 팔찌나 목걸이를 가리키는 가치중립적인 의미였다. 하지만 점차 의미가 변해, 참가자들이 억지로 수행하는 여타의 활동들도 함께 뜻하게 되었다. 그 의미가 이어져 오늘날의 boondoggle은 시간과 비용이 낭비되는 일을 의미한다.

 ACCOLADE
포상

1580년 세계 일주를 완료한 프랜시스 드레이크는 골든힌드호를 타고 플리머스로 들어왔다. 드레이크가 입항하자 엘리자베스 1세는 그를 골든힌드호의 기사로 임명했다. 여왕이 드레이크를 포옹했는지는 기록에 없지만 그랬을 가능성은 충분하다. accolade의 첫 번째 의미가 국왕이 우호적인 포옹으로 기사 작위를 수여한다는 뜻이기 때문

이다. 이후에 등장한 어깨에 칼을 대는 방식보다 훨씬 인간적이다. 이 단어에는 어딘가를 향한다는 뜻의 라틴어 ad와 목을 뜻하는 collum이 들어 있다(collar옷깃라는 말이 여기서 왔다).

기사knight는 한때 소년이나 청년이 갖는 지위였다. 고대영어 cnight는 독일어로 소년을 뜻하는 Knecht에서 왔고, c도 '크'로 발음되었다. 이후 시간이 지나며 기사에서 하인으로 뜻이 변했고, 왕국의 하인이자 고위 군인을 가리키게 되었다. 오늘날 이 단어는 최고의 서훈 지위로 남아 있긴 하지만 더 이상 국왕이 포옹을 해주진 않는다.

GRICER
철도 마니아

1825년 9월 27일은 조지 스티븐슨의 증기기관차 로코모션 1호가 스톡턴 앤드 달링턴 철도로 승객을 실어 나른 최초의 날로, 철도 역사에 빛나는 기념일이다. 당시 로코모션 1호의 최고 속도는 지금으로 따지면 터무니없이 느린 시속 25킬로미터였는데, 너무 빠르다고 느낀 승객이 놀라 열차에서 떨어지는 일이 발생하기도 했다. 하지만 혁신 속도가 너무도 빨랐던 탓에 로코모션 1호는 10년도 채 지나지 않아 폐기되었다.

최초의 트레인스포터기차를 관찰하고 기관차 번호를 기록하는 취미를 가진 사람로 알려진 인물은 패니 존슨이라는 열네 살 소녀였다. 존슨은 1860년대에 런던의 웨스트본 파크를 지나가는 열차를 공책에 기록했다. 존슨이 기록한 파이어플라이, 이클립스, 모닝스타 같은 이름을 보면 증기기관차가 10대 소녀에게 얼마나 낭만적으로 느껴졌을지 알 수 있다.

오늘날은 트레인스포터를 구분하는 방대한 어휘가 있다. 이들은 열정과 전문 분야에 따라 부르는 말이 다르다. 한때 조롱의 표시였던 gunzel은 열정적인 철도 팬을 의미하는 말이다. 이들은 멋진 사진을 찍는 데 몰두한 나머지 무모한 일을 벌이기도 했다. 어쩌면 gunzel은 gunslinger총잡이라는 미국 속어에서 온 건지도 모른다.

gricer 역시 열광적인 철도 마니아를 뜻한다. 어쩌면 grouser뇌조 사냥꾼의 상류층 발음을 웃기게 흉내 낸 것일 수 있다. 뇌조 사냥꾼이 새를 사냥하듯 철도 팬도 열차를 사냥한다고 할 수 있기 때문이다. 어떤 사람들은 리처드 그라이스Richard Grice를 기리는 표현이라 주장하기도 한다. 그라이스는 철도 노선 전체를 여행한 전설적인 트레인스포터였다.

crank는 가장 좋은 창가 좌석을 차지하려고 사람들을 밀치며 앞서가는 철도 팬을 가리키고, basher는 어감과 달리bash는 때린다는 뜻이다 열차 번호와 운행 통계를 수집하는 사람이다. basher는 기관차가 1만 마일 운행처럼 기념할 만한 숫자를 달성하면 특별한 행사를 치르곤 하는데, 단어의 뜻 때문인지 이벤트는 대개 욕설과 함께 진행된다. 어찌되었든 보통 사람은 normal, bert(마니아가 아닌 자)와 baglet(여성 마니아를 가리키는 말. 한때 상당한 경멸의 대상이었다) 사이에 있다.

 HELLO
(만날 때 쓰는) 안녕

비틀스의 〈헤이 주드Hey Jude〉는 1968년 9월 28일에 음악 차트 1등을 차지하며 9주 동안이나 명예의 자리를 유지했다. 오늘날 hey와 hello를 비교했을 때, hey는 굉장히 현대적인 반면 hello는 구식이라는

느낌이 든다. 많은 사람이 hello가 고대영어에서 유래했다고 생각하지만 실제 hello가 기록된 건 200년도 채 되지 않으며 연식으로만 따지자면 오히려 hey가 훨씬 선배다.

영어 사용자들은 앵글로색슨 시대 이래 사람을 만날 때 다양한 표현을 사용했다. 대부분 h로 시작하며 hey와 ho는 13세기에 기록되었고, hi는 hello보다 400년가량이나 앞선 1400대부터 등장했다. 앵글로색슨족이 사용한 친숙한 인사말 중 하나는 hal이었다. 온전하고 건강하다는 뜻으로, hail맞다, 인사하다과 hale정정한의 뿌리다. 건강했으면 하는 기원을 담은 was hail은 wassail이 되었고, 오늘날에는 크리스마스 캐럴 〈우리는 캐럴을 부르며 가요Here we come a-wassailing〉에 남아 있다. 하지만 hello는 1800년대에야 나타났다.

hello의 전성기는 전화기가 발명되면서 시작되었다. 전화를 받으면 내가 전화를 받았다는 사실을 상대에게 알려야 했기 때문이다. 전화기를 발명한 알렉산더 그레이엄 벨은 ahoy를 선호했지만, 전화기에 마이크를 붙인 토머스 에디슨은 1877년 9월 28일, 소리를 녹음하는 방법을 발견하자 송화구에 대고 "hello!"라 외쳤다. 이로부터 10년이 채 지나지 않아 최초의 전화교환원이 탄생했고, 그들에게 hello girl이라는 칭호가 붙었다.

hello를 익숙하게 사용하는 오늘날 전화를 받을 때 ahoy라 말한다면 이상할 것이다. 그런데 통화를 끝내는 옛날 방식은 더 이상했다. 과거에는 용건이 끝나면 이렇게 말하곤 했다. "That is all끝이야."

MALL
몰

1661년 4월 2일, 새뮤얼 페피스는 일기에 다음과 같은 기록을 남겼다. "세인트제임스 공원에서 요크 공작이 펠레멜레pelemele 경기를 하는 모습을 보았다. 이 스포츠를 직접 본 건 이날이 처음이다." 이때는 펠레멜레라는 새로운 스포츠가 유럽에 도입된 지 좀 지난 시점이라 paille maille, pall mall 등 여러 이름으로 불렸다. 크로케와도 비슷하지만 힘이 더 들어(실제로 경기 현장 사진을 보면 강력한 백스윙이 필요해 보인다) 왕족이 즐겨 하는 스포츠가 되었다. pelemele는 '공 망치'라는 뜻의 이탈리아어 pallamaglio가 프랑스어를 거쳐 들어온 말이다.

페피스가 이 경기를 처음 관전하기 30년쯤 전, 존 보넬레라는 프랑스인이 런던의 세인트제임스 광장 남쪽에 긴 복도처럼 생긴 펠몰 pall mall 경기장을 만들었다. 보넬레가 죽은 뒤로는 경기장이 없어지고 왕실 제화공이 그곳에 집을 지었다. 시간이 흘러서는 그 집을 허물고 다시 펠몰 경기장이 지어졌다. 당대 유명 해설자에 의하면 간선도로를 달리는 마차들 때문에 생긴 먼지가 벽을 넘어와서 선수들이 괴로워했다고 한다.

결국 펠몰 경기장은 1661년 7월에 기둥과 난간을 설치해 옛길을 막고, 9월에 옛 펠몰 경기장으로 가는 새로운 도로에도 난간을 친 뒤에야 대중에 개방되었다. 새 도로는 경기장의 이름을 따서 '펠몰'이라 불렸고, 같은 해 9월에 정식으로 개통되었다. 다른 도시들에도 펠몰 경기용 긴 복도에서 유래한 긴 직선 도로가 많이 남아 있다. 함부르크의 Palmaille, 파리의 Rue du Mail, 제네바의 Avenue du Mail, 위트레흐트의 Maliebaan가 여기에 해당한다. 오늘날의 쇼핑몰shopping mall도 이런 경기장 구역에서 비롯되었다. 이 모든 게 크로케 경기의 흔적이라

318

볼 수 있다.

 ON YOUR TOD
홀로

미국 서러브레드 기수 제임스 포먼 토드헌터 슬론은 1898년 9월 30일 엄청난 업적을 이루었다. 바로 뉴마켓에서 5회 연속 우승을 한 것이다. 오늘날에도 사용되는 monkey crouch라는 승마 자세의 개발자이기도 한 슬론은 영국 왕세자의 말을 타는 영예를 얻었다. 화려한 스타일과 뛰어난 성적으로 당대 유명인이었던 슬론은 토드라는 별명으로 불렸다. 하지만 슬론은 자신이 출전하는 경마에 베팅했다는 혐의로 영국과 미국에서 출전을 금지당했고 그렇게 그의 눈부신 경력은 끝나고 말았다.

돈벌이가 사라진 슬론은 레스토랑과 영화 사업에 손을 대보았지만 슬론이라는 이름을 걸고 운영하기에는 그의 이미지가 이미 빛을 잃은 상태였다. 결국 슬론은 간경화로 때 이른 죽음을 맞이했다. 훗날 역사가들이 그의 베팅 혐의를 벗겨주긴 했지만 이미 그가 외롭게 생을 마친 후의 일이었다. 오늘날 슬론의 이름은 코크니 압운 속어에 남아 있다. on one's tod는 혼자alone라는 뜻이다.

10

October

1	INWIT	지혜, 양심
2	BROADCASTING	방송
3	ATONE	속죄하다
4	THRILL	전율
5	MAUSOLEUM	영묘
6	SILVER SCREEN	은막
7	HAPLOLOGY	글자를 빼먹는 것
8	WAG	코미디언
9	FRANK	솔직한
10	TUX	턱시도
11	NAIL ONE'S COLOURS TO THE MAST	뜻을 굽히지 않다
12	UNASINOUS	모두가 어리석은
13	BLACK MARIA	블랙 마리아
14	RATIOCINATOR	논리적 추론자
15	GORMFUL	똘똘한
16	FAN-BLOODY-TASTIC	엄청나게 멋진
17	CUDDLEMEBUFF	술
18	RIVAL	라이벌
19	ABUSES AND ABSURDITIES	오용과 부조리
20	DOUBLET	이중어
21	SHOTCLOG	술친구
22	CORONACOASTER	코로나19로 격해진 감정 기복
23	MOLE	물질의 기본 단위 '몰'
24	NORMAL	정상적인
25	BALACLAVA	발라클라바
26	HENGE	헨지
27	TICKER TAPE	종이 테이프
28	JERUSALEM ARTICHOKE	예루살렘 아티초크
29	SMELLFEAST	잔치 냄새를 맡는 사람
30	UGSOME	끔찍한
31	FASCINATE	매혹하다

INWIT
지혜, 양심

10월 1일은 국제 노인의 날International Day for Older Persons이다. 다소 거추장스럽다고 느껴질 수 있을 만큼 긴 이름이지만 연륜에 따르는 지혜를 기리는 좋은 의도의 기념일로, 1991년 UN 총회에서 투표로 결정되어 이듬해부터 실행되었다.

만약 이 기념일이 700년 전에 있었다면 International Inwit Day라 불렸을지도 모른다. 여기서 inwit이란 옳고 그름에 대한 감각, 지혜, 양심을 통틀어 가리키는 말이었으며 wit은 의식과 생각의 근원으로, 정신과 같은 뜻이었다. 오늘날 위트 있다는 표현은 유머러스하거나 센스 있는 경우에 사용되는데, 당시 wit of man은 재치가 아닌 지혜를 뜻했으며 오늘날의 at one's wit's end어찌할 바를 모르는, scared out of my wits혼비백산한 같은 표현에 보존되어 있다. common wit은 상식(common sense)이고, 동사로 쓴 wit은 확실하다는 뜻이었다. 더 나아가서 누군가의 천성적이거나 내적인 지식은 inwit, 순수한 마음은 clean inwit이라 표현했다. 반면 outwit은 육체를 비롯한 외향을 관찰하고 지각하는 기능과 연결되었다. 이런 표현들에서 wit은 어원상 wise의 형제로 사용되어 지혜나 지식이 전혀 없는 사람을 nitwit이라 부르기도 했다.

322

BROADCASTING
방송

1925년 10월 2일 존 로지 베어드가 역사상 처음으로 인간의 얼굴을 흑백 이미지로 라이브 전송한 것이 텔레비전의 원형이다. 그리고 이듬해에 베어드가 시범을 보인 기술은 세상을 보는 인류의 방식을 완전히 뒤바꾼 새로운 방송 매체로 이어졌다.

방송broadcasting이라는 말은 의외로 전파가 아닌 농업에서 비롯되었다. 원래는 손으로 씨앗을 뿌릴 때 넓게 뿌린다는 뜻이었지만(여전히 이 뜻으로도 쓰이기도 한다), 17세기 말이 되면 무언가를 널리 퍼트린다는 비유적 표현으로 사용되었다.

오늘날 우리가 사용하는 단어 중 많은 것이 농사에서 탄생했다. aftermath여파는 첫 번째 수확을 마친 뒤 두 번째 작물이나 풀이 다시 자란다는 뜻의 after-mowing을 가리켰다. 대개는 math라고 하면 수학을 떠올리지만, 이 의미가 그보다 500년 이상 앞서 쓰였다. 또 foreigner외국인는 말 그대로 외부인, 미개한 곳에 사는 사람을 뜻하는 말이었다. foreigner의 뿌리가 된 바깥이라는 뜻의 라틴어 foranus는 forest에도 들어 있다.

 ATONE

속죄하다

1990년 10월 3일 자정, 마침내 동독과 서독이 통일되었다. 베를린 장벽이 무너지고 일 년도 지나지 않은 시점이었다. 그렇게 이날은 통일의 날Tag der Deutschen Einheit이 되었다. 독일어 Einheit에 깃든 하나됨oneness의 개념은 또 다른 단어에도 숨어 있다. 바로 atone이다. 고대영어의 all one이 합쳐져 혼자라는 뜻의 alone이 된 것처럼 atone도 at one이 합쳐진 것으로, 누군가와 다시 화합하거나 화해하고픈 소망을 의미한다.

THRILL
전율

엑스프레스 도리앙(나중에 오리엔트 익스프레스로 개칭)이 공식 운행을 시작한 건 1883년이다. 이 노선은 1889년 불가리아의 바르나까지 연장되었고, 그 해가 지나기 전 현재 이스탄불인 콘스탄티노플까지 뻗어나갔다. 당시 기차 여행은 거칠고 많은 준비가 필요한 데다 때로는 위험하기까지 했던 탓에 기차는 사치와 안락, 심지어는 계략을 상징하기까지 했다.

기차는 10월 4일에 본래 터미널이었던 빈에 도착했다. 그날 기차에는 왕족, 귀족, 외교관, 사업가 및 여러 부르주아가 탑승하고 있었다. 모두가 분명 기차의 화려함에 thrill을 느꼈을 것이다. 오늘날 thrill은 호화로운 열차보다는 애거사 크리스티의 『오리엔트 특급 살인』에 더 적합하게 느껴진다.

324

thrill은 구멍을 뜻하는 고대영어 thirl에서 왔다. 처음 기록된 사례는 날카로운 무기로 사람의 몸에 구멍을 낸다는 뜻이었고 15세기에는 동사로 적진을 뚫고 들어간다는 뜻으로 사용되었다. 이후 추상적인 힘의 작용, 심장을 찌르는 날카로운 감정이나 소리까지 넓은 의미로 사용되었다.

thirl은 다른 곳에서도 찾아볼 수 있다. 고대영어의 eye-thirl은 지붕이나 벽에 뚫린 망보기용 구멍을 뜻하는 스칸디나비아어 vindauga에 밀려났다. 이것은 지금의 window가 되었다. 또 우리 몸의 구멍 중 콧구멍nostril은 원래 nose-thirl로, 숨을 쉬게 해주는 코의 구멍이라는 뜻이었다.

MAUSOLEUM
영묘

레닌주의에 토대해 소련을 세운 블라디미르 레닌(레닌의 이름을 따 상트페테르부르크가 레닌그라드로 불리기도 했다)의 유해는 1993년 10월 5일에 마지막 경호를 받았다. 71년 전에 방부 처리된 그의 시신은 붉은광장의 영묘mausoleum에 안치되어 1호 초병이라 불린 의장대의 보호를 받았다. 1호 초병 의장대는 보리스 옐친 대통령이 러시아 의회와 대치한 헌정 위기 이후 해산되었다가 1997년 크레믈 반대편에 있는 무명 용사의 묘에 다시 배치되었다. 레닌의 시체는 모스크바의 노보데비치 수도원의 묘지로 옮겨졌으며 나중에 옐친도 같은 곳에 묻혔다.

mausoleum은 기원전 4세기 페르시아 왕국의 속국이었던 소아시아 왕국 카리아의 왕 마우솔로스Mausolos의 이름에서 온 단어다. 마우솔로스는 뛰어난 지도자가 아니었지만 아내이자 여동생인 아르테미시아에게 극진한 사랑을 받았다. 그가 죽자 아르테미시아는 슬픔을 극복할 길이 없어서 그의 유해 일부를 물에 조금씩 섞어 마셨다고 한다. 그리고 죽기 전, 왕국의 조각가들을 불러 모아 할리카르나소스에 남편을 기리는 묘지를 조성하도록 했다.

조각가들은 고대 튀르키예 리키아의 도시 크산토스의 네레이드 기념비에서 영감을 받아 건물을 지었다. 높이가 무려 40미터에 이르고 수많은 조각품이 화려하게 장식된 건물이었는데, 이 아름다운 건물은 오랫동안 세계 7대 불가사의 중 하나로 꼽혔다. 1857년에 발굴된 유적지는 아름다운 대리석에 싸여 있었고 피라미드형 지붕에는 말 네 마리가 끄는 대형 전차 조각상이 있었다. 함께 발견된 마우솔로스 조각상은 현재 런던의 대영박물관에 있다.

이 건물은 십자군 전쟁 때도 건재했지만 1402년 예루살렘의 성요한 기사단이 할리카르나소스를 점령하며 파괴되었다. 기사단은 그 곳에서 발견한 대리석 같은 재료를 자신들의 성에 쓰기 위해 가져 갔다. 그럼에도 마우솔로스와 아르테미시아의 깊은 사랑에서 나온 mausoleum이라는 단어는 여전히 굳건하게 살아남아, 오늘날까지 레닌의 영묘를 포함한 여러 기념비적인 무덤에 쓰이고 있다.

SILVER SCREEN
은막

1927년 10월 6일 사람들은 은막silver screen의 뮤지컬 〈재즈 싱어 The Jazz Singer〉를 보러 몰려갔다. 립싱크 대사와 노래가 나오는 최초의 장편영화라고 광고된 이 영화는 엄청난 화제를 일으키며 무성영화 시대의 막을 내리는 역할을 했다.

silver screen은 은색 페인트를 칠한 초기 영화 스크린에서 온 말이다. 은색 페인트를 칠하면 반사율이 높아져 화질이 좋아졌기 때문이다. 이후 silver screen은 영화를 가리키는 환유 표현처럼 사용되었다. 지금은 그때와 비교할 수 없을 정도로 기술이 좋아졌지만, 그때 쓰이던 금속성 스크린은 오늘날의 3D 영화에 효과적이라 다시 쓰이는 추세다.

〈재즈 싱어〉는 개봉 당시 blockbuster였다. blockbuster는 1940년대에 태어난 말로, 원래는 한 건물이나 거리를 완전히 파괴할 수 있는 공중투하 폭탄을 가리켰다. 영화에 폭발이라는 개념이 처음 사용된 건 1943년 영화 〈폭격수Bombardier〉를 홍보할 때였다. 이 영화 포스터는 카피라이터가 쓸 수 있는 최대한의 느낌표를 동원한 열정적인 카피로 홍보되었다. "모든 액션, 스릴, 쇼가 한번에 펼쳐지는 블록버스

터!!!"(1월 16일 참고)

 HAPLOLOGY
글자를 빼먹는 것

멋진 이중 갑판선 워싱턴호가 미시시피강의 첫 항해를 마치고 1816년 10월 7일 뉴올리언스에 도착했다. 미시시피Mississippi강의 이름은 철자법 시험의 단골 문항이다. 많은 사람이 Missippi라고 쓰거나 s와 p의 개수를 제멋대로 쓴다. 언어학에서 두 번 연달아 나오는 글자나 단어를 실수로 빼먹는 걸 haplography라 하는데, 하나라는 뜻의 그리스어 haplo와 글이라는 뜻의 graphy가 합쳐진 말이다. misspell을 mispell로 쓰거나 "Is there anyone I can talk to to resolve this issue이 문제를 해결하기 위해 제가 이야기할 수 있는 사람이 있나요?"라고 물어야 하는데 to를 빼먹는 것, bookkeeper를 bookeeper라 쓰는 것 등이 그 예다.

　haplography의 친척 haplology도 비슷한 개념으로 쓰인다. haplology는 말할 때 단어의 일부를 잘라내는 것이다. 예를 들어 secretary를 secetry라 하고, probably를 probly라 말하는 거다. 철자가 어려운 단어는 특히나 이런 잘못이 흔하다. February를 Febry라 하고, library를 libry라 하는 것은 아주 고전적인 사례 중 하나다. 반대로 필요 이상으로 글자를 더하는 건 dittography라 한다. literature를 literatature로, possess를 possessesses로 쓰는 게 여기에 해당한다. 이런 모든 실수가 굉장히 거슬리는 사람들에게 걸맞은 말도 하나 있다. 바로 irritatation(원래는 irritation으로, 짜증이라는 뜻)이다.

WAG
코미디언

10월 8일은 코미디계의 중요한 기념일이다. 1927년 10월 8일에는 인기 듀오 로럴과 하디가 출연한 단편 무성영화 〈두 번째 백 년The Second Hundred Years〉이 발표되었다. 그로부터 15년이 지난 1942년 10월 8일에는 애벗과 코스텔로 듀오가 NBC 네트워크인 캐멀 시가렛츠에서 주간 라디오 쇼를 시작했다. 이 네 명의 스타는 업계 최고의 wag로 꼽혔다.

wag은 16세기에는 평범한 젊은이, 특히 장난기 가득한 젊은이라는 뜻이었다. 1755년 새뮤얼 존슨도 "익살맞고 장난스러운 사람, 익살꾼"이라며 장난꾸러기 개념으로 정의했다.

코미디는 대개 재밌는 농담 위주로 돌아가지만, 사실 마냥 밝기만 한 건 아니다. 때로는 어두운 개그를 던질 때도 있다. 그러나 wag의 어원은 이보다 훨씬 더 어둡다. wag은 waghalter를 조롱하며 줄인 말로, 교수대에 가야 할 사람을 가리킨다. 사형수가 교수대의 밧줄halter을 흔들게wag 될 거라는 뜻이다. 물론 이 wag들은 신문이 사랑하는 가십거리인 WAGS, 이른바 'Wives And Girlfriends of football players축구 선수의 아내와 여자 친구'와는 아무 상관이 없다.

328

FRANK
솔직한

768년 10월 9일은 샤를마뉴가 프랑크Frank 왕국의 왕이 된 날이다. 프랑크 왕국은 오늘날의 벨기에, 프랑스, 룩셈부르크, 네덜란드, 독일 서부를 차지했던 게르만족의 나라다. 샤를마뉴는 모든 게르만 부족을 하나의 왕국으로 통일해 기독교로 개종시키는 게 자신의 임무라 여겼고, 전쟁을 통해 이를 이루어냈다. 샤를마뉴가 숨을 거둔 814년에 프랑크 왕국은 서유럽의 대부분을 차지했고, 그는 오늘날 유럽의 아버지라 불리게 되었다.

샤를마뉴가 권력을 잡기 몇백 년 전 프랑크족은 골 지방을 점령했고, 거기서 현대 프랑스의 이름과 옛 통화 프랑franc이 탄생했다. 프랑크라는 이름은 그들이 선호하던 무기인 franca라는 창에서 온 것이다. 프랑크 왕국에서 자유는 프랑크족이나 피정복민 중 당국의 보호가 결정된 사람들에게만 주어졌다. 그래서 franc에는 자유롭다는 뜻뿐만 아니라 노예와 정복자의 지위 차로 인해 우월하다는 의미도 담기게 되었다. franc은 이 의미를 가진 채 영어에 들어왔고, 이때 c가 k로 변했다.

franc와 frank는 프랑스어와 영어 모두에서 개방적이고 관대하다는 의미로 확장되었고, 부수적으로 정직의 미덕도 뜻하게 되었다. 지금도 우리는 frank를 정직하다는 뜻으로 쓰지만, 과거에 쓰이던 뜻인 우월성의 흔적은 frankincense유향 같은 단어에 남아 있다. 이 말은 고대프랑스어로 우월한 향을 뜻하는 franc encens에서 온 것이다.

TUX
턱시도

에드워드 7세는 왕세자 시절 특별한 옷을 맞추었다. 새빌 로의 재단사 헨리 풀이 그를 위해 전통적 연미복에 캐주얼한 느낌을 가미하고, 표준 신사복에 고급스러운 느낌을 더한 앙상블 정장을 만들었다.

이 dinner jacket은 20세기 초 최고의 패션 아이템이 되었고, 세련된 외양을 추구하던 사람들을 통해 미국으로 건너갔다. 1886년 10월 10일, 이 재킷은 tuxedo라는 이름으로 가을 무도회에 등장했다. 무도회 장소가 뉴욕의 턱시도 공원이었기 때문이다. 턱시도는 알곤킨어로, 늑대의 회합 장소라는 뜻이다.

⟨ 11 October ⟩ NAIL ONE'S COLOURS TO THE MAST
뜻을 굽히지 않다

1797년 10월 11일, 프랑스혁명 전쟁의 주요 전투인 캠퍼다운 전투가 벌어졌다. 이 전투는 영국과 네덜란드 간의 전투로, 절묘한 전략과 우월한 화력으로 영국이 대승을 거두었다. 당시 전투에서 영국은 nailed their colours to the mast했다.

뜻을 굽히지 않는다는 이 관용 표현 중 colours는 캠퍼다운 전투에서 나온 말이라 추정되며 전함의 깃발을 가리킨다. 적의 함포에 배의 돛대가 모두 무너지면 선장은 항복할 수밖에 없는데, 그럼에도 계속 싸우기를 선택하면 그 표시로 배의 삭구에 전투기를 걸었다. 이 일은 영국 사령관 애덤 덩컨의 기함인 베너러블호에서 일어났다.

베너러블호는 전투 초반에 주 돛대가 공격을 받아 청색 깃발이 쓰러졌다. 수병 잭 크로퍼드는 이 상황이 항복의 표시로 해석되지 않도록 위험을 무릅쓰고 남아 있는 돛대 위로 기어올라가 깃발을 못으로 박아버렸다. 다른 영국 함대는 멈추지 말고 계속 싸우라는 신호였다. 크로퍼드의 용감한 행동은 전투를 승리로 이끄는 데 결정적 역할을 한 것으로 밝혀졌다. 전투를 마치고 선덜랜드로 귀향한 크로퍼드는 국민 영웅이 되었다. 그를 찬양하는 동판과 팸플릿이 나라 곳곳에 나타났으며, 국왕은 그에게 작위를 수여했다. 크로퍼드의 행동은 영국 해군이 끈질기고 막강하다는 명성을 확고히 했다.

 UNASINOUS
모두가 어리석은

1773년 버지니아주 윌리엄스버그에 미국 최초의 lunatic asylum정신병원(당시는 직역해서 광인 수용소라 표현하기도 했다)이 문을 열었다. 미쳤다 mad고 판단된 사람들은 시설에 수용해 치료하는 게 최선이라고 생각했기 때문이다. mad는 변화했다는 뜻의 고대 단어에서 온 말이다.

당시의 치료 방식은 현대적 정신과 치료와 비교하면 아직 걸음마 단계였지만, 윌리엄스버그 공공 병원 같은 시설은 정신 질환을 좀 더 인간적으로 다루기 시작했다. 그전까지 정신 질환을 앓던 사람들은 단순히 광인으로 여겨지던 탓에 빈곤에 빠지거나 감옥, 노역소로 끌려가기 일쑤였다. 병원은 수감자들을 격리하기 위한 시설이기도 했지만 그들을 속박하기만 할 게 아니라 치료를 병행해야 한다는 인식의 전환을 촉구했다. 그럼에도 광인madman에 대한 인식은 쉽게 개선되지 않았다.

광인과 마찬가지로 fool어릿광대은 르네상스 사회질서에서 벗어나 있는 존재였다. 왕실과 귀족들은 fool이나 재주꾼(지성과 이해 능력이 부족해 마음껏 비웃을 수 있는 사람)을 고용하는 경우가 많았다. 반면 셰익스피어의 연극에 자주 등장하는 fool은 전문 예능인으로서, 정신 나간 것 같은 외양으로 지혜를 감추고 불편한 진실을 검열 없이 전달했다.

『옥스퍼드 영어 사전』을 보면 fool의 동의어가 100개도 넘는 걸 볼 수 있다. 1400년대의 saddle-goose, buffard, 1500년대의 little Witham(멍청한 걸로 유명했던 마을의 이름에서 따온 단어), 1600년대의 niddicock, noddypeak, dizzard는 그렇게 오늘날의 nincompoop, wally, plonker로 이어진다. 대부분 광기의 뜻은 사라지고 멍청함을 조롱하는 의미만 남아 사용되고 있다.

이런 fool들이 모여 최고로 멍청한 짓을 하는 모습을 보게 된다면 unasinous라 말할 수 있다. unasinous는 『옥스퍼드 영어 사전』에 1656년 용례 딱 한 가지만 실려 있다. 라틴어로 하나를 뜻하는 unus와 바보라는 뜻의 asinus가 합쳐진 단어로, 모두가 어리석다는 뜻이다.

 BLACK MARIA
블랙 마리아

1832년 10월 13일 서러브레드 암망아지 블랙 마리아Black Maria가 뉴욕 시 우드빌(오늘날의 우드헤이븐)에서 열린 유니언 코스 경마에서 우승하며 자키 클럽에 돈다발을 안겨주었다. 그 후로도 블랙 마리아는 승승장구했고 상금 총액이 1만 5000달러를 넘어섰다. 당시로서는 어마어마한 금액이었다. 건장한 여러 수말을 격퇴한 아름다운 암말의 이름은 사람들 머릿속에 강하게 박혔다.

몇 년 후 미국에서 죄수 호송용 검은색 경찰차에 '블랙 마리아'라는 이름이 붙었다. 방금 말한 경주마와 관련 있어 보이는 이름이지만 다른 설도 제기되었다. 보스턴에서 선원 하숙집을 운영하는 흑인 여성 마리아 리에게서 비롯되었다는 것인데, 리가 워낙 덩치가 크고 힘이 세서 경찰이 범죄자를 체포할 때 자주 도움을 요청했다고 한다. 그렇기에 어쩌면 리의 유명세가 경찰차의 애칭으로 이어진 걸 수도 있다. 하지만 대부분의 어원 연구자는 경마에서 수많은 우승을 차지한 말의 이름에서 유래된 것이라 추측한다.

블랙 마리아는 제1차 세계대전 때 다시 나타났다. 이번에는 TNT를 가득 담은 무거운 독일 포탄의 별명이었다. 이 포탄은 폭발할 때 검은 연기를 엄청나게 뿜어냈기 때문에 이런 이름이 붙었다. 이런 이름은 참호의 블랙 유머에서 꽤 흔하게 찾아볼 수 있었다. 강력한 전쟁 무기들에는 Silent Susan이나 Big Bertha 같은 이름이 붙었다.

RATIOCINATOR
논리적 추론자

1892년 10월 14일은 아서 코난 도일의 단편소설 12편을 모은 작품집이 출간된 날이다. 월간지 《스트랜드 매거진》에 연재된 것을 모은 책으로, 셜록 홈즈와 조수 왓슨 박사는 모든 이야기에 등장해 사건을 이끌어나간다.

코난 도일이 창조한 홈즈는 논리왕이다. 홈즈의 연역적이고 귀납적 추리력은 환상의 경지로 미래의 법의학을 예견하기도 한다. 한마디로 홈즈는 ratiocination의 현신이다. ratiocination은 라틴어에서 온 단어로, 논리적이고 정밀하게 추론하는 능력을 말한다. 지금도 홈즈만 한 ratiocinator는 흔하지 않다. 예외를 꼽자면 〈스타 트렉〉의 스폭 정도일 것이다. 홈즈 자신도 스스로의 그런 능력을 인정하며 왓슨에게 이렇게 말한다. "왓슨, 나는 두뇌가 전부야. 나머지 부분은 그저 부록에 불과하지."

GORMFUL
똘똘한

펠럼 그렌빌 우드하우스는 1881년 10월 15일에 태어났다. 그는 버티 우스터라는 인물을 창조해 세상에 웃음과 즐거움을 선사했다. 그는 gruntled라는 단어도 세상에 선물했다. 1938년에 출간된 『우스터가의 암호The Code of the Woosters』에는 이런 문장이 나온다. "그는 '이게 뭐야?' 하듯 말했다. 나는 그가 불만족스러운disgruntled 것까지는 아니지만 만족스러운gruntled 것과는 거리가 멀다는 걸 알았다."

gruntled는 오래전에 사용이 멈춘 긍정 표현 중 하나다. 영어에는 unkempt, uncouth, underwhelmed, nonplussed처럼 어느 시점에 짝을 잃고 혼자만 살아남은 단어가 많다. 주로 인생의 슬프고 불쾌한 면을 표현하는 단어들인데, 예전에는 이 단어들과 짝을 이루는 긍정적인 형제 단어도 있었다. 빗질한다는 뜻의 독일어에서 온 kempt는 단정하다는 뜻이었다. couth는 친절하고 다정하다는 의미였으며 스코틀랜드에는 여전히 couthie라는 말이 존재한다.

pecunious부유한, toward친절하고 앞날이 밝은, ruth연민이 가득한, wieldy 무기를 잘 다루는 같은 단어들은 계속 사용될 수도 있었을 것이다. mayed 권력을 소유한, ept유능한, flappable안절부절못하는, peccable죄를 짓기 쉬운, bridled굴레, descript묘사하다도 마찬가지다. 이처럼 긍정적인 짝 단어를 잃고 홀로 살아남은 단어들이 워낙 많아 '짝 잃은 부정 형용사'라는 이름이 붙기도 했다. 오늘날 gormless의 형태로만 쓰이는 gorm도 마찬가지다. 스칸디나비아어로 gaum은 주의를 기울인다는 뜻이고, gaum-like는 똑똑해 보인다는 뜻이었다. gaum이 gorm으로 변한 뒤 gormless 멍청한만 남고 긍정적인 의미는 모두 사라져 지금의 뜻으로 자리 잡게 되었다.

334

FAN-BLOODY-TASTIC
엄청나게 멋진

연극 〈피그말리온〉은 1913년 10월 16일 빈의 호프부르크 극장에서 조지 버나드 쇼의 대리인 지크프리트 트레비치가 번역한 독일어로 초연되었다. 한편 런던 공연은 쇼가 발탁한 여배우 패트릭 캠벨 부인이 경증 신경쇠약을 앓느라 몇 달 미뤄졌다. 이 연극의 유명한 대사 "산책이요? 말도 안 돼요!Walk? Not bloody likely!"는 관객의 충격과 감탄을 불러일으키게끔 일부러 쓴 욕설인데, 독일어로는 훨씬 점잖은 "Dreck! Bish!"라 번역되었다. 《데일리 텔레그래프》는 캠벨 부인이 무대에서 과감하게 대사를 내뱉자 객석이 열광의 도가니에 빠졌다고 썼다.

아마 여기서 도대체 무엇이 욕인가 싶은 사람이 많을 것이다. bloody는 오늘날 욕설처럼 들리지 않는다. 『해리 포터』에서는 호그와트 학생들이 "bloody hell"이라는 말을 입에 달고 산다. 오스트레일리아에서도 bloody는 대화 중 워낙 많이 쓰이는 간투사로, 욕설의 의미는 잊힌 지 오래다.

bloody가 단순한 형용사(시인 조지 고든 바이런의 "But here, where Murder breathed her bloody steam하지만 여기, 살인이 피 묻은 숨을 내쉬는 곳"이라는 표현처럼)에서 충격적인 욕설이 된 경위를 두고는 많은 설이 있다. 그리스도의 피에서 비롯되었다는 이야기, 사제들의 음주 습관이나 가톨릭의 화체설에서 왔다는 이야기, By our lady라는 표현에서 왔다는 이야기, Bloody Bonner라는 별명의 런던 대주교(속설에 따르면 신선한 피 냄새에만 취했다고 한다)가 이교도를 추적한 게 기원이라는 이야기 정도가 대표적이다.

하지만 진짜 정답은 다른 것일 수도 있다. 17세기 말에서 18세기 초에는 혐오스럽고 오만한 행동으로 유명한 망나니 같은 귀족을

blood라 불렀다. bloody drunk는 blood처럼 취한 것, 그러니까 매우 취했다는 뜻이었다. 현대 영어에서는 대체로 접요사처럼 단어와 단어 사이에 불쑥 들어가는 식으로 쓰인다. 실제로 fan-bloody-tastic과 abso-fucking-lutely는 인기리에 자주 사용된다. 둘 다 자른다는 뜻의 그리스어에서 온 단어 tmesis분어법를 통해 만들어진 표현이다.

CUDDLEMEBUFF
술

홍수는 비극적인 재난이지만, '맥주 홍수'라면 그렇게 비극으로 느껴지지 않을 것이다. 하지만 1814년 10월 17일 실제로 발생한 맥주 홍수는 런던의 슬럼가인 세인트자일스 루커리에 살던 여덟 명에게 참혹한 사건이었다. 뮤 앤드 컴퍼니의 호스 슈 양조장에서 6.7미터 높이의 목재 술통이 터지면서 발효 중이던 흑맥주 100만 리터가 쏟아져 나와 건물 자체와 루커리의 여러 집을 쑥대밭으로 만든 것이다. 그 후로 양조장은 자리를 옮겼고, 양조장터에는 도미니언 극장이 들어섰다.

적절한 위생 시설이 갖춰지기 전까지는 물보다 맥주가 훨씬 안전한 음료로 여겨졌기에 아이들도 small beer라는 희석주를 마시며 자랐다. 그러니 사전에 맥주 관련 속어가 수백 개 실려 있는 것도 놀라운 일은 아니다. 수많은 단어 중에도 두드러지는 하나는 cuddlemebuff다. cuddlemebuff는 모든 종류의 술을 총칭하는 명사지만, 동시에 난롯가나 동네의 kiddlywink(19세기에 맥줏집을 가리키던 말)에서 맥주 한 잔을 들고 있는 아늑한 이미지지도 떠오르게 한다.

RIVAL
라이벌

"Call me Ishmael나를 이슈마엘이라 불러주오"은 현대문학에서 가장 유명한 첫 문장 가운데 하나다. 바로 1851년 10월 18일 '고래'라는 제목으로 출간된 『모비딕』의 첫 문장이다. 모비딕이라는 이름은 10년 전 뉴욕의 《니커보커 매거진》에 실린 기사에서 온 것으로 보인다. "모차딕, 태평양의 흰 고래"라는 제목의 기사는 포경선 선원과 어부들을 공포에 떨게 한 거대한 흰색 향유고래에 대한 내용이었다. 모차라는 이름은 고래가 모차섬 인근에서 자주 목격되었기 때문이고, Dick은 멜빌이 언급한 잭이나 톰처럼 그냥 흔한 이름이다. 멜빌이 지은 모비라는 이름은 선원들을 공포에 몰아넣은 현실의 흰 고래 이름과 크게 다르지 않다.

모비는 물론 포경선 피쿼드호의 선장 에이허브의 라이벌rival이었다(피쿼드호 선원 중에는 일등항해사 스타벅Starbuck이 있었는데, 이 이름 역시 현재 대단한 명성을 떨치고 있다). rival이라는 말도 물에서 기원했다. river의 형제 단어인 rival은 같은 수원의 물을 두고 다툰 사람, 즉 같은 것을 추구하는 사람을 가리켰다. derive비롯되다도 같은 언어 집단에 속하는데, 물을 저수지나 시내에서 다른 장소로 흐르게 한다는 뜻이었다.

19 October ABUSES AND ABSURDITIES
오용과 부조리

『걸리버 여행기』의 저자 조너선 스위프트는 1745년 10월 19일에 죽음을 맞이했다. 스위프트의 작품은 영어 어휘에 거대하다는 뜻의

Brobdingnagian을 비롯한 여러 단어를 남겼다. Brobdingnagian은 소설 속 거인국인 Brobdingnag에서 비롯된 말이다.『옥스퍼드 영어 사전』에는 스위프트가 만든 신조어가 100개도 넘게 수록되어 있다. 그중에는 bantering조롱, big-endian데이터를 큰 단위부터 저장하는 것과 little-endian 데이터를 작은 단위부터 저장하는 것, dupe바보, yahoo인간과 닮은 야만적인 종족도 있고 liliputian아주 작은도 있다.

하지만 스위프트가 단어에만 신경을 쓴 건 아니다. 그는 많은 이가 문법의 쇠퇴를 걱정하는 시대에 글을 썼다.『영어를 위한 제언 Proposal for the English Tongue』에서 스위프트는 언어를 영원히 고칠 수 있는 힘을 가진 학술원 설립을 주장했다. 스위프트는 정부 지도자 로버트 할리에게 "우리 언어는 극도로 불완전합니다. 하루하루 개선하는 것과 하루하루 타락해가는 속도의 비율이 맞지 않습니다"라고 말했다. 그가 관찰한 영어의 오용과 부조리Abuses and Absurdities 사례 중 하나는 대부분의 책이 망가진 말과 줄임말로 가득 차 있다는 사실이었다.

스위프트는 외래어 사용도 비난했다. 그는 적절한 곳에 적절한 단어를 쓰는 게 진정한 문체를 만든다고 했지만, 아이러니하게도 정작 본인은 모든 명사의 첫 글자를 대문자로 썼다. 이는 아마 유럽 대륙 인쇄업자들의 방식일 텐데, 인쇄업자들은 명사를 대문자로 쓰는 독일어에 익숙했기 때문이다.

결국 스위프트가 제안한 학술원은 세워지지 않았다. 영어는 여전히 민주주의를 누리고 있으며 이를 조정하는 역할은 사전이 맡고 있다. 하지만 정부가 언어를 규정하고 통제해야 한다는 일부의 주장은 오늘날도 여전하다. 커뮤니케이션이 더 많이, 더 빨리 이루어지면서 언어가 망가지고 있다고 생각하기 때문이다. 만약 스위프트가 살아나 현대 과학기술에서 big-endian과 little-endian이 새로운 의미로 사용되고 있는 걸 보면 과연 무슨 말을 할까?

DOUBLET
이중어

1957년 10월 20일 미국 멤피스에서 엘비스 프레슬리의 〈제일 하우스 록Jailhouse Rock〉이 개봉했다. 이 영화는 과실치사로 감옥에 들어간 청년 빈스가 감방 동기의 도움으로 음악적 재능을 발견하는 이야기다. 영어의 '감옥'은 두 가지 철자로 쓰는데, 둘 다 프랑스어에서 왔다. gaol은 북부의 노르만 프랑스어에서, jail은 중부나 파리 지역 프랑스어에서 온 것이다. 이런 이중 차용 사례는 생각보다 적지 않다.

warranty와 guarantee도 모두 프랑스어에서 오긴 했지만 시대와 경로가 다르다. guardian과 warden, pâté와 paste, fete와 feast, chattel과 cattle도 마찬가지다(한때 cattle소는 생계에 몹시 중요했으므로 재산의 상징이 되었고, 여기서 goods and chattels세간라는 표현이 나왔다). 이런 단어들은 언어학에서 doublet이중어이라고 한다. 관련된 외래어가 두 개 이상인 경우도 있다. 종이나 종 모양과 연결된 단어 clock, cloak, cloche가 그런 경우에 해당하며 다른 언어도 동일하게 적용된다. 예를 들어 Slav와 slave는 어원이 같은데, 많은 슬라브인이 노예로 살았다는 과거에서 비롯된 것이다. charity, cherish, cheer, whore로 묘하게 이어지는 이 말들은 사랑한다는 뜻의 고대 인도유럽어에서 온 것이다.

SHOTCLOG
술친구

살다 보면 한 번쯤은 pub bore를 만나게 된다. pub bore란 지난주와 똑같은 이야기를 같은 사람들에게 장황하게 늘어놓는 사람을 말한다. pub은 처음 본 사람과도 대화를 나눌 수 있는 공간이며 독특하게도 영국 문화의 언어 법칙을 뛰어넘는 곳이다.

영국 전역의 pub에서는 복제라도 한 것처럼 똑같이 행동하는 몇몇 유형의 사람들을 볼 수 있다. 그중 으뜸은 shotclog으로, 다음에 술을 사기로 했으니 화낼 일을 한 번 참아주는 술자리 친구를 뜻하는 엘리자베스 시대의 속어다. shotclog은 snecklifter와 잘 어울려 지낸다. snecklifter은 술을 사줄 사람이 있나 주위를 살피며 pub의 sneck걸쇠을 여는 구두쇠를 가리킨다. 만약 운이 좋다면 지역의 tosspot(8월 28일 참고)을 만날 수 있을지도 모른다.

 CORONACOASTER
코로나19로 격해진 감정 기복

과거에도 중요한 사건이 있을 때마다 그랬듯, 코로나19 시기에도 많은 어휘가 만들어졌다. 그중 많은 단어가 이전에 벌어진 역사적 사건들에서 왔다. 가령 100년 훨씬 전에 인플루엔자나 나병 같은 위험 질병이 닥쳤을 때도 자가 격리가 실행되었다. 현대적 의미의 격리는 14세기의 유럽, 특히 이탈리아와 동아시아 사이의 해상무역이 증대하면서 시작되었다. 흑사병이 맹위를 떨치던 1348년, 베네치아는 석호의 한 섬에 기지를 설치하고 도착하는 모든 배의 선원을 최소 40일 격리하도록 했다. 이 기간은 콰란테나quarantena라는 베네치아 방언으로 불렸으며, 40을 뜻하는 콰란타quaranta에서 온 말이다.

하지만 코로나19가 새롭게 추가한 어휘도 많다. WFH(working from home)재택근무는 『옥스퍼드 영어 사전』에 오르기도 했다. hot zone 감염 위험지역, flatten the curve속도를 둔화시키다, PPE(personal protective equipment)개인 보호 장비, contact tracing접촉자 추적도 마찬가지다. 이런 신조어 중에는 현실의 무거운 분위기와 반대되는 가벼운 것도 있다. 예를 들어 covidiot은 사회적 거리 두기 규칙을 일부러 어기는 멍청이를 말한다. quarantini는 찬장 속 재료들로 만든 실험적 칵테일이고, Covid 15은 격리 기간 동안 냉장고에 있는 음식을 죄다 먹어댄 덕에 불어난 15파운드(약 7킬로그램)에서 비롯된 말이다. doughverkill에는 소셜 미디어에 넘쳐나는 홈 베이킹 사진에 대한 지겨움이 담겨 있고, 비슷한 말인 dinfluencer은 봉쇄 기간 동안 집에서 만든 저녁 식사를 전부 찍어 올리는 사람을 가리킨다.

　작가 마이클 호건은 이런 목록에서 새롭게 눈에 띄는 단어들에 주목했다. Bored-eaux는 할 일이 없어 와인을 마시고 취한 것이고, claphazard는 방역 영웅인 의료진에게 감사를 표현하고 싶어서 거리 두기 지침을 무시하고 악수나 포옹을 시도하는 사람을 뜻한다. 또 co-runner virus는 사람들이 숨을 헐떡거리면서, 즉 달리면서 비말을 흩뿌려 전염병을 퍼트리는 걸 말한다. 이 중 살아남을 만한 게 하나라도 있을지는 모르겠지만, 우리가 coronacoaster(corona+roller coaster)를 타고 있는 동안에는 계속해서 더 많은 표현이 만들어질 것이 분명하다.

(23 October) **MOLE**
물질의 기본 단위 '몰'

10월 23일은 몰mole의 날이다. 이 mole은 땅속에 사는 두더지 mole(도마뱀을 뜻하는 독일어에서 온 말)와는 아무런 상관이 없다. 10월 23일의 mole은 7개의 국제 표준 단위인 SI(System International) 기본 단위 중 하나다. 다른 단위로는 초, 미터, 킬로그램, 암페어, 켈빈이 있고 마지

막은 광도를 나타내는 칸델라다.

아보가드로의 수라고도 하는 mole은 물질의 기본 단위다. 6.02×10^{23}이라 정의되며 특정 질량의 표본에서 소립자(주로 원자, 이온, 분자)의 수를 계산할 때 쓴다. 10월 23일 오전 6시 2분은 '6:02 10/23'이라고 표기할 수 있기에 전 세계 물리학자들이 특별한 기쁨을 누리는 날이기도 하다.

 NORMAL
정상적인

'검은 목요일'이라 불리는 1929년 10월 24일, normal의 정의가 바뀌었다. 대공황의 시작점인 이 날은 사실 전혀 normal하지 않았다. 그런데 아이러니하게 암울했던 그날 이후로도 12번 넘는 붕괴를 겪다 보니, 이런 극적인 슬럼프가 새로운 normal이 된 것이다. 그 '새로운 normal' 중에는 2020년 코로나19 유행 속의 붕괴도 있었다.

34?

normal은 다양한 의미를 거쳐왔다. normal은 '직각으로'라는 뜻의 라틴어 normalis에서 온 말이며, normalis는 목수의 먹자를 뜻하는 norma에서 온 말이다. 먹자는 두 개의 막대가 직각을 이루는 T 자 모양의 자다. 1658년 사전 『영어 단어의 신세계The New World of English Words』는 normal을 "규칙을 따른, 올바른"이라고 정의하는데, 여기서 규준을 뜻하는 norm이 생겼고, 규칙적 패턴에 순응한다는 normal의 현대적 의미가 생긴 것이다.

enormous거대한도 같은 맥락에서 온 단어다. '~에서'라는 뜻의 e와 표준을 뜻하는 norma가 결합해 부정적으로 유별난 것을 가리켰지만, 이후 크기를 가리키는 의미로 변했고 기존의 부정적 의미는 abnormal

이 가져갔다. normal 자체도 상황의 변동에 발맞추어 계속 변화했다. 역사가 깨달음을 주듯 "무엇이 정상인가?"라는 질문의 답은 보기만큼 간단하지 않다.

BALACLAVA
발라클라바

크림전쟁이 한창이던 1854년 10월 25일, 발라클라바Balaclava 전투가 벌어졌다. 시인 테니슨은 이 사건을 「경기병 여단의 돌격The Charge of the Brigade」이라는 시에 담았다. 크림전쟁 당시 영국 군인들은 방한 용품으로 머리와 목은 감싸고 눈, 코, 입에만 구멍이 뚫린 뜨개 모자를 받았다. 영국군은 이 모자를 처음 착용했던 마을 이름을 따서 '발라클라바'라고 불렀다.

방한 의복에는 전 세계 곳곳에서 유래한 다양한 어휘가 있다. parka는 원래 북극지방 사람들이 입던 후드 달린 긴 가죽 재킷이며 네네츠어(러시아의 우랄산맥에 사는 북극지방 사람들의 언어)에서 영어로 온 몇 안 되는 단어 가운데 하나다. anorak은 이누이트어로, 1930년대 그린란드 신부가 착용하던 화려한 구슬 장식을 가리켰다. 이는 1950년대에 큰 인기를 끌어 《보그》에도 실렸다. anorak이 물건 자체를 넘어 착용한 사람을 가리키는 뜻으로 변한 건 1948년 《옵저버》 신문이 이 단어로 네덜란드의 해적 무선통신 팬을 가리켰을 때로 추정된다.

영국으로 돌아오면, 전 총리 데이비드 캐머런이 국민에게 권한 hug a hoodie가 뿔까마귀hooded crow를 말한 것은 아니겠지만, 적어도 1700년대에 최초로 기록된 hoodie는 그 뜻이 맞았다. anorak이 그랬듯 hoodie도 옷 자체보다는 점차 옷을 입은 사람을 가리키는 말로 변해갔다. 당시는 후드 티셔츠를 입은 젊은이들이 공공장소에서 출입금지를 당해 논란이 되었던 터라, 불만에 찬 젊은이를 의미하는 단어로 쓰이기도 했다.

 HENGE
헨지

1918년 변호사 세실 처브는 영국의 가장 불가사의한 보물 중 하나를 정부에 기증했다. 그가 3년 전에 6600파운드를 주고 산 것이었다. 아내에게 선물하려 샀다는 설도 있고, 영국 밖으로 나갈 수 없게 하려고 샀다는 설도 있다. 어쨌든 정부는 감사의 뜻으로 처브에게 준 남작 작위를 주었으며 '돌 위에 세워진'이라는 뜻의 'Saxis Condita'라는 문구가 새겨진 문장을 수여했다.

스톤헨지Stonehenge는 기원과 용도가 불분명해 오늘날까지도 사람들의 상상력을 자극한다. 바이런의 시「돈 후안」에도 이를 궁금해하는 대목이 나온다. "드루이드고대 켈트족의 자연 신앙인 드루이드교의 사제의 숲은 사라졌다—그래서 더 좋다 / 스톤헨지는 남아 있다—하지만 이것은 대체 무엇인가?"

사실 스톤헨지라는 이름부터도 알쏭달쏭하다. henge가 처음 기록된 10세기에 henge-cliff는 정상을, henge는 hang매달림을 뜻했다. 아마도 Stanheng은 공중에 매달린 돌이라는 뜻이었을 것이다. 500년이 지나 스톤헨지와 인근 에이브버리 연구의 개척자 윌리엄 스터클리도 이 견해에 동의했다. "오늘날 요크셔 지방에서는 흔들바위를 henge라고 부른다. … 내가 볼 때 Stonehenge는 색슨어로 매달린 돌이라는 뜻이 분명하다."

또 다른 설은 교수대를 가리킨다는 것인데, 스톤헨지의 바위를 보면 곧추선 두 개의 바위 위에 가로 방향으로 바위 하나를 얹은 모양이기 때문이다. 이 설은 드루이드들이 어떻게 이 수수께끼의 구조물을 사용했을지 유추하는 데 미약하나마 실마리를 제공한다.

TICKER TAPE
종이 테이프

1886년 10월 27일이 껴 있는 주에 그로버 클리블랜드 대통령은 자유의 여신상 제막식에 참석했다. 이 행사 뒤에 역사상 최초의 ticker-tape 퍼레이드가 벌어졌고, 이를 보려고 뉴욕에 수천 명이 모여들었다. 처음에 ticker tape는 전보 메시지를 출력하는 종이나 금융계에서 주식 시세 중계에 사용하는 장치를 가리키는 말이었다. ticker 기계들이 '틱-틱-틱' 하는 소리를 내며 작동해서 이런 이름이 붙었다.

이후 테이프는 색색의 색종이 조각인 confetti로 대체되었다. confetti는 준비된 것이라는 뜻의 이탈리아어로, 원래는 사탕을 뜻했다(comfit사탕와 confectionery과자 모두 이 단어와 형제 관계다). 이탈리아에는 카니발 때 구경꾼들에게 작은 사탕을 던지는 풍습이 있었는데, 나중에는 땅에 떨어지면 하얀 먼지구름을 일으키며 터지는 석고 공으로 대체되었고, 19세기 말부터는 색종이 조각을 뿌리는 전통이 확립되었다.

JERUSALEM ARTICHOKE

예루살렘 아티초크

이맘때는 artichoke의 계절이다. 그런데 artichoke라 불리는 식재료 중에는 artichoke와는 관련 없는 뚱딴지같은 것이 하나 있다. 바로 예루살렘 아티초크Jerusalem artichoke라는 식물이다. 아마 이 이름을 처음 들은 사람이라면 왜 식물 이름에 예루살렘이 들어가게 된 것인지 궁금할 것이다. 하지만 허무하게도 기원이나 연원과는 아무런 상관이 없다. 그저 'eggcorn'의 고전적 사례에 민간어원이 약간 더해진 것뿐이다.

eggcorn은 잘못 들은 말이 그럴듯하게 해석되어 세상에 퍼지면서 기존의 용어를 대체하는 현상이다. eggcorn이라는 이름은 미국의 언어학자 제프리 풀럼이 동료 마크 리버만의 글을 읽고 만든 말이다. 리버만은 acorn을 eggcorn으로 알고 자란 여성의 사례를 들었는데, 두 단어의 발음이 비슷하고 도토리가 작은 알과 모양이 비슷하다는 점에서 할 수 있을 만한 착각이었다.

지난 10여 년 동안 『옥스퍼드 영어 사전』의 방대한 데이터베이스에는 lack toast intolerance(lactose intolerance), roast(roost), pre-Madonna(prima donna), in the butt(in the bud), lemmings to the slaughter(lambs to the slaughter) 같은 비슷한 사례들이 축적되었다. Jerusalem artichoke는 앞서 말한 단어들보다 훨씬 오래전에 탄생했으며 발음이 어려운 외국어를 엉뚱하게 읽은 경우다. Jerusalem은 이탈리아어 girasola와 프랑스어 girasole에서 온 것(두 단어 모두 해를 향한다는 뜻)으로, 이 식물의 향일성을 나타내는 말이었다. 하지만 영어 사용자들은 발음하기 어려운 단어였기에 비슷하게 들리는 Jerusalem으로 바꾸어 부르기 시작한 것이다 프랑스어 girasole의 발음은 '지라솔', Jerusalem의 영어 발음은 '저루설럼'이다. 그렇게

Jerusalem은 전혀 상관없는 식물의 이름이 되었고, 원산지로도 오해받게 되었다.

 SMELLFEAST
잔치 냄새를 맡는 사람

르네 고시니의 만화 〈아스테릭스〉는 1959년 10월 29일 《필로트》에 이제는 전설이 된 알베르 우데르조의 그림과 함께 처음 연재되었다. 〈아스테릭스〉의 주인공 아스테릭스는 골 마을의 용사로, 로마 점령군에 맞서 코믹하면서도 강력하게 싸운다. 고시니는 유대인이었고, 작품은 독일의 프랑스 점령을 배경으로 한 것이라 여겨지는데, 실제로 당시 그의 일가친척 중 많은 사람이 살해되었다고 한다.

아스테릭스는 뽀빠이의 윔피처럼 먹성이 대단한 배불뚝이 오벨릭스와 짝을 지어 다닌다. 16세기라면 오벨릭스는 smellfeast라 불렸을 것이다. smellfeast는 『옥스퍼드 영어 사전』에 "잔치가 벌어지는 냄새를 감지하는 사람"이라 정의되어 있다. 부엌에서 좋은 냄새가 날 때면 귀신같이 나타나는 친구를 표현할 때 유용한 말이다. 16세기에 비롯된 비슷한 말로 lickspigot라는 단어도 있다. lickspigot은 좋은 와인이나 맥주 냄새가 풍길 때마다 나타나는 친구를 가리킨다. 아무리 오랜 세월이 흘러도 변하지 않는 부류의 사람이 있는 모양이다.

UGSOME
끔찍한

영어의 토대가 된 언어는 5세기에 게르만 전사 부족인 앵글로색슨족과 함께 배를 타고 건너왔다. 이후 앵글로색슨족 역사가 비드는 이 야만인에게 고통받은 '브리튼인의 신음'을 기록했다. 하지만 진짜 침략자의 이미지는 2세기 후 다른 곳에서 온 이들이 가져가게 됐다. 바이킹(Viking이라는 말은 캠프를 뜻하는 wic에서 유래했다)이라는 이름 자체부터 해적, 약탈자라는 뜻이 있다. 바이킹 침략으로 잉글랜드와 그들의 언어는 다시 한번 포위되었다. 약탈자이자 정착민인 그들이 남긴 단어들은 아주 직접적이라서 듣기만 해도 그 역사를 짐작할 수 있을 지경이다. ransack약탈하다, slaughter도살, freckle주근깨, egg, blunder큰 실수, heathen이교도, 야만인에서 happy와 Yule크리스마스까지 고대 스칸디나비아어에서 온 단어들은 생명력 못지않게 간결성도 두드러진다.

바이킹이 가져온 어휘 중 유용한 표현이지만 안타깝게도 세월이 흐르며 묻힌 단어 가운데 ugsome이라는 말이 있다. ug는 불쾌한 모든 감각을 일컬어 가리키는 말이었으며 동사로는 크나큰 두려움에 사로잡힌다는 뜻이었다. 그래서 ugsome한 것은 끔찍하고 혐오스러운 것을 뜻한다. 보수적인 고전 서기들은 이 말을 라틴어 단어 abhominabilis혐오스러운로 옮겨 적었으나 그 의미는 현재의 ugly에 살아 있다. 한때 이 단어에는 바이킹의 무기와도 비슷한 강력한 공격성이 담겨 있었다.

FASCINATE
매혹하다

핼러윈이라고도 부르는 만성절 전야는 고대 켈트력으로 한 해의 마지막 날을 기념하는 삼하인 축제와 기독교 축일이 결합한 것이다. 켈트족은 삼하인 날에 육신 세계와 영혼 세계의 장벽이 무너진다고 믿었다. 오늘날의 핼러윈도 별로 다르지 않다. 10월 31일은 온갖 미신이 일으키는 공포와 스릴을 즐기는 날이다. 기괴한 분장과 초콜릿과 함께!

악마와 초자연적인 세계가 있다는 믿음에서 악귀의 위협을 막는 수많은 주문이 만들어졌고, 그중 많은 것이 grimoire에 들어 있다. grimoire는 영혼을 불러오는 마법에 대한 책이다(1월 13일 참고). 그중에는 불운과 질병과 죽음을 안겨주는 사악한 눈을 막는 주문도 있다.

미신을 강하게 믿었던 로마인은 이런 마법을 실행하는 사람을 fascinator라고 불렀다. fascinator는 성 기능을 포함한 각종 기능장애, 두통, 딸꾹질, 하품을 일으킬 수 있다고 여겨졌다. 로마인들은 악귀를 물리치는 부적인 fascinum을 몸에 부착하고 다니기도 했다. 소들도 비슷한 부적을 목에 걸었다. 발기한 남근은 원기가 가득해서 사악한 눈을 막아준다고 하여 이런 부적은 대개 남근 모양이었다.

fascinate이 영국에 처음 들어온 1600대에는 누군가에게 사악한 눈길을 던지는 일, 사람을 홀려서 멋대로 조종하는 일을 뜻했다. 하지만 나쁜 의미로만 사용된 것은 아니었다. 1600년대 말에 나온 한 의약품 해설서는 "fascinate and cure stinking breaths입 냄새를 사로잡고 치료한다"라고 성능을 설명하기도 했다. 10월 31일에 유령이 나쁜 일을 저지르지 않도록 달래는 주문은 nightspell이라고 했다. 이 단어에 들어 있는 spell은 오늘날 철자를 뜻하는 spelling에서 찾아볼 수 있다.

November

1	HEART	심장
2	ON A WING AND A PRAYER	성공 가능성이 희박한 위험한 행동
3	HOMME DE BIGOTE	콧수염 기른 허풍선이
4	EXSIBILATE	형편없는 공연자를 야유로 쫓아내다
5	GUY	남자
6	AI	인공지능
7	COVER-SLUT	더러운 옷을 가리는 옷
8	X FACTOR	한마디로 정의할 수 없는 장점
9	SEGREGATION	분리 정책
10	JINX	징크스
11	CHAPEL	예배당
12	POWWOW	회담
13	HYPNOSIS	최면
14	POPPY	양귀비
15	PEA	완두콩
16	JACK THE LAD	건방지고 혈기 왕성한 청년
17	THWANKIN	두꺼운 구름
18	BASILISK	바실리스크
19	PERISSOLOGY	장광설
20	ACCORD	합의
21	BALLOON	풍선
22	WALRUS	바다코끼리
23	WELL DONE, CUTTY SARK	잘했어!
24	EVOLUTION	진화
25	SPHALLOLALIA	소득 없이 끝난 구애용 대화
26	MERRYTHOUGHT	위시본
27	DYNAMITE	다이너마이트
28	CHARING CROSS	채링 크로스
29	ANTIC	익살스러운
30	ILL-WILLY	악의가 가득한

HEART
심장

11월의 이름인 november는 아홉 번째를 뜻하는 라틴어 novem에서 왔다. 11월이 고대 로마력에서 아홉 번째 자리에 있었기 때문이다. 앵글로색슨족에게는 Blotmonað, 즉 피의 달이었는데, 11월에 겨울나기와 신들에게 바칠 희생 제물을 준비하며 많은 가축을 도축했기 때문이다. 셰익스피어 시대에 11월 1일은 모든 성인을 기리는 기독교 축일로, 모든 성인의 축일을 뜻하는 Hallowmas라 불렸다. 셰익스피어는 1604년 Hallowmas에 궁정에서 자신의 비극「오셀로」를 공연했다.

오셀로는 죽어서 'great of heart마음이 넓은'라는 말을 들었고, 같은 극에 등장하는 이아고는 자신이 'wear my heart upon my sleeve속마음을 속 시원히 드러내다'하는 일이 없다고 말한다. 이때도 심장은 사랑을 상징하는 기호로 널리 알려져 있었다. 그로부터 4세기 후에는 온라인에서 두 번째로 자주 사용하는 이모지가 되었다(7월 21일 참조. 첫 번째는 눈물 흘리며 기뻐하는 얼굴이다).

사실 하트 기호(♥)를 살펴보면 우리 몸의 심장과는 상당히 다르게 생겼다는 걸 알 수 있다. 이 기호의 기원은 수수께끼지만 멸종된 식물 실피움에서 비롯되었다는 설이 있다. 기원전 5세기 무렵에는 하트 기호가 실피움 씨앗을 나타냈기 때문이다. 하트 모양은 문장에서 수련 이파리를 표현할 때도 쓰였다. 실제로 고고학자들은 하트 모양 씨앗이 새겨진 동전을 발굴하기도 했다.

중세 시대부터는 하트 기호가 오늘날과 같은 뜻을 지니게 되었지만, 그 과정에서 약간의 변화가 있었다. 파도바의 스크로베니 예배당에 있는 조토의 프레스코에는 인격화된 자비가 예수에게 심장을 바치는 장면이 있는데, 이 심장은 솔방울 같은 원뿔 모양으로, 위아래가

352

뒤집힌 모양새다. 그러다가 15세기 초 트럼프 카드들을 보면 그 솔방울 모양의 심장이 뒤집혀서 상단 가운데 부분에 오목한 홈이 생긴 걸 볼 수 있다.

이 기호를 love 대신 쓰게 된 건 1970년대 말 I ♥ New York 티셔츠가 인기를 끌면서부터다. heart는 사랑과 아주 긴밀하게 얽힌 기호로서 사랑한다는 뜻의 동사로도 쓰인다. 하지만 이번에도 셰익스피어가 한발 앞섰다. 셰익스피어는 「오셀로」에서 이아고의 목소리를 빌려 자신의 목적이 hearted했다며, 즉 가슴속에 박혔다며 heart를 동사로 사용해 대사를 완성했다. 여기서 심장은 감정뿐만 아니라 지성의 근원으로도 여겨졌다(11월 20일 참고).

ON A WING AND A PRAYER

성공 가능성이 희박한 위험한 행동

11월 2일은 하워드 휴스의 '스프루스 구스'가 처음이자 마지막 비행을 한 날이다(스프루스 구스는 일명 '휴스 H-4 허큘리스라고도 불렸는데, 70년 간 양 날개폭 세계 기록을 보유했던 목조 수상비행기다). 이름과 달리 자작나무가 주재료였던 이 비행기스프루스spruce는 가문비나무라는 뜻이다는 제2차 세계대전 때 군인과 장비를 미국에서 유럽으로 수송할 목적으로 만들어졌다. 독일의 잠수함 공격으로 연합국 수송에 차질이 빚어졌기 때문이다. 하지만 정해진 기한 안에 완성되지 못해 성과를 내지 못했다.

on a wing and a prayer라는 표현은 성공 가능성이 희박한 위험한 행동을 가리키며, 유명한 전쟁 노래 〈Comin' in on a Wing and a Prayer〉로 세상에 퍼졌다. 가사는 적군의 포격으로 크게 손상된 전투기가 엔진 하나만으로 착륙했다는 내용이다. 되는 대로 헤쳐나간다는 뜻의 wing it도 비슷한 이유에서 나온 표현 같지만, 이는 준비 안 된 배우가 무대에 오르기 전 무대 옆wing에서 허겁지겁 대사를 외우는 일을 가리킨다.

비행은 조금 의외인 다른 관용 표현들도 낳았다. 예를 들어 push the envelope한계에 도전하다도 항공학에서 비롯된 말이다. 여기서 envelope은 지구를 감싼 대기 중 비행 가능한 부분인데, 파일럿들은 새로운 비행기의 속도를 테스트할 때 경계선을 조금씩 넘어가보곤 하기 때문이다. 그래서 오늘날은 경계선을 벗어나는 걸 가리키는 비유적인 표현으로 쓰인다. 이런 모습을 본 어떤 이들은 fly by the seat of their pants직감으로 조종하다할지도 모른다. 이는 항법 장치가 별로 없던 항공 역사 초기에 파일럿들이 자신의 감각에 의지해 비행하던 데서 태어난 표현이다.

HOMME DE BIGOTE
콧수염 기른 허풍선이

11월 3일이 있는 주는 Movember(mouchetache+November)의 시작으로, 전 세계 남성이 lip foliage, double hamsters, nose bugs, old bullet proofs, face lace, fanny dusters모두 콧수염을 가리키는 말를 기를 때다. 전립선암, 고환암 같은 남성 건강 문제에 대한 인식을 제고하기 위해서다.

1585년 니콜라 드 니콜레의 여행 일지를 보면 영어에 처음으로 moustache라는 말이 기록된 걸 알 수 있다. 니콜레는 『터키로 떠난 항해와 여정Navigations, Peregrinations and Voyages Made into Turkie』에 그곳 사람들이 코와 입 사이의 콧수염을 빼고는 털을 기르지 않는다고 적었다. 그 뒤로 콧수염을 가리키는 여러 표현이 나타났다. 1600년대에는 umbrage, 1800년대에는 mouse-tail, 좀 더 친숙한 표현으로는 tash, taz, mo도 있다. 이 목록 중 약간 낯선 것으로는 bigote가 있다.

18세기 프랑스에서 homme de bigote는 콧수염을 기른 활기차고 허풍스러운 남성을 뜻했다. 이 말이 오늘날의 bigot편협한 사람과는 어떤 관계인지는 여전히 수수께끼다. 아마 일부 광신도들이 수염을 많이 길렀던 게 아닐까 싶다. 프랑스에만 이런 단어가 있었던 건 아니고, 영어에도 비슷한 말이 있었다. bizarre는 바스크어로 턱수염을 뜻하는 bizarra에서 왔을 가능성이 큰데, 턱수염이 낯선 사람들에게는 턱수염을 기른 모습이 괴상하게 보였을 것이기 때문이다. pogonophobe턱수염을 무서워하는 사람들은 이 말에 강하게 고개를 끄덕이며 동의할 것이다.

 4 November

EXSIBILATE
형편없는 공연자를 야유로 쫓아내다

1963년 11월 4일 런던에서 열린 연례 왕실 자선 공연에서 존 레넌이 관객에게 남긴 말은 오늘날까지 전해져오고 있다. "싼 좌석에 앉은 분들은 박수를 쳐주시고, 나머지 분들은 장신구만 흔들어주세요." 갈채 소리는 극장 전체에 크게 울려 퍼졌다.

applause갈채는 박수를 친다는 뜻의 라틴어 plaudere에서 온 단어다. 이 단어는 무대 바깥으로 멀리 뻗어나간 형제 단어도 있다. 로마에서는 공연자의 실력이 형편없으면 느리고 끈덕진 박수로 조롱을 표하는 풍습이 있었고 이런 일을 explaudere박수를 쳐서 내쫓다라고 했는데 이것이 영어에 들어와 explode폭발하다로 정착했다. 처음에는 누군가를 거세게 내쫓는다는 뜻이었지만 나중에는 대포에서 화약을 발사한다는 뜻으로 변했다. 갈채와 관련된 또 한 가지 특이한 어휘로는 라틴어 exsibilate가 있다. 이 단어는 영어에 들어오면서 형편없는 공연자를 야유로 쫓아낸다는 뜻이 되었다.

GUY
남자

11월 5일은 제임스 1세를 반대하는 이들이 상원 지하실에 폭약 36통을 설치한 음모를 기념하는 날이다. 음모 가담자들은 체포되어 고문과 처형을 당했는데, 그중 한 사람이 가이 포크스Guy Fawkes다. 원래 11월 5일은 의회가 지정한 전국 감사의 날로, 모든 국민이 교황보다 왕에게 충성을 맹세하는 날이었다.

이 사건을 기념하는 것으로는 각종 불꽃도 있지만 언어도 있다. 오늘날 많은 사람이 여성이 포함된 집단을 you guys여러분라 칭하는 것을 언짢게 여긴다. 주로 북미인을 향한 비난이긴 하지만, guy라는 표현을 촉발시킨 건 영국인들이다. fall guy희생양, wise guy잘난 척하는 놈, you guys 등 오늘날 미국식 표현으로 알려진 guy의 원천은 가이 포크스다. guy가 지금처럼 사람에게 쓰이기 전에는 가이 포크스 인형을 가리켰다. 이 인형은 11월 5일에 모닥불을 피워 태우거나 마을 곳곳에 끌고 다니며 푼돈을 받았다.

인형을 가리키던 말이 남자(그리고 여자까지도 포함하는)를 가리키는 말이 된 건 좀 이상해 보이지만, 그 점진적 변화는 『옥스퍼드의 톰 브라운Tom Brown at Oxford』 같은 책("He was such an old guy in his dress그 옷을 입은 그는 아주 노인이었다.")과 1893년에 출간된 『멋쟁이의 밤 생활 안내서 The Swell's Night Guide』("I can't tonight, for I am going to be seduced by a rich old Guy

오늘 밤은 안 돼. 돈 많은 노인한테 유혹당할 예정이거든.")에 잘 기록되어 있다. 그렇게 19세기 말부터 guys는 성별을 불문한 여러 사람을 부르거나 지칭하는 뜻으로 쓰이게 되었고 가이 포크스의 악명은 모두 사라졌다.

AI
인공지능

1990년 11월 6일, 인공지능AI의 영웅이 나타났다. 발명가 레이 커즈와일이 『지적 기계의 시대The Age of Intelligence Machine』를 출간한 것이다. 미국출판협회 전문도서상을 받은 이 책은 인터넷뿐만 아니라 AI가 우리보다 지능이 더 높아질 경우 제기될 철학적 문제들까지도 예견했다.

우리에게 이미 익숙한 인공지능 도구 중 하나는 오타를 없애주는 맞춤법 검사 프로그램이다. 어떤 이들은 이런 편리한 기능이 생겼으니 이제는 맞춤법을 배울 필요가 없다고 하기도 한다. 그 정도는 아니어도 많은 사람이 이 프로그램을 유용하게 사용하고 있다. 때로는 오타 하나에 큰 비용이 따르기도 한다. 1962년 NASA에서는 오타 하나가 금성 탐사선을 추락시켰다고 했다. 코딩 과정에서 빠진 하이픈 하나 때문에 우주선이 발사 몇 분 안에 작동 불량을 일으켰다는 것이다. SF 작가 아서 C. 클라크는 이를 두고 "역사상 가장 비싼 하이픈"이라고 했다.

오타는 대개 두뇌의 실수가 아니라 손가락의 실수로 벌어진다. 그렇기에 예를 들어 식당 메뉴에 veggie채식를 vaggie여성의 질로 썼다 해도 정말 그렇게 오해하는 이는 없을 것이다. 여론조사에 따르면 영어 사용자의 40퍼센트는 맞춤법 검사 프로그램에 의존한다.

온갖 예외와 특이한 문법 때문에 영어 철자를 완벽하게 쓰는 일은 아주 까다롭다. 일단 영어에는 묵음이 가득하다. 심지어 그중 상당수는 역사상 어느 시점에 누군가가 삽입한 것이다. doubt의 경우는 르네상스 시대 서기들 덕분에 b가 추가된 것이다. 서기들은 자신이 고전 교육을 받았다는 걸 뽐내기 위해, 그리고 그 단어가 라틴어에서 왔다는 사실을 확실히 알리고자 간편한 dowt를 버리고 라틴어의 dubitum에 가까운 단어를 선택했다. 하지만 철자는 변해도 소리는 변하지 않아 지금의 발음에 이른 것이다. 이런 역사 때문에 우리는 archaeology와 phlegm처럼 철자가 어려운 단어는 잘못 써도 쉽게 용서받을 수 있다. 영어의 기이한 특성 때문에 누구나 철자를 틀릴 수 있다. 정치가 토니 블레어는 한 문서에 toomorrow라고 세 번이나 쓴 경험을 두고 "아주 장난스러웠다"고 말했다.

맞춤법 검사기는 우리의 frenemy친구이자 적다. 맞춤법 검사 프로그램에 글을 입력할 때면 우리는 이 프로그램이 우리를 오타에서 구해줄 거라고 믿지만, 철자에 관한 한은 아무리 완벽한 사람이나 기계도 실수를 할 수 있다. 아무리 인공지능이라 할지라도 분명한 약점이 있다. 예를 들면 인공지능은 revue와 review의 차이를 구별하지 못하며 최신 연예 기사의 댓글에도 제대로 반응하지 못한다. 연구에 따르면 맞춤법 검사 프로그램이 제대로 된 효과를 발휘하려면 우선적으로 글을 쓰는 사람이 철자와 문법을 잘 알고 있어야 한다. 전직 CIA 스파이인 로버트 데이비드 스틸은 다음과 같은 말을 남기기도 했다. "나는 인공지능은 걱정하지 않는다. 오히려 진정으로 걱정스러운 건 인공 우둔이다."

COVER-SLUT
더러운 옷을 가리는 옷

1946년 11월 7일, 장폴 사르트르의 논쟁적 연극 〈존경할 만한 창녀La Putain Respecteuse〉가 파리에서 초연되었다. 작품은 이후 'The Respectful Prostitute'라는 영어 제목으로 번역되었다. 사르트르는 1931년 미국의 스코츠버러 사건에서 영감을 받았다고 전했는데, 이 사건은 백인 매춘부 두 명이 앨라배마주의 기차에서 10대 흑인 아홉 명에게 강간을 당했다며 고소한 일이었다.

프랑스어 putain은 더러운 여자라는 뜻의 pute에서 온 말이다. 성 노동자에 대한 영어 표현들을 살펴보면 오랜 세월 우리 어휘를 형성해온 성적 편견이 그대로 드러난다. 오늘날 여성만을 가리키는 용어 중 일부는 처음에 남성을 가리키는 말로 사용되었다. 800년 전에 harlot이 처음 등장했을 때는 부랑자, 건달, 하층민이라는 뜻이었는데, 15세기부터는 여성에게 쓰이게 되면서 도덕성과 인격이 낮은 여성, 다시 말해 strumpet매춘부을 가리키는 말이 되었다. strumpet의 기원은 아리송하지만, 1755년 프랜시스 그로즈의 『통속어 고전 사전』을 보면 연관 동사 strum이 두 가지 의아한 뜻으로 실려 있는 걸 볼 수 있다. 바로 "여자를 육체적으로 알다"라는 뜻과 "하프시코드를 형편없이 연주하다"라는 뜻이다.

고대영어 huse-wif는 살림을 능숙하고 알뜰하게 하는 여성을 뜻했다. 그런데 여기에 문란함이 끼어들어 housewife가 되었고, 다시 hussy로 줄어서 문란한 여성을 가리키게 되었다. 오늘날 slut문란한 여성은 실제 여성들 사이에서 애칭으로 쓰일 정도다. slut도 원래는 부주의한 남성을 가리키는 말이었다가 16세기에 성적 의미가 추가되며 "더럽고 단정치 못한 여성, 불결한 여성(1402년에 한 남자가 쓴 글에 나온 표현)"

이라는 뜻으로 변했다.

slut's pennies는 빵을 제대로 반죽하지 못해 뭉친 부분, slut's corner은 청소하지 않은 부분, slut-hole은 쓰레기장이나 쓰레기통을 뜻했다. slut이 들어가긴 하지만 cover-slut은 시대를 막론하고 많은 사람에게 필요한 것으로, 17세기 사전을 보면 "불결함을 가리는 것, 더러운 옷 위에 입는 외투"라 정의되어 있다. 다시 말해 안에 입은 옷의 얼룩이나 구멍 같은 보기 흉한 부분을 가린다는 말이었다. 그러다 slut에 담긴 얼룩이라는 뜻이 전혀 다른 의미로 변하게 되었다.

 X FACTOR
한마디로 정의할 수 없는 장점

1895년 11월 8일, 독일 뷔르츠부르크대학교 물리학 교수 빌헬름 뢴트겐이 전자기파를 발견했다. 그가 음극관으로 실험을 하는데 근처 테이블의 수정이 형광빛을 냈다. 그 빛은 음극관에서 나오는 것이었고, 두꺼운 종이를 비롯한 대부분의 물질을 통과했다. 뢴트겐은 이 광선을 차단할 다양한 물질을 실험하던 중 최초의 방사선 이미지를 촬영했다. 바륨시안화백금산염 스크린에 그의 뼈 모양이 희미하게 찍힌 것이다.

11월 8일은 금요일이었기에 뢴트겐은 주말 동안 계속 실험을 진행하며 결과를 기록했다. 그리고 마침내 자신이 발견한 광선에 X-Strahlen, 즉 X-ray라는 이름을 붙였다. 수학에서 미지의 것을 X라 표기하는 방식을 사용한 것이다. 하지만 뢴트겐이 발견한 광선이라는 이유로 그의 이름을 따서 오랫동안 Röntgenstrahlen뢴트겐선이라 불렸다.

X-ray에서 X Factor가 파생된 건 다소 이상하지만 둘 다 미지라

는 뜻이 있다. X Factor라는 말은 1930년에 미지의 질병이나 정신 질환의 원인을 가리키며 처음 사용되었고, 오늘날에는 대체로 어떤 사람이 가진 딱 한 마디로 정의할 수 없는 장점을 뜻한다. X factor는 오디션 프로그램의 제목으로 쓰이기도 했다.

 ## SEGREGATION
분리 정책

1982년 11월 9일 뉴욕에서 열린 UN 총회 본회의 중 아프리카민족회의 의장 올리버 탐보가 강력한 연설을 했다. 혁명가 출신 정치인 탐보는 아파르트헤이트(아프리칸스어로 분리주의라는 뜻)에 대한 전 세계의 혐오와 비난을 언급하고, 넬슨 만델라를 비롯한 수많은 정치범(일부는 사형 선고를 받고 대기 중인)의 석방을 위한 국제적 노력을 촉구하며 남아프리카공화국 정권의 불의한 점을 열거했다. "우리 사회는 경찰이 사회장public funeral도 금지하고, 유족에게 묘지에서 부를 찬송가도 지정하고, 설교와 애도까지 검열하는 어처구니없는 상황에 놓여 있습니다." 탐보는 아파르트헤이트와 싸우는 사람은 자신뿐만 아니라며, 비슷한 분리 정책segregation으로 고통받고 있는 전 세계 모든 사람을 해방해야 한다고 역설했다.

segregation이라는 말은 무리에서 분리된다는 뜻의 라틴어 segregare에서 왔다. segregare의 se가 분리를 뜻한다(separate과 secret의 se도 마찬가지다). 다음 부분은 무리라는 뜻의 라틴어 grex에서 왔다. grex에서 gregarious무리와 함께 있는 것을 좋아하는, aggregate하나로 모이다, egregious터무니없는(원래는 무리와 구별된다는 뜻이었다) 같은 단어가 나왔다. 결국 segregation에 담긴 분리된다는 뜻은 지배 집단에게 배척당한다는 의미다.

11월 9일은 베를린 장벽이 무너진 날이기도 하다. 이 장벽은 미국과 유럽의 많은 흑인에게 분리를 상징하는 존재였다. 미국 도시들에는 흑인의 진입을 금지하는 인종 경계가 있었는데, 세계 곳곳에서 이 경계선을 모방했기 때문이다. 법무부 장관 로버트 케네디는 형 케네디 대통령이 "Ich bin ein Berliner나는 베를린 사람입니다"라는 유명한 연설을 하기 1년 전에 베를린을 방문해 말했다. "우리는 100년 동안 평등을 위해 싸웠지만 여전히 우리만의 장벽이 남아 있었습니다. 흑인을 차별하는 분리의 장벽 말입니다. 그런데 이제 그 벽이 무너지고 있습니다." 모두가 잘 알고 있듯 그 장벽은 여전히 존재하긴 하지만, 이를 허물려는 힘도 강하다.

JINX

징크스

1956년에 다이아몬드 상인 해리 윈스턴이 악명 높은 호프 다이아몬드를 스미스소니언박물관에 기증했다. 호프 다이아몬드는 피에 젖은 역사 때문에 저주받은 다이아몬드라고 불렸다. 루이 16세와 마리 앙투아네트가 참수당한 것도 이 다이아몬드 때문이라는 이야기도 있었다. 현재의 호프 다이아몬드는 마리 앙투아네트가 소유했으나 이후 도난당한 '르 루아 블뢰le roi bleu'의 일부라고 한다. 역사상 가장 눈부셨다는 이 보석은 태양왕에게도 징크스를 가져왔다고 한다.

징크스jinx라는 말은 20세기 초부터 오늘날과 같은 의미로 사용되었지만, 원래는 오컬트적인 의미가 강한 말이었다. 고대 그리스어 iunx는 딱따구리의 일종인데, 개미잡이라고도 했던 딱따구리는 마법과 관련이 있다고 여겨져서 예언 의식을 하거나 주문을 외울 때 소환되곤 했다. 신화 속에도 딱따구리와 관련된 이야기가 있다. 에코와 판의 딸이었던 잉크스lynx는 제우스에게 저주를 건 요정으로 유명하다. 한번은 제우스가 이오와 사랑에 빠지도록 만들자 화가 난 헤라가 잉크스를 개미잡이새로 만들어버렸다.

17세기까지도 마법을 뜻하는 단어였던 jynx가 현대적 의미의 징크스로 대중화된 건 1887년 코미디 연극 〈리틀 퍽Little Puck〉에 등장한 캐릭터 Jinks Hoodoo 때문이다. 《뉴욕 데일리 트리뷴》이 출연자 명단을 소개하면서 Jinks Hoodoo를 '모든 이에 대한 저주'라고 설명한 이후 이 이름은 불운의 동의어가 되었다.

 CHAPEL
예배당

11월 11일은 성 마르티노 축일이다. 투르 출신인 마르티노는 4세기의 로마 군인으로, 자비와 관련된 유명한 이야기와 함께 chapel이라는 단어도 선사했다.

골 지방의 군인이었던 마르티노는 추위와 눈보라 속에서 떨고 있는 거지를 만났다고 한다. 마르티노는 거지가 안쓰러워 군복 외투를 반으로 자른 뒤 건네주었는데, 그날 밤 꿈에 그리스도가 나타나 그가 준 반쪽짜리 외투를 입고 천사들에게 다음과 같이 말했다고 한다. "여기 마르티노는 이제 세례받은 로마 군인이다. 그가 내게 옷을 입혀주었다."

마르티노가 죽은 뒤 남은 외투 반쪽은 성소에 성물로 보관되었고, 그 성소는 나중에 작은 외투little cape를 뜻하는 cappella라 불렸다. 이를 보호하고 관리하는 사람인 cappellani는 영어에 들어와서 chaplain주재 성직자이 되었고, cappella는 chapel이 되어 개인 예배당을 뜻하게 되었다. 우리가 흔히 아카펠라라고 하는 음악 용어 a cappella 도 여기서 나온 말이다. 직역하면 '예배당 방식'이라는 뜻으로, 종교 예식에 이용한 무반주 노래를 가리키는 말이었다. 시간이 흘러 20세기에 들어와서는 무반주 노래 전반을 뜻하는 말로 사용되었다.

 # POWWOW

회담

미국에 도착한 초기 식민지 건설자들은 필요에 의해 언어 영역에서도 발명가가 되었다. 처음 보는 수많은 식물과 동물을 부를 마땅한 이름과, 그것과 연관된 여러 가지 표현도 필요했기 때문이다. 당연하게도 그들은 자신의 모국어와 여러 방언을 빌려 이름을 지었다. 표준과 거리가 먼 어지러운 철자법도 가져오고, 새로운 땅에 약간의 친숙함을 안겨줄 옛 지명들도 빌려오긴 했지만 아무래도 새로 지어내야 하는 것들이 많았다. 동물의 목을 닮은 땅에 정착한 이들은 neck of the woods라는 표현을 만들었고 이는 오늘날까지도 지역이라는 말로 쓰인다.

이처럼 온갖 것에 이름을 붙인 이들은 그야말로 trailblazer개척자였다. trailblazer은 다른 사람들이 따라올 수 있도록 '불을 지르거나 blaze' 나무껍질을 벗겨 길을 표시한 데서 나온 단어다. 하지만 그들이 가져온 영어는 신세계의 모든 존재를 아우르기에 턱없이 부족했다. 결국 개척자들은 원주민에게서 그 땅에 오래전부터 존재하던 어휘들까지 빌려야 했고(더 많은 예는 5월 14일 참고), 이렇게 식민 초기에 여러 말들이 만나면서 비유 표현들이 생겨났다. 무기를 거둔다는 뜻의 bury the hatchet은 아메리카 원주민이 평화의 상징으로 무기를 묻던 풍습에서 나온 말이다. 존 스미스 대위는 버지니아주 제임스타운 여행기에 cawcawwasssough라는 말을 쓰고 "치카호미니 인디언의 사제와 조수들"이라 정의했다. 어쩌면 미국식 단어 caucus정당 회의도 여기서 나온 걸지 모르겠다.

powwow도 가장 널리 사용된 북아메리카 원주민 언어 중 하나인 알곤킨어에서 온 말이다. 이 말은 처음에는 꿈꾸는 자라는 뜻으로 사제, 샤먼, 치유자를 가리켰다. 메이플라워호의 청교도 지도자 에드워드 윈즐로는 처음 powwow(powah라고도 한다)와 만난 뒤, "Powah의 가장 큰 직무는 악마를 부르는 것과 병든 자, 다친 자를 치료하는 것이다"라고 말했다. 선교사들은 powwow들의 마법이 악마를 숭배하는 것이며("Powwow들은 액막이와 강신술을 사용한다"는 기록도 남아 있다) 영혼과 교류하는 것처럼 보이는 속임수를 쓴다고 보았다. 그래서 그때부터 『옥스퍼드 영어 사전』에는 기독교 선교사들이 powwow를 개종시키려 했다는 사례들이 실리게 되었다. 그로부터 200년이 지난 후부터는 높은 사람들의 회합을 powwow라 말하곤 했는데, 이는 아메리카 원주민의 종교적, 마술적이었던 의식 개념이 발전한 것이다.

 HYPNOSIS
최면

그리스신화에서 히프노스Hypnos는 잠의 신으로 밤의 신 닉스의 아들이다. 히프노스는 안개 낀 암흑 동굴에서 살았고, 그 동굴에는 망각의 강 레테가 흘렀다. 히프노스의 침상 주변에는 꿈을 관장하는 그의 아들들이 있었는데, 그중 가장 유명한 모르페우스는 히프노스와 함께 인간의 일에 관여하기도 했다. 히프노스가 잠을 불러오면 모르페우스가 꿈속에 인간 형체가 나타나게 하는 식이었다.

18세기 들어서는 잠과 꿈으로 치유와 회복을 돕는다는 대체 의학이 나타났다. 의사 프란츠 안톤 메스머는 모든 물질에 스며드는 신비의 액체가 있다고 설파하며 이것을 '동물 자성'이라 불렀다. 메스머는 본인이 머물던 빈에서는 마법사라는 비난을 받았지만, 파리에서는 명성을 얻어 귀족 사회뿐 아니라 마리 앙투아네트를 포함한 왕족의 지지를 얻었다. 동시대 기록을 보면 환자들은 손을 잡고 길쭉한 막대기가 몇 개 꽂혀 있는 황산이 담긴 통 주변에 둘러앉았는데, 이 환자들은 이미 메스머에게 동물 자성을 받은 사람들이며 신체적 '위기'를 겪다가 완전히 치료되었다고 한다.

그렇다고 모두가 의심을 유보한 건 아니었다. 1784년 국왕 루이 16세는 메스머의 주장을 조사하는 위원회를 꾸렸고, 위원회는 메스머의 치료가 심리적 위안에 불과하다는 결론을 내렸다. 이후 프랑스혁명의 소용돌이 속에 메스머가 파리를 떠난 뒤, Mesmerism이라고 불리던 그의 치료법은 몽환 같은 최면mesmerising으로 심리를 조종해 회복된 느낌을 주는 것이라는 게 알려졌다. 스코틀랜드 외과 의사 제임스 브레이드는 1843년에 잠의 신 히프노스의 이름을 따 대체 용어 hypnotism을 만들었다. 인위적으로 잠든 것 같은 몽환 상태를 만들어 회복을 돕는다는 뜻이었다. 꿈의 신의 이름에서도 새로운 단어가 나왔다. 숙면을 유도하고 고통을 경감시킨다는 특징 때문에 모르페우스는 모르핀의 기원이 되었다.

POPPY

양귀비

종전 기념일이 지나고 현충일영국은 11월 11일 혹은 이날과 가장 가까운
일요일이 현충일이다이 되면 사람들은 수백만 송이 양귀비로 전몰 군인을
추모한다. 오래전부터 마약 성분과 의학적 효능을 인정받아온 양귀비
poppy는 영국 전승에서 잠, 특히 죽음의 잠을 상징했다. 양귀비가 전쟁
과 연관되기 시작한 건 나폴레옹전쟁 때였다. 당시 기록에 따르면 군
인들이 쓰러진 들판에 양귀비가 가득 피어났다고 한다. 이 때문에 양
귀비의 붉은색은 전장에서 흘린 피를 상징하게 되었다. 이 꽃을 존경
과 추모의 상징으로 사용한 건 제1차 세계대전 이후부터였다. 당시에
존 매크레가 쓴 유명한 전쟁 시「플랑드르 들판에서In Flanders Fields」는
죽은 자들의 입을 빌려 이렇게 말한다.

> 우리의 싸움을 이어받으시라.
> 우리가 쓰러지며 던지는 횃불을
> 그대들이 높이 치켜들으시라.
> 우리의 신의가 외면당하면
> 우리는 잠들지 못하리라,
> 플랑드르 들판에 양귀비는 피어나도.

poppy라는 단어의 궁극적 기원은 알려지지 않았지만, 기록은 로
마의 꽃 이름 papaver에서 시작된다. 어쩌면 부푼다는 뜻의 고대 단
어에서 온 것일 수도 있다. 양귀비 즙을 뜻하는 그리스어 mekonion
은 색깔이 비슷하다는 이유로 신생아의 검은 배설물을 가리키는
meconium이 되었다. 정확히는 알 수 없지만 양귀비에 어떤 특별한 가

치가 있기에 죽음뿐만 아니라 탄생과도 연관되는 게 아닐까?

PEA
완두콩

1969년 11월 15일 전파를 탄 영국 최초의 컬러 TV 광고는 〈선더
버드Thunderbirds〉 프로그램 중간에 방송된 버즈아이 냉동 완두콩pea 광
고였다. pea는 잘못된 가정이 엉뚱한 추론으로 이어져 새로운 말을 만
들어낸 경우다. 17세기 중반까지는 pea라는 단어가 없었다. 그리스어
pison이 영어에 들어오며 pease가 되었는데(이 말은 pease pudding과 pease
pottage에 남아 있다), 사람들은 이 말을 복수형이라고 착각했다. 한 줌의
완두콩이 handful of pease라면 완두콩 한 개는 one pea라고 생각한 것
이다. cherry도 같은 현상을 겪었다. cherry는 고대프랑스어 cherise(현
대 프랑스어에서는 cerise)에서 온 말인데, 사람들이 한 개의 체리는 cherry
일 거라 잘못 추론해 지금의 표기법이 되었다.

JACK THE LAD
건방지고 혈기 왕성한 청년

Billy-no-Mates친구가 없는 사람, Clever Dick잘난 척하는 사람, Jack-of-
all-trades팔방미인는 누구에게서 나온 말일까? 영어는 특정 유형의 인
물을 가리킬 때 사람 이름을 끼워 넣는 경우가 많은데, 대부분은 그 이
름을 가진 특정 개인과는 아무런 상관이 없다. 그런데 Jack the Lad는
예외다. 이 이름의 유래가 된 잭 셰퍼드Jack Sheppard는 도둑이자 탈옥

수로 당대의 민중 영웅이 된 인물이다.

셰퍼드는 1702년에 스피탈필즈에서 태어났다. 어려서 아버지를 잃은 그는 여섯 살이 되던 해에 어머니에 의해 세인트헬렌 비숍스게이트 교회 근처의 구빈원에 보내졌다. 구빈원에서 성장한 셰퍼드는 1717년, 코벤트가든에서 일하는 목수의 견습생이 되어 열심히 일했다고 한다. 그러나 드루리 레인의 블랙라이언 술집에서 '블루스킨'이라는 별명의 건달 조지프 블레이크를 만나면서 함께 범죄 행각에 나섰다.

셰퍼드는 뛰어난 소매치기이자 강도가 되었지만 그가 진짜 유명해진 계기는 불가능하다고 여겨지던 탈옥 때문이다. 첫 번째 탈옥 때는 임시 감옥의 나무 천장을 뚫고 나간 뒤 침구로 만든 밧줄을 이용했다. 셰퍼드는 형구를 찬 상태로 모여드는 사람들에게 범죄자가 지붕 위에 있다고 소리친 뒤 달아났다고 한다.

그 후 당국은 형구를 바닥에 고정시키는 등 탈옥을 막기 위해 필사적으로 노력했지만 셰퍼드는 이를 비웃기라도 하듯 무려 세 차례나 더 탈옥에 성공했다. 그러자 셰퍼드는 노동 계급의 영웅이 되어 빈민들에게 추앙받으며 여러 노래의 주인공까지 되었다. 그의 유명세가 높아지자 간수들은 상류층 방문객들에게 4실링을 받고 셰퍼드의 실물을 보여주었다고 했고 심지어는 왕의 초상화가가 셰퍼드를 그리기도 했다.

하지만 셰퍼드가 아무리 탈옥에 유능했더라도 사형 선고를 피할 수는 없었다. 1724년 11월 16일, 그는 티번의 교수대에서 죽음을 맞이했다. 당시 형장에는 20만 명이 운집했었는데, 대부분이 셰퍼드의 팬이었으며 그를 Jack the Lad라고 알고 있었다고 한다.

THWANKIN
두꺼운 구름

토머스 후드는 11월을 좋아하지 않았다. 말장난의 대가이자 19세기 희극 시인이었던 후드는 11월 특유의 쓸쓸함과 우중충함을 혐오하며 다음과 같이 표현했다.

해도 없어 — 달도 없어!
아침도 없어 — 정오도 없어 —
새벽도 없어 — 노을도 없어 — 제대로 된 시간도 없어….
온기도 없어, 유쾌함도 없어, 여유도 없어,
몸 어디에도 편안한 느낌이 없어 —
그늘도 없고, 빛도 없고, 나비도 없고, 벌도 없어,
과일도 없고, 꽃도 없고, 잎사귀도 없고, 새도 없어!
모든 게 없는 11월November!

영어에는 추위를 표현하는 수백 개의 단어가 있다. 너무 추워서 꽁꽁 얼어붙을 것 같을 때는 freezing을, 추워서 죽을 것 같을 때는 perishing을, 춥긴 한데 또 너무 추운 건 아니거나 어느 정도 쌀쌀할 때는 chilly를 쓴다. baltic과 bitter는 이제 영국 전역에서 쓰이지만 nithered는 주로 잉글랜드 북부와 스코틀랜드에서 쓰이며, shrammed는 잉글랜드 남부와 남서부에만 살아 있는 표현이다. 캠브리지셔에서는 hunchy라는 인상적인 단어가 쓰이는데, 모두 쪼그라들거나 마비된다는 방언에서 비롯된 단어다.

어쩌면 후드는 11월의 쓸쓸함을 가리키는 지난날의 영어 방언들을 좋아했던 걸지도 모른다. 그런 방언 중에는 gwenders라고, 『영어 방언사전』에 "날씨가 추울 때 신체 말단에 느껴지는 불쾌하고 얼얼한 느낌"이라고 정의된 단어도 있다. 참고로 요크셔에서 쓰이는 Devil's smile은 캄캄한 구름들 사이로 비치는 햇살을 뜻하며, 스코틀랜드에서 쓰이는 thwankin은 두껍고 어둡게 모여드는 구름을 가리킨다.

BASILISK
바실리스크

1626년 11월 18일은 바티칸의 성베드로 대성전이 봉헌된 날이다. 세계 최대의 교회인 이 성당은 세계 4대 바실리카basilica 중 하나다. basilica는 왕을 뜻하는 고대 그리스어 basileus에서 온 단어다. 아테네에서는 왕궁의 정문이나 재판정의 현관을 stoa basilike라 불렀다. 로마는 이 basilica라는 말을 가져다가 콘스탄티누스 황제 시절에 건축한 여러 교회에 붙였다.

basilica는 의외의 친척 단어가 있는데, 바로 남아메리카의 도마뱀 basilisk다. 두 단어는 왕이라는 어원을 공유한다. 이 도마뱀은 머리에 왕관 같은 작은 볏이 달려 있어 마치 작은 왕 같기 때문이다. 유럽 신화에 등장하는 괴수 basilisk는 뱀의 형상을 하고 있으며 눈빛만으로 사람과 동물을 죽일 수 있다고 한다. 허브 바질basil도 이 단어들과 같은 뿌리에서 나왔는데, 그 이유에 대해서는 설이 갈린다. 괴수 basilisk 독의 해독제로 여겨져서 그렇다는 이야기도 있고, 왕실에서 사용하는 연고, 입욕제, 의약품의 재료였다는 『옥스퍼드 영어 사전』의 견해도 있다.

PERISSOLOGY
장광설

장황한 건 미덕이 될 수 없다. 연설이 길어지면 청중들은 강연자가 bloviator떠드는 것을 좋아하고 허풍을 일삼는 사람라거나 circumbendibus 핵심에 이르지 못하고 변죽만 울리는 말이나 행동를 하고 있다고 비판한다. 이와 비슷한 말로 waffle과 perissology가 있다. 두 단어는 사전에 "필요 이상으로 지나치게 말을 많이 하는 것"이라고 정의되어 있다. 이는 고대 그리스어에서 온 단어로, 원래는 과잉되고 중복된 모든 것을 가리켰다.

남북전쟁이 한창이던 1863년 11월 19일, 에이브러햄 링컨 대통령이 펜실베이니아주 게티즈버그 근처 전장에서 한 연설은 perissologist 들에게 진정한 연설이란 무엇인지 알려주었다. 그날 링컨의 연설은 다음 날 몇몇 신문이 부적절할 만큼 짧았다고 평할 정도로 간략했지만, 미국 국민에게는 그야말로 역사에 길이 남은 연설이 되었다. 링컨은 전몰자들을 기억해야 한다고 말했다. "우리는 이들의 죽음을 헛되이 하지 않겠다고 굳게 결심해야 하고, 신의 보호 아래서 이 나라의 자유를 새로이 탄생시켜야 하며 국민에 의한, 국민을 위한, 국민의 정부가 지상에서 사라지지 않도록 해야 합니다."

링컨의 가까운 친구였던 정치인 존 헤이는 이 연설에 대해 다음과 같은 기록을 남겼다. "그는 연설문을 읊기만 한 게 아니라 한 마디 한 마디 선명하고 또렷하고 낭랑하게 말했다. 연설은 몇 분만에 끝났다. 사람들은 숨을 죽인 채 그의 연설을 들었고, 연설이 끝난 직후는 무척 고요했지만 곧이어 감동에 사로잡힌 듯 숨을 깊이 삼키는 소리가 들렸다." 그날 링컨의 연설은 단 271개의 단어로 이루어져 있었다.

버락 오바마 대통령은 2014년 새로운 이민 정책을 발표했다. 이 정책으로 수십 년 동안 불법 체류자로 살던 수백만 명이 시민권을 취득했다. 오바마는 조지 W. 부시 대통령의 말을 인용해 그들 또한 미국 사회의 일부라고 이야기했다.

15분을 약간 넘긴 오바마의 연설은 짧고 직설적이었지만 그의 연설이 대체로 그랬듯 시적인 표현도 담겨 있었다. "성경은 우리에게 이방인을 억압하지 말라고 말합니다. 우리는 이방인의 마음heart을 알고 있기 때문입니다. 우리도 한때 이방인이었습니다. 미국 시민 여러분, 우리가 사는 이곳은 지금도, 앞으로도 언제나 이민자들의 나라일 것입니다."

오바마는 heart라는 말에 정직, 도덕, 사랑을 담았다. 심장은 고대 이래로 생명의 근원으로 여겨졌지만 앵글로색슨족에게는 영혼과 더불어 이해력과 사고력의 근원이기도 했다. 심장에 감정과 더불어 지능도 포함되어 있다는 생각은 learn by heart외우다 같은 표현이나 record녹음하다 같은 말에 녹아 있다. 기록은 기억에 저장하는 것이기에 record에는 라틴어로 심장을 뜻하는 cor가 들어 있다.

이후 심장은 감정을 주관하는 기관이라는 개념이 자리를 잡기 시작했다. 라틴어의 cor는 courage용기(강한 심장), accord합의(심장으로 향하다) concord화합(한데 모인 심장) discord불화(흩어진 심장들), cordial다정한, 리큐어(심장을 북돋우는 강장제)에도 들어 있다. 지금도 heart는 단어와 기호 모두(11월 1일 참고) 사랑을 의미하고, 두뇌가 지성을 상징하게 되었다.

BALLOON
풍선

1783년 장프랑수아 필라트르 드 로지에와 프랑수아 로랑 다를랑 드라는 두 사람이 최초의 열기구hot air balloon 비행을 시도했다. balloon 은 초기의 럭비공 형태에서 불꽃 가득한 공에 이르기까지 상당히 복잡한 변화를 거쳤다.

16세기에는 튼튼한 가죽으로 만든 크고 무거운 공을 발로 차거나 나무 보호대를 찬 팔과 손으로 때리는 놀이가 인기였다. 이런 놀이에 쓰는 공을 프랑스어로 ballon이라고 불렀는데, 이 말이 18세기에 balloon으로 영어화되었고 자연스레 공놀이는 balloon game이라 불렸다. 그로부터 100년 후 불꽃놀이가 널리 퍼졌을 때는 발사기로 쏘아 올려 하늘에서 밝은 불꽃을 터트리는 종이공이 인기였다. 이 종이공도 balloon으로 불렸다.

다시 1783년의 열기구로 돌아오면, 원래 몽골피에 형제가 고안했던 열기구는 뜨거운 공기를 채운 주머니로, 앞서 언급한 가죽공이나 종이공보다 훨씬 컸다. 하지만 이들은 자신들의 발명품에 둥글게 부푼 물체를 가리키는 단어 ballon을 가져다 썼고, 이후로 ballon은 그들의 독특한 비행 기계뿐 아니라 풍선까지도 가리키는 말로 사용되었다.

374

WALRUS
바다코끼리

1967년 11월 22일, BBC는 비틀스의 〈나는 바다코끼리I Am the Walrus〉라는 곡을 방송 금지시켰다. knickers라는 단어를 노골적으로 사용한다는 게 이유였다. 이 일화는 음악계에서 가장 유명한 B 사이드 곡 중 하나가 되었다. 오늘날 많은 이가 과거 BBC의 판단이 한심했다고 생각하는데, 실제로 이 노래 가사가 루이스 캐럴과 에드워드 리어의 시를 연상시키는 면루이스 캐럴의 『거울 나라의 앨리스』에 「바다코끼리와 목수」라는 알쏭달쏭한 시가 나오고, 에드워드 리어는 무의미시로 유명한 시인이다. 비틀즈의 노래 가사 역시 난해하고 전위적이다이 있다는 점을 생각하면 그 판단은 적절해 보인다.

walrus는 사전 편찬자들에게 각별한 단어로, 또 한 명의 판타지 작가가 소환된다. 바로 진정한 고전인 『반지의 제왕』과 『호빗』, 『실마릴리온』의 작가 J.R.R. 톨킨이다. 그는 젊은 시절 『옥스퍼드 영어 사전』 제작 팀에서 2년 동안 일했고, 훗날 그 시간이 자신의 인생에서 가장 많은 걸 배운 순간이었다고 말했다. 톨킨이 심취했던 앵글로색슨 역사와 문화는 그가 창조한 언어의 바탕이 되었다.

톨킨의 필체는 waggle에서 warlock에 이르는 단어 쪽지들에 남아 사전 팀 자료실에 보관되어 있다. 톨킨은 어원이 아리송하거나 복잡한 단어들에 특히 강했던 것 같은데, 그중 하나가 walrus였다. 앵글로색슨족은 바이킹족과 마찬가지로 이 특이하게 생긴 포유류를 말과 비슷한 동물이라 여겼다. 그래서 말고래horse-whale라 부르기 시작했고, 이 말이 나중에 고래말whale-horse로 뒤집혔다가 줄어들어 지금의 walrus가 되었다.

톨킨과 『옥스퍼드 영어 사전』의 관계는 이것으로 끝나지 않는다. 1989년에 만들어진 『옥스퍼드 영어 사전』 보충편 편집자이자 톨킨의 옥스퍼드대학교 제자였던 로버트 버치필드는 "나를 반짝이는 문헌학의 그물로 낚아 올린 요정 같은 어부"에게 감사의 글을 썼다. 그러고는 당연하게도 hobbit 항목을 작업할 때 스승에게 도움을 요청했다. 톨킨의 손길은 그가 사랑한 사전 속에 고스란히 남아 있다.

WELL DONE, CUTTY SARK
잘했어!

1869년 11월 23일, 클리퍼선선폭이 좁고 속도가 빠른 19세기 중반의 대형 범선 커티 사크Cutty Sark호가 스코틀랜드 덤바턴에서 출항했다. 중국과 차 무역을 하기 위해 건조된 커티 사크호는 다양한 화물을 운송했으며, 가장 늦게까지 남아 있던 클리퍼선에 속했다. 커티 사크라는 배의 이름은 로버트 번스의 시 「빵모자Tam o' Shanter」에서 왔다. 작품 속 cutty sark는 그냥 짧은 속옷을 뜻하지만 시에 등장하는 젊고 매력적인 마녀의 별명이기도 하다. 마녀가 어린 시절에는 맞았지만 이제는 너무 짧아진 잠옷을 입고 있기 때문이다.

376

그가 어릴 때 입었던
커티 사크, 페이즐리 리넨.
길이가 너무 짧지만,
그에겐 최고이자 자랑이었네.

시의 주인공 탬은 그 모습에 놀라 "잘했어, 커티 사크!"라고 소리친다. 결국 탬이 맞이하는 비극적 종말은 남성들에게 여성들의 짧은 속옷을 유혹이라 생각하면 안 된다는 경고를 전달한다. 이 시의 인기 덕에 한동안 "Well done, Cutty Sark!"가 스코틀랜드와 잉글랜드에서 '브라보'의 강조 표현으로 쓰였다.

1859년 11월 24일 『종의 기원』을 출간한 찰스 다윈은 진화 evolution보다 변화를 동반한 계승descent with modification이라는 말을 선호했다. 아마 진화라는 말이 미리 예정된 설계를 암시하기 때문이었을 것이다. 이 책의 초판을 보면 진화라는 말 자체가 아예 등장하지 않을 뿐더러, 이후의 판에도 마지막 문장에 딱 한 번 **evolved**라는 형태로 나올 뿐이다.

애초에 생명은 창조자의 숨결을 통해 힘과 몇 가지, 또는 한 가지 형태로 창조되었으며, 이후 이 행성이 확고한 중력 법칙에 따라 회전하는 동안 단순한 시작에서 더없이 아름답고 멋진 수많은 형태로 진화되었으며evolved 지금도 그렇다는 견해에는 일종의 장엄함이 있다.

하지만 다윈의 이런 신중함에도 불구하고 진화는 현대 생물학의 지배적인 개념을 가리키는 말이 되었다. **evolve** 자체는 라틴어 **evolvere**에서 왔으며 책이나 양피지를 펴는 일을 가리킨다(다시 마는 것은 involve다). 로마인들은 말린 양피지나 파피루스처럼 역사가 펼쳐지며 그 안의 내용을 드러낸다고 보았기 때문이다.

377

SPHALLOLALIA

소득 없이 끝난 구애용 대화

11월 25일은 알렉산드리아의 성녀 카타리나의 순교를 기리는 축일로, 카타리나는 어려움에 처한 사람들이 구원을 청하는 14성인 중한 명이기도 하다. 11월 25일이면 프랑스에서는 전통적으로 미혼 여성들이 미래의 남편을 위해 기도한다. 결혼하지 못하고 25세가 된 여성들도 함께 기리는데, 이 여성을 '카트리네트Catherinette'라 한다. 친구들이 카트리네트에게 모자를 만들어주면(대개 우스꽝스러운 모양이다) 카트리네트는 그 모자를 쓰고 카타리나 조각상 앞에 무릎을 꿇고 앉아 남편감을 찾아 이 모자를 더 이상 쓰지 않게 해달라고 빈다.

카트리네트는 sphallolalia에 익숙할지도 모른다. 신조어에 속하는 sphallolalia는 그리스어로 '잘못한 말'이라는 뜻이다. 발음이 어렵긴 하지만 '소득 없이 끝난 구애용 대화'라는 모호하고 꽤나 긴 뜻을 간결하게 표현하는 단어다. imparlibidinous두 사람의 욕망의 크기가 다른 경우한 상황에서 나올 법한 말이라고 할 수 있다.

378

 MERRYTHOUGHT

위시본

이 즐거운 날은 빠르게 다가온다. 칠면조들은 부지런히 먹으며 살을 찌우고, 닭들도 활개를 치며 살이 쪄가고, 소들은 매사추세츠주 청교도들이 먹었을 옥수수와 호박을 먹고, 청교도의 자식들은 위시본닭 등의 가슴에 있는 V자 형태의 작은 뼈. 이 뼈의 양쪽 끝을 잡아당겨 부러트리면서 소원을 빈다과 민스파이로 장난을 친다! 지구상 어느 민족에

게도 이런 날은 없을 것이다.

위 기사는 1842년 11월 《볼티모어 선》이 메사추세츠주의 추수감사절에 대해 쓴 것이다. 축일에 위시본을 당겨 부러트리는 풍습은 오늘날까지 영국과 미국에 남아 있다. 위시본을 잡아당기는 풍습은 로마에서 유래한 것으로, 에트루리아인로마 발흥기 전에 중부 이탈리아에서 정치적, 문화적으로 번영한 민족의 alectryomancy 풍습에서 발전한 걸지도 모른다. alectryomancy 풍습은 수탉의 쇄골로 미래를 점치는 일이다. 로마 전설에 따르면 에트루리아인은 V 자 형태의 수탉 쇄골이 생명의 보고인 사람의 사타구니와 비슷하게 생겨서 위시본으로 선택했다고 한다.

17세기의 한 작가는 "위시본을 merrythought라 부르는 이유는 가금류를 절개한 모양이 여자의 외음부와 닮았기 때문이다"라는 다소 직설적인 말을 남겼다. 같은 시기에 쓰인 또 다른 글에는 소망이 담겨 있다. "merrythought라는 이름이 뼈를 부러트릴 때 떠오르는 즐거운 공상에서 비롯되었다는 건 의심할 여지가 없다." 심지어 연애하는 남자들은 merrythought를 뽑으면 얼굴이 창백해지고 입맛을 잃는다고 한다. 여기서 속설이 하나 생겨나기도 했는데, merrythought이 부러질 때 더 긴 쪽을 갖는 사람이 먼저 결혼을 하게 되며 그가 바라는 소원도 이루어진다는 것이다. 이 단어는 여성의 가슴을 확대시키는 철사 구조물이라는 부수적인 뜻을 갖고 있기도 했다. 물론 지금의 의미와는 무관하며 현재는 거의 사라진 표현이다.

DYNAMITE

다이너마이트

아버지의 뒤를 이어 발명가의 길을 걷던 알프레드 노벨은 1850년에 화학자 아스카니오 소브레로가 발명한 니트로글리세린을 알게 되었다. 화약보다 강력하며 폭발성 높고 예측 불가능한 이 액체는 단번에 노벨을 사로잡았다. 그는 이 액체의 용도를 찾기 위한 실험에 돌입했다. 하지만 실험을 진행하는 과정에서 몇 차례 폭발이 발생하자 (실험 중에 동생이 죽기도 했다) 정부는 스톡홀름 시내에서 니트로글리세린 실험을 금지했다. 하지만 노벨은 이에 굴하지 않고 연구실을 옮겨 각종 첨가물을 실험했다. 그중에는 니트로글리세린을 말랑말랑한 반죽 형태로 만들어주는 것도 있었다. 노벨은 결국 원하는 결과를 얻어냈고, 이렇게 만든 물질에 힘을 뜻하는 그리스어 dynamos에서 따온 dynamite라는 이름을 붙였다.

380

노벨은 학문적 발견에 대해 중립적인 입장을 취했다. 발명품이 좋은 일에 쓰일지 나쁜 일에 쓰일지 알 수 없다는 것이다. 자신의 발명품을 무기로 쓰면 강력한 억제 효과를 낼 수 있을 거라는 믿음도 있었다. 하지만 1888년 그의 형 루드비그가 칸을 방문했다가 사망하자 생각이 바뀌었다. 한 프랑스 신문이 신원을 착각하고 알프레드의 부고를 내며 그가 전쟁용 폭약을 발명한 것에 대한 비난을 담아 "Le marchand de la mort est mort죽음의 상인이 죽었다"라고 쓴 것이다. 기사를 본 노벨은 자신의 발명품이 이렇게 해석되는 데 크게 낙심했다.

노벨은 1895년 11월 27일 유언장에 서명해서 자신의 재산 대부분을 바쳐 물리학, 화학, 생리 의학, 문학, 평화 부문의 상, 즉 노벨상을 만들었다. 알베르트 아인슈타인은 반 세기 후 원자폭탄이 일본에 떨어졌을 때 과학자의 연구 책임을 놓고 이렇게 말했다. "알프레드 노벨은 그때까지 알려진 무엇보다 강력한 폭약이자 최고의 파괴 수단을 발명했다. 그는 이 '성취'를 속죄하고 양심의 가책을 덜기 위해 평화를 증진하는 상을 만든 것이다."

 ## CHARING CROSS
채링 크로스

런던의 중심이라고 할 곳이 하나 있다면 바로 채링 크로스Charing Cross다. 1800년대 이후 채링 크로스는 다른 지역의 거리를 계산하는 원점이다. 고대영어에서 cierring은 회전이라는 뜻이며 지난날 채링 마을로 불리던 채링 크로스는 템스강 굽이에 감싸져 있다. 하지만 이름의 뒷부분 Cross는 역사의 다른 시기와 연결된다. 이는 1290년 11월 28일 왕비 카스티야의 엘레아노르가 죽자 상심한 에드워드 1세가 세운 열두 개의 엘리너 십자가Eleanor Crosses 중 하나에서 비롯되었다.

비통에 빠진 에드워드 1세는 엘레아노르를 미라로 만든 뒤 내장은 링컨 대성당에 묻게 했다. 미라가 된 엘레아노르의 시신은 런던의 웨스트민스터 사원으로 옮겨졌다. 에드워드 1세는 그날 밤 행렬이 멈춘 곳마다 왕비를 기리는 십자가를 세우게 했고, 채링 마을의 십자가는 그 구역의 이름이 되었다. 에드워드 1세의 일대기를 작성한 극작가 조지 필은 이렇게 썼다.

화려하고 웅장하게 조각한 십자가를 세워라,
그녀의 조각상이 눈부시게 빛날 곳에.
그리고 그곳을 채링 크로스라 불러라.

 28 November

그 십자가 중 현재까지 남아 있는 건 하트퍼드셔의 월섬 크로스, 노샘프턴셔의 게딩턴과 하딩스톤뿐이다. 하지만 엘레아노르는 여섯 개의 도로가 만나는 런던 교차로의 이름으로 영원히 기억되고 있다. Charing이 사랑하는 여왕을 뜻하는 프랑스어 chère reine에서 왔다는 이야기도 퍼져 있다. 틀린 어원이긴 하지만 그 유래를 생각하면 맞는다고도 볼 수 있을 듯하다.

 ANTIC
익살스러운

1974년 11월 29일 런던의 세인트폴 대성당에서는 아마 20세기에 가장 유명했을 광대의 추모 예배가 열렸다. 니콜라이 폴리아코프, 일명 광대 코코는 8살에 서커스단에서 도망친 뒤 기차를 타고 500킬로미터를 이동해 벨라루스까지 갔고, 거기서 서커스단에 입단했다. 그리고 숙련된 광대, 곡예사, 무대 배우들에게 지도를 받았다.

코코는 엄밀하게 말하자면 Auguste, 즉 다른 광대의 조수 역으로 나와 슬랩스틱 연기를 하는 공연자였다. 코코는 독특한 분장으로 관객의 눈길을 사로잡았는데, 그것은 이후 모든 광대가 따라 할 정도였다. 70센티미터 길이의 거대한 구두를 신거나 놀랄 때 머리카락이 우스꽝스럽게 일어서도록 하기도 했다.

clown광대이라는 말의 유래는 아리송하다. 아마 덩어리를 뜻하는 몇 가지 유럽 언어가 기원이 되어 거기에 시골뜨기라는 뜻이 더해진 게 아닐까 한다. 광대와 광대의 익살을 겁내는 사람을 뜻하는 coulrophobia는 1990년대에 만들어진 단어인데, 그리스어에는 광대라는 말이 없어서 그나마 가장 가까운 단어인 죽마꾼을 가져다 쓴 것으로 보인다.

서커스 코미디언의 익살antics은 오랜 기원을 갖고 있다. antic은 이탈리아어 antico에서 왔으며 이 단어는 영어 antique골동품의 어원이기도 하다. 원래는 고고학자들이 로마 건축물에서 발견한 환상적이고 기괴한 사람, 동물, 식물 형상을 가리켰는데, 나중에 이 뜻이 넓어지면서 앞뒤가 맞지 않고 기이한 것 전체를 가리키게 되었다. 무대 위의 익살도 그렇게 여기에 포함된 것이다.

 ILL-WILLY
악의가 가득한

스코틀랜드어는 있는 줄도 몰랐거나 설명하려면 한없이 길어지는 영어의 틈새를 절묘하게 메우는 데 특화되어 있다. 예를 들어 이제 kerfuffle법석, dreich음울한, braw잘 차려입은 같은 단어가 없는 영어는 상상할 수 없다. 애주가들은 마지막 잔 혹은 친구와 헤어지기 직전에 마시는 술을 뜻하는 bonailie라는 말을 좋아할 수도 있겠다. curglaff는 차가운 물에 뛰어들거나 덜덜 떨면서 샤워를 할 때의 소름 돋는 충격이다. gnashgab은 악의적인 험담꾼을 가리키며 bumfle은 옷에 보기 싫게 튀어나온 부분을 말한다.

그리고 well-willy와 ill-willy가 있다. well-willy는 선의가 가득하다는 뜻이고 ill-willy는 악의가 가득하다는 뜻이다. 16세기에는 이 표현에 두 개의 형제 단어가 더 있었다. 아주 악의적인 것을 뜻하는 evil-willy와, 명랑하고 너그럽고 늘 도움을 베풀려고 한다는 뜻의 good-willy다.

12

December

1	A SURFEIT OF LAMPREYS	칠성장어의 과잉
2	STORY	이야기
3	TEXT	문자
4	FRENCH FRIES	프렌치프라이
5	MINUTE	분
6	CHESTNUT	밤
7	GREMLIN	그렘린
8	TOAST	건배
9	RESPAIR	새로운 희망
10	WELKIN	하늘
11	SWANK	한 모금 남은 술
12	THROTTLEBOTTOM	무능한 공무원
13	POP GOES THE WEASEL	전당 잡히다
14	DOOM	피할 수 없는 운명
15	GROTESQUE	그로테스크
16	ZHUZH	멋지게 꾸미다
17	MISTLETOE	겨우살이
18	BRUME	안개
19	HUMBUG	사기
20	QUAFFTIDE	술 한잔 할 때
21	CRUCIVERBALIST	십자말풀이를 하는 사람
22	SCURRYFUNGE	벼락치기 청소
23	BELLY-CHEER	호화로운 파티
24	OVER THE TOP	도가 지나치다
25	CONFELICITY	타인의 행복을 보며 느끼는 기쁨
26	WONDERCLOUT	화려해 보이지만 쓸모없는 것
27	YULE-HOLE	명절 과식으로 늘어난 허리띠 구멍
28	MERRYNEUM	크리스마스와 새해 사이
29	APANTHROPY	인간 혐오증
30	DOMINO	도미노
31	KALOPSIA	세상이 아름답게 보이는 현상

A SURFEIT OF LAMPREYS
칠성장어의 과잉

2018년 가을, 런던 고고학계는 특이한 케라틴 이빨을 발견했다. 그것은 섬뜩한 칠성장어lamprey(공룡보다 먼저 나타난 원시적 뱀장어 같은 어류)의 것이었다. 이 이빨은 런던고고학박물관의 앨런 파이프가 런던 중심부인 맨션 하우스 지하철역 근처 발굴 현장을 조사하는 중에 발견했다. 이 물고기는 흡반 역할을 하는 동그랗게 생긴 입이 있어서, 입 안에 빼곡히 자란 날카롭고 단단한 이빨로 먹잇감에 단단하게 달라붙었을 것이라 추정되었다.

칠성장어는 중세 영국 귀족들에게 별미로 인기였다. 젊은 나이에 죽은 헨리 1세는 칠성장어를 굉장히 좋아했는데, 그의 주치의가 사인을 a surfeit of lampreys칠성장어의 과잉라 진단할 정도였다. 어떤 역사가들은 왕실 기록관인 헌팅던의 헨리가 지어낸 것이라고 하지만, 왕들이 칠성장어를 즐겨 먹은 것만큼은 분명한 사실이다. 실제로 존 왕은 크리스마스 칠성장어 파이를 조달하지 못했다는 이유로 글로스터시에 오늘날로 따지면 약 4억 원에 가까운 벌금을 매겼고, 1953년 엘리자베스 2세 여왕의 대관식 때도 칠성장어 파이가 준비되었다.

과거에는 뜨거운 인기를 누렸는지 몰라도 오늘날 평범한 사람에게는 칠성장어라는 이름 자체부터 별로 구미가 당기지 않을 것이다. lamprey는 핥는다는 뜻의 라틴어 lambere와 돌을 뜻하는 단어 petra가 합쳐져 만들어진 말이다. 칠성장어는 흡반 같은 입으로 돌에 매달리는 습성이 있기 때문이다.

STORY
이야기

크리스마스 시즌이 다가올 즈음은 영화와 책이 전하는 상상 속 이야기story에 빠지기 아주 좋은 때다. 수없이 들었던 예수 탄생 이야기건 영화 〈멋진 인생〉처럼 눈물을 자아내는 이야기건 상관없이 이맘 때면 일종의 마법 같은 힘을 발휘한다. story라는 단어는 로마와 노르만 프랑스를 거친 길고도 복잡한 역사를 갖고 있으며, 이는 전혀 다른 방식으로 이야기를 공유하는 오늘날의 소셜 미디어까지도 이어진다.

사실 story와 history는 한때 불가분의 의미였다. story는 지난 사건에 대해 말이나 글로 전해지는 이야기, 오랜 세월과 전통 속에 진실이라고 여겨지는 이야기였다. 원래는 라틴어 historia에서 온 것이지만 1066년 프랑스어 estoire에서 재차용되었다. 1500년대부터는 현실 사건의 극적 재현을 가리켰으며, 허구와 사실을 다 포함했다. 오늘날 책의 이야기도 story, 신문 기사도 story라고 하는 걸 보면 이런 모호함이 유지되고 있다는 걸 알 수 있다.

story에 e가 추가되어 건물의 층을 의미하는 storey도 기본적으로 같은 단어다. 본래는 건물의 정면을 장식하는 색칠한 창문이나 조각상을 가리켰는데, 이런 장식들은 모두 역사적 사건이나 인물을 표현했기에 storey마다 각기 다른 story를 말했다고 할 수 있다.

3 December **TEXT**
문자

1992년 12월 3일, 테스트 엔지니어 닐 팹워스가 최초의 휴대폰 문자 메시지를 보냈다. 팹워스의 개인용 컴퓨터에서 보다폰의 이사 인 리처드 자비스의 휴대폰(무게가 6킬로그램도 넘었다)에 보낸 "Merry Christmas"라는 문자였다. 하지만 자비스가 답장을 할 방법이 없는 탓 에 아쉽게도 그 통신은 거기서 끝났다. 오늘날 문자 메시지는 고유한 문법과 어휘 체계를 가지고 있는, 현존하는 최대의 부족 언어다.

text라는 단어는 단순해 보이지만 그 뿌리는 오래되었고, 많은 단어가 그렇듯이 옷과 관련이 있다. 쉽게 예측할 수 있겠지만, text는 textile직조된 천에서 시작되었으며, 이 단어는 직조하다 혹은 엮는다는 뜻의 라틴어 texere에서 왔다. 우리가 오늘날 보내는 문자에는 모두 맥락context이 있는데, 이는 함께 엮여 있다는 뜻이다.

문어이자 구어인 이 새로운 언어는 무엇보다 간결한succinct 게 특 징이다. succinct는 로마 의복인 토가의 일종으로, 허리띠로 묶는다고 해서 succinctus(sub는 어디의 아래라는 뜻이고, cinctus는 허리를 맸다는 뜻)라 불 렸다. 오늘날 문자 메시지는 보내는 속도가 중요한 데다 글자 수까지 제 한된 까닭에, 그 옛날의 출렁이던 옷자락처럼 간추려질 수밖에 없다.

4 December **FRENCH FRIES**
프렌치프라이

버거킹이 첫 점포를 연 1954년 12월부터 버거와 감자튀김burger and fries은 더욱더 떨어지기 어려운 파트너가 되었다. 버거를 시킬 때

필수로 추가해야 하는 사이드 메뉴인 감자튀김의 정식 명칭은 french fries다.

하지만 튀긴 감자를 향한 사람들의 뜨거운 사랑에도 불구하고 앞에 붙은 french라는 형용사는 긍정적인 의미가 아니었다. 15세기 french fare는 극도로 예의 바른 태도를 뜻했는데, 정치적 갈등으로 인해 의미가 달라지게 되었다. 1682년 한 풍자 작가가 "늙은 남편의 젊은 아내가 욕하고 섹스하는 게 너무도 french하다!"고 썼으며 헨리 필딩은 french한 소설들이 있다는 표현을 썼고, 몇 세기 동안 펠라티오를 가리키는 말은 French뿐이었다. 1700년대에 프랑스적이라는 건 성적으로 노골적이라는 뜻이었다. 1890년 문서인 「총각 파티Stag Party」를 보면 다음과 같은 상품 목록이 나온다. "일반적인 구식 섹스 1달러, 맛보기(French) 2.5달러, 에나멜 공을 사용하는 french 스타일 3.5달러." 그리고 콘돔을 에둘러 표현한 french letter라는 말도 비슷한 시기에 기록되었다.

이런 문화가 팽배해 있었으니 성병에 french라는 말이 붙은 것도 별로 놀랍지 않다. 매독은 french pox, french compliment, french disease, french evil, french goods, french marbles, french measles 등 다양한 별명으로 불렸다. 하지만 이렇게 성병에 이웃 나라의 이름을 붙이는 건 모두 마찬가지긴 했다(4월 26일 참고).

노골적 행동이나 언어에 french를 사용하던 습관은 french kiss나 pardon my french욕해서 미안해요 같은 표현에 여전히 남아 있다. 한편 take a french leave사전에 알리지 않고 떠나다 같은 표현은 프랑스인의 게으름을 지적하는 말로 쓰인다(이에 대해 프랑스는 filer à l'anglaise직역하면 '영국식으로 떠나다'로, 이 또한 말없이 떠난다는 뜻라는 표현으로 복수했다).

이런 맥락을 살펴보면 감자튀김을 뜻하는 french fries가 이런 역사와 상관이 있을 것 같지는 않다. 아마도 french fries는 미국에서 온 표현일 것이다. 토머스 제퍼슨이 1802년 백악관 만찬에서 프랑스식으로 요리한 감자를 먹었는데, 나중에 요리 지침서에 이 음식이 'French fried potatoes프랑스식으로 튀긴 감자'라 기록되었기 때문이다. 미국과 프랑스가 이라크 침공을 두고 의견이 갈릴 때는 잠시 freedom fries라는 말이 유행하기도 했지만 그 말은 금세 사라졌다.

 MINUTE
분

12월 초가 되면 어린이들은 아침마다 대림절 달력advent calendar, 대림절은 크리스마스 전 4주를 말하며 대림절 달력은 이 기간에 쓰는 장식용 달력으로, 하루에 하나씩 주머니나 문을 열어볼 수 있게 되어 있다을 열어보면서 크리스마스까지 얼마나 남았는지를 세곤 한다. 어린이들의 기대를 충족시켜줘야 하는 어른들에게는 betwitterment(공포가 섞인 기대와 흥분)의 시간이다.

39

시간을 세는 일에는 수천 년 된 전통이 있다. 오늘날 가장 널리 쓰이는 숫자 체계인 10진법은 아마도 손가락으로 물건을 세는 데서 기원했을 것이다. 자릿수를 뜻하는 digit은 손가락이라는 뜻의 라틴어 digitus에서 왔다.

하지만 최초의 문명들은 다른 숫자 체계를 썼다. 이집트는 12진법을 썼다. 아마도 일 년이 음력으로 열두 달인 데서 왔거나 일부 학설처럼 손가락 마디 수로 계산을 하는 데서(엄지를 제외한 네 손가락의 세 마디씩) 왔을 것이다.

이집트는 그림자 시계라고 하는 해시계도 개발했다. 땅바닥에 T자 모양 막대기를 꽂고 일출에서 일몰까지를 열두 부분으로 나눈 것이었다. 당시 천문학자들은 decan이라는 별들도 처음 관측했는데, 밤

하늘에 보이는 12개의 별을 decan으로 표시하고 밤을 열두 부분으로 나누었다. 낮과 밤이 모두 열두 부분으로 나뉘자 지금처럼 하루가 24시간이라는 개념이 자리를 잡았다. 하지만 각 시時는 길이가 달랐다. 대체로 낮 시간이 밤 시간보다 길었고 계절에 따라서도 달라졌다. 시간의 길이는 14세기 말 유럽에 기계식 시계가 들어온 뒤에야 고정되었다.

하루가 시, 분, 초로 나뉘는 개념은 고대 바빌로니아에서 비롯되었다. 바빌로니아인들은 60진법을 선호했기에 한 시간이 60부분으로 나뉘어 분minute이 되고, 이게 다시 나뉘어 초second가 되었다. minute과 second라는 말은 각각 처음 나뉜 부분prima pars minuta과 두 번째로 나뉜 부분secunda pars minuta에서 유래했다.

해시계든 모래시계든 수정시계든 원자시계든 심지어는 대림절 달력이든, 크리스마스 직전 기간만큼 시간을 세는 일이 중요하면서도 피곤할 때는 없는 것 같다.

CHESTNUT
밤

화로에서 익어가는 윤기 흐르는 갈색 밤chestnut은 전 세계 곳곳에서 겨울과 크리스마스를 실감하게 하는 간식이다. chestnut은 라틴어 castanea에서 온 말로, 캐스터네츠castanets와 형제 관계다.

그런데 chestnut에는 이미 여러 번 들은 지루한 이야기라는 비유적 뜻도 담겨 있다. 이 의미의 기원은 오래도록 수수께끼였다. 도대체 어디서 온 말일까? 『옥스퍼드 영어 사전』에 따르면 아무래도 19세기 초의 연극에서 온 듯하다. 1816년 런던에서 초연된 윌리엄 디몬드의 연극 〈부러진 칼The Broken Sword〉은 평론가들에게 격찬을 받았다. 작품

속 자비어 대위는 이미 같은 이야기를 골백번도 더 들어서 내용을 줄줄이 다 외는 불쌍한 하인 파블로에게 다시 한번 자신의 옛날 공훈을 떠벌이는데, 이 대목에서 chestnut과 관련된 대사가 나온다.

> 자비어 가만 보자. 그래! 스페인에 평화가 돌아온 게 딱 6년 전이야. 나는 바르셀로나에서 노새를 타고 고향 산을 향해 출발했고, 넷째 날 새벽에 콜라레스 숲에 들어갔지. 그랬더니 갑자기 코르크나무의 두꺼운 가지들이 말이야,
> 파블로 (펄쩍 뛰면서) 밤나무예요, 대위님, 밤나무요.
> 자비어 멍청한 놈, 코르크나무였어.
> 파블로 아니에요, 밤나무예요, 대위님! 제가 이 이야기를 듣는 게 벌써 스물일곱 번째라서 잘 알아요. 전에는 밤나무라고 하셨어요.

이 인기 작품으로 인해 chestnut에 지겹게 들은 이야기라는 뜻이 생긴 뒤 연극계에서 속어로 쓰이다가 주류 언어에 들어온 게 아닐까 한다. 하지만 모닥불이나 군밤 장수의 화로에서 타닥거리는 밤은 언제 먹어도 전혀 지겹지 않다.

 GREMLIN
그렘린

미국 공포 영화 〈그렘린〉은 영국에서 1984년 12월 7일에 개봉했다. 흥행에 성공하긴 했지만 어린이들이 보기에 부적절하다는 비판도 받았다. 귀여운 캐릭터에 호감을 가졌다가 그들이 벌이는 사악한 행동에 충격을 받는 어린이들도 있었기 때문이다.

말썽을 일으키는 장난꾸러기 괴물이라는 개념은 오래전부터 있었지만 거기에 gremlin이라는 이름이 붙은 건 제2차 세계대전 때 영국 공군 RAF의 전투기 파일럿들 때문이었다. 그들은 예기치 못한 기계적 문제가 생기면 못된 도깨비 탓이라고 했다. 작가 로알드 달은 이 소재로 1943년 『그렘린』이라는 책을 출간했다. 이야기는 작은 생명체들이 등장해 비행기에 문제를 일으키다가 주인공 파일럿 거스의 손에 길들여지는 내용이다.

하지만 로알드 달이 gremlin이란 말을 만든 건 아니다. 이 단어의 기원은 그렘린답게 혼란스럽다. 우울하고 작은 사람이라는 뜻의 아일랜드어 gruaimín과 더럽히거나 망친다는 뜻의 네덜란드어 gremmelen에서 왔다는 설도 있지만, 둘 다 확실한 증거가 부족하다. 가장 그럴듯한 설은 goblin과 켄트의 맥주 브랜드 Fremlin's가 합쳐진 말이라는 것이다. Fremlin's 자체가 이 맥주를 너무 많이 마시면 도깨비가 눈앞에 나온다는 농담에서 비롯된 이름이다. 만약 이 설이 맞는다면 gremlin은 공군에서 시작된 다른 표현인 gone for a Burton의 짝이 된다. 이 표현도 제2차 세계대전 때 파일럿들이 만든 말로, 동료의 비행기가 격추됐을 때 쓰던 말이다. 영국의 버턴 온 트렌트Burton-on-Trent는 100년도 넘게 맥주 생산의 중심지여서 당시 Burton은 맥주를 가리키는 단어로 쓰였다. 광고 문구였던 gone for a Burton버턴 맥주를 마시러 간은 실종되거나 drink술이라고도 불린 바다에서 죽었다는 걸 뜻하는 음울한 완곡어가 되었다.

TOAST
건배

회사 송년회가 다가오면 직원들은 소감 연설과 건배toast사를 준비한다. 하지만 아무리 파티라 해도 모두가 이런 자리를 즐거워하는 건 아니며, 끝난 후 닥쳐올 힘겨운 숙취까지 고려하면 더욱 그러하다. 영어에는 새벽 1시에 마시는 마지막 와인 한 잔의 후유증을 설명할 만한 별도의 단어가 없는데, 이런 경우에 추천할 말은 **piblokto**다. **piblokto**는 이누이트족이 겨울에 앓는 질병을 가리키는 말로, 멍한 상태 후에 뒤따르는 격렬한 흥분과 비합리적인 행동이 특징이다.

건강과 행복을 위해 잔을 드는 전통은 찰스 2세 때의 토스트에서 기원했다. 당시 토스트라는 말은 모임 참가자 중에 미모나 성공으로 인정받은 여성을 가리켰다. 이 시대 사람들은 와인에 얇게 잘라 토스트한 빵 조각을 넣어 먹었는데, 맛과 풍미를 더하기 위해서이기도 하고 와인의 나쁜 품질을 가리기 위해서이기도 했다. 토스트로 선정된 여성은 토스트한 빵이 술에 풍미를 더하듯 모임에 활기를 불어넣는 존재로 여겨졌다.

이와 관련해 18세기 한 작가는 잡지 《태틀러》에서 읽은 글을 언급했다. 배스에서 이름 미상의 '그날의 미인'이 찬 물에 들어가자, 한 신사가 자기 잔에 물을 담아 그녀의 건강을 빌며 마셨다는 것이다. 그때 함께 있던 다른 사람이 재치를 발휘해(술에 취해서였을 수도 있다), "술은 별로지만 토스트는 좋았습니다"라고 말했다.

RESPAIR
새로운 희망

폐어가 된 말들 중 부활이 시급해 보이는 건 별로 없지만, respair 는 얼마 안 되는 예외 중 하나다. respair는 despair의 변형이 분명 해 보인다. 단어를 구성하는 일부인 spair는 희망한다는 뜻의 라틴어 sperare가 프랑스어를 거쳐 들어온 것이다. Respair가 『옥스퍼드 영어 사전』에 기록된 건 1525년 용례 하나뿐이다. 우리는 Respaire hade in gude hope agane이라는 문장을 해석할 수 있지만 사전에 적힌 정의는 훨씬 깔끔하고 단순해서 아름답게까지 느껴진다. "새로운 희망, 또는 절망에서의 회복."

WELKIN
하늘

sky라는 말 이전에 welkin이 있었다. welkin은 독일어로 구름을 뜻하는 wolke의 형제 단어로, 고대영어에서 머리 위의 공간, 나아가 천국을 가리키는 표준 단어였지만 13세기부터는 sky에 밀려나 문학적 표현이나 요크셔 등지의 방언에만 남게 되었다. 샬럿 브론테는 소설 『셜리Shirley』에서 로버트 무어에게 이 표현을 넣은 아름다운 대사를 주기도 했다. "곱고 완전한 무지개, 약속으로 빛나고, 구름 덮였던 인 생의 welkin에 눈부시게 떠오른 듯한 그런 무지개가 보입니다."

오늘날 대부분의 사람은 make the welkin ring(소리가 커서) 하늘이 울 리게 하다이라는 쩌렁쩌렁한 관용구의 일부로만 welkin을 알고 있을 것 이다. 여기서 울리는 하늘이란 창공firmament을 의미한다. 고대인들은 창공이 지구를 둘러싸고 행성과 별들을 움직이는 여러 수정 구체 중 하나로, 종처럼 울릴 수도 있다고 믿었다.

1739년 『성가와 성시Hymns and Sacred Poems』 선집에 실린 찰스 웨슬리의 크리스마스 송가는 이렇게 시작한다. "보아라! 모든 welkin이 울린다. 왕 중의 왕에게 영광." 이 노래는 15년 후에 다음과 같은 모습으로 다시 나타났다. "보아라! 천사들이 노래한다. 새로 태어난 왕에게 영광을우리나라에서는 〈천사 찬송하기를〉이라고 불리는 찬송가."

 SWANK
한 모금 남은 술

swank는 방언으로 1721년에 네이선 베일리가 출간한 『보편 어원 사전Universal Etymological Dictionary』에 이렇게 정의되어 있다. "술통이나 잔 바닥에 남은 한 모금 정도의 술로, 이것을 부하와 나눠 마시는 건 예의가 아니라고 여겨진다. 양에 따라서 large swank 또는 little swank라 불린다." 베일리는 이 말이 에식스 보킹에서 특히 많이 쓰였다고 했지만 그 이유를 따로 설명하지는 않았다.

한 세기 후 swank는 『고어와 지방어 사전Dictionary of Archaic and Provincial Words』에 다시 나타났고, "맥주 한 주전자를 세 부분으로 나누면 neckum, sinkum, swank나 swankum이 된다"는 말이 함께 쓰여 있었다. 이 문장이 이렇게 혼란스러운 이유는, 단어들의 어원이 제각각인데다 명확하지도 않기 때문이다. 오죽하면 『옥스퍼드 영어 사전』에는 물음표만 쓰여 있다.

좀 더 우아하게 보이고 싶다면 swank를 덜 마시고 supernaculum을 마시면 된다. supernaculum은 손톱 위를 뜻하는 라틴어로, 독일어로

'마지막 한 방울까지 마시다'라는 뜻의 auf den Nagel trinken손톱 위에서 마시다를 번역한 것이다. 고대 잉글랜드에서는 와인이나 맥주가 훌륭하면 drink supernaculum이라는 관습이 있었다. 다 마신 뒤에 잔을 뒤집어 마지막 방울을 손톱에 떨구는 것이다.

프랜시스 그로즈의 18세기 속어 모음집을 보면 적절하게도 Surveyor of the Highways라는 놀림 표현 바로 위에 supernaculum비틀거릴 정도로 취한 사람이 나온다. Surveyor of the Pavement의 반대말인데, 물론 supernaculum까지 술을 마시면 쉽게 Surveyor of the Highways가 될 수 있다.

 12 December

THROTTLEBOTTOM
무능한 공무원

2019년 12월 12일은 보리스 존슨이 총선에서 압승한 날이다. 존슨의 우왕좌왕하고 어수선한 태도는 정치권 전역에서 다양한 형용사를 만들어냈다. 하지만 존슨이 반대파에게 mutton-headed mugwump멍청한 철새 정치인, a void within a vacuum surrounded by a vast inanition허공에 둘러싸인 진공 속의 공허 같은 말로 모욕한 걸 생각하면 이런 일은 제법 적절해 보이기도 한다.

온라인 『옥스퍼드 영어 사전』을 살펴보면 정치인과 관련된 다양한 어휘를 볼 수 있다. 그중 하나인 quockerwodger는 19세기에 꼭두각시 인형을 뜻했다. 발음이 꽤나 어려운 이 단어는 이후 정치계에 들어와 다른 사람에 의해 조종되는 꼭두각시 지도자를 가리키는 말로 사용되었다.

sycophant아첨꾼는 흔히 교활하고 원칙 없는 리더십, 이른바

scallywaggery와 관련이 있다. 이 말은 200년 전부터 정치적 기회주의를 가리켰다. 아리송한 전력을 지닌 무원칙한 모략가를 가리키는 snollygoster는 snallygaster의 동의어로도 쓰이는데, snallygaster는 메릴랜드주에서 닭과 어린이를 먹고 산다는 무서운 상상의 동물이다.

하지만 존슨에게 가장 적절한 말을 고르자면 아마 throttlebottom 일 것이다. 굼뜨고 공직에 부적합한 사람을 가리키는 이 단어는 1930년대 아이라 거슈윈과 조지 거슈윈 형제가 쓴 코미디 뮤지컬 속 온순하고 무능한 부통령 알렉산더 스로틀바텀Alexander Throttlebottom에서 유래했다.

 POP GOES THE WEASEL
전당 잡히다

19세기 중반, 크리스마스 파티에 새로운 춤이 하나 들어왔다. 'Pop Goes the Wease'이라 불리던 그 춤은 1853년 12월 13일 어느 무도회에서 피날레 곡으로 연주되었고, 그날 참가자 중 한 사람은 "우리가 상상할 수 있는 가장 큰 기쁨을 주는 춤"이라며 칭찬을 아끼지 않았다. 이 춤의 교습 광고에는 "최근 여왕 폐하와 귀족들의 파티에서 큰 인기"라는 문구가 쓰여 있었다.

지금은 이 춤이 어땠는지 명확히 알 수 없다. 하지만 나중에 이 춤곡에 붙은 가사를 통해 분위기를 대강 짐작해볼 수 있다. 미국 가사 중에는 구두 작업대를 돌면서 족제비를 쫓는 원숭이, 격렬하게 기침하는 지미, 홍역에 걸린 티미가 나오는 버전도 있지만, 영국 버전은 언제나 똑같다.

Half a pound of tuppenny rice

2펜스 쌀 반 파운드

Half a pound of treacle

당밀 반 파운드

That's the way the money goes

돈은 그렇게 사라지지

Pop goes the weasel.

족제비는 펑 하고 가지.

마지막 후렴구는 모든 버전에서 공통으로 등장하는 신기한 대목이다. 정말 족제비가 펑 하고 폭발한다는 뜻일까? 가장 그럴듯한 설은 의외로 아주 엉뚱하고도 전혀 연관 없어 보이는 어원을 제시한다. 바로 전당포다. 여기서 족제비weasel는 weasel and stoat의 압운 속어로 coat코트를 가리키는 말이기 때문이다. 펑 한다는 건 전당포에 맡긴다는 뜻으로, 이어지는 가사를 보면 코트를 전당 잡힌 돈으로 할 수 있는 것들이 나열된다. 그중에는 런던 여행도 있고 지금도 있는 18세기 술집 Eagel에 다녀오는 것도 있다.

이 설이 맞는다면 Pop Goes the Weasel은 up the spout전당 잡힘, 곤경에 빠져과 같은 계열의 관용 표현이 된다. 이 표현도 전당포, 더 정확하게는 spout홈통이라는 별명으로 불린 전당포 승강기에서 비롯된 것이다. 전당 잡힐 물품은 홈통 승강기를 통해 위층으로 올라가서 보관되었기 때문이다. 소유물이 한번 홈통으로 올라가버리고 나면 소유자는 다시 되찾기 전까지는 그 물건을 쓸 수 없었다.

1085년 정복자 윌리엄의 명령으로 시작되어 그가 사망한 지 한 달 후에 완성된 『둠즈데이 북Domesday Book』은 노르만 정복 직전인 고백왕 에드워드 시대와 그 이후 시대의 토지 소유자를 기록한 책이다. 윌리엄이 이 책을 만든 이유는 대규모 군대를 유지하는 데 사용할 세금을 얼마나 걷을 수 있을지 파악하기 위해서였다. 라틴어로 쓴 이 두 권짜리 책은 스코틀랜드 국경 아래 1만 3500개가 넘는 마을을 기록했는데, 지주와 소작인 이름, 땅 크기뿐만 아니라 그들이 소유한 동물, 물고기, 농기구와 이에 대한 소유권 분쟁까지 꼼꼼하게 담았다.

doom은 게르만어에서 비롯된 말로, 고대영어에서는 주로 dome이라고 썼으며 법령이나 법을 가리키는 중립적 용어였다. 이후 앵글로색슨 사회가 발전하면서 기존의 뜻에다 사법적 결정, 특히 처벌 선고라는 두 번째 의미가 붙게 되었다. 그러다가 13세기 초부터는 최후의 심판을 가리키는 말로 쓰였는데, 기독교 세계관에서는 세계의 종말을 뜻하기도 했다. 이런 의미에서 셰익스피어의 작품에서 맥베스는 암살당한 뱅쿼의 후손들이 계속 왕이 되는 환상을 보고 소리쳤다. "What, will the line stretch out to the crack of doom뭐야, 이 선이 최후의 심판 때까지 뻗어가는 거야?"

『둠즈데이 북』이라는 제목은 단어의 두 가지 뜻을 모두 담고 있다. 이 책이 최고 권위와 법의 심판자로 여겨진다는 사실과 더불어 종교적 느낌까지 한번에 잡은 것이다. 골동품 연구가 윌리엄 램바드는 『켄트 답사 보고서Perambulation of Kent』에서 사람들이 책 제목을 어떻게 이해했는지 설명한다. "정복자 윌리엄의 명령으로 작성된 우리 왕국 전체의 측량서는 Domesday라는 제목으로 불리게 되었다. 누구도 빼놓지 않고 모두를 공평하게 판단했기 때문이다. 마치 주님이 그날이 오면 하실 것처럼 말이다."

GROTESQUE
그로테스크

가장 악명 높은 로마 황제이자 역사상 최고의 범죄자 중 하나인 네로는 서기 37년 12월 15일에 태어났다. 고대에 대한 새로운 연구에 따르면 네로는 그동안의 통념과는 달리 사이코패스가 아니었을 수도 있다. 그가 로마 대화재를 일으켰다거나 불타는 도시를 배회했다는 증거가 없기 때문이다. 어쩌면 모든 게 그의 평판을 해치려는 헛소문 이었을 수도 있다.

실제로 얼마나 사악한 사람이었는지는 모르겠지만, 네로가 죽고 난 수백 년 후 grotesque라는 말이 탄생한 게 그 때문이라는 사실만큼 은 반박할 여지가 없다. 네로는 로마 대화재의 폐허 속에서도 약 120헥 타르에 이르는 호화 별장을 건설하라 명령했는데, 그 별장은 금을 아 낌없이 써서 도무스 아우레아Domus Aurea 즉, 황금의 집으로 알려졌다. 이 별장에는 정교한 프레스코화와 네로의 청동상을 포함한 대리석 조 각상들이 있었고, 오늘날 콜로세움이 위치한 자리에는 거대한 수영장 이 있었다. 천국을 상징하는 호화로운 천장은 움직일 수 있도록 장치 가 되어 있었는데, 노예들이 이를 돌렸다. 도무스 아우레아는 마치 환 락의 궁전 같았다.

로마가 네로를 공공의 적으로 선포해 그가 자살을 선택했을 때, 별장은 지어진 지 40년밖에 되지 않은 상태였다. 그 후 별장은 버려졌 고 보석과 금은 약탈당했다. 티투스 시대가 되자 별장은 흙먼지로 덮였고 네로의 평판과 함께 깊이 묻히게 되었다. 그렇게 지하에 조용히 묻혀 있던 황금의 집은 르네상스 시대에 다시 발굴되어 고고학자와 예술가들의 감탄을 불러일으켰다. 프레스코화에 찬사를 남긴 유명인 중에는 라파엘과 미켈란젤로도 있었고, 나중에는 사드 후작까지 방문했다. 그곳의 예술품은 이탈리아어로 석굴, 동굴이라는 뜻의 grotto를 따서 grottesca라 불리게 되었다. 16세기 영어에 grotesque라는 말이 처음 등장했을 때도 이런 폐허에서 발견된 장식 스타일을 가리키는 의미로 통했다. 그중에는 꽃과 나뭇잎이 인간과 동물을 휘감은 장식적 벽화들도 있었다(11월 29일 참고).

 ZHUZH
멋지게 꾸미다

한 해의 끝을 향해 달려가는 이 시기가 되면 파티복을 꺼내 먼지를 털어내고 약간 zhuzh를 해야 할 때다. zhuzh는 평범함을 조금 개선한다는 의미이긴 하지만 뭐라고 정확하게 콕 집어 말하기 애매한 단어다. 뜻이 모호한 만큼 철자도 특이하고 어원을 파악하는 것도 쉽지가 않다.

zhuzh(zhush, zhoosh, tzush, tzuj 등으로 쓰기도 한다)에 관한 이야기는 극장에서 시작한다. 극장의 은어들은 때때로 예상을 빗나가기도 하고 호사스럽기도 하며 셰익스피어의 플롯처럼 비비 꼬인 경우도 있다. steal the limelight공을 독차지하다부터 wait in the wings때를 기다리다까지, 영어에는 연극 무대에서 온 표현이 아주 많다. 예외로 corpse(배우가) 공연 중 웃음을 터트리다라는 동사는 여전히 공연계에서만 쓰이긴 한다. 연극은 2000년도 넘는 역사를 지닌 분야이기에 여러 계열의 독자적 어휘를 만들어낸 것 자체가 그리 놀라운 일이 아니다.

이 중 폴라리Polari 계열의 어휘도 큰 의미가 있었지만 지금은 남아 있는 흔적이 별로 없다. Polari는 원래 parlyaree였다. 이는 말한다는 뜻의 이탈리아어 parlare가 영어화한 것으로, 선원들이 해외 교역 중 습득한 피진어에서 유래한 은어를 가리키는 말이다. 선원들은 육지로 돌아오면 서커스나 극장에 취직하는 경우가 많았다. 별다른 두려움 없이 높은 곳에 올라가 일하는 능력 덕에 스태프로 인기가 많았기 때문이다. 그렇게 선원들의 언어와 연극계의 언어가 뒤섞였다. 오늘날까지 두 분야에서 rig장비를 설치하다, fly위로 올리다, work a show일을 꾸리다, strike a set장치를 철거하다 같은 표현을 공통적으로 사용한다.

이런 어휘들은 얼마 후 게이 커뮤니티에 Polari라는 이름으로 자리 잡았다. 게이 커뮤니티는 사회 속 소수자가 모인 공동체였기에 새로운 언어가 적절했을 뿐 아니라 필수적으로까지 여겨졌다. 이 언어는 1960년대 BBC 라디오의 〈라운드 더 혼Round the Horne〉에서 휴 패딕이 연기한 줄리안과 케네스 윌리엄스가 연기한 샌디의 과장되게 여성적인 대화로 유명해졌다. 두 사람의 대화는 압운 속어, 역순 속어 같은 다양한 말장난 요소가 들어간 parlyaree였다.

이 대화에 나온 shave the lallies다리, flutter your ogleriahs속눈썹, powder your eeks얼굴 같은 어휘들은 화려하고 떠들썩한 연예계에 자연스레 정착했다. 이런 말들은 현재 별로 쓰이고 있지 않긴 하지만 연구는 계속되고 있다. 그중 가장 유명한 유산 하나가 바로 zhuzh다. zhuzh는 손가락으로 벨벳을 만지는 소리를 흉내 내는 의성어에서 시작했는데, 이제는 Polari 밖으로 나와 현대 영어의 틈새를 채우려고 한다. 그러려면 철자부터 확정되어야 하겠지만 말이다.

MISTLETOE
겨우살이

겨우살이mistletoe 아래서 입술을 오므리는 전통은 두려움과 희망을 동시에 일으킨다크리스마스 때 남녀가 겨우살이 장식 아래서 만나면 키스해야 한다는 전통이 있다. 공존하는 두 가지 감정은 로맨스와 어두운 역사가 결합된 이 식물의 신화와 잘 어울린다.

지난날 겨우살이는 사랑, 생산력, 생명력을 상징했다. 고대 그리스인은 겨우살이를 생리통 진통제로 썼고, 로마의 박물학자 플리니우스는 간질을 막는 연고와 해독제로 사용할 수 있다고 했다. 오늘날에 전해져오는 크리스마스와 관련된 전통은 아무래도 드루이드교에서 온 것 같다. 드루이드들은 겨울에도 꽃을 피우는 겨우살이의 능력이 인간에게 다산의 축복을 안겨준다고 여겼다.

하지만 북유럽신화에서는 겨우살이가 재생뿐 아니라 악행의 매개로 나온다. 오딘의 아들 발드르가 죽는다는 예언이 내려지자, 어머니인 사랑의 여신 프리그는 모든 동물과 식물에게 아들을 해치지 않겠다는 약속을 받아낸다. 그런데 프리그는 조용했던 겨우살이를 깜빡한다. 이를 노린 사악한 신 로키는 발드르의 눈먼 형제를 속여 겨우살이 화살을 만든다. 결국 발드르는 이 화살을 맞고 죽었다는 이야기도 있지만, 덜 폭력적인 다른 버전에서는 다시 살아난다. 이를 보고 프리그가 기뻐하며 흘린 눈물이 겨우살이 열매가 되었다고 한다. 이러한 신화를 통해 겨우살이는 사랑의 상징이 되고 사람들이 그 밑에서 키스를 한다는 전통이 생겨난 것이다.

전해지는 이야기가 다채로운 만큼 mistletoe는 어원도 중층적이다. 고대영어에서 mistel은 새를 잡기 위해 겨우살이의 열매로 만들어 나뭇가지 사이에 늘어놓는 끈끈한 물질이었다. 이 의미는 독일어로 배설물을 뜻하는 mist와 연관되었는데, 겨우살이가 이따금씩 새똥에 섞여 퍼진다는 사실과도 관련이 있을 것이다. 그러니까 이를 합쳐 해석하자면 mistletoe는 '가지 위의 똥'인 셈이다. 수 세기 동안 사랑과 키스를 성사시킨 식물의 기원치고 이보다 더 낭만과 거리가 멀기도 힘들 것이다.

 BRUME
안개

"겨울에는 겨울이 아무리 많아도 충분하지 않다." 로버트 프로스트는 신체적 전율뿐 아니라 정신적 전율을 일으키는 이 계절을 칭송하며 말했다. 크리스마스 시장에서 마시는 Glühwein적포도주로 만든 음료, 김이 오르는 든든한 수프, 긴 휴가, 그리고 hygge(7월 1일 참고)까지 모두 겨울철에 만끽할 수 있는 포근한 안락함의 원천이다. 거기에 사전까지 들고 이불 속에 파고든다면 소소하지만 더할 나위 없이 기쁠 것이다.

겨울이라고 하면 froriness서리와 clinkabell고드름이 떠오른다. 또 niveous눈 내린한 들판을 보면 crump하고 싶은 마음이 샘솟기도 하는데, crump는 눈 위를 걷는 소리를 전하는 동사다. 한편 너무 추운 날이면 강력한 heller지옥과도 같은 맹추위를 피하고 싶은 마음이 들기도 한다.

heller는 겨울 안개인 brume을 끌고 온다. 이는 서리 내린 아침에 낮게 깔린 증기를 가리키는 완벽한 단어이며 겨울에 속한다는 뜻의 라틴어 brumalis에 뿌리를 두고 있다. 풍경을 기록하는 것으로 유명한 작가 로버트 맥팔레인은 땅 위를 덮은 안개를 뜻하는 중세영어 myst-hakel안개의 망토이라는 단어를 전하기도 했다.

물총새도 의외로 겨울과 관련되어 있다. 독일어로 물총새는 얼음 새라는 뜻의 **Eisvogel**이며, 러시아어로는 겨울에 태어났다는 뜻의 **Зимородок**라 한다. 물총새는 날씨가 추워져 평소 물고기를 잡던 곳이 얼면 새로운 지역으로 이동하곤 하는데, 독일어와 러시아어 이름 모두 이를 반영한 것이다.

 HUMBUG
사기

1843년 찰스 디킨스의 『크리스마스 캐럴』이 출간된 이후, 150년이 넘는 세월 동안 크리스마스 시즌이 되면 이 책을 읽거나 이를 바탕으로 한 인형극을 보는 게 일종의 연례행사처럼 자리 잡았다. 『크리스마스 캐럴』은 출간 후 며칠 만에 6000부가 매진될 정도로 베스트셀러였다. 출간 후 두 달도 채 지나지 않아 이와 관련한 무대 공연이 8편 이상 제작되기도 했다. 하지만 목판화와 컬러 삽화가 4개씩이나 들어가 제작 비용이 너무 컸던 탓에 작가도 출판사도 모두 경제적으로 큰 이득을 보지는 못했다.

『크리스마스 캐럴』은 영어에 몇 가지 새로운 언어를 보탰다. 그중에서도 **Scrooge**라는 이름은 이제 수전노이자 분위기를 망치는 사람의 동의어로 사용될 정도다. **humbug**이라는 말은 이 작품 덕에 새로운 생명을 얻었다. 기존에도 쓰이던 말이긴 했지만 오늘날에는 거의 **bah**와 함께 쓰이거나 스크루지와 관한 맥락에서만 사용한다(5월 17일 참고). 이 말은 어원을 찾기가 아주 어려운 단어이기도 하다. 1750년에 발간된 《학생, 옥스퍼드와 케임브리지 월간 잡동사니Student or, the Oxford and Cambridge Monthly Miscellany》잡지는 새로운 언어 유행에 대해 다음과 같이 언급했다.

취향과 유행을 좇는 사람들 사이에 크게 유행하는 humbug이라는 단어가 있다. 의미는 전혀 없지만 앞서 말한 취향과 유행을 좇는 사람들의 재치, 분별력, 판단을 표현한다. 이 말은 영어 단어가 아니며 다른 언어의 파생어도 아니라고 과감히 말할 수 있다. 정말 천박한 표현임에도 많은 뛰어난 사람이 humbug을 쓰곤 한다! 이 말은 대화 사이에 낀 의미 없는 단어일 뿐이지만 사람들로 하여금 어떤 의미가 있다고 믿게끔 속인다.

아까도 말했듯 천박하다고 표현되는 humbug의 기원은 여전히 수수께끼다. 함부르크Hamburg가 변형된 것이라는 설도 있다. 함부르크에서 만든 위조 주화에서 비롯되었다는 것이다. 좀 더 정교하게는 땅거미와 도깨비를 뜻하는 스칸디나비아어 húm에서 왔다는 설이 있다. 또 단어의 생김새 그대로 humming bug, 즉 무언가 작고 사소하고 짜증 나는 것에서 왔다는 말도 있다.

단어의 생명력은 그 단어가 얼마나 많은 변이 형태를 만들어냈는지로 판단할 수 있다. humbug의 경우 『옥스퍼드 영어 사전』은 처음에 동사로 기록되었고 humbuggable, humbuggability, humbuggery 같은 파생어가 태어났다. 물론 Scrooge는 근본적인 humbugger다. humbugger는 악의ill-willy를 품은 사람들(11월 30일 참고)이 폭로되는 이 계절에 꾸준히 소환되는 단어다.

태양이 활대를 넘어갈 즈음을 gin o'clock이라고 표현한다. 많은 사람이 하루 일과가 끝나고 나면 온갖 핑계를 대며 술을 향해 손을 뻗기 때문이다. 사람들은 그 술을 마치 nepenthe처럼 여기곤 한다. nepenthe는 호메로스의 『오디세이아』에 나오는 마음속 모든 근심을 없애주는 약이다. '슬픔이 아니다'라는 뜻의 그리스에서 온 말이며 오늘날에는 행복을 안겨주는 묘약을 아울러 뜻한다. 1500년대에는 술 마실 때라는 걸 알리는 단어로 quafftide라는 말이 쓰였는데, quaff는 쭉 들이켜는 소리를 흉내 낸 표현이다. quafftide는 『옥스퍼드 영어 사전』에 "술 마시는 계절"이라 정의되어 있다. 이 계절은 크리스마스 무렵을 가리키는 게 분명하다.

408

전 세계 cruciverbalist십자말풀이를 하는 사람들은 12월 21일이면 아서 윈이라는 사람을 찬양해야 한다. 그가 1913년 12월 21일 《뉴욕 월드》라는 자신이 소유한 신문 빈 공간에 '십자가 말Word-Cross'을 넣기로 했기 때문이다. 이 퍼즐의 원형은 고대 로마에도 있었지만 현대 버전의 십자말풀이를 발명한 사람은 윈이다.

그가 만든 퍼즐은 다이아몬드 꼴이었고, 오늘날의 흑백 바둑판무늬는 몇십 년 동안의 발전을 거쳐 만들어진 것이다. 힌트는 어이없을 만큼 쉬운 것('is'의 세 글자 복수형)부터 시작해서 장난스러운 것(주먹을 네 글자로 표현한 것, 'NEIF'), 또 엄청나게 어려운 것(사탕야자의 섬유를 세 글자로 표현한 것, 'DOH')까지 다양했다.

신생 출판사 사이먼 앤드 슈스터는 1924년에 비슷한 퍼즐을 책으로 출간했다. 회사의 간부들은 반응을 확신할 수 없어 표지에 출판사 이름을 넣지 않았다고 한다. 하지만 예상과 달리 책은 금세 매진되었고, 괜히 두려워했던 마음은 다행히도 쓸데없는 걱정이 되었다. 그 뒤로 쉽기도 하고 어렵기도 한 십자말풀이는 큰 산업이 되었고, cruciverbalist들이 일상적으로 도전하는 두뇌 게임으로 자리 잡았다.

 SCURRYFUNGE
벼락치기 청소

손님이 많은 연말에는 scurryfunge만큼 유용한 말이 없다. scurryfunge는 미국 방언에서 빌려온 말로, 손님이 오기 전에 급하게 집을 청소하는 걸 뜻한다. 이 단어는 가족이나 친구가 오기 전에 조금이라도 정돈된 모습을 보여주려고 보이지 않는 곳에 물건을 던져 넣는 정신 사나운 모습을 한 마디로 잘 포착했다. 하지만 이런 노력을 기울였는데도 결국 허사가 되어 문을 열고 들어오는 손님에게 사과를 해야 한다면 xenium이라는 말이 유용할지도 모르겠다. xenium은 분위기를 누그러트리려고 손님에게 주는 선물이다.

BELLY-CHEER

호화로운 파티

---

abligurition은 음식과 술에 너무 많은 돈을 쓰는 것, 네이선 베일리가 1724년에 출간한 사전에 쓴 것처럼 "Belly-Cheer호화로운 잔치에 돈을 낭비하는 일"을 말한다. 크리스마스 비용과 관련한 어휘에는 국경을 초월한 오래된 역사가 있다. 크리스마스 파티를 준비하는 사람들은 기대에 차서 쇼핑 카트에 온갖 술을 잔뜩 담은 뒤, 함께 모여 wassail건배할 것이다. wassail은 복을 빈다는 뜻의 바이킹 건배사에서 온 말로, 이에 대한 표준적인 대답은 건강을 위해 마시자는 drink-hail이었다.

방울방울 떨어진다는 뜻의 노르웨이어 tipla에서 온 tipple술 종류로는 불에 탄 술이라는 뜻의 네덜란드어 brandewijn에서 온 브랜디 brandy, 샴페인(8월 4일 참고), 맥주 등 무수히 다양한 것이 있다. 맥주beer의 조상은 수도원에서 마신다는 뜻으로 쓰던 라틴어 bibere다. bibere는 bib술 마시다, beverage음료수, bibulous음주를 지나치게 좋아하는 같은 여러 단어를 탄생시켰다.

술은 이 정도 이야기하고 음식으로 넘어가면, 고기를 좋아하는 이들에게 크리스마스 요리의 왕은 치폴라타chipolata다. 양파로 만들었다는 뜻의 이탈리아어 cipollata에서 왔다고 여겨지는 이 이름은 소시지 양파 스튜를 가리킨다. 소시지는 pudding과도 관련이 있다. 원래 pudding은 동물 창자 안에 소를 채워 만드는 요리였기 때문이다. 영국에서 먹는 크리스마스 푸딩과는 다양한 재료를 넣어서 만든다는 점에서 공통점이 있다. pudding은 '소시지나 작은 창자'를 뜻하는 라틴어 botellus가 뿌리이기 때문에 botulism보툴리누스 식중독과도 역사를 공유한다.

410

향기로운 쪽으로 가면 푸딩 대신 머랭과 과일이 듬뿍 들어간 디저트 파블로바pavlova가 있다. 〈빈사의 백조〉로 세계적 명성을 얻은 러시아 발레리나 안나 파블로바Anna Pavlova가 오스트레일리아와 뉴질랜드 투어를 할 때, 요리사들이 그를 기념해서 만든 디저트에서 나온 것이다. 기록에 남은 최초의 파블로바는 발레리나의 옷인 튀튀처럼 만들어 여러 가지 색을 입힌 젤리로 이루어져 있었다.

하지만 아무리 12월에 abligurate홍청망청 먹다한다 해도 크리스마스의 전신인 로마 사투르날리아 축제의 떠들썩함에는 이를 수 없을 것이다. 사모사타의 시인 루키아노스는 이렇게 썼다. "심각한 것은 금지다. 일하는 것도 금지다. 술 마시고 취하는 것, 떠드는 것, 주사위 놀이, 왕 놀이, 노예를 대접하는 것, 벌거벗고 노래하는 것, 박수 치는 것. 나는 그런 일들만 주관할 것이다."

 OVER THE TOP
도가 지나치다

제1차 세계대전 중에 찾아온 크리스마스는 군인들에게 복잡한 감정을 일으켰다. 가족과 자선 단체에서 보낸 선물만이 이 혹독한 계절의 추위와 전쟁의 황량함을 잠시나마 달래주었을 뿐이다. 1914년 10월, 육군 총사령관의 부인 엘레오노라 프렌치는 영국 여성들에게 군인에게 보낼 머플러 25만 개를 뜨자는 제안을 했다. 왕실은 이에 감사를 표하고 군의 사기를 높이기 위해 35만 명이 넘는 군인에게 초콜릿과 담배가 든 메리 공주의 선물 상자와 왕실의 크리스마스 메시지를 전달했다.

하지만 아무리 고향에서 선물을 보낸다고 해도 참호 속 군인들에게는 그저 배급품일 뿐이었다. 크리스마스 날 식사로는 군용 비스킷과 bully beef가 제공되었지만, 이 메뉴는 원래도 격일로 나오던 음식이었다. bully beef는 소금에 절인 통조림 소고기(실제로는 여러 잡고기)였는데, 이 이름은 통에 그려져 있던 헤리퍼드 황소 그림에서 온 것이다.

1915년 12월 24일, 한 사병은 천막 예배에 대해 이런 기록을 남겼다. "〈땅 위에 평화Peace on Earth〉를 노래 부르고는 다음 날 아침에 사람을 죽이러 나가는 이 상황이 너무 이상하다. 낮에 bully beef와 비스킷으로 크리스마스 식사를 하기 위해 잠시 휴전하는 게 전부일 뿐이다." 그해에는 1914년과 달리 전시 인도주의에 따라 크리스마스 휴전이 이루어지지 않았다. 1914년에는 여러 전선에서 비공식 전투가 벌어지긴 했지만, 독일 군인과 영국 군인들은 중립지대로 over the top해 식량과 담배를 나누었고 축구를 하기도 했다.

그러다 전쟁이 재개되자 원래 의미의 over the top(군인들이 참호를 넘어 전투에 참전하는 일)도 재개되었다. 그런데 이 전쟁에서 너무도 어마어마한 사상자가 나온 까닭에 20년도 채 지나지 않아 over the top은 용납 가능한 한계를 넘는 지나친 행동을 뜻하는 비유적 표현이 되었다.

25 December

CONFELICITY
타인의 행복을 보며 느끼는 기쁨

크래커, 겨우살이, 캐럴, 푸딩, joblijock(아침을 방해하는 것. 12월 25일과 관련한 맥락에서는 들뜬 아이가 새벽 3시에 침대에서 뛰는 일이라 할 수 있다) 등 사람마다 크리스마스를 생각하면 떠오르는 단어는 모두 다르다. 이 중 보석 같은 말이지만 노출이 너무 적어서 사전에서도 보기 힘들어진 말이 하나 있다. 바로 confelicity다. 타인의 행복에서 얻는 기쁨이라는 뜻의 이 단어는 라틴어로 함께라는 뜻의 **con**과 행복이라는 뜻의 프랑스어 **félicité**를 거쳐온 **felix**가 합쳐진 것이다. 부디 오늘만큼은 **crapulence**과음이나 과식으로 인한 소화불량과 질병가 닥치기 전에 **confelicity**가 풍성하기를.

WONDERCLOUT
화려해 보이지만 쓸모없는 것

『옥스퍼드 영어 사전』은 복싱데이를 "크리스마스 다음의 첫 평일로, 공휴일이며 집배원, 사환을 비롯한 다양한 서비스업 종사자들이 선물을 받는다"라고 정의하고 있다. 복싱데이라는 말이 인쇄물에 처음 나타난 건 1833년이다. 그로부터 4년 후, 찰스 디킨스는 소설 『픽윅 클럽 여행기』에서 복싱데이의 즐거움을 언급한다. 또 12월 26일은 교회가 크리스마스를 기다리며 모은 기부금을 가난한 사람들에게 나누어주는 날로, 자선을 널리 베풀었다고 알려진 기독교 최초의 순교자 성 스테파노의 축일이기도 하다.

사람들은 복싱데이 이후에도 마지막 yule-hole(12월 27일 참고)까지 연말의 여유를 만끽한다. 크리스마스에 받은 선물을 열어보며 기쁜 마음으로 새 옷을 입어보고, 최신 전자 기기 충전법을 살펴보고, 작동법을 확인하기 위해 설명서를 하나씩 읽어나가는 시간은 매일을 바쁘게 살아가는 사람들에게 작고 소중한 여유가 되어준다. 그리고 이런 선물들 중에는 대개 한두 개의 toe-cover가 있기 마련이다. 1940년대에 태어난 이 말은 값싸고 쓸모없는 선물을 뜻한다. toe-cover 중에서도 발가락 싸개는 궁극의 영역으로 여겨지곤 했는데, 정작 이 단어에 관한 최초의 기록은 뜨개 냅킨 링을 예로 들고 있다.

쓸모없는 선물과 관련된 말을 좀 더 살펴보자면 wonderclout도 소개할 수 있다. wonderclout은 toe-cover와 달리 화려하고 멋져 보이지만 실제로는 쓸모가 없는 것이다. 이 단어가 16세기에 만들어진 걸 보면 당대 사람들도 이런 선물을 주고받은 듯하다. 비슷한 뜻으로 한 가지를 더 짚어보자면, 보기보다 훨씬 가치 없는 걸 뜻하는 유용한 표현으로 trumperiness가 있다(9월 3일 참고).

 YULE-HOLE
명절 과식으로 늘어난 허리띠 구멍

고대영어 December는 숫자 10을 뜻하는 라틴어 decem에서 온 단어다. 고대 로마 달력의 열 번째 달을 가리키는 말은 Ærra Geola였는데, 이는 yule 이전을 뜻하는 말이었다. yule은 고대 스칸디나비아어 jól에서 온 말로, 동지에 시작해 12일 동안 계속되는 축제였다. 원래 게르만족과 스칸디나비아족은 12월 말이나 1월 초에 이 축제를 즐겼고 이들이 기독교를 받아들이면서 jól은 크리스마스가 되었다. jolly명랑한라는 단어 역시 여기서 기원한 걸지도 모른다.

『스코틀랜드 국민 사전』을 보면 yule 항목이 다른 단어에 비해 유독 길고 반짝거리는 걸 볼 수 있다. 결합하는 단어도 아주 많다. yule-blinker북극성, yule-fee크리스마스에 마을 북을 치는 사람이나 음유시인에게 주는 돈, yule-brose고깃국을 부어서 먹는 오트밀 죽 등이 있다. 마을에 있는 yule-brose라는 그릇에 반지를 넣는 전통도 있었는데, 숟가락으로 반지를 건져 올리는 사람이 가장 먼저 결혼한다는 속설이 있었다.

yule과 관련된 목록은 여기서 끝나지 않는다. 어린이들은 yule-skrep크리스마스 때 볼기를 맞는 일을 피하려고 한다. yule-shard는 크리스마스나 새해 첫날 전까지 일을 마치지 않는 사람을 뜻한다. 그런데 여기에는 연말연시를 즐길 새 옷 한 벌 없는 사람이라는 두 번째 뜻이 숨어 있다. 하지만 yule과 연관된 표현 중 가장 유용한 건 아마 yule-hole이 아닐까 한다. 우리 대부분은 행복하고 푸근한 연말을 보내며 이 단어에 깊이 공감할지도 모른다. 『옥스퍼드 영어 사전』을 보면 yule-hole은 "크리스마스 때의 포식으로 옮겨 꽂게 된 허리띠의 구멍"이라 정의되어 있다.

 MERRYNEUM
크리스마스와 새해 사이

아쉽게도 영어에는 크리스마스 휴가 때 모호해지는 시간 감각을 가리키는 말이 따로 없다. 이 무렵에는 연말이라는 들뜬 분위기 때문에 평소 같은 하루의 루틴이나 경계가 사라진다. 술만 마실 수 있다면 날짜도, 시간도 모조리 기쁘게 잊어버린다.

크리스마스와 새해 첫날 사이를 가리키는 용어도 따로 없다. 독일어에는 두 해 사이를 뜻하는 zwischen den Jahren이라는 말이 있다. 어떤 이들은 이 시기를 twixtmas, taintmas, witching week, chrimbo limbo라 부르기도 하는데, 아무래도 가장 절묘한 단어를 꼽자면 merryneum이지 않을까 싶다. perineum회음부이 항문과 성기를 연결하듯 이 기간이 크리스마스와 새해 사이에 걸쳐 있기 때문이다. 어떤 이들은 출산 시에 perineum이 크게 늘어날 수 있는 것처럼 이 기간도 한없이 이어졌으면 하고 바라곤 한다.

인간 혐오증

연말에 평소 친하지 않은 친척들과 모여 식사라도 하다 보면 열띤 말싸움을 하게 되기도 한다. 싸움의 주제나 이유가 무엇이건 이기고 싶은 마음이 굴뚝 같다면 recumbentibus를 끌어모은 대사를 날려야 한다. recumbentibus는 상대를 주저앉히는 강력한 한 방을 말한다. 1830년대와 1840년대 쓰이던 미국 속어 중 말다툼에 쓸 수 있는 강력한 한 방을 가리키는 또 다른 단어가 있었는데, 바로 sockdolager다. sockdolager는 상대방이 phrontistery(6월 18일 참고) 말고는 갈 데가 없게 만드는 결정적인 타격을 의미한다. 패배자는 그곳에서 패배를 곱씹으며 씁쓸함을 두 배로 맛보게 될 것이다.

sockdolager로도 충분하지 않을 때는 완전히 물러서는 게 현명한 대처일 수도 있다. apanthropy는 고독을 사랑하는 마음과 다른 사람을 향한 미움을 가리키는 19세기의 단어다. 어디에서 벗어난다는 뜻의 그리스어 apo와 사람을 뜻하는 anthrōpos가 합쳐진 이 말은, 사람을 너무 많이 만나서 latibulation 상태가 되기 십상인 이 시기에 적절한 표현이다. 라틴어에서 온 latibulation은 구석에 숨는 행동을 가리킨다.

416

도미노

1809년 12월 30일, 미국 보스턴시는 무도회나 사교 모임에서 가면을 착용하지 못하게 하는 법을 통과시켰다. 이 법안은 청교도적이라는 평을 받았지만(보스턴시는 19세기에 20년 이상 크리스마스를 금지했다), 보스턴만 그런 건 아니었다. 미국과 영국의 다른 도시들도 가면을 사용한 변장은 점잖은 사회에서 용인할 수 없는 부도덕과 불법을 부추긴다고 여겼다. masquerade가장무도회라는 단어 속에 들어 있는 mask가 문란함과 쾌락을 추구하는 손쉬운 수단이 된다고 본 것이다.

당대 사회가 여성들을 바라보는 태도를 비판한 작가 메리 워틀리 몬터규 부인은 편지에서 젊고 거친 귀족들의 행동을 자세히 설명했다. "그들은 자신을 schemers기획가들라 지칭하며 일주일에 세 번씩 꼬박꼬박 만나 흔히 오입질이라고 하는 happyness 증진 계획을 세웠다. happyness는 세계에서 가장 계획적인 여흥이고, 시대의 격식이 일으키는 불쾌함과 침울함에 대한 유일한 치료제이다."

schemers는 그들만의 엄격한 규칙이 있었는데, 그 규칙에는 신중을 기할 것도 포함되어 있었다. 몬터규 부인의 편지에 따르면 "모든 회원은 6시에 domine 가면을 쓰고 도착해야 한다." 또 어떤 상황에서도 자신들이 만난 여성의 신원을 밝히지 않겠다고 맹세해야 했다. 여기서 domine은 domino라고도 하는 얼굴 윗부분을 가리는 가면이 달린 헐렁한 망토다. 주인을 뜻하는 라틴어 dominus에서 온 단어로, 원래는 사제나 참사 회원 망토에 달린 후드를 가리켰다.

가장무도회 세계에 들어온 domino는 상류사회에서 유행처럼 퍼져나갔다. 서간 작가였던 패니 버니는 청색 테두리의 흰색 새틴 domino를 착용한 스트레인지 양을 칭찬하는 글을 썼다. 이런 기록들을 보면 18세기 비밀 무도회에서 domino가 강력한 효과를 발휘했다는 걸 알 수 있다. domino는 특히나 카니발에서 인기가 많았다. 색색의 타일을 이용하는 보드게임에 domino라는 이름이 붙은 건 카니발에서 볼 수 있던 다양한 색깔의 가면에서 유래한 것으로 보인다.

KALOPSIA
세상이 아름답게 보이는 현상

Logophile어휘 애호가이 가장 좋아하는 건 새 단어를 만드는 것이다. 라틴어나 그리스어에 토대해 만들면 고대 문명의 권위에 힘입어 더욱 높은 신뢰도를 안겨줄 수 있다. kalopsia도 그런 단어 중 하나다. kalopsia는 그 어떤 사전에도 실려 있지 않지만 새해 전날 밤, 술에 취해 세상이 행복하게 느껴지는 기분을 설명할 때 요긴한 단어다.

intoxication취함, 도취이라는 말의 어원에는 경고의 뉘앙스가 깃들어 있다. 고대 그리스에서 toxon pharmakon은 화살에 바르는 독을 의미했다. 화살을 뜻하는 toxon은 궁술을 가리키는 전문용어 toxophily에 오늘날까지 남아 있다. intoxication은 말 그대로 독의 주입을 뜻하므로 위험이 내재된 단어라고 할 수 있다.

하지만 오늘 밤만큼은 그런 종류의 모든 이야기가 잊힌 채, beer-goggles'맥주 안경'이라는 뜻으로, 술을 마시면 남들이 더 매력적으로 보이는 효과를 말한다만이 남는다. kalopsia라는 수수께끼 같은 어감의 단어도 같은 뜻으로, 세상 모든 사물과 사람이 아름다워 보이는 상태를 가리킨다.

감사의 글

366일에 걸쳐 무수히 많은 단어를 소개했지만, 감사의 말을 전하는 페이지를 쓰기가 가장 어려운 것 같습니다. 자칫 실수로 중요한 사람을 빼먹으면 어쩌나 하는 두려움 때문입니다. 아무리 뛰어난 작가라 해도 도와주신 분들에 대해 빠짐 없이 적는 건 쉽지 않을 것입니다. 그래도 감사의 마음을 담아 글을 써보려고 합니다. 그래도 혹시나 빠트린 분이 생긴다면, 많은 양의 shotclog(10월 21일 참고)와 일 년 치의 humicubation(9월 7일 참고)을 약속드립니다.

우선 제 출판 대리인 로즈메리 스쿨라와 편집자 조지나 레이콕에게 가장 큰 감사를 전합니다. 두 사람은 끝없는 낙관과 밝은 성격으로 책을 만드는 모든 과정에 끝없는 격려를 해주었습니다. 그들의 열정 바이러스는 요즘같이 암울한 시기에 유일하게 바람직한 감염병이었습니다.

이 책에 등장하는 수많은 신화 이야기는 뛰어난 조사원 조너선 야들리의 열정과 지식에 크게 빚을 졌습니다. 케이트 크레이기는 도시 봉쇄라는 긴급 상황에서도 차분하고 효율적으로 바쁜 제작 일정을 소화해주었습니다. 더불어 캐럴라인 웨스트모어, 샬럿 데이비, 다이애

42

나 탈리아니나를 비롯한 제작 팀 직원들과 팔림세스트 조판소, 클레이스 인쇄소 덕분에 이 책이 세상의 빛을 보게 되었습니다.

교정과 교열을 맡아준 마틴 브라이언트와 닉 드 소모기에게도 감사드립니다. 눈앞에서 글씨가 어지럽게 헤엄칠 때 두 사람의 명료한 판단과 식견이 큰 도움이 되었습니다. 뛰어난 홍보 담당자 앨리스 허버트와 마케팅 팀의 에마 펠필드에게도 감사의 말을 전합니다. 트위터 팔로워들이 곳곳에서 전해준 격려는 언제나 감탄과 힘을 안겨줍니다. 단어들을 널리 알리고 위기에서 구해내는 제 일에 앞으로도 많은 분의 도움이 함께 할 거라고 믿습니다.

언제쯤이면 책을 다 쓸지, 출간되면 시장의 반응이 어떨지 하는 제 긴 주절거림을 참아준 우리 가족의 인내심에 감사합니다. 친구들, 특히 샬럿 스콧, 자일스 페일리-필립스, 수지 힐턴, 자일스 브랜드리스, 그레그 제너, 게신 존스, 린다 파파도폴러스, 사이먼 브루, 조 브랜드에게 감사의 말을 드립니다. 그들의 격려의 속삭임(그리고 필요할 때의 큰 응원)은 변화하는 세상에서 제게 큰 힘이 되었습니다.

그리고 마지막으로, 이 책을 집어 들고 단어들과 함께 일 년 여행을 시작한 독자 여러분께도 진심으로 감사의 말씀을 전합니다. 빅토르 위고는 한때 출판사에 자기 책의 반응을 묻는 전보를 보냈는데, "?" 하나만 써 보냈다고 합니다. 책이 잘 팔렸기 때문에 "!"라는 답을 받았고요. 제가 느낌표를 받건 못 받건, 독자 여러분은 매일매일 부담 없는 마음으로 이 책을 즐기실 수 있기를 바랍니다.

찾아보기

424

지은이 **수지 덴트**Susie Dent

영국의 사전 편찬자, 어원학자이자 방송인이다. BBC 채널4의 인기 퀴즈쇼 〈카운트다운〉에 어휘 전문가로 25년 넘게 출연하며 '사전 코너의 여왕'이라 불렸다. 자매 코미디 프로그램인 〈고양이 카운트다운10 out of 8 Cats Does Countdown〉을 비롯해 어휘와 관련된 많은 텔레비전과 라디오 프로그램에 출연했다. 《라디오 타임스》《더 위크 주니어》에 정기 칼럼을 연재하며 어휘와 표현에 대한 질문에 답을 해주기도 했다. 《인디펜던트》《텔레그래프》《타임스》에도 기고하고 책도 여러 권 썼다. 더불어 옥스퍼드대학교 출판부 대변인, 코스타 도서상과 아카데미 엑셀런스상 심사위원이기도 하다. 크고 작은 기업을 대상으로 언어와 커뮤니케이션 관련 강연도 하고 있다. 덴트는 옥스퍼드에 살면서 자전거를 즐겨 탄다. 자전거를 탈 때도 검은색 수첩을 가지고 다니며 새로운 단어를 수집한다. 오늘의 단어를 소개하는 그의 트위터는 백만 명의 팔로워가 있다.
@susie_dent

옮긴이 **고정아**

연세대학교 영어영문학과를 졸업한 뒤 번역가로 활동 중이다. 『전망 좋은 방』 『하워즈 엔드』『순수의 시대』『오만과 편견』『천국의 작은 새』『컬러 퍼플』 『몰타의 매』 등 문학 작품을 비롯해 『히든 피겨스』『로켓 걸스』『정원의 쓸모』 등의 인문 교양서와 아동서 등 250여 권의 책을 우리말로 옮겼다. 2012년 유영번역상을 수상했다.

1일 + 1단어 + 1기쁨

옥스퍼드
오늘의 단어책

펴낸날 초판 1쇄 2023년 1월 30일
지은이 수지 덴트
옮긴이 고정아
펴낸이 이주애, 홍영완
편집장 최혜리
편집2팀 박효주, 홍은비, 김혜원
편집 양혜영, 유승재, 박주희, 문주영, 장종철, 강민우, 김하영, 이정미, 이소연
디자인 윤신혜, 박아형, 김주연, 기조숙, 윤소정
마케팅 김미소, 정혜인, 김태윤, 김지윤, 최혜빈
해외기획 정미현
경영지원 박소현
펴낸곳 (주)윌북 **출판등록** 제 2006-000017호
주소 10881 경기도 파주시 광인사길 217
전화 031-955-3777 **팩스** 031-955-3778
홈페이지 willbookspub.com **전자우편** willbooks@naver.com
블로그 blog.naver.com/willbooks **포스트** post.naver.com/willbooks
페이스북 @willbooks **트위터** @onwillbooks **인스타그램** @willbooks_pub
ISBN 979-11-5581-576-2 03740